北京市教育管理志稿

北京教育志编纂委员会办公室　编

方志出版社
Publishing House of Local Records

图书在版编目（CIP）数据

北京市教育管理志稿 / 北京教育志编纂委员会办公室编. -- 北京：方志出版社，2019.6

ISBN 978-7-5144-3772-0

Ⅰ. ①北… Ⅱ. ①北… Ⅲ. ①教育管理—教育史—北京 Ⅳ. ① C527.1

中国版本图书馆 CIP 数据核字（2019）第 138834 号

北京市教育管理志稿

编　　者：北京教育志编纂委员会办公室
责任编辑：齐　笑

出 版 者：方志出版社
地址　北京市朝阳区潘家园东里 9 号（国家方志馆 4 层）
邮编　100021
网址　http://www.fzph.org
发　　行：方志出版社图书经销中心
电话　（010）67110500
经　　销：各地新华书店
印　　刷：北京中科印刷有限公司

开　　本：710 × 1000　　1/16
印　　张：24.75
字　　数：490 千字
版　　次：2019 年 6 月第 1 版　　2019 年 6 月第 1 次印刷
印　　数：0001 ~ 1000 册

ISBN 978-7-5144-3772-0　　**定价**：110.00 元

主　编

林　业

体制创新

2004 年 4 月 27 日，市委、市政府召开北京市教育大会，宣布实施首都教育发展战略

2001年5月30日，市教委命名首批北京市示范幼儿园

2008年4月，市教委启动第二轮示范幼儿园与农村乡镇园“手拉手”支教活动

2002 年 9 月 26 日，市教委为首批 14 所示范性普通高中颁牌

2007 年 8 月 21 日，市委、市政府召开北京市推进义务教育均衡发展工作会议

2008 年 3 月，经教育部批准，在北京信息工程学院、北京机械工业学院基础上成立北京信息科技大学

2001 年，中关村社区学院成立

2007 年 5 月，北京市举办“首都市民大讲堂”等系列活动，推进学习型组织建设

2010 年，北京市举办全民终身学习活动周，全力构建首都终身教育体系

法制建设

2001 年 12 月 4 日，市教委组织教育法制宣传活动

2002 年 5 月 22 日至 6 月 22 日，市教委、市妇儿工委与市妇联联合举办《北京市学前教育条例》宣传咨询活动

2003 年 11 月，东城区职教中心举办法制校长咨询活动

2004年5月12日，北京市召开教育法律法规检查工作会议

2004年5月20日，崇文区教委举办法制教育宣传展览

2005年6月20日，市教委召开机关调研座谈会，表彰调研工作先进

2006 年 10 月 28 日，市教委举办《中华人民共和国义务教育法》宣传日活动

2006 年 12 月 21 日，市教委召开依法治教和法制宣传教育工作会

2008 年 3 月至 11 月，市教委编制青少年法制教育课堂系列动画片

2009 年 3 月至 7 月，北京市中小学法律故事征文活动征集近 3000 份参赛作品

2009 年 3 月，市教委被评为全国“五五”普法中期先进单位

北京市教育机构在不同时期编印的教育法规汇编

发展规划

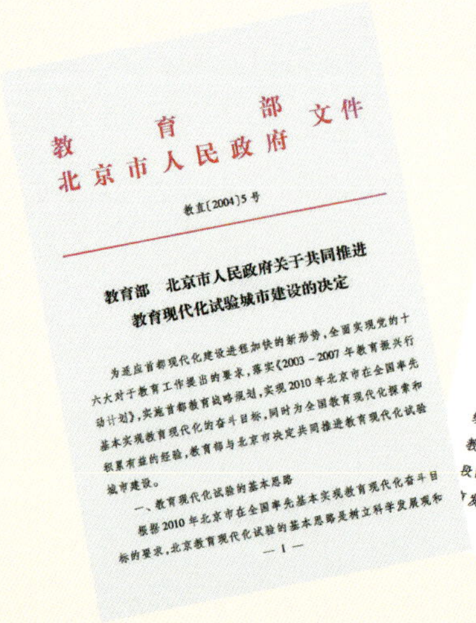

教育部
北京市人民政府 文件

教直[2004]5号

教育部　北京市人民政府关于共同推进教育现代化试验城市建设的决定

为适应首都现代化建设进程加快的新形势，全面实现党的十六大对于教育工作提出的要求，落实《2003－2007年教育振兴行动计划》，实施首都教育战略规划，实现2010年北京市在全国率先基本实现教育现代化的奋斗目标，同时为全国教育现代化探索和积累有益的经验，教育部与北京市决定共同推进教育现代化试验城市建设。

一、教育现代化试验的基本思路

根据2010年北京市在全国率先基本实现教育现代化奋斗目标的要求，北京教育现代化试验的基本思路是树立科学发展观和

—1—

2004年4月，教育部和北京市政府决定共同推进教育现代化试验城市建设

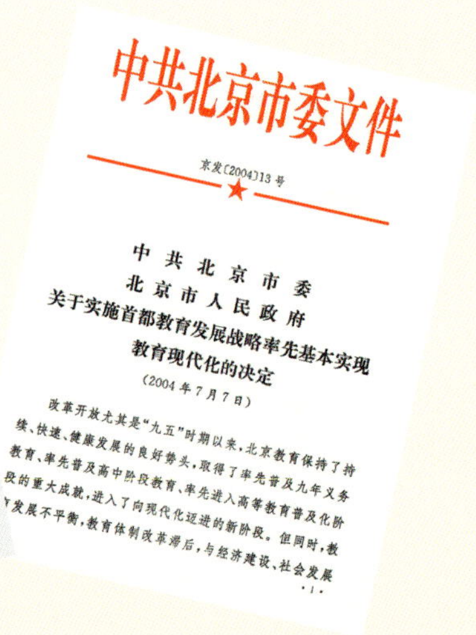

中共北京市委文件

京发[2004]13号

中共北京市委
北京市人民政府
关于实施首都教育发展战略率先基本实现教育现代化的决定
(2004年7月7日)

改革开放尤其是"九五"时期以来，北京教育保持了持续、快速、健康发展的良好势头，取得了率先普及九年义务教育、率先普及高中阶段教育、率先进入高等教育普及化阶段的重大成就，进入了向现代化迈进的新阶段。但同时，教育发展不平衡，教育体制改革滞后，与经济建设、社会发展

·1·

2004年7月，市委、市政府决定实施首都教育发展战略率先基本实现教育现代化

市教委编印的教育统计资料

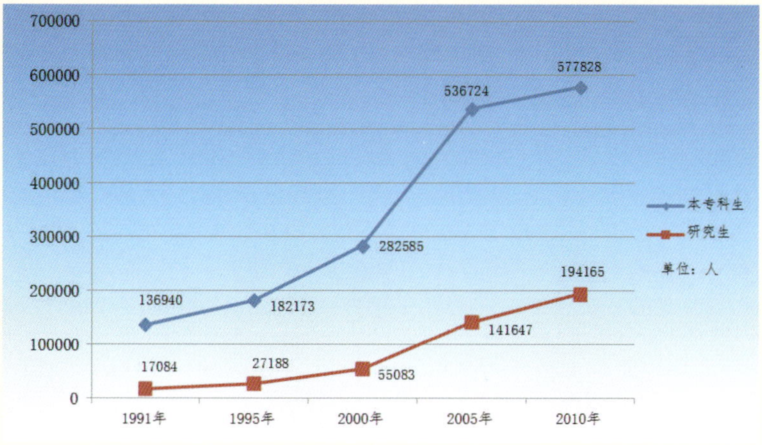

1991 年至 2010 年北京普通高校在校生变化图

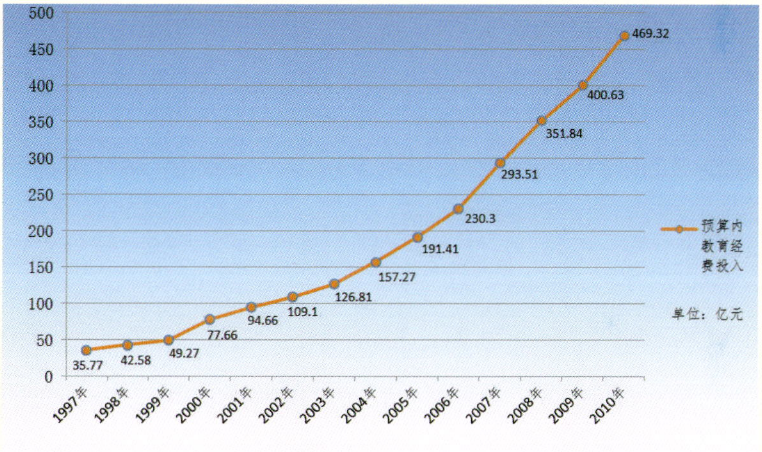

1997 年至 2010 年预算内教育经费增长情况统计图

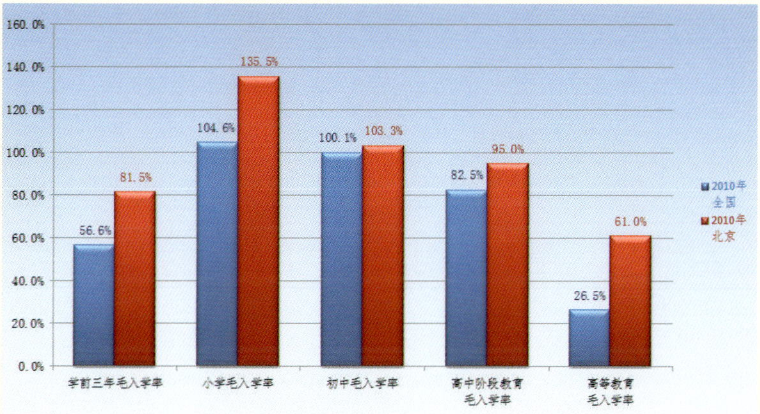

2010 年全国和北京教育普及水平对比图

学生管理

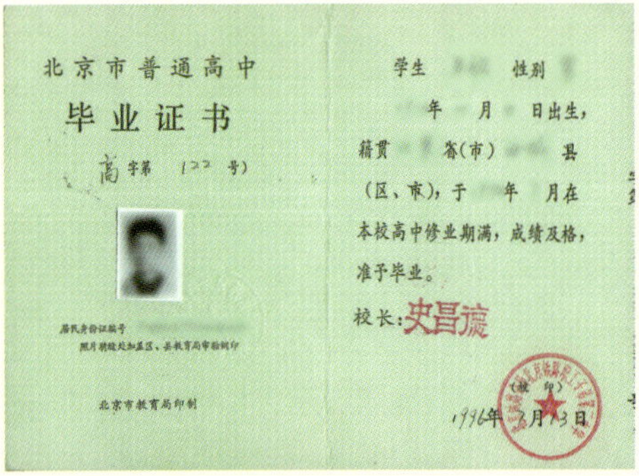

北京市普通高中

毕业证书

高字第 122 号

居民身份证编号

照片骑缝处加盖区、县教育局审验钢印

北京市教育局印制

学生　　性别

年　月　日出生，

籍贯　　省(市)　　县

(区、市)，于　　年　月在

本校高中修业期满，成绩及格，

准予毕业。

校长：

1996年　月13日

1996 年北京铁路职工子弟第二中学毕业证书

2004 年 12 月，北京市颁发中小学生金帆奖、银帆奖

2006 年 5 月，北京高校毕业生就业促进会成立

2007 年 10 月，北京市选拔首批 363 名博士生、博士后到党政机关和企事业单位挂职锻炼

2008 年 12 月，市教委表彰中小学电子化学籍管理工作先进单位

2010 年 9 月，首都师范大学良乡校区新生入学

师资队伍建设

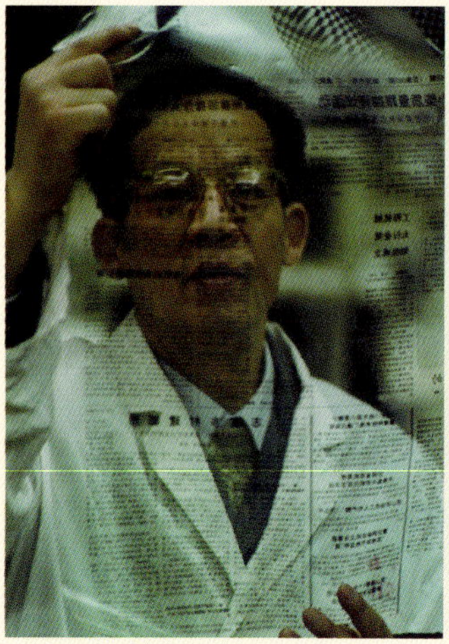

1990年，北京大学教授王选获得陈嘉庚技术科学奖，被评为全国高等学校先进科技工作者

1996年，崇文区从外地引进300名大学生，并赠送每人一辆自行车

2001年9月16日，北京第二实验小学特级教师霍懋征和学生们在一起

2002年，北京市第二十二中学特级教师孙维刚进行双语教学

2004 年，北京青年政治学院完成全员聘用制改革

2004 年 4 月，教育学院举办首届农村中学校长高级研修班

2005 年 3 月 31 日，张思明为北京市优秀教师作报告《用心做教育》

2005 年 4 月 30 日，市教委召开教育系统先进工作者座谈会

2005年9月9日，北京市召开优秀教师师德报告会

2006年1月，北京市表彰第18届“紫禁杯”优秀班主任

2006年9月9日，赵凤桐（左）为特级教师颁奖

2007年1月，北京市启动职业院校教师素质提高工程

2007 年 4 月 21 日，北京大学举行孟二冬教授骨函安放暨铜像揭幕仪式

2008 年 11 月，崇文区光明幼儿园举办教师岗位技能练兵活动

2009 年 2 月，2008 首都十大教育新闻人物揭晓

2010 年 6 月，北京市评审师德标兵

经费管理

2004年12月，石景山区教委会计核算中心成立

2006年6月，市教委加强基础教育系统国有资产管理

2006 年 10 月 29 日至 11 月 2 日，中央七部委督察组专项检查北京市教育收费工作

2008 年 6 月，市教委举办教育系统审计机构负责人培训

2008 年 6 月，市教委入选北京市内部审计先进单位

2009 年市教委编印的财务工作手册

民办教育

1994 年 12 月，北京小牛津双语幼儿园（寄宿制）接送孩子的专车

北京青年报
BEIJING YOUTH DAILY
日报 今日共8版 1996年4月25日 星期四 第2772期

25中试行
国有民办
自筹资金、面向全市、高额学费

1996 年，北京市第二十五中学率先试点“国有民办”办学体制改革

1996 年，海淀区翰文培训学校初创时在五道口的教室

2000 年，北京私立汇佳学校学生上动画实践课

2004 年 5 月，大兴区行知学校获赠学习用品

2003 年 9 月 9 日，北京城市学院在人民大会堂举办更名后首届新生开学典礼

2004 年 9 月，市教委评选民办高校先进单位

2005 年 5 月 21 日，北京民办教育协会成立

2005 年 6 月，北京市召开民办高校党的建设工作会

2006 年 2 月 19 日，北京新东方学校报名大厅

2007 年 9 月 4 日，巨人学校与启明创投合作签约仪式

2008 年 10 月，北京市表彰优秀民办幼儿园

2008 年 5 月 12 日，美国英语语言学院成立 15 周年，累计 2 万多名合格毕业生走上社会，1300 名学生走出国门

2010 年 4 月 9 日，北京市民办高等教育工作会召开

教育督导

1991 年 5 月，全国首届直辖市、计划单列市教育督导工作研讨会在京召开

1993 年 12 月，北京市第四届教育评价研讨会召开

1995 年 12 月，北京市中小学督导评价研讨会召开

2004 年，市教育督导室召开实施素质教育督导评价工作经验交流会

2004 年，北京市教育法律执行检查组检查东郜渠中心小学素质教育

2004 年 2 月，市政府聘任 98 名特约督导员

2005年9月至10月，市教育督导室完成东城、宣武、崇文等10个区县素质教育综合督导

2006年11月，市教育督导室督导检查初中建设工程

2009年5月11日，北京市教育督导网站开通

2010 年 1 月，市教育督导室督导检查 5 所独立学院办学状况

2010 年 6 月 19—20 日，“北京 2010 年教育督导评价国际论坛”在北京工大建国饭店召开

2010年9月21日，市教育督导室和北京教育学院联合举办“北京市督学大讲堂”

机构改革

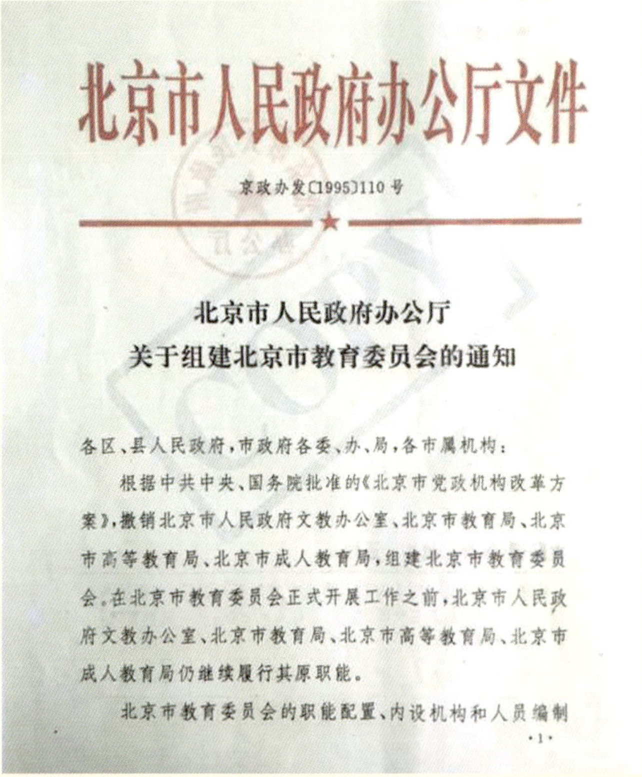

北京市人民政府办公厅文件

京政办发〔1995〕110 号

北京市人民政府办公厅
关于组建北京市教育委员会的通知

各区、县人民政府，市政府各委、办、局，各市属机构：

根据中共中央、国务院批准的《北京市党政机构改革方案》，撤销北京市人民政府文教办公室、北京市教育局、北京市高等教育局、北京市成人教育局，组建北京市教育委员会。在北京市教育委员会正式开展工作之前，北京市人民政府文教办公室、北京市教育局、北京市高等教育局、北京市成人教育局仍继续履行其原职能。

北京市教育委员会的职能配置、内设机构和人员编制

·1·

1995 年 12 月 15 日，市政府办公厅印发《关于组建北京市教育委员会的通知》

1996 年 2 月 15 日，市教委召开成立大会

1996年2月15日，北京市教育委员会揭牌

1996年2月15日，北京教育科学研究院揭牌

1997 年 3 月 28 日，北京教育音像报刊总社挂牌

1997 年 7 月 19 日，市教委直属机关工会第一次会员代表大会召开

1997 年 8 月，崇文区教委挂牌，至 2001 年全市各区县全部成立教委

2000 年 1 月，市教委实施机构改革，改革后市委教育工委、市教委合署办公

2008 年 4 月 2 日，市教委召开事业单位岗位设置工作会议，优化事业单位岗位设置

前门西大街 109 号市教委办公大楼

北京市教育委员会历任主任（1996—2010年）

徐锡安
（1995年12月—1998年2月、1999年5月—2002年3月任）

袁贵仁
（1998年2月—1999年5月任）

耿学超
（2002年3月—2006年3月任）

刘利民
（2006年3月—2010年任）

序

1991年至2010年，适逢中国改革开放大潮，伴随社会经济快速发展及人民群众日益增长的文化和教育需求，北京教育进入了历史上最快的发展时期。

二十年里，北京教育在党和政府的领导下，以办好人民满意的首都教育为指针，锐意改革，加大投入，不断加强学校建设和师资队伍建设，深入开展素质教育，各级各类教育协调发展，继在全国率先普及九年义务教育后，又逐步普及高中阶段教育，并迈入了高等教育普及化阶段。提出教育现代化的目标，探索义务教育均衡发展，建设高水平的一流大学，创建学习型社会，努力为人民群众提供公平、优质的教育。

二十年中，北京教育的发展以改革创新为动力，先后进行了教育领导管理体制改革、办学管理体制改革、学校内部管理体制改革、招生及保障体制改革。同时积极开展教育评价创新、学业评价创新、教育督导工作创新。在教育教学中，尤其课程改革、教材建设、教学方法等方面不断探索新路。同时，合作开放办学迈上新台阶，国际合作、省际合作和与港澳台合作不断加强，奥林匹克教育也取得了突出成绩。在教育信息化方面的深入推进促进首都教育现代化建设。

二十年来，北京教育为首都建设和国家社会主义现代化建设做出巨大的贡献。各级各类教育培养了社会需要的人才；学习型城市建设提高了首都居民的文化素质，丰富了人们的精神需求；高校和教育科研机构在自然科学、哲学和社会科学、教育科学研究上硕果累累；在校企合作、校地合作、科研成果转化、志愿者服务、奥运和国家庆典等社会服务方面成绩显著；在支援边疆教育方面，北京与内蒙古、西藏、新疆、青海等省市自治区携手并进。

当前，北京教育面临着为北京坚持“四个中心”的城市战略定位，建设国际一流的和谐宜居之都提供人力资源支撑的艰巨任务。

《北京教育志丛书（1991—2010）》是1995年出版的《北京教育志丛书》的续篇，系统记载1991年至2010年间北京教育的历史与现状，传播首都教育工作者光辉的业绩，为广大教育工作者、为教育科学研究，提供珍贵的资料。我们希望《北京教育志丛书（1991—2010）》的出版，能够激发首都教育工作者的社会责任感，为北京教育谱写更加灿烂的篇章。

《北京教育志丛书（1991—2010）》编委会

凡例

一、本志稿以马克思列宁主义、毛泽东思想、邓小平理论、“三个代表”重要思想、科学发展观、习近平新时代中国特色社会主义思想为指导，坚持辩证唯物主义和历史唯物主义的立场、观点和方法，力图完整、全面、客观、准确记述北京行政区划内教育管理和教育督导发展变化过程和基本脉络。

二、本志稿正文以述、记、图、表、录为基本体裁。书前设凡例、书后设后记。记述上限为1991年1月1日，下限至2010年12月31日。为保证史实完整性，对个别事业的发端进行必要的追溯。

三、本志稿机构名称首次出现使用全称，其后使用规范性简称。如：“北京市人民政府文教办公室”简称“市政府文教办”，“北京市教育局”简称“市教育局”，“北京市高等教育局”简称“市高教局”，“北京市成人教育局”简称“市成教局”，“北京市教育委员会”简称“市教委”，“北京市人民政府教育督导室”简称“市教育督导室”。学校一般使用全称。

四、本志稿资料来源为政府文件、市教委统计资料、市教委业务处室工作总结、重大专项工作总结、《北京教育年鉴》、教育系统修志资料、学术专著等。

五、本志稿教育类统计数据为学年度数据。

目录

第一篇
行政管理

DIYI PIAN
XINGZHENG GUANLI

第一章　管理体制

北京教育管理体制与社会发展相适应，经历由集中统一领导、分级管理，向中央和地方两级管理，地方管理力度不断强化的发展历程。1995年颁发的《中华人民共和国教育法》，以法律的形式明确国务院和地方各级人民政府根据分级管理、分工负责的原则，领导和管理教育工作。依据《中华人民共和国教育法》等相关规定，北京高等教育逐步形成中央和省市两级办学、两级管理，以北京市为主的办学与管理体制。基础教育城市地区实行市、区政府两级管理，农村地区实行市、县区、乡镇政府三级管理，区县为主的领导管理体制。职业教育和成人教育形成在中央统一的方针政策下，地方政府统筹管理，多部门广泛参与的格局。

第一节　学前教育

1991年，北京市各种类型幼儿园3761所，在园幼儿402699人。全市城镇地区幼儿园以市立园为示范，机关、厂矿、部队、街道园为主体，农村地区以乡中心园为骨干，村办幼儿园为主体，城乡部分小学分设学前班为辅助。北京市学前教育领导管理实行地方负责、分级管理和各有关部门分工负责体制。

市政府文教办设托幼处，协调管理全市学前教育工作。1986年9月，市政府成立托幼工作领导小组，主要负责制定全市托幼事业的发展规划，研究制定有关政策和管理办法，统一协调各有关部门的托幼工作。托幼工作领导小组由主管市长任组长，市教育局、市卫生局、市妇联、市总工会、市计委、市经委、总政干部部等部门领导为成员。市托幼工作领导小组不设办公室，日常工作由市政府文教办公室负责。

市教育局负责对全市幼儿园以及所有的托幼混合的园所进行业务领导。具体职责是：①贯彻国家有关学前教育工作方针、政策，拟订行政法规和重要规章制度；②研究拟订学前教育事业发展方针，综合编制事业发展规划；③负责对各类幼儿园的业务领导，建立督导和评估制度；④组织培训各类幼儿园的园长、教师，建立园长、教师考核和资格审定制度；⑤办好示范性幼儿园；⑥指导幼儿教育科学研究工作。市卫生局负责拟订有关幼儿园卫生保健方面的法规和规章制度，对幼儿园卫生保健业务工作进行指导。市计委负责将幼儿教育事业发展和建设等列入各级计划。市财政局会同有关部门研究制定有关幼儿教育事业经费开支的制度和规定。市劳动局和市人事局会同有关部门研究制定幼儿园工作人员的有关编制、工资、劳动保护、福利待遇等方面的制度和规定。

区县政府文教办（托幼工作部门）负责本区县学前教育宏观管理，根据本地区社会经济发展状况，制定幼儿园发展规划，统筹协调园所发展中的实际问题。区县教育局负责本区县学前教育业务指导，监督检查、评估指导幼儿园保育教育工作，组织培训师资，审定、考核乡（镇）幼教干部、园长、教师资格；负责本区域幼儿园登记注册工作，负责市立幼儿园和小学附设学前班的行政管理。区县卫生局负责本区县幼儿园卫生保健工作进行监督、检查和指导。

农村地区中心幼儿园一般由一个乡（镇）、几个村或乡（镇）、村联合兴建，是自办的集体性质的教育事业单位。农村地区中心幼儿园在市、区（县）业务指导下，乡镇负主要管理责任。乡（镇）政府负责解决中心幼儿园的房屋建筑、设备购置，确定办园经费，解决教师工资待遇，任免教职工。农村幼儿园的举办、停办，由所在乡（镇）政府登记注册，并报县教育局备案。

机关、厂矿、部队、个人举办园所的行政领导，包括政治思想教育、人事、经费和物资供应等工作，由举办者负责。

1995 年 12 月，北京市调整教育行政管理机构，成立北京市教育委员会。市托幼工作领导小组改组为市学前教育领导小组。市教委设立学前处统筹管理全市学前教育，同时承担北京市学前教育领导小组办公室职责。市教委学前教育处具体职责是：贯彻有关学前教育工作的方针、政策，拟订学前教育发展规划、有关行政法规、制度和制定推进改革的措施。承担北京市学前教育工作领导小组办公室的日常工作，负责协调并牵头研究学前教育工作中的重大问题。负责北京地区各级各类园所的登记注册和配合有关处室进行社会办园的审批工作。负责对托儿所、幼儿园的保教业务指导，建立并逐步完善视导和评估制度。建立园长、教师考核和资格审查制度，配合有关处室组织园长、教师的培训工作。指导学前教育的教研和科研工作，并协助推广研究成果。市教委成立后，各区县陆续成立区县教育委员会，设立学前教育科，统筹管理区县学前教育工作。

1997年，市教委就学前教育机构登记注册做出规定。凡属本市行政辖区内的人民政府、企事业单位、机关、部队、团体、街道、乡镇、居委会、村委会和公民个人等举办的招收学龄前儿童，对其实施保育和教育的幼儿园（学前班）、托儿所等各类型学前教育机构（短训班除外），均需登记注册。市教委是本市行政辖区内学前教育机构登记注册的主管机关，区、县教育委员会（文教办、教育局）负责本行政辖区内学前教育机构登记注册的具体工作。登记注册后，按北京市机构编制委员会的有关规定领取“北京市事业单位法人证书”或“北京市事业单位非法人证书”。未经登记注册，擅自招生的幼儿园（学前班）、托儿所由区县教委（文教办、教育局）按《幼儿园管理条例》规定处罚。

同年，市教委制定《北京市学前班管理办法（试行）》，明确小学附设学前班管理办法。市教委主管全市的学前班工作。负责制定有关学前班工作的办法；检查全市学前班工作；对全市学前班进行宏观调控和管理。各区县教育行政部门主管本区域内的学前班管理工作（农村地区建立县、乡两级管理体制），幼教科和小教科要有专职或兼职干部负责学前班工作。幼教科负责：①学前班的审批和注册登记；②督导、评估学前班工作；③制订学前班教师培训计划并组织实施。小教科主要负责：学前班的行政管理；会同幼教科做好督导、评估和教师培训等项工作。市、区（县）幼儿教研室应积极配合教育行政部门，做好学前班的业务指导和教师培训工作。举办学前班的单位，由一名校级干部主管学前班工作，其主职责是：①领导学前班教育、卫生保健、安全保卫工作，制订学前班学年工作计划；②聘任和培训学前班教师；③建立并执行学前班各项工作制度；④指导、检查和评估学前班工作；筹措资金改善办班条件；⑤组织和指导家长工作。学前班教师对本班工作全面负责。2006年，北京市取消小学附设学前班。

2001年6月，市人大颁布《北京市学前教育条例》，提出发展学前教育事业是政府、社会、家庭、学前教育机构的共同责任，再次就分级管理、分工负责作出明确规定：市教育行政部门主管本市行政区域内的学前教育工作，对学前教育进行统筹规划和管理。区、县教育行政部门负责本辖区内学前教育的管理工作，并对各类学前教育机构进行监督指导。市和区、县政府其他有关部门在各自的职责范围内，负责有关学前教育的工作。

2003年，市政府调整议事协调机构和临时机构设置，撤销北京市学前教育工作领导小组，其工作由市教委承担。

第二节 基础教育

1986年4月颁布的《中华人民共和国义务教育法》中，明确规定了“义务教育事业，在国务院领导之下，实行地方负责、分级管理”。1993年2月，国务院印发的《中国教育改革和发展纲要》，重申“深化中等以下教育体制改革，继续完善分级办学、分级管理的体制”。国家颁发基本学制、课程设置和课程标准、学校人员编制标准、教师资格和教职工基本工资标准等规定，地方政府有权确定本地区的学制、年度招生规模，确定教学计划，选用教材和审定省编教材，确定教师职务限额和工资水平等。

20世纪90年代初，根据国家有关规定，北京市中小学（含幼儿园、职业高中、特殊教育机构、校外教育机构）城市地区实行市、区政府两级管理，农村地区实行市、县区、乡镇政府三级管理。

市教育行政部门为政府职能机构，负责统筹全市基础教育发展，组织、指导区县教育行政部门及学校贯彻执行党的路线、方针和政策，确保国家下达的各项任务的完成。市教育行政部门通过区县教育局负责管理全市中小学、职业中学、中等师范学校、幼儿园、盲聋哑学校、弱智学校、工读学校及校外教育机构的教育行政工作。

区县教育行政部门负责贯彻执行政府和上级教育行政部门的政策、法规及关于教育工作的指示，定期向区县人大、区县政府报告工作；管理本区县普教系统的干部、教师队伍；制定和实施本区县普通教育发展规划和工作计划；管理和使用本区县教育经费，负责所属单位的固定资产管理及后勤保障工作；管理本区县中小学、市立幼儿园、职业高中、师范学校、教师进修学校及其他所属单位的行政、业务工作。

乡镇政府根据国家有关规定承担本地区基础教育办学责任，依法保障适龄儿童少年接受九年义务教育。自1985年起，北京农村地区的小学和初中教育实行由乡镇政府领导和管理。乡镇政府负责执行市、县（区）政府和教育行政部门制定的有关教育工作的政策、法令和规定，并根据县（区）教育事业发展的规划，结合本乡镇情况，具体负责中小学学校建设、办学经费筹措。中小学的干部和教职工的人事管理，实行县（区）教育行政部门与乡镇双重领导。

1999年12月，中共北京市委、北京市人民政府印发《关于深化教育改革全面推进素质教育的意见》，明确基础教育实行主要由区县负责、分级管理的体制。

同时为减轻部分乡镇教育投入压力，决定从2000年起，49个边远山区乡镇的教育经费改为主要由区县负责统筹。2001年，北京市分步实施中小学教师工资统一发放工作，并决定首先在10个远郊区县进行教师工资统一发放。统一发放的单位包括10个远郊区县的公办中小学校。中小学校纳入统一发放工资的人员包括学校正式编制内的全体教职工。教师工资统一发放工作由区县教育、财政部门共同负责组织实施，教师工资全额纳入本级财政预算。

2001年8月，《北京市人民政府贯彻国务院关于基础教育改革与发展决定的意见》进一步明确，建立市政府宏观调控、区（县）政府统筹负责、乡（镇）政府承担必要责任的分级管理体制。区县政府对辖区内基础教育的改革与发展负主要责任。负责中小学的统筹规划、结构布局调整、建设和管理，负责中小学校长和教师的管理，统一发放中小学教职工工资，指导学校教育教学工作。自此，北京市基础教育由乡镇为主管理提升至由区县级政府负责。在经费投入上，完善以政府投入为主、多种渠道筹措教育经费的基础教育投入体制。市级财政通过以市级教育费附加转移支付、安排专项经费等方式，加大对基础教育的支持，特别要向经济实力较弱地区适度倾斜。区县政府要确保财政用于中小学教育事业费的增长比例高于财政经常性收入的增长比例，市级财政用于教育的转移支付资金按公用经费定额标准分年度实施计划及时足额拨付学校，保障中小学教育教学正常运转。

2008年，北京市修订《北京市实施〈中华人民共和国义务教育法〉办法》，就义务教育管理体制再次作出明确规定。义务教育实行市政府统筹规划实施、区县政府为主管理的体制。市政府统筹规划义务教育实施工作，区县政府负责义务教育实施管理工作，制定本行政区域义务教育事业发展规划，合理调整学校布局，加强教师队伍建设，保障教育经费。乡镇政府和街道办事处应当按照职责配合教育行政部门做好义务教育实施工作。

第三节　高等教育

20世纪90年代初，北京普通高等教育领导管理体制特点是中央和北京市两级管理，多部门办学。高等教育学校包括中央部门（单位）直属高等学校和北京市直属高等学校两大类。中央部门（单位）直属高等学校简称“部委院校”，是指国务院组成部门及其直属机构拨款筹建并直属管理的高等学校。北京市直属高等学校简称“市属院校”，是指地方拨款筹建，并由北京市教育部门管理的高等学校。1991年，北京地区有高等院校67所，其中，部委属院校54所、市属高校13所。

1993年以后，北京市依据国家“共建、调整、合作、合并”原则，逐步开展高等教育管理体制改革。改革的核心内容是打破条块分割，实现优势互补，合理配置和充分利用教育资源，充分调动中央、地方及社会各方面办学积极性。1998年至2000年，北京地区部委院校实施三次大规模调整。

1998年，在国务院机构改革中，国务院9个部门改组或组建为国家经贸委管理的9个国家局。国务院决定对这些部门所属学校管理体制进行调整。普通高校原则上都实行中央与地方共建、以地方管理为主的体制。成人高等学校，除中央财政负担的管理干部学院原则上就地并入普通高等学校或改制为培训教育机构外，其余由企事业单位举办的成人高等学校一律划转地方管理。年内，北京市完成9所部属普通高等学校管理体制调整。从9月1日起，北方工业大学、北京服装学院、北京轻工业学院、北京商学院、北京机械工业学院、北京物资学院、中央工艺美术学院7所部属普通高等学校实行中央与北京市共建共管、以北京市为主管理的体制。北京科技大学、北京化工大学划转为教育部直属院校，实行中央与地方共建、日常管理以北京市为主、重大事项以教育部管理为主的体制。

1999年3月，国务院调整5个军工总公司所属学校管理体制，北京航空航天大学、北京理工大学由分别隶属中国航空工业总公司、中国兵器工业总公司划归国防科工委，实行中央与地方共建、日常管理以北京市为主、重大事项以国防科工委主的体制。6月，隶属于中国轻工总会的北京轻工业学院、隶属于国内贸易部的北京商学院合并组建北京工商大学。隶属于机械工业部的机械工业管理干部学院并入工商大学。北京工商大学实行中央与北京市共建、以北京市管理为主的体制。

2000年，国务院进一步调整国务院部门（单位）所属学校管理体制，8所普通高等学校实行中央与北京市共建，以北京市管理为主的体制。8所以北京市管理为主的院校是：中国音乐学院、中国戏曲学院、北京舞蹈学院、北京电影学院、北京第二外国语学院、北京信息工程学院、北京印刷学院、北京石油化工学院。同时，北京邮电大学、石油大学、中国农业大学、北京林业大学、北京广播学院、中央财经大学、中国地质大学、中国政法大学、中央音乐学院、中央美术学院、中央戏剧学院划转教育部管理，北京医科大学并入北京大学，成为北京大学医学部。北方交通大学与北京电力高等专科学校（不包括良乡校区）合并，成立新的北方交通大学，隶属于教育部。4所成人高校并入3所普通高等学校。其中，中央政法管理干部学院并入中国政法大学，中央财政管理干部学院并入中央财经大学，电子工业管理干部学院、北京成人电子工业学院并入北京信息工程学院。中国新闻学院改为新华社培训中心。北京针灸骨伤学院与北京中医药大学合并组建新的北京中医药大学，隶属于教育部。

在部委院校管理体制调整中，实行中央与地方共建、以地方管理为主的普通高等学校，其教育事业费由财政部纳入下划地方的经费指标。学校的国有资产、人员编制、劳动工资管理等均由北京市政府负责。学校主要在北京招生，为北京培养人才，为北京经济和社会发展服务，在教育行政管理上纳入市属院校统一管理。

至 2000 年年底，经过中央与北京市共建、调整部委院校管理体制，北京地区共有 59 所普通高校，其中市属市管高校 27 所，市属市管高校超过 45%，较 1991 年有较大幅度提高，基本形成中央和北京市两级管理、分工负责，以北京市管理为主的高等教育领导管理体制。在这种管理体制下，国务院各部门重点管理好直接关系国家经济、社会发展全局并在高等教育中起示范作用的骨干学校和行业性强、地方不便管理的学校。在中央与地方的关系上，中央主要负责大政方针、宏观规划和监督检查。地方负责所属高等学校的具体政策、制度、计划的制定和实施，以及对学校的领导和管理。实行中央与地方共建、以地方管理为主的普通高等学校，其教育事业费由财政部纳入下划地方的经费指标。学校的国有资产、人员编制、劳动工资管理等均由北京市政府负责。学校主要在北京招生，为北京培养人才，为北京经济和社会发展服务，在教育行政管理上纳入市属院校统一管理。

2010 年，北京市普通高等学校 89 所，其中，部委院校 36 所，市属院校 53 所。部委院校中，教育部直属院校 25 所，其他部委院校 11 所。市属院校中，公办高校 38 所（市教委办学 15 所、其他部门办学 23 所），民办高校 15 所。

表 1-1-1　　2010 年北京市普通高等学校一览表

隶属关系	学校名称
教育部（25 所）	北京大学、中国人民大学、清华大学、北京交通大学、北京科技大学、北京化工大学、北京邮电大学、中国农业大学、北京林业大学、北京中医药大学、北京师范大学、北京外国语大学、北京语言大学、中国传媒大学、中央财经大学、对外经济贸易大学、国际关系学院、中央音乐学院、中央美术学院、中央戏剧学院、中国政法大学、华北电力大学、中国矿业大学（北京）、中国石油大学、中国地质大学（北京）
国务院委办（11 所）	北京航空航天大学、北京理工大学、北京电子科技学院、北京协和医学院、外交学院、中国人民公安大学、北京体育大学、中央民族大学、中华女子学院、中国青年政治学院、中国劳动关系学院
北京市教育部门（23 所）	北京工业大学、北方工业大学、北京工商大学、北京服装学院、北京印刷学院、北京石油化工学院、北京农学院、首都医科大学、首都师范大学、首都体育学院、北京第二外国语学院、北京物资学院、首都经济贸易大学、中国音乐学院、中国戏曲学院、北京电影学院、北京舞蹈学院、北京工业职业技术学院、北京电子科技职业学院、北京信息科技大学、北京联合大学、北京青年政治学院、北京财贸职业学院

续表 1–1–1

隶属关系	学校名称
北京市非教育部门（15 所）	北京建筑工程学院、北京信息职业技术学院、北京京北职业技术学院、北京交通职业技术学院、首钢工学院、北京农业职业学院、北京政法职业学院、北京戏曲艺术职业学院、北京现代职业技术学院、北京警察学院、北京经济管理职业学院、北京劳动保障职业学院、北京社会管理职业学院、北京体育职业学院、北京交通运输职业学院（北京科技大学延庆分校、首都经济贸易大学密云分校、北京工业大学通州分校未统计在内）
北京市民办高校（15 所）	北京城市学院、北京北大方正软件职业技术学院、北京经贸职业学院、北京经济技术职业学院、北京汇佳职业学院、北京科技经营管理学院、北京吉利大学、首都师范大学科德学院、北京工商大学嘉华学院、北京科技职业学院、北京培黎职业学院、北京邮电大学世纪学院、北京工业大学耿丹学院、北京新圆明园职业学院、北京第二外国语学院中瑞酒店管理学院

第四节　职业教育

一、中等职业教育领导管理

职业教育领导管理体制实行国家、地方两级管理，地方负主要责任的体制。1991 年，国务院《关于大力发展职业技术教育的决定》明确，国家教委负责掌握职业技术教育的大政方针，统筹职业技术教育的发展，协调各部门有关职业技术教育的工作，统一部署和指导职业技术教育的改革。国家计划、劳动、人事、财政等综合部门应按照职责分工，做好人才需求预测、经费来源、毕业生就业录用和有关职业技术教育管理等方面的工作。国家教委负责掌握职业技术教育的大政方针，统筹职业技术教育的发展，协调各部门有关职业技术教育的工作，统一部署和指导职业技术教育的改革。业务部门除办好所属职业技术学校外，还要对本行业范围内的各类职业技术教育在学校布局、专业（工种）设置、办学标准、教学要求、质量评估等方面进行指导和协调；在实验实习、师资、设备、教材、考核标准等方面给予服务和帮助。发展职业技术教育主要责任在地方。地方政府有权对职业技术教育进行必要的统筹和决策，在中央统一的方针政策下，由地方政府统筹安排本地各类职业技术教育的布局、专业、工种、设置、招生、毕结业生就业安置及中长期规划。

北京市职业教育以中等专业学校、技工学校和职业高中为主要形式。中等专业学校培养具有一定专业理论知识和应用技能的技术人员、管理人员和其他专业人员。技工学校培养具有一定专业知识和操作技能的中级技术工人。职业高中培养具有一定专业知识和技能的技术人员、管理人员或者中级技术工人以及其他从业人员。20 世纪 90 年代初，北京市职业教育宏观管理由北京市职业技术教育委员会负责。委员会是市政府议事协调机构，前身是市中等职业技术教育领导小组，1990 年 6 月 11 日改为北京市职业技术教育委员会。委员会主要任务是：贯彻执行国家对职业技术教育的方针、政策，合理规划全市中等职业技术教育的专业、规模和布局，进行宏观管理和指导，统筹协调全市职业技术教育工作。委员会由副市长任主任，委员由市政府文教办、市计委、市经委、市政府农林办、市建委、市商委、市市政管委、市科委、市高教局、市教育局、市成人教育局、市劳动局、市财政局、市人事局、市规划局领导组成。委员会下设办公室负责日常工作办公室，设在市政府文教办。

北京市中等专业学校领导管理包括两种类型：中央部委在北京举办的中等专业学校，由中央有关部委教育行政部门领导，北京市教育行政部门业务指导；北京市属中等专业学校，由北京市教育行政部门及政府综合部门分工领导管理。市高教局设中专处，作为北京市教育行政部门对市属中等专业学校实行业务指导：会同主管局（总公司）传达上级有关教育工作的指示精神，调查了解学校贯彻执行党的教育方针政策的情况；会同市有关部委办对中等专业学校开设、调整和撤销进行审核报批工作；协助市计委统筹规划、综合平衡学校的布局、专业设置、招生计划和事业发展规划；总结交流思想政治工作、教学工作、后勤工作经验，协调和解决学校中的共同性问题；协同有关部门解决政治课、普通课教师的培训进修；会同主管局（总公司）确定与提升教师职称；指导教学协作组和中专体育运动委员会的工作；组织招生工作，审批学生开除或勒令其退学的处分；协助主管局（总公司）做好毕业生的思想政治教育工作；归口办理教学仪器和课桌椅的供应；办理市委、市政府交办的有关事项。各主管局（总公司）负责管理所属中等专业学校的各项工作：贯彻执行党的方针政策；管理思想政治教育工作、教学工作；负责学校的规划、专业设置、招生计划、毕业生分配；负责学校的人事工作、人员编制、劳动工资计划、师资配备、教职工的考察晋升工作；审核所属学校确定与提升教师职称；负责学校的经费、基本建设、学生助学金、物资和仪器设备等；制定和审核学校的各项工作制度；核定学校的生产实习和科研计划，安排学生的实习场所和实习工厂、农场的产供销，供应实习需要的原材料。

北京市技工学校综合管理工作由市劳动局归口管理。

北京市职业高中的领导管理纳入基础教育领导管理体系，实行市、区县两级管理，以区县为主的管理体制。

1995 年 12 月，北京市教育委员会成立，统筹管理全市中等职业教育、高等职业教育。

2000 年，受普通高中和普通高校扩招的双重压力影响，市政府决定调整全市高中阶段教育结构，通过合并、改建、联办、划转等形式，将北京市中等职业学校削减一半，使职业教育与普通高中的招生、在校生比例尽快达到 50∶50。调整工作涉及普通中专、职业高中、成人中专、成人职业高中，以重点建好一批、大力调整一批、坚决撤并一批为原则，用 3 年左右时间，将现有各类中等职业学校减少到 150 所左右。调整办法包括：区（县）属中等职业学校按照人口总数设置；成人中专与普通中专两块牌子、一套班子的，撤销成人中专的校级建制；撤销连续两年未招生或在校生 300 人以下的中专学校、职业高中、成人中专和成人职业高中以及普通高等学校、成人高等学校附设的中专部；加大中等职业学校资产重组力度；鼓励中等职业学校跨地区、跨行业合作、合并与重组等。

2001 年年初，北京市全面启动中等职业学校结构布局调整工作。计划撤销 191 所中等职业学校，其中区办中等职业学校（主要为卫生学校及职工中专部）103 所，北京市行业部门举办的职业教育中专部 69 所，中央划归地方的中等职业学校 6 所，中央部属中等职业学校 13 所。实际撤销、合并中等职业学校 166 所。其中，普通中专 42 所、职业高中 16 所、成人中专 108 所。至此，市教委管理的中等职业学校（含成人中专）由 380 所下降到 214 所，调整后学校统一使用“某某中等职业学校”名称，校均办学规模由 300 人扩大到 1120 人，校均教学仪器设备总值由 170 万元提高到 307 万元。

2003 年，北京市基本完成中等职业教育三年布局结构调整任务，在校生校均规模由 2001 年的 470 人增加到 1300 人，增长 1.8 倍。调整后，中等职业学校 208 所，其中，普通中等专业学校 63 所（中等技术学校 62 所、中等师范学校 1 所），技工学校 48 所，职业高中 97 所。至 2005 年，北京市中等职业学校调整到 172 所，其中，中等专业学校 52 所（中等技术学校 51 所、中等师范学校 1 所），技工学校 45 所，职业高中 75 所。中等职业学校数比 2001 年减少 142 所，减幅

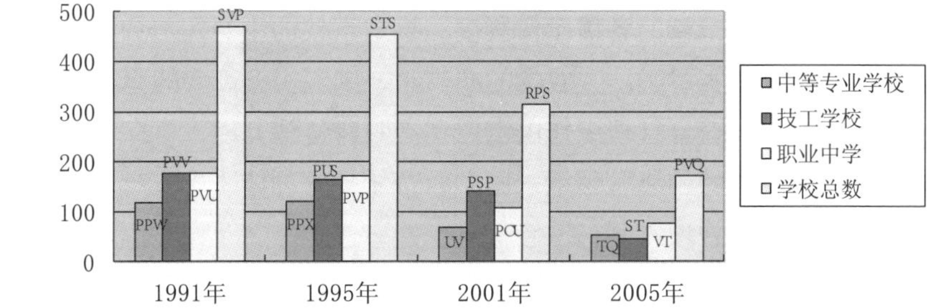

图 1-1-1　1991 年至 2005 年北京市中等职业学校变化对比图

约 45%，比 1991 年减少 299 所，减幅约 63%。

2006 年 4 月，市政府颁布《关于大力发展职业教育的决定》，明确“十一五”期间北京市职教发展的基本方针是“优化结构、内涵发展、提高质量、满足需求”，职业教育工作重点继续坚持从注重数量扩张转向注重结构优化和质量提高。办学具体目标是：“到 2010 年，全市中等职业学校（部）调整至 100 所左右，其中 80% 达到国家级重点校标准，在校生规模保持在 27 万人左右。”此后，北京市根据首都经济社会发展、技能型人才培养需求通过规划和经费投入等调控手段，进一步加大资源重组、资产盘活的力度，推进全市中等职业学校结构布局调整，在保证教育资产不流失的前提下，使优质教育资源继续向重点学校集聚。2009 年 10 月和 12 月，北京市按照“行业穿成线”“区域捏成团”的方式，分别成立北京交通职业教育集团和北京市昌平区职业教育集团。集团由政府搭台，以职业院校为主体，旨在以特色专业和人才培养使用为纽带，将行业职业院校、企业、行业协会、科研机构、职业技能鉴定机构及其他机构组合，举办职业教育、职业培训、成人继续教育、社区教育，开展校企合作、产教结合、工学交替等人才培养模式改革实验。2009 年年内，北京市共调整和撤并 16 所中职学校，其中，中专学校 7 所、职业高中 5 所、技校 4 所，招生学校减少至 134 所，全市中职学校校均规模由 2006 年的 1310 人增至 1620 人，增长 23.7%。

2010 年，北京市中等职业学校 134 所，其中，普通中等专业学校 35 所，职业高中 61 所，技工学校 38 所。

表 1-1-2　　1991 年至 2010 年北京市中等职业教育学校统计表　　单位：所

年度	合计	普通中等专业学校		职业中学		技工学校
		中等技术学校	中等师范学校	职业高中	职业初中	
1991	471	98	20	174	2	177
1992	459	97	20	179	0	163
1993	459	97	20	178	0	164
1994	451	99	20	180	0	152
1995	454	99	20	171	0	164
1996	459	98	20	177	0	164
1997	440	98	20	174	0	148
1998	432	98	20	173	0	141
1999	422	93	18	168	0	143
2000	393	92	16	144	0	141
2001	314	65	2	106	0	141
2002	206	58	1	93	3	51

续表 1-1-2

年度	合计	普通中等专业学校		职业中学		技工学校
		中等技术学校	中等师范学校	职业高中	职业初中	
2003	208	62	1	97	0	48
2004	179	55	1	77	0	46
2005	172	51	1	75	0	45
2006	168	47		75	0	46
2007	163	41		76	0	46
2008	153	36		72	0	45
2009	145	36		66	0	43
2010	134	35		61	0	38

说明：2003 年起北京教育事业统计改变统计口径，成人中专纳入中等职业教育统计。为保持数据一致，本表未包含成人中专

二、高等职业教育领导管理

1994 年，北京市成人教育局、北京市教育局举办高等职业教育，在部分成人高校试办职业教育专业，进行中等职业教育与高等职业教育接轨试点。试办的高等职业教育由北京市成人教育局、北京市教育局审核同意后，报请国家教委批准。同期，市高教局在部分市属高校举办高职专业试点，其管理纳入高等教育管理体系。

1996 年 2 月，北京市教育委员会成立，统筹管理全市中等职业教育、高等职业教育。1996 年 7 月，市教委成立北京市高等职业教育协调领导小组，协调领导小组办公室设在市教委职业教育处。

1999 年，教育部、国家发展计划委员会探索以多种形式、多种途径和多种机制发展高等职业技术教育，决定按新的管理模式和运行机制举办高等职业技术教育。按新的管理模式和运行机制举办的高等职业技术教育为专科层次学历教育，其招生计划为指导性计划，教育事业费以学生缴费为主，政府补贴为辅。毕业生不包分配，不再使用“普通高等学校毕业生就业派遣报到证”，由举办学校颁发毕业证书，与其他普通高校毕业生一样实行学校推荐、自主择业。新的管理模式就中央政府、省级政府和学校管理职责进行划分：国家主要负责高等职业技术教育的统筹规划、综合协调和宏观管理，制定基本统一的质量标准、管理办法，编制年度指导性计划，审定举办学校的资格，以及对试办情况进行监督检查。对这部分高等职业技术教育，国家不再统一印制毕业证书内芯。在国家宏观政策的指导下，省级政府根据本地区经济和社会发展的实际

需要、产业结构特点、招生能力、就业状况和国家下达的指导性计划等综合情况，确定年度招生计划、招生办法、专业设置、收费标准和户籍管理，监督检查学业证书发放，指导毕业生就业，确定生均教育事业费的补贴标准等，并同时负有保证教学质量、规范办学秩序和改善办学条件的职责。举办学校应根据社会需求和自身办学条件的可能，编制年度招生计划，并按高等职业技术教育的特点，认真组织教学，保证教学质量。举办学校除按国家有关规定进行学籍管理外，还应就毕业证书的发放、办学秩序的稳定制定严格的管理措施，同时负责毕业生的就业指导和服务。

表 1-1-3　　1999 年北京市试办高等职业技术教育学院一览表

序号	学校
1	北京理工大学高等职业技术学院
2	北京科技大学职业技术学院
3	北京化工大学职业技术学院
4	北方交通大学职业技术学院
5	北京邮电大学高等职业教育学院
6	北京航空航天大学高等职业教育学院
7	中国人民大学高等职业教育学院
8	北京林业大学高等职业技术教育学院
9	北京信息工程学院高等职业技术教育部
10	北京印刷学院职业技术学院
11	北京外国语大学职业技术学院
12	北京第二外国语学院职业技术学院
13	北京广播学院
14	北京电影学院
15	北京医科大学高等职业教育学院
16	北京工业大学高等职业技术教育学院
17	首都经济贸易大学
18	首都医科大学
19	北京农学院高等职业技术教育学院
20	北方工业大学应用技术学院
21	北京联合大学
22	海淀走读大学
23	北京青年政治学院
24	首钢工学院
25	对外经济贸易大学
26	中央民族大学
27	北京工商大学高职学院

2000年，市教委依据国务院有关规定，获得高等职业学校设立审批授权。以后，北京市依据授权和《高等职业学校设置标准（暂行）》，通过发展民办教育、中等专业学校升格、成人高等学校调整、普通高校二级学院独立、组建职业教育集团等形式，大力发展高等职业教育，北京市高等职业技术教育进入以独立设置高等职业技术学院为重点的快速发展阶段。2000年至2002年，分别通过整合原有中等职业教育和成人教育资源以及成立民办新校的方式建立了北京工业职业技术学院、北京信息职业技术学院、北京农业职业学院、北京科技经营管理学院、北京吉利大学等独立设置高等职业技术院校。2003年，成立北京北大方正软件职业技术学院、京北职业技术学院、北京经贸职业学院、北京艺术设计学院。同时，随着高等学校办学定位逐步明确，举办高等职业教育的本科院校逐年减少，由2006年的39所减少到2010年的27所，5年减少12所。随着办学体制改革，经过合并、整合，部分成人高等学校转制为独立设置高职院校，2006年，北京举办高等职业教育的成人高校只有1所，从2007年开始，北京独立设置成人高校完成历史使命，不再承担高等职业教育人才培养任务。

表1-1-4　　“十一五”时期北京举办高职教育各类院校统计表　　单位：所

	2006年	2007年	2008年	2009年	2010年
高职高专院校	22	23	23	24	25
举办高职的普通本科院校	39	36	33	30	27
举办高职的成人高等学校	1	0	0	0	0
举办高职的大学郊区分校	3	3	3	3	3
总计	65	62	59	57	55

说明：高职高专院校数包括24所独立设置高等职业学校和高等专科学校北京青年政治学院

至2010年，北京高等职业教育包括二年制高等职业教育、三年制高等职业教育和五年制高等职业教育。其中，以三年制为主。北京学生可以通过四种途径进入高等职业院校接受高职教育。一是参加普通高等教育入学考试，成绩合格者；二是主要针对中等职业学校、职业高中以及技校学生（通称“三校生”）进行的高等职业教育单独考试招生；三是初等中学毕业生，参加北京市中等教育入学考试，成绩合格者可进入高职院校进行五年制高等职业教育相关专业学习；四是参加各试点高职院校的高等职业教育自主招生考试，成绩合格进入高职院校学习。

表 1-1-5　　2010 年北京市独立设置高等职业学校一览表

序号	学 校	举办者	沿 革
1	北京信息职业技术学院	地方非教育部门	1999 年 7 月，北京无线电工业学校与北京市电子仪表工业局职工大学合并组建
2	北京京北职业技术学院	地方非教育部门	2002 年 11 月，在北京建筑工程学院怀柔分院基础上组建，怀柔区政府主办
3	北京交通职业技术学院	地方非教育部门	2005 年 3 月，北方交通大学昌平职业技术学院改建并更名，昌平区政府主办
4	北京农业职业学院	地方非教育部门	2001 年 7 月，北京市农业学校和北京市农业管理干部学院合并组建
5	北京戏曲艺术职业学院	地方非教育部门	2002 年 12 月，在北京市戏曲（艺术）学校基础上组建
6	北京政法职业学院	地方非教育部门	2003 年 8 月，北京市政法管理干部学院与北京市第三人民警察学校合并组建，隶属于中共北京市委政法委
7	北京现代职业技术学院	地方非教育部门	2003 年 8 月，在顺义区职教中心的基础上组建
8	北京劳动保障职业学院	地方非教育部门	2006 年 4 月，北京市计划劳动管理干部学院转制并更名，行政主管部门市人力社保局
9	北京经济管理职业学院	地方非教育部门	2006 年 5 月，北京市经济管理干部学院转制并更名
10	北京社会管理职业学院	地方非教育部门	2007 年 7 月，在原民政管理干部学院基础上组建，中国社会福利教育基金会举办
11	北京体育职业学院	地方非教育部门	2008 年 6 月，市体育局在北京市职工体育运动技术学院和北京市第五体育运动学校基础上设立
12	北京交通运输职业学院	地方非教育部门	2010 年 4 月，由北京市交通学校、北京市房地产职工大学与北京市路政局技工学校合并组建，市交通委举办
13	北京工业职业技术学院	地方教育部门	1999 年 7 月，由北京煤炭工业学校升格组建
14	北京电子科技职业学院	地方教育部门	1999 年 8 月，由北京市轻工职工大学和北京一轻工业学校合并组建北京轻工职业技术学院，2004 年 6 月合并北京邮电工业学校并更名
15	北京科技经营管理学院	民办	2001 年 5 月，中国科技经营管理大学升格并更名
16	北京吉利大学	民办	2001 年 6 月，北京吉利专修学院升格并更名
17	北京北大方正软件职业技术学院	民办	2002 年 3 月，北大方正集团设立
18	北京经贸职业学院	民办	2002 年 12 月，中华社会大学升格并更名
19	北京财贸职业学院	地方教育部门	2003 年 1 月，在北京市财贸管理干部学院、北京市立信会计职工大学、北京财政学校的基础上组建
20	北京经济技术职业学院	民办	2003 年 3 月设立
21	北京汇佳职业学院	民办	2003 年 9 月，北京辅仁外国语学院升格并更名
22	北京科技职业学院	民办	2003 年 11 月，北京科技研修学院升格并更名
23	北京培黎职业学院	民办	2004 年 4 月，北京培黎职业大学升格并更名
24	北京新圆明职业学院	民办	2007 年 7 月，北京圆明新园联合国际文化教育投资有限公司在北京圆明园专修学院基础上设立

说明：2001 年 8 月 17 日，北京工艺美术品总公司职工大学和北京市工艺美术学校合并组建北京艺术设计学院。2005 年 12 月北京艺术设计学院并入北京工业大学

第五节　成人教育

成人教育涉及职工教育、农民教育、干部教育、学历教育、继续教育、广播电视教育、自学考试、社会力量办学等多种教育形式和教育类型。国家教委《关于改革和发展成人教育的决定》中强调要对成人教育“加强宏观管理，积极为基层服务”。指出:“成人教育是涉及全社会的事业，范围广大，门类繁多，形式多样，必须充分发挥各地区、各部门和社会各方面力量的积极性，实行多渠道办学。”

全国成人教育领导管理实行分级管理、分级负责，统一管理、分工负责的体制。国家教委是统一管理全国成人教育的教育行政机关。在国务院领导下，国家教委负责并会同有关部门制定成人教育工作的方针政策和法规，协调国务院各部委有关成人教育的工作。国务院各部委负责管理各自职能范围内的成人教育工作，制订培训要求，搞好编写教材、培训师资、交流经验、提供信息等各项服务。全国高等教育自学考试指导委员会，下设办公室，专管高等教育自学考试工作。

北京市成人教育领导管理由市、区县分级管理，市教育行政部门、综合管理部门和各业务主管部门分工负责，统筹领导成人教育工作。

1991年,《北京市职工教育条例》规定，市政府领导本市的职工教育工作，制定职工教育工作的方针、政策。区、县人民政府领导本区县的职工教育工作。北京市成人教育局是全市职工教育的行政主管机关，负责制定职工教育的发展规划，综合、协调职工教育工作，监督、检查职工教育法律、法规和方针、政策的执行情况，管理职工学历教育和社会力量举办的职工教育。市劳动局、人事局和科技干部局按照各自的职责范围，分别负责管理工人、干部和专业技术人员的教育培训工作，制定相应的教育规划和培训、考核、使用办法，并组织实施和监督检查。市政府各业务主管部门负责管理本系统职工教育工作，制定教育培训规划、专业技术标准和岗位规范，组织教材编写和技术等级考核，并对本行业的职工教育进行业务指导。工会组织参与职工教育的管理工作，发挥监督作用，维护职工受教育的权利。企业事业单位按照本地区、本行业的职工教育发展规划和自身发展的需要，确定本单位职工教育培训的任务，制定职工教育培训计划，并组织实施。

1994年8月28日，市委、市政府颁布《关于进一步改革发展成人教育的若干意见》，进一步明确北京市成人教育领导管理体制。市政府成立市成人教育协调领导小组，其任务是：研究制定全市成人教育发展总体规划，调查分析全市成人教育发展情况，协调本市成人教育有关政策和规定，研究解决本市成人教育事业发展过程中出现的突出矛盾和重点问题。市成人教育局是宏观管理全市成人教育的行政机关，负责制定成人教育发展规划，综合、协调成人教育工作，监督、检查成人教育法律、法规和方针政策的执行情况以及成人教育工作的汇总统计。市人事局、科干局、劳动局、高教局和有关业务部门，按照各自的职能管理相关的教育和培训工作。

1995 年 12 月，北京市教育委员会成立，统筹管理全市成人教育工作。具体职责包括：研究制定全市成人教育和社会力量办学的有关政策、行政规章；制订全市成人教育发展规划和年度计划；统筹协调全市成人教育工作，研究解决成人教育工作中的重大问题；指导、监督、检查区县教育行政部门、行业主要部门以及农村的成人教育工作。宏观管理全市岗位技术培训、继续教育和社会文化生活教育，管理全市成人学历教育，统筹指导扫除成人文盲的工作。会同有关部门实施职业资格证书制度。综合管理全市各级成人学校的教育教学工作；负责成人学校的评估和教学质量检查；负责成人高校和成人中专校的学科、课程、教材建设和专业设置工作。编制成人高、中等学校的招生计划；管理成人高、中等学校的学籍管理和证书发放工作；统筹管理高、中等教育自学考试工作；指导成人教育学校的师资队伍建设和学生的德育工作。负责社会力量举办的高等学校和高层次培训机构的设置、调整、更名、撤并的审核和审批工作；负责社会力量办学的管理、评估、检查、验收和学历认定考试工作。指导区、县社会力量办学的管理工作。

2007 年，市委、市政府为了加快建设创新型城市，实现“新北京、新奥运”战略构想，决定大力推进首都学习型城市建设。学习型城市建设实行党委领导、政府主导、部门联动、社会协同、全民参与的领导管理体系。全市成立北京市建设学习型城市领导小组，负责组织协调全市学习型城市建设工作。各区县建立相应的指导协调工作机构，负责推进本地区学习型城区建设工作。工会、共青团、妇联、科协等群众团体和社会组织在各自职能范围充分发挥作用。各级党委、政府和相关部门建立“一把手”为“第一责任人”的制度，实行目标管理，组织实施本部门（单位）的建设学习型城市工作。

2007 年 12 月 13 日，北京市建设学习型城市领导小组成立。领导小组根据市编办《关于设立北京市建设学习型城市工作领导小组有关问题的批复》设立，分管教育的市领导任小组组长，主要成员来自市委组织部、市委宣传部、市发展改革委、市人事局、市财政局等 26 家单位，办公室设在市教委。

第六节　区域教育管理体制改革实验

一、昌平全国农村教育综合改革实验区

1989 年，昌平县入选全国“百县农村教育综合改革实验区（县）”。该实验由国家教委主持，改革的总体目标是建立教育与经济和社会发展互相促进的机制，使教育与经济、社会协调发展。通过改革加强农、科、教的统筹协调，调动各方面力量，共同促进农村的人才开发和技术进步；搞好农村各类教育的统筹，充分发掘教育的社会功能，一校多用，一校多能，提高办学的经济和社会效益；调整教育结构，把普及义务教育和发展职业技术教育、搞好各类技术培训结合起来，要进一步办好各级农民学校，大面积地提高农村劳动者的素质，逐步建立和完善农村的教育和培训网络。

1997 年，昌平县农村教育综合改革试点纳入“北京市十大教育工程”第 10 项教育综合改革实验工程。该实验主要内容是根据当地经济社会发展的需要和各类教育的不同特点进行经济、科技、教育发展的统筹规划，推进农、科、教结合和普教、职教、成教统筹，并与“燎原计划”“星火计划”“丰收计划”有机地结合起来，探索发展农村教育事业的有效途径。

昌平农村教育综合改革试点主要做法是强化领导，组织队伍，保证投入，建立运行机制，推进项目实施。一是调整健全有权威的教育综合改革领导机构。经县政府常务会和县委常委会研究，成立新的县教育综合改革领导小组。市人大、市政府领导以及县委书记任顾问，县长任组长，常务副县长、主管教育副县长、北京农学院常务副院长、县科委主任、县政府办主任 5 人任副组长；全县教育、计委、财政、人事、劳动、统计、旅游、农委、经委、乡镇经委、商委、县政委、外经委、规划局、山区办、法制办等 21 个委、办、局的“一把手”为小组成员。小组的职责是统筹领导全县教育综合改革，作好全面工作的检查、指导。二是设立县教育综合改革办公室。县一级教育综合改革办公室设在县文教委，办公室主任由文教委主任兼任，教育、科委、农委等部门 8 人为成员。其职责是落实领导小组确定的工作任务，对各综改项目进行全程督促、检查、服务、指导，制定项目实施意见，建立信息服务网络，推广典型经验。同时，全县各乡镇和项目主管部门都相应成立项目领导小组，下设办公机构，全县上下协调一致，抓好

项目落实。三是制定“折子工程”，落实项目责任制。四是经费投入及时到位。在坚持项目经费由受益单位按计划、自主投入的同时，根据县综改领导小组意见，县财政局、综改办、各项目主管委、办、局共同研究，先后向综改项目拨出专项经费 110 多万元，用于项目人才和技术的引进。

农村教育综合改革促进全县各类教育协调发展，形成“三教统筹”发展的运行模式。基础教育“重中之重”地位得到进一步巩固和加强。至 1998 年，中小学校数从 20 世纪 80 年代中期的小学 313 所调整为 156 所，中学稳定为 38 所。中小学教师学历合格率大幅度提高，小学由 76% 提高到 95%，中学由 47% 提高到 90% 以上，初中毕业升学率连续几年达到 96%，及格率保持在 99%。中等职业技术教育在专业设置、规划布局方面紧密结合社会经济发展实际，形成较完整的发展体系。全县以面向三个产业的职教中心校（即面向一产的全国重点职业高中——昌平农村职业学校，面向二产的昌平工业职业高中，面向三产的市级重点职业学校——昌平三中）为龙头，建立了 11 所普通中学举办职业高中班的职业教育办学基地。十几年来，职业学校共为全县培养 42 个专业的人才 1.2 万人，职普比例保持在 2.5∶1 的水平，1998 年职业高中在校生达到 4500 人。成人教育的健康发展，成教办学软件、硬件水平大幅度提高。在配合全县“燎原计划”实施过程中，成人教育共为全县培养大专毕业水平的人才 6330 人，中专毕业生 14400 人，高中阶段毕业生 6880 人，成人非学历教育培训总计达 170 万人次。统计分析表明，伴随十几年全县教育综合改革，全县人口文化水平和专门人才数量、质量均有大幅度提高。到 1997 年年末，全县从业人口人均受教育年限已达 9.6 年，大专以上文化程度人口已从 20 世纪 80 年代中期占总人口的 0.07% 上升到 1.2%，全县已有各类专业技术人员 1.3 万名，各产业在岗人员持证上岗率达到 22.8%。

二、海淀教育改革实验区

1994 年 8 月 19 日，市委、市政府批准建立海淀教育改革试验区。并明确批复：“在保证完成国家及市政府下达的各项教育任务的基础上，进行各项教育改革试验。”

1994 年 12 月 31 日，市政府办公厅批复海淀区政府《关于教育改革试验区若干政策的请示》中明确海淀教育改革试验区享受的政策：除高等教育（含民办高等学校）外，海淀区有对社会团体、公民个人依法办学、联合办学、合作办学（包括利用外资在 3000 万美元限额内合作办学）的审批权。在保证完成市招生任务的前提下，海淀区可自主对中等职业技术教育和基础教育各类学校（不含市重点高中学校）进行招生和考试（含高中会考）。有对普通基础教育的课程设置、学制调整的试验权和对经国家、市教材审定部门批准教材的自主选用权。普教系统（含区属成教系统）中小学教师的技术职务，由海淀区教育行政部门组建评审委员会，按照中央有关文件规定的标准和程序，组织评审，并报市教育、职改部门备案。各级别专业技术职务结构比例，在市有关部门的指导下，由海淀区教育行政、人事部门研究确定。海淀区可面向社会（除普教系统外）公开招聘骨干教师，享受有关远郊区县的优惠政策。市人事局从符合进京条件的外地教师中优先照顾海淀区的需要。海淀区的学前教育、普通高中教育、职业技术教育和成人教育（不含义务教育）可试行收取部分培养费。教育改革试验在海淀区行政区域内进行，除双管和市属高等院校外，其他各类教育均可列入改革试验范围。

1997年，海淀教育改革实验区纳入“北京市十大教育工程”第10项教育综合改革实验工程。该实验主要内容是充分发挥海淀区人才和高科技优势，通过实行经济、科技、教育三结合，普教、职教和成教统筹，实现教育资源的优化配置，推动区域教育与经济协调发展，从而把海淀区建设成为全市乃至全国教育最发达、教育质量最高的地区之一，为首都的教育改革和教育现代化提供经验。

至1998年，海淀教育改革实验区教育体制改革取得成功，为全市教育体制改革积累经验。

第一，改革教育管理体制，加强党和政府对教育工作的领导。1995年1月，根据市委、市政府批复精神，海淀区撤销两办（文教办、托教办）两局（教育局、成教局），成立中共海淀区委教育工作委员会、海淀区教育委员会和海淀区人民政府教育督导室。形成党的领导、行政指挥、政府督导相结合的组织系统。区教育委员会由包括区计委、科委、体委、农委、街工办、财政局、劳动局、人事局、文化局、卫生局和各级各类学校代表在内的24人组成，初步形成大教育格局。原督学室改为区人民政府教育督导室，提高地位，扩大督导范围，强化依法治教的教育保障机制。通过体制改革，机关内设机构由原来的32个减为14个，人员由288人减为169人，平均年龄由46.1岁下降到40.3岁。

第二，改革办学体制，调整学校布局，优化教育资源配置。按照学校办学运行机制，形成并确认政企联办、企业承办、校长承办、政校联办、校际联办、校企自助、校地共建以及私立学校等8种办学模式。改革试点涉及大、中、小、幼、职、成各级各类学校53所，特别是民办学校发展迅速，中、小、职、成、幼共有15所。初步改变政府包揽办学的格局，建立部委院校与区属院校、城市学校与农村学校、区属学校与他办学校之间的横向联合，高等教育、成人教育、职业教育、普通教育之间的纵向联合并逐步形成网络。在改革办学体制的同时，进行学校布局调整。至 1997 年，区属 128 所学校，减少 57 个单位建制，全区三分之一以上的教育资源进行重新组合。多种形式办学和学校布局调整，实现教育资源优化配置，发挥名校效应，拓宽教育经费筹集渠道，改善办学条件。海淀区政府与锡华电子有限公司联办北京 21 世纪学校，引进企业资金 1.45 亿元，育英中学与驻区部队共建引进资金 1.6 亿元；调整后的 71 所学校，在校生 2000 人以上的有 6 所，1000 人以上的有 15 所。全国重点职高海淀信息管理学校校园面积由 1.33 万平方米扩大到 5.73 万平方米，招生人数由 1425 人扩大到 2170 人。

第三，改革招生考试制度。小学升初中实行就近入学。1995 年和 1996 年，全区划分 15 个招生片，各片从区题库选题组织毕业考试，毕业生在片内择校就近入学，“三好生”、特长生予以保送。1997 年，改为各小学从区题库抽签选题自行组织毕业考试，城镇学生片内就近择校（一个志愿）入学，农村地区就近分配入学。初中升高中，考试科目由 6 科减为 4 科，区内独立命题、阅卷，并将 4 科成绩折合为全市 6 科统考成绩参加全市统一录取。

第四，实施三教统筹，大力发展职业教育和成人教育。实现城区职业教育与农村职业教育、中等职业教育与高等职业教育、职业高中教育与成人职业教育并举，形成适应海淀区经济与社会发展的职业教育网络。经过布局调整，原有 21 所职业高中调整为 15 所，其中纯职高校达 9 所，每所在校生均在 1000 人以上。至 1997 年，各级各类成人校发展到 504 所，包括成人高校 1 所，成人中等学校 5 所，职工学校 6 所，社会力量办学校 391 所，乡成人校 11 所，村成人校 90 所，全年完成各类培训 17.56 万人次。

三、教育现代化实验城市建设

2004 年 4 月，教育部、北京市政府决定共同推进北京教育现代化试验城市建设。该项实验目的实施首都教育战略规划，实现 2010 年北京市在全国率先基本实现教育现代化的奋斗目标，同时为全国教育现代化探索和积累有益的经验。

教育现代化实验的基本思路是：根据 2010 年北京市在全国率先基本实现教育现代化奋斗目标的要求，北京教育现代化试验的基本思路是树立科学发展观和现代教育观念，以促进人的全面发展为根本，进一步营造崇尚知识、全民学习、终身学习的社会氛围；构建首都现代教育体系，形成体系完整、布局合理、发展均衡的现代国民教育体系和终身教育体系；健全和完善保障教育持续、协调、健康发展的体制机制，增强活力和效益；集成整合首都区域教育资源，形成新的竞争优势和发展能力。

教育现代化试验的重点内容：一是教育体制改革实验。建立与社会主义市场经济体制和教育规律相适应的教育管理体制，逐步形成公办、民办教育共同发展的多元化办学格局和新的投融资体制。二是教育教学改革试验。大力提高教育教学水平和人才培养质量，建立以学生为本的教学体系和管理制度，开展多种形式的人才培养模式改革。三是集成整合教育资源试验。优化教育资源配置，形成首都教育新的竞争力和发展能力。四是高水平创新人才培养与知识创新试验。大力提高包括哲学社会科学在内的拔尖创新人才培养质量、科学研究与知识创新能力，提高首都高等教育的核心竞争力。五是产学研合作试验。进一步提高高等学校为首都经济建设和社会发展的贡献力。六是扩大教育对外开放试验。适应首都对外开放和建设现代化国际大都市需要，加大教育对外开放程度，提高首都教育的国际竞争力。七是建设学习型城市试验。建立终身教育体系和学习型城市，充分满足人民群众接受多样化、个性化、优质化的教育需求。

为了更好地进行教育现代化实验，教育部、北京市共同组成“北京市率先实现教育现代化实验城市”工作领导小组，负责研究决定有关重大事项，领导教育现代化实验工作。领导小组由教育部和北京市主要领导负责牵头，有关主管领导和相关部门负责人参加。领导小组在北京市教委下设领导小组办公室，作为日常办事机构，负责落实领导小组决议，协调和处理日常工作。领导小组办公室人员由教育部、北京市有关人员组成。

第二章　管理机构

1985 年，国家教育委员会成立，1998 年国务院机构改革，国家教育委员会更名教育部。教育部是主管教育事业和语言文字工作的国务院组成部门，总的职责任务是负责制定教育中长期发展规划，制定教育、教学政策法规，宏观指导、组织的协调教育工作，推进教育体制改革，督导各类学校教育工作。2008 年 7 月，依据国务院机构改革方案，国务院办公厅印发《教育部主要职责、内设机构和人员编制规定》，教育部内设机构 22 个：办公厅、政策法规司、发展规划司、人事司、财务司、基础教育一司、基础教育二司、职业教育与成人教育司、高等教育司、教育督导团办公室、民族教育司、师范教育司、体育卫生与艺术教育司、思想政治工作司、社会科学司、科学技术司、高校学生司、直属高校工作司、学位管理与研究生教育司（国务院学位委员会办公室）、语言文字应用管理司、语言文字信息管理司、国际合作与交流司（港澳台办公室）。机关党委负责机关和在京直属单位的党群工作。离退休干部局负责机关离退休干部工作，指导直属单位的离退休干部工作。国家计划、劳动、人事、财政等综合部门和业务部门按照职责分工，担负相应教育管理职责，均建立相应的教育司、人教司、人才开发司、宣教司等教育管理机构。

20 世纪 90 年代，依据分级管理、分工负责教育管理体制，北京市教育管理机构包括市、区县、乡镇（街道）三级机构。1990 年，市教育行政机构分为北京市人民政府文教办公室、北京市教育局、北京市高等教育局、北京市成人教育局（简称“三局一办”）。1995 年 12 月，北京市撤销“三局一办”，正式成立北京市教育委员会。此外，20 世纪 90 年代初期，北京市各委办局普遍设有教育处或宣教处等教育工作机构，根据部门职能管理相关的教育和培训工作，主管本系统的教育工作。1999 年以后，随着企业办社会职能分离，部分委办局和行业总公司逐步撤销教育专职管理机构，将教育工作职能归入人力资源部等相关机构，工作重点转向继续教育和学习型机构建设。

第一节 市级教育行政机构

一、北京市人民政府文教办公室

北京市人民政府文教办公室是市政府工作部门之一。其工作职责是协助主管市长联系市高教局、市教育局、市成人教育局、市体委、市文化局、市文物局等局级文化教育部门和各区县政府文教卫体部门；贯彻国家有关文教工作的方针政策，结合北京市实际，会同有关部门拟定有关具体实施办法，报市政府审批，颁发有关单位执行；配合有关部门制定文教事业中长期发展规划和年度计划，并检查落实；协调解决有关委办局和各区县政府有关文教工作；办理有关文教工作向市政府和主管市长的请示报批工作；调研文教事业方面有关重大问题，并与有关部门协商提出拟办意见；负责具体负责学前教育、中等职业技术教育的统筹协调工作。市政府文教办 1980 年 4 月成立。1995 年设秘书处、法规处、教育处、职业教育处、托幼处、文化处、基财处、卫生处、人事处，共有内设机构 9 个。1995 年 12 月，市政府文教办撤销。

表 1-2-1　　1991 年至 1995 年市政府文教办历任主任一览表

姓名	任职时间
王　晋	1990 年 6 月至 1994 年 1 月
蓝天柱	1994 年 1 月至 1995 年 12 月

二、北京市教育局

北京市教育局是北京市教育行政部门，负责统筹全市普教的发展，组织、指导区县教育行政部门及学校贯彻执行党的路线、方针和政策，确保国家下达的各项任务的完成。市教育局通过区县教育局负责管理全市中小学、职业中学、中等师范学校、幼儿园、盲聋哑学校、弱智学校、工读学校及校外教育机构的教育和行政工作。其主要职责有：①贯彻执行中央、市委和市政府的有关方针、政策、法令、规定，并根据本市普教实际，制定有关方针、政策、法规的细则及办法。②领导全市普教系统各级各类学校的教育教学工作和教育改革工作；组织教育科学研究和教学研究；指导、考察、评价各区县的普教工作，提高教学质量。③编制各级各类学校发展计划、招生计划；组织、领导招生和中师毕业生、高等学校毕业生到本市任教的分配以及教师职称评定、教师和学校干部的培训、进修工作。④负责本市普教事业单位设立、调整、撤销的审批工作。⑤监督、检查普通教育经费的使用情况，掌握一定比例的教育经费，负责全市普教系统校舍的管理、维修、基本建设投资和物资设备的统筹规划。⑥组织与管理学校的仪器采购、生产、分发供应和勤工俭学工作。⑦管理普教系统的外事活动。⑧办理人大代表建议和政协委员提案，做好人民群众来访工作。⑨办理市委、市政府临时交办的各项工作。

1990 年，市教育局设 22 个处室：办公室、机关党委办公室、法规政策研究室、中学教育处、小学教育处、幼儿教育处、职业教育处、师资培训处、政治思想教育处、体育卫生处、生产劳动教育处、校外教育办公室、教育行政处、人事处、财务基建处、审计处、监察处、外事处、对台办公室、老干部处、局机关行政处、语言文字工作委员会办公室。直属单位 24 个。

1995 年，市教育局设 21 个处室：办公室、机关党委、监察处、法规政策研究室、中学教育处、小学教育处、职业教育办公室、政治思想教育处、教育行政处、人事处、财务基建处、外事处、机关行政处、生产劳动教育处（北京市校办产业总公司）、老干部处、北京市语言文字委员会办公室、审计处、幼儿教育处、校外教育办公室、师资培训处、体育卫生处。市教育局直属单位 25 个：北京教育学院、北京市教育局教学研究部、北京市教育局教材编审部、北京市教育科学研究所、北京教育报刊社、北京电化教育馆、北京市少年宫、北京市教育局教育技术装备部、北京市中等学校招生工作委员会办公室、北京市中小学幼儿园教师考核办公室、北京教学植物园、北京市职业技术教育中心、北京市教工休养院、北京市教育局老干部活动站、北京市普教工程建设咨询服务部、北京市第一师范学校、北京市第三师范学校、北京通县师范学校、北京市幼儿师范学校、北京西藏中学、北京盲人学校、北京市教育局招待所、北京市教育旅行社、北京教育丛书编委会办公室、北京普教音像出版社。

1995 年 12 月，北京市教育局撤销。

表 1-2-2　　1991 年至 1995 年北京市教育局历任局长一览表

姓名	任职时间
陶西平	1987 年 10 月至 1993 年 5 月
陶春辉	1993 年 5 月至 1995 年 12 月

三、北京市高等教育局

北京市高等教育局是北京市管理北京地区高等学校和中等专业学校的教育

行政部门。主要任务是：贯彻执行中央有关的方针、政策，指导和管理全市普通高等学校和中等专业学校的地方性教学行政工作，并直接管理市属高等学校的工作。

1991 年，市高教局下设处室及直属事业单位共 24 个，分别为：办公室、大学处、科研处、中专处、人事处、职称管理处、学生处、外事处、体育卫生处、行政处、机关党委办公室、财务处、高教学会、教育研究室、监察处、审计处、老干部处、政治教育处、条件技术处、高校后勤处、计划建设处、自费出国留学资格审核办公室、高校劳动服务公司、高校招生办公室。

1995 年 12 月，北京市高等教育局撤销。

表 1-2-3　　1991 年至 1995 年北京市高等教育局历任局长一览表

姓名	任职时间
陈　忠	1988 年 12 月至 1994 年 9 月
林浦生	1994 年 9 月至 1995 年 12 月

四、北京市成人教育局

北京市成人教育局是北京市综合管理全市成人教育的教育行政部门。1991 年，市成教局设办公室、综合计划处、人事保卫处、财务基建处、高等教育处、中等教育处、农村教育处、社会教育处。1992 年 6 月，成立法制处。

1995 年 12 月，北京市成人教育局撤销。

表 1-2-4　　1991 年至 1995 年北京市成人教育局历任局长一览表

姓名	任职时间
尤　文	1987 年 7 月至 1993 年 5 月
马叔平	1993 年 5 月至 1995 年 12 月

五、北京市教育委员会

1995 年 11 月 1 日，中共北京市七届市委常委会第 123 次会议根据中央关于机构改革的要求和国务院批准的《北京市党政机构改革方案》，结合北京教育系统实际和特点，通过市委教育工委关于成立北京市教育委员会的方案，决定撤销北京市人民政府文教办公室、北京市教育局、北京市高等教育局和北京市成人教育局，成立北京市教育委员会。12 月 15 日，市政府办公厅印发《关于组建北京市教育委员会的通知》，决定组建北京市教育委员会，在北京市教育委员会正式开展工作之前，北京市人民政府文教办公室、北京市教育局、北京市高等教育局、北京市成人教育局仍继续履行其原职能。12 月 21 日，北京市十届人大常委会第 23 次会议决定任命徐锡安为市教委主任。1996 年 1 月 8 日，市教委启用北京市教育委员会印章。2 月 15 日，市教委举行挂牌成立大会。

市教委是市政府主管全市教育的综合职能部门，负责规划和管理全市各级各类教育的统筹和发展。市教委与原来的“一办三局”相比，内设处室精简 54%，人员减少 23%，直属单位由原来的 62 个调整合并为 32 个。

1996 年 6 月 10 日，市教委印发各处室主要职责。市教委设处室 28 个，代管机构 2 个（语委办公室、教育督导室）。28 个处室分别是：办公室、政策法规处、计划处、人事处、财务处（北京市人民教育基金会办公室）、基建处（房改办公室、校舍修缮办公室）、审计处、监察室（与教育纪工委合署办公）、高等教育处、基础教育一处、基础教育二处、学前教育处（北京市学前教育领导小组办公室）、职业教育处（北京市职业技术教育委员会办公室、北京市世界银行贷款职教项目办公室、北京市燎原计划办公室）、成人教育处（社会力量办学管理办公室）、科研处（北京市学位委员会办公室）、条件装备处、外事处（港澳台办公室、侨务办公室）、师资处（职称改革办公室）、学生处、德育处、体育卫生处、艺术与校外教育处、保卫保密处（市委教育工委保卫保密处）、学校后勤管理处、校办产业管理处、机关事务管理处、老干部处（与市委教育工委老干部处合署办公）

2000 年 7 月，市委、市政府决定中共北京市委教育工作委员会、北京市教育委员会（简称“两委”）合署办公。“两委”设 24 个职能处室和机关党委、老干部处，市教委代管北京市人民政府教育督导室。24 个职能处室是办公室、组织处、干部处、宣教处、统一战线与群众工作处、基层联络处、政策研究与法制工作处、保卫保密处、发展规划处（北京市社会力量办学管理办公室）、人事处、财务处、基本建设处、学前教育处、基础教育处、职业教育与成人教育处、高等教育处、德育处、学生处、科学技术与研究生工作处（北京市学位委员会办公室）、体育美育处、对外合作与交流处（港澳台地区及侨务工作办公室）、学校后勤处、审计处、语言文字工作处（北京市语言文字工作委员会办公室）。

“两委”会合署办公后的决策机构为两委领导办公会议、教育工委委员会议、教委主任办公会议。

“两委”领导办公会议讨论决定“两委”工作中的重大问题。①北京市教育系统党的建设、精神文明建设和思想政治工作规划，北京市教育中、长期发展规划。②审定市委教育工委、市教委年度工作计划和教育经费年度财务预决算。③

北京市教育改革的重大方针、政策及措施。④“两委”领导分管工作中涉及全局性、方向性的问题及其他重要事项。“两委”领导办公会议一般二个月召开一次，会议由书记（主任）主持。“两委”领导办公会议参加人员为教育工委书记、副书记、教委主任、副主任，教育纪工委书记和教委秘书长列席。

市教委主任办公会议讨论决定教委职责范围内的重大问题。①全市教育改革和发展中的重大问题或涉及广大群众切身利益的重大问题。②各级各类教育中的重点和难点问题。教委工作中涉及全面工作、全市性活动需统筹协调安排的事项以及日常工作中的重要问题。④学校和区县教育行政部门向教委请示的重要事项。⑤教委大额度经费使用。⑥教委职责范围内的党风廉政建设重大事项。⑦教委领导分管工作中需提交讨论的其他重要事项。市教委主任办公会议一般一周召开一次，会议由书记（主任）主持。教委主任办公会议参加人员为主任、副主任、专职委员、市教育督导室常务副主任。

2009 年 8 月，市委、市政府再次明确市委教育工委、市教委主要职责、内设机构和人员编制。市教委的主要职责：①贯彻落实国家关于教育方面的法律、法规、规章，推进依法治教，起草本市相关的地方性法规草案、政府规章草案，研究拟订教育改革与发展的政策，并监督实施；组织编制本市教育事业发展规划，会同有关部门编制教育设施专项规划，并组织实施。②统筹、协调和指导本市教育工作。统一管理本市学前教育、初等教育、中等教育、高等教育及其他各类教育事业；负责推进义务教育均衡发展和促进教育公平。 ③指导本市教育系统及农村、企业、社区的综合教育改革工作；推进本市职业教育和高等教育的发展与改革，承担深化市属高等学校管理体制改革的责任。④统筹、协调和指导本市学习型社会、终身学习服务体系建设工作。⑤根据管理权限，负责审核、审批国家及国家机构以外的社会组织或者个人举办的学校及其他教育机构、项目的设置、变更、终止，并履行监管职责；管理市属高等学校的专业设置；管理本市中外合作办学工作；管理本市学位工作；协调管理中央部委在京高等学校。⑥拟订本市中等及中等以下教育学校的设置和办学标准，制定教学基本要求和基本文件；编写中等及中等以下教育学校的教材，审定基础教育地方教材；负责教育教学质量的评估和监控工作。⑦拟订本市招生考试与评价制度改革政策和高等教育、中等教育以及研究生教育的招生计划，并负责考试的组织和管理工作；负责北京地区中等以上学历教育学生的学籍管理工作；负责北京地区高等学校学生申诉处理工作。⑧参与拟订北京地区普通高等学校毕业生就业政策，并组织实施，推进高等学校毕业生就业制度改革；指导北京地区普通高等学校开展大学生就业创业工作。⑨管理、指导本市各级各类学校思想政治工作、德育工作、体育卫生与艺术教育及国防教育工作；指导和协调各类学生的社会实践和校外教育工作。⑩规划、指导本市高等学校自然科学和哲学、社会科学研究；组织本市高等学校承担国家及本市重大科研项目；指导本市高等学校科技创新平台的发展建设；指导教育信息化和产学研结合等工作。⑪ 负责协调、指导本市教育系统人事制度改革工作；参与拟订国家举办的各级各类学校编制标准；主管本市教师工作，指导教育系统教师和管理人员队伍建设；负责北京地区教师资格认定；管理本市教育类社会团体。⑫ 会同有关部门拟订本市筹措教育经费、教育基本建设投资的政策；负责统筹管理市本级教育基本建设投资、教育事业经费和地方教育费附加及国外教育援助和教育贷款；管理市本级教育国有资产和教育基本建设项目；负责协调本市高教园区建设工作；监督教育经费预算的执行情况。⑬ 规划、指导本市各级各类学校后勤改革工作；协调组织有关部门、区县做好校园及周边环境整治，维护学校正常秩序等工作。⑭ 负责本市教育系统国际合作与交流工作；管理本市教育系统出国留学和境外人员来京学习；指导本市对外汉语教学和教育系统引进国外智力工作；开展与港澳台的教育交流与合作；负责在本市举办国际教育展览的审批。 ⑮ 规划、指导本市教育科学研究、教育教学研究和教育现代信息技术发展工作；负责本市语言文字规范化建设工作。⑯ 依法对本市教育系统的安全工作承担管理责任，对以市教委名义组织的各类活动的安全工作承担主体责任。⑰ 承办市政府交办的其他事项。

根据职责，市委教育工委和市教委设 25 个内设机构和机关党委、工会、离退休干部处，纪检、监察机构按有关规定派驻，市教委代管北京市人民政府教育督导室。北京市语言文字工作委员会不再列入市政府议事协调机构，并入市教委，对外保留北京市语言文字工作委员会的牌子。25 个内设机构即：办公室、组织处、干部处、宣教处、统一战线与群众工作处、基层联络处、政策研究与法制工作处（法制办公室）、安全稳定工作处（北京市教育系统维护安全稳定工作办公室）、发展规划处、基本建设处、学前教育处、基础教育一处、基础教育二处、职业教育与成人教育处、高等教育处、民办教育处（民办高等学校党建工作办公室）、学生处、科学技术与研究生工作处（北京市学位委员会办公室）、体育卫生与艺术教育处、国际合作与交流处（港澳台事务及侨务工作办公室）、学校后勤处、语言文字工作处、审计处、财务处、人事处（师资管理办公室）。市委教育工委和市教委行政编制 225 人。

表 1-2-5　　1995 年至 2010 年北京市教育委员会历任主任一览表

姓名	任职时间
徐锡安	1995 年 12 月—1998 年 2 月
	1999 年 5 月—2002 年 3 月
袁贵仁	1998 年 2 月—1999 年 5 月
耿学超	2002 年 3 月—2006 年 3 月
刘利民	2006 年 3 月—2011 年 2 月

说明：徐锡安分别于 1995 年和 1999 年两次出任市教委主任

第二节　委办局（总公司）教育工作机构

20 世纪 90 年代初期，北京市各委办局（总公司）普遍设有教育处或宣教处等教育工作机构，根据部门职能管理相关的教育和培训工作，主管本系统的教育工作。

委办局（总公司）教育工作机构职责：

一是宏观管理。1991 年《北京市职工教育条例》规定，市成人教育局是本市职工教育的行政主管机关，市劳动局、人事局和科技干部局按照各自的职责范围，分别负责管理工人、干部和专业技术人员的教育培训工作，制定相应的教育规划和培训、考核、使用办法，并组织实施和监督检查。市政府各业务主管部门负责管理本系统职工教育工作，制定教育培训规划、专业技术标准和岗位规范，组织教材编写和技术等级考核，并对本行业的职工教育进行业务指导。1994 年市委、市政府《关于进一步改革发展成人教育的若干意见》明确，市人事局、科干局、劳动局、高教局和有关业务部门，要按照各自的职能管理相关的教育和培训工作。1995 年《北京市专业技术人员继续教育规定》明确，市和区、县人事行政主管部门负责继续教育的管理工作，制定规划并组织实施，对继续教育工作进行指导、协调和检查、监督。各系统、各行业主管部门负责本系统、本行业继续教育的管理工作，应当制定继续教育规划，并组织实施。

二是举办干部职工培训学校和成人高、中等学校，主管本系统的教育工作。在干部职工教育方面，市政府要求各行各业都要办学，配备教师和干部，解决好学习场地和教学，办好职工学校。如市经委 1985 年职工教育机构建筑面积 15.6 万平方米，职工大学 11 所，职工学校 3525 所。市商委至 1990 年共有各类院校 137 所，各类学校建筑面积 252.5 万平方米。1994 年，全市各委办局总公司举办职工中等专业学校 97 所，干部中等专业学校 12 所，干部管理学院 34 所（中央 29 所、北京市 5 所），职工大学 22 所。

三是部分行业部门举办职工子弟学校。如北京铁路分局、北京矿务局（2001 年北京矿务局和北京市煤炭总公司合并重组北京京煤集团有限责任公司）等厂矿，为解决子弟教育问题举办幼儿园、中小学。这些学校办学经费、场地、教职工由举办者负责，教学业务接受北京市教育行政部门指导。

1999 年中共中央印发《关于国有企业改革和发展若干重大问题的决定》，提出分离企业办社会的职能，逐步学校等社会服务机构移交地方政府统筹管理。随着企业办社会职能分离，部分委办局和行业总公司撤销教育专职管理机构，将教育工作职能归入人力资源部等相关机构，工作重点转向继续教育和学习型机构建设。

2000 年，市政府决定调整市经委系统所属 30 所学校管理体制。市经委系统拥有各级各类学校 151 所，这次管理体制调整 30 所，包括：普通高等学校 1 所、高等职业学校 1 所、职工大学 4 所、中等专业学校 11 所、职工中专 6 所、中小学 7 所。其中，北京联合大学化学工程学院和北京市化学工业集团职工大学并入北京联合大学，21 所中专、职工大学划转市教委管理，7 所中小学划转所在区县管理。

表 1-2-6　　2000 年市经委系统划转市教委管理学校名单一览表

序号	学校名称	原主管单位
1	北京联合大学化学工程学院	北京化学工业集团有限责任公司
2	北京轻工职业技术学院	北京一轻集团有限责任公司
3	北京市化学工业集团职工大学	北京化学工业集团有限责任公司
4	北京市工艺美术品总公司职工大学	北京工美集团总公司
5	北京市机械工业管理局职工大学	北京机电工业控股（集团）有限责任公司
6	北京市汽车工业总公司职工大学	北京汽车工业集团总公司
7	北京一轻工业学校	北京一轻集团有限责任公司
8	北京市工艺美术学校	北京工美集团总公司
9	北京市机械工业学校	北京机电工业控股（集团）有限责任公司
10	北京市化工学校	北京化学工业集团有限责任公司
11	北京市二轻工业学校	北京二轻有限责任公司
12	北京市仪器仪表工业学校	北京仪器仪表工业控股（集团）有限责任公司
13	北京市汽车工业学校	北京汽车工业集团总公司
14	北京市塑料工业学校	北京二轻有限责任公司
15	北京市皮革工业学校	北京二轻有限责任公司
16	北京市纺织工业学校	北京纺织控股（集团）有限责任公司
17	北京市医药器械学校	北京医药集团有限责任公司

续表 1-2-6

序号	学校名称	原主管单位
18	北京市一轻工业学校职工中专部	北京一轻集团有限责任公司
19	北京市工艺美术学校职工中专部	北京工美集团总公司
20	北京市化工学校职工中专部	北京化学工业集团有限责任公司
21	北京二轻工业学校职工中专部	北京二轻有限责任公司
22	北京市仪器仪表工业学校职工中专部	北京仪器仪表工业控股（集团）有限责任公司
23	北京市皮革工业学校职工中专部	北京二轻有限责任公司

表 1-2-7　　2000 年市经委系统划转所在区县管理学校一览表

序号	学校名称	原主管单位
1	长沟峪中学	北京矿务局
2	长沟峪小学	北京矿务局
3	木城涧小学	北京矿务局
4	大安山小学	北京矿务局
5	北京探矿厂小学	北京机电工业控股（集团）有限责任公司
6	北京轴承厂清水涧小学	北京机电工业控股（集团）有限责任公司
7	北京分析仪器厂子弟小学	北京仪器仪表工业控股（集团）有限责任公司

2003 年 12 月，铁路系统在京学校、幼儿园开始移交北京市管理，2004 年 6 月移交工作全部完成，整建制移交铁路系统在京 17 所中小学（含撤销建制 1 所）、5 所职业学校、5 所幼儿园。其中移交区县管理的 23 所，北京铁路运输学校移交中央音乐学院，北京铁路电气化学校、首都铁路卫生学校移交市教委管理。

第三节　区县教育管理机构

一、区县教育行政机构

至 1990 年，北京市辖区 10 个、市辖县 8 个，均设有独立的教育行政机构，即区县政府文教办公室、教育局、成人教育局。

区县政府文教办公室（或称文化教育卫生委员会等）是区县政府组成机构，主要任务：贯彻执行国家相关法律法规，综合管理、协调、指导、服务所属单位（教育局、成人教育局等）的行政、业务工作。管理全区学前教育和语言文字工作，包括制定工作规划、组织实施、检查验收等。

区县教育局是区县政府主管普通教育的行政机构，一般设办公室、党委办公室、中教科、小教科、幼教科及财务、人事、基建、督学等科室。主要任务：贯彻党和国家有关教育的方针、政策、法律、规定，并结合实际制定有关规定；统筹全县普通教育的发展，编制事业发展规划和招生计划；领导普通教育各类学校的教育教学和行政工作；会同有关部门、乡镇管理中小学教育行政工作，中小学干部任免和培训；负责教师的调配和培训；教育经费的安排和使用、监督检查；组织与管理学校教学设备的采购和供应；学校校舍的管理、维修等。

区县成人教育局是区县政府主管成人教育工作的行政机构。主要任务：贯彻党和国家的教育方针、政策、法律法规，制定有关规定；统筹地区成人教育工作，编制成教发展规划；会同有关部门、乡镇管理成人教育行政工作等；负责民办教育的审批和管理工作；具体领导下属校（站）的教学和行政工作。

1995 年 1 月，为加强教育工作领导，加快“三教统筹”步伐，根据市委、市政府批复精神，海淀区撤销两办（文教办、托教办）两局（教育局、成人教育局），成立中共海淀区委教育工作委员会、海淀区教育委员会和海淀区人民政府教育督导室。

1995 年 12 月，北京市撤销“三局一办”，组建北京市教育委员会。此后，各区县陆续撤销区县政府文教办公室、教育局、成人教育局，组建区（县）委教育工委、区（县）教育委员会，并实行教工委与教委合署办公（代管政府教育督导室）。

区（县）教委的主要职责：①贯彻落实党和国家及北京市有关教育的法律、法规，负责监督检查有关教育的法律、法规、规章的执行；研究制定全区（县）教育事业的发展规划及年度计划并组织教育规划、计划的实施。②统筹规划和管理全区（县）基础教育、职业教育和成人教育以及学前教育、民族教育、特殊教育工作。③根据管理权限，负责审核或审批全区（县）各级各类学校的设置、调整、变更、撤销、合并工作和中等职业学校的专业设置工作。④负责全区（县）小学、初中入学和各类教育招生、考试、考核的组织和管理工作；指导、管理所属学校学生的学籍管理工作。⑤统筹规划、协调、指导区（县）教育体制、教育结构和教育教学的综合改革；指导所属学校的教育教学工作；负责全区（县）教育教学质量的评估工作。⑥指导所属学校德育、体育、美育、卫生、劳动技术教育工作和社会实践、科普、国防教育，校外教育工作等。⑦统筹管理机关及所属事业单位人事和劳动工资工作，指导学校内部管理体制改革；负责所属事业单位教师和干部、职工队伍的建设、教师资格认定和专业技术职务评聘管理工作；管理全区（县）教育类社会团体和老干部工作。⑧负责统筹使用和管理全区（县）

教育基建投资、教育经费和区（县）征收的教育费附加以及其他教育捐助款；监督教育经费预算的执行情况。⑨统筹安排所属学校校舍的管理、维修和基本建设，管理与协调学校教学设备的采购与调配。⑩协调有关部门做好全区（县）校内外环境整治工作，维护学校正常秩序；指导学校防火、安全等工作。⑪统筹管理、规划和指导全区（县）教育科学研究和教育教学研究工作；负责全区（县）语言文字规范化建设工作；负责全区（县）教育基本信息的统计、分析及教育信息工作；规划指导全区（县）教育现代信息技术发展工作。⑫承办区（县）政府交办的其他事项。

表 1-2-8　　北京市各区县教委设立时间一览表

区县	设立时间
东城区	2001 年 11 月
崇文区	1997 年 8 月
西城区	2001 年 11 月
宣武区	1997 年 3 月
朝阳区	1997 年 9 月
丰台区	1995 年 6 月
石景山区	2001 年 11 月
海淀区	1995 年 1 月
门头沟区	1995 年 7 月
房山区	2001 年 12 月
通州区	2001 年 10 月
顺义区	2001 年 10 月
昌平区	2001 年 10 月
大兴区	2001 年 11 月
怀柔县	2001 年 10 月
平谷区	2001 年 12 月
密云县	2001 年 9 月
延庆县	2001 年 10 月

说明：①根据首都功能核心区行政区划调整方案，2010 年 7 月，东城区、崇文区合并，成立新的东城区，西城区、宣武区合并，成立新的西城区。2010 年 8 月，新的东城区教育委员会、西城区教育委员会挂牌。② 2001 年 12 月，房山区撤销燕山教育分局，组建房山区燕山教育委员会，燕山教委是燕山办事处负责教育事业的工作部门

二、街道办事处教育工作机构

街道办事处是区县政府的派出机关，受区县政府领导，依据法律、法规、规章的规定或受本区县政府依托，对本辖区内城市管理、社区服务、经济发展等方

面工作行使组织领导、综合协调、监督检查的职能。1990 年以前，北京市街道办事处普遍设有文教科或教育科、宣传科，负责区域内扫除青壮年文盲和学前教育工作方面发挥重要力量。1990 年以后，街道办事处教育工作职责逐步转为主要为执行教育法律法规、全面实施素质教育、建设学习型城市，专职教育科室陆续撤销，具体组织形式和职责内容根据区情各有不同。

2006 年 2 月，平谷区政府印发《关于成立乡镇街道办事处社区教育管理机构的实施意见》，在街道普遍成立社区教育领导小组。社区教育领导小组组长由乡镇长和街道办事处主任担任，成员由各乡镇、街道办事处主管教育工作的行政副职、辖区中小学校校长、社区教育领导小组办公室主任及社保所所长兼任。社区教育领导小组下设办公室，办公地点设在各乡镇政府、街道办事处或社区教育中心（成人学校）。社区教育领导小组办公室为乡镇、街道办事处的常设机构。社区教育领导小组在区社区教育管理委员会的领导下开展工作。负责统筹管理本辖区社区教育工作，研究制定社区教育发展规划和年度工作计划，编写各项管理制度及相关文件。负责指导、检查、考核、评估社区教育中心（成人学校）、村成人学校和居委会社区学校的社区教育工作。广泛开展各类教育培训和学习型组织创建活动，满足广大人民群众的教育需求。有效整合社区教育资源，建立社区教育志愿者队伍，加强社区教育中心（成人学校）、村成人学校和居委会社区学校建设。

2007 年 3 月，丰台区政府印发《丰台区乡（镇）人民政府、街道办事处和相关委办局履行教育法律法规、全面实施素质教育的职责》，明确街道办事处的主要职责：①推进学习化社区建设，大力开展社区教育活动，在积极推进社区教育工作中，结合实际形成特色。②组织和督促适龄儿童、少年入学，帮助适龄儿童、少年解决接受义务教育时遇到的困难，采取措施防止适龄儿童、少年辍学。禁止用人单位招用应当接受义务教育的适龄儿童、少年。③做好流动人口子女接受九年义务教育的有关工作。④建立贫困家庭子女和弱势群体的教育帮扶制度。⑤依法维护学校周边秩序，保护学生、教师、学校的合法权益。为学校提供安全保障。⑥与教育行政部门配合，推进学校、家庭、社会三结合教育，发挥社区在实施素质教育中的作用。加强社区教育活动场所的管理，利用教育资源，为学生开展校外活动提供条件，组织形式多样的校外活动。⑦严禁居民将房屋出租用于非法办学、办园。协调有关部门清理整顿辖区内原有利用出租房屋非法办学、办园的行为。各街道设履行教育法律法规、全面实施素质教育工作领导小组，街道办事处主任为组长，成员单位涵盖有关科室、辖区小学和社区。

2009 年 8 月，密云县办公室转发《县政府教育督导室关于乡镇政府街道办事处相关委办局教育执法全面实施素质教育责任的通知》，规定街道办事处的主要职责：①认真贯彻党和国家教育法律、方针、政策，落实管理教育工作的各项制度，推进辖区内教育现代化。②将教育工作列入街道办事处重要议事日程，坚持领导联系学校制度，每年为辖区内中小学、幼儿园办若干件实事。③掌握辖区内适龄儿童受教育情况，保证适龄儿童全部按时入学，积极开展社区与学校共建活动，充分利用辖区内文化教育资源，发挥其社会教育功能和社区教育作用，开展丰富多彩的文化体育活动。④与教育部门密切配合，采取措施促进家庭教育、学校教育、社会教育相结合，形成"三结合"教育网络。加强社区综合治理和文化建设，切实治理校园周边环境，依法为儿童、青少年学生的身心健康成长创造良好的社会环境。⑤落实有关保护儿童、少年身心健康的法律法规和要求，重视青少年校外基地和社会实践基地建设，帮助学校开展青少年校外教育活动，丰富中小学生校外生活。⑥落实《中华人民共和国义务教育法》，积极配合教育行政部门及学校有效控制中小学生流失。协调配合有关部门做好学前教育工作，确保辖区内托幼园所的保教质量。⑦采取多种形式组织街道干部、社区居民学习教育法律法规全面实施素质教育。⑧完善社区教育管理体制，建立社区教育网络，有计划地在辖区内推进各类学习型组织建设。⑨有计划地对流动人口进行法制教育、公民道德教育和职业道德教育；按有关政策积极做好残疾儿童少年和外来人口适龄儿童少年接受九年义务教育工作。⑩表彰奖励辖区内实施素质教育成绩显著的单位和个人。

三、乡镇政府教育工作机构

乡镇政府是基层国家行政机关，行使本行政区的行政职能。1985 年 11 月，市政府根据《中共中央关于教育体制改革的决定》关于"实现基础教育由地方负责，分级管理的原则"，决定在农村地区逐步实行乡（镇）政府领导和管理中小学教育工作。明确乡镇教育工作由一名主管文教卫的副乡镇长负责，在乡镇核定的行政编制内确定一名教育助理专职管理，由乡（镇）长、教育助理、中学和中心小学校长及有关人员组成教育委员会，负责管理乡（镇）范围内的中小学教育工作。

1988 年 11 月，市政府印发《关于深化农村教育体制改革的意见》，明确在乡（镇）范围内的教育事业包括初中、小学、幼儿园、职业技术培训班、乡（镇）农民文化学校统由乡（镇）政府领导和管理。乡（镇）政府要尽快建立健全教育委员会，抓好教育改革，统筹协调教育工作内外部门之间、教育事业发展与社会经济发展之间的关系。要选聘有教育工作经验的优秀干部担任乡（镇）政府的教育助理，协助乡（镇）长负责教育委员会的日常工作。此后，北京市郊区县各乡镇一般设立教育委员会，未设教育委员会的乡镇设立教育行政助理，负责本乡镇的幼儿园、中小学、成人教育等工作（县直属学校除外）。

1999 年 12 月，市委、市政府印发《关于深化教育改革全面推进素质教育的意见》，明确基础教育主要由区县负责、分级管理的体制，进一步加大区县政府对发展规划、师资经费、招生考试、继续教育等方面的统筹管理权。此后，基础教育管理重心由乡镇逐步转移到区县，各乡镇陆续撤销教育委员会，由教育助理专职管理学前教育、中小学教育、成人教育工作。其具体职责主要包括：加强领导，落实教育优先发展战略地位；贯彻、落实有关教育法律法规与区县教育行政主管部门、辖区内学校共同制定符合本地区实际的教育发展规划，建立实施素质教育的目标责任制；逐步调整辖区内中小学布局，优化资源配置，高标准、高质量推进九年义务教育均衡发展；积极筹措教育经费，改善学校的办学条件；完善辖区内学校队伍建设机制，建立健全实施素质教育表彰奖励制度，形成尊师重教的良好氛围；依法保证辖区内适龄儿童、少年按时入学，保障弱势、残疾学生群体接受教育的权利；积极支持学校德育工作和教学改革，开展学校、家庭、社会“三结合”教育；推进学前教育事业发展，合理规划建设镇、村幼儿园；会同公安、工商、城管等相关部门及村（居）委会加大对学校（幼儿园）周边环境的治理力度，维护学校（幼儿园）的治安安全；促进基础教育、职业教育、成人教育“三教统筹”，积极开展各种形式成人教育培训。

第三章　法制建设

20 世纪 90 年代，北京市加快教育法制建设，逐步走上依法治教的轨道，先后制定和完善适应首都教育改革和发展的地方性法规、政府规章，形成与国家教育法律、法规相配套的较为完备的地方教育法规制度体系。依据北京市立法规划，北京教育行政部门主要参与地方教育立法的前期调研、草案起草、研讨修订、立法后评估等工作，同时，参与国务院各部委、北京有关委办局的法规草案意见征询工作。凡由市教委负责起草的有关地方教育法规、规章草案，先由各相关业务处室进行起草，填写法规、规章项目建议书，并与政策法规处共同做好前期调研、论证工作。政策法规处负责审核、协调、送审、返还修改等有关工作。办公室按照公文报送程序，经委领导批准后报市政府法制办公室。1990—2010 年北京市颁布实施的地方性教育法规、规章共 17 件。

1996 年市教委成立后，北京市教育系统逐步建立健全法制工作制度和工作机构，落实推进依法行政的各项工作。

2007 年，市教委《关于进一步加强教育法制建设的意见》进一步明确依法治校工作领域，将依法治校作为加强教育法制建设的重点内容。依法治校包括两个层次内容。从教育行政部门而言，严格依法治校即按照法律规定的职责、权限与程序对学校进行管理，规范行使行政权力。从学校而言积极依法治校即牢固树立依法办事、尊重章程的理念，建立公正合法、系统完善的制度与程序，保证学校的办学宗旨、教育活动与制度规范符合法治理念要求，完善民主监督，维护教职工合法权益，依法保护学生权益。

第一节　教育法规

1990 年至 2010 年，北京市人民代表大会及其常务委员会公告施行的地方教育法规共 11 件。其中，废止的 3 件:《北京市中等职业技术教育条例》(1990 年

1 月 19 日颁布，1997 年 10 月 1 日废止）、《北京市职工教育条例》（1991 年 6 月 15 日颁布，2001 年 5 月 18 日废止）、《北京市国防教育条例》（1993 年 7 月 30 日颁布，2007 年 9 月 15 日废止）。

一、《北京市实施〈中华人民共和国义务教育法〉办法》

1986 年 7 月 8 日，北京市第八届人民代表大会常务委员会第二十九次会议通过《北京市实施〈中华人民共和国义务教育法〉办法》。根据 1993 年 11 月 26 日北京市第十届人民代表大会常务委员会第七次会议《关于修改〈北京市实施《中华人民共和国义务教育法》办法〉的决定》修正。2008 年 11 月 21 日北京市第十三届人民代表大会常务委员会第七次会议修订。1986 年版《北京市实施〈中华人民共和国义务教育法〉办法》设 28 条，1993 年版修改为 31 条，2008 年修订后的实施义务教育法办法分为 9 章 60 条。

《北京市实施〈中华人民共和国义务教育法〉办法》为了实施《中华人民共和国义务教育法》，结合北京市实际情况而制定，内容涉及学生、学校、教师、教育教学、经费保障、督导、法律责任等。该办法明确凡年满六周岁的本市儿童，不分性别、民族、种族，应当入学接受规定年限的义务教育。北京市义务教育达到普及标准的年限，城区、近郊区的城市地区和远郊县城为 1987 年，农村地区为 1990 年。义务教育事业实行分级管理。城市地区实行市、区人民政府两级管理，农村地区实行市、县（区）、乡（镇）人民政府三级管理。1986 年版的办法明确实施义务教育所需经费，由各级人民政府和其他办学单位负责筹措，予以保证。市、区（县）财政用于中小学教育事业费的增长比例，应当高于财政经常性收入的增长比例，并使按在校学生人数平均的教育事业费的公用部分实际上逐年增长。根据国务院的规定征收教育事业费附加，主要用于实施义务教育。接受义务教育的学生免收学费。1993 年修正的办法增加“实施义务教育的中小学校可以收取杂费”。2008 年修订版修订为对接受义务教育的学生不收学费、杂费，逐步实行免费提供教科书制度。

二、《北京市实施〈中华人民共和国教师法〉办法》

1994 年 7 月 22 日北京市第十届人民代表大会常务委员会第 11 次会议通过；根据 1997 年 4 月 16 日北京市第十届人民代表大会常务委员会第 36 次会议《关于修改〈北京市实施《中华人民共和国教师法》办法〉的决定》第 1 次修正；根据 2010 年 12 月 23 日北京市第十三届人民代表大会常务委员会第 22 次会议《关

于修改部分地方性法规的决定》第2次修正。《中华人民共和国教师法》第一次以法律形式明确教师在我国社会主义现代化建设中的重要地位，对教师的权利、义务、任用、考核、培训和待遇等方面作全面规定。该办法规定，教师承担教书育人、培养社会主义事业建设者和接班人、提高民族素质的使命，应当忠诚于人民的教育事业，履行教师法规定的义务，遵守教师的职业道德，为人师表。各级人民政府和有关部门应当对优秀教师给予表彰和奖励；在教育教学工作中做出重大贡献的教师，由市人民政府授予“人民教师”称号。市人民政府应当采取措施，不断提高教师的工资，使本市教师的平均工资水平高于国家公务员的平均工资水平。市各级各类学校和其他教育机构的教师享受教龄津贴，各级各类学校和其他教育机构应当每两年至少组织教师进行一次健康检查，所需经费由各级人民政府或者办学部门予以保障。

三、《北京市实施〈中华人民共和国职业教育法〉办法》

1997年9月5日北京市第十届人民代表大会常务委员合第三十九次会议通过，1997年9月5日公布，1997年10月1日起施行，《北京市中等职业技术教育条例》同时废止。该办法为实施《中华人民共和国职业教育法》，结合北京市实际制定，适用于本市行政区域内各级各类职业学校教育和各种形式的职业培训。该办法共32条，就北京市各级各类职业学校教育和各种形式职业培训的宗旨、管理体制、职业学校和职业培训机构设立和举办、经费、处罚等作出全面规定。该办法规定，市教育行政部门负责本市行政区域内职业教育工作的统筹规划、综合协调、宏观管理。教育行政部门、劳动行政部门和其他有关部门在规定的职责范围内，分别负责有关的职业教育工作。企业按照不低于职工工资总额1.5%提取的职工教育经费，应当主要用于职工的职业培训。

四、《北京市学前教育条例》

2001年6月22日北京市第十一届人民代表大会常务委员会第二十七次会议通过，2001年9月1日起施行。该条例为促进和保障北京市学前教育事业的发展，提高学前教育质量，根据《中华人民共和国教育法》《中华人民共和国未成年人保护法》以及有关法律、法规，结合北京市实际制定。该条例共6章30条，就学前教育责任、学前教育机构和从业人员、学前教育保障、法律责任等作出全面规定。该条例是全国第一部地方性学前教育地方性法规。条例规定，学前教育是国家教育事业的组成部分，北京市倡导和支持开展3周岁以下婴幼儿的早期教育。北京市采取措施鼓励社会组织和公民依法举办学前教育机构。学前教育机构的收费实行成本核算制度。城市新建、改建居住区，应当按照市人民政府的有关规定和建设标准，规划建设配套的学前教育设施。

五、《北京市实施〈中华人民共和国国家通用语言文字法〉若干规定》

2003 年 5 月 30 日北京市人民代表大会常务委员会第四次会议通过，北京市人民代表大会常务委员会公告第 3 号公布，2003 年 8 月 1 日起施行。条例为实施《中华人民共和国国家通用语言文字法》，结合北京市实际情况制定。该规定共 18 条，就北京市各级人民政府实施《中华人民共和国国家通用语言文字法》具体职责、学校及其他机构、场所实行通用语言文字规范、普通话水平测试和培训工作等作出全面规定。该规定明确，教育行政部门、劳动和社会保障行政部门以及有关的主管部门，应当将用语用字规范化列入对学校及其他教育机构进行检查和评估的内容。教师录用时，应当进行普通话水平测试，达到国家规定的等级标准。

六、《北京市中小学生人身伤害事故预防与处理条例》

2003 年 9 月 5 日北京市第十二届人民代表大会常务委员会第六次会议通过，2003 年 9 月 12 公布，2004 年 1 月 1 日起施行。条例为预防和处理中小学生人身伤害事故，保护中小学生和学校的合法权益，根据国家有关法律法规，结合北京市实际情况制定。条例适用于在北京市行政区域内的中小学校教育教学活动期间，在校学生人身伤害事故的预防与处理。条例共 6 章 40 条，就事故的预防、事故的处理、事故责任的承担与赔偿、法律责任等作出全面规定。条例重点就学校应当履行的预防职责作出详细规定。事故发生后，学校应当在 24 小时内将有关情况报告学校所在地的区、县教育行政部门。市和区、县教育行政部门应当组织学校向保险机构办理责任保险，保险费用由学校举办者承担。

七、《北京市实施〈中华人民共和国民办教育促进法〉办法》

2006 年 11 月 3 日北京市第十二届人民代表大会常务委员会第三十二次会议通过，2007 年 3 月 1 日起施行，2000 年 7 月 11 日市政府第 59 号令公布的《北京市社会力量办学若干规定》同时废止。该办法为促进北京市民办教育事业健康和可持续发展，根据《中华人民共和国民办教育促进法》以及有关法律、法规规定，结合北京市实际情况制定。适用于北京市行政区域内国家机构以外的社会组织或者个人，利用非国家财政性经费，面向社会举办学校及其他教育机构（统称民办学校）的活动。该办法共42条，就民办教育事业的办学宗旨、管理体制、民办学校的设立和内部管理、民办学校的教师与学生等作出全面规定。该办法规定，民办教育事业属于公益性事业，是首都社会主义教育事业的组成部分。北京市鼓励社会组织和个人依法以多种形式举办符合本市经济社会发展需要和人民群众日益增长的教育需求的民办教育，提供多样化的服务。民办学校与公办学校以及民办学校的教师、受教育者与公办学校的教师、受教育者具有同等的法律地位。新建、扩建民办学校，政府有关部门应当按照公益事业用地及建设的有关规定给予优惠。政府有关部门应当保障民办学校在水、电、气等供给方面享有与公办学校同等的政策待遇。

八、《北京市实施〈中华人民共和国国防教育法〉办法》

2007年7月27日北京市第十二届人民代表大会常务委员会第三十七次会议通过。该办法为了实施《中华人民共和国国防教育法》，结合北京市实际制定，2007年9月15日起施行。1993年7月30日北京市第十届人民代表大会常务委员会第四次会议通过的《北京市国防教育条例》同时废止。该办法分总则、学校国防教育、社会国防教育、国防教育保障、法律责任、附则共6章33条，适用于北京市行政区域内的国防教育活动及其保障。该办法规定，每年九月的第三个星期六是全民国防教育日。教育行政部门负责各级各类学校的国防教育工作，指导、监督学校开展国防教育。小学和初级中学应当将国防教育的内容纳入有关课程，采取课堂教学与课外活动相结合的方式，对学生进行国防教育。小学和初级中学可以通过少年军校、组织军事夏令营和聘请校外辅导员等形式开展国防教育。高等学校、高级中学和相当于高级中学的学校对学生进行国防教育，应当将课堂教学与军事训练相结合，并将学生的国防教育课程成绩记入学生档案。

第二节　教育规章

1990年至2010年，北京市政府根据法律、国务院的行政法规，在自身权限内发布的教育类规章6件，主要形式包括管理规定、实施办法、工作规程等。

一、《北京市社会力量办学管理办法》

1990年8月10日市政府令1990年第26号颁布《北京市社会力量办学管理办法》（1990年版）。该办法根据国家教委《关于社会力量办学的若干暂行规定》

和北京市有关规定制定。

该办法共计 11 条。凡本市行政区域内企事业单位、民主党派、团体和公民个人举办不具备颁发国家承认学历证书资格的、面向社会招生的各类学校，或举办补习、辅导、进修和其他培训组织从事教学活动（以下统称社会力量办学），均按本办法管理。具有颁发国家承认学历证书和技术等级证书资格的院校，从事国家计划外、面向社会招生的补习、辅导、培训、进修等教学活动，除国家另有规定外，也按本办法管理。市成人教育局是本市社会力量办学的主管机关，负责全市社会力量办学的管理工作。区、县成人教育局负责本辖区内社会力量办学的日常管理工作。社会力量办学经批准的，发给“北京市社会力量办学许可证”。外地社会力量不得在本市办学。对社会力量办学做出显著成绩的，各级人民政府成人教育主管部门应给予表彰和奖励。办法自 1990 年 9 月 1 日起施行。市政府 1984 年 4 月 5 日发布的《北京市社会力量办学试行办法》同时废止。

1994 年 9 月 23 日市政府令 1994 年第 23 号颁布《北京市社会力量办学管理办法》（1994 年版）。该办法为促进北京市社会力量办学事业的发展，加强对社会力量办学的管理，根据国家和北京市有关规定制定。办法包括总则、办学条件、设立变更终止、监督管理、奖励与处罚、附则共 6 章 27 条，规定北京市行政区域内的国家机关、部队、企业事业单位、民主党派、社会团体及公民个人（以下统称社会力量）举办面向社会招生、以自筹金和收取学杂费为主要经费来源的各级各类学校和教育培训机构（以下统称学校和培训机构），均适用本办法。社会力量举办的普通中小学教育、在九年制义务教育基础上进行就业前的各类中等职业技术学校教育、职业技术培训和职工教育，按国家及北京市有关规定办理。办法自 1994 年 10 月 15 日起施行。市政府 1990 年 8 月 10 日发布的《北京市社会力量办学管理办法》同时废止。

二、《〈北京市中等职业技术教育条例〉罚款处罚办法》

1993 年 9 月 4 日市政府令第 12 号令颁布，10 月 1 日起施行。该办法依据《北京市中等职业技术教育条例》（以下简称《条例》）第四十三条制定，适用于依据《条例》第三十八条和四十二条规定处以的罚款处罚。市高等教育行政部门，市、区、县劳动和普通教育行政部门，依照《条例》规定的职责分工，行使罚款处罚权。违反《条例》第十四条规定、未经批准擅自办学、情节严重的，处以责任单位 1000 元以上 5000 元以下罚款，处以直接责任人 200 元以上 1000 元以下罚款。对以办学为名、骗取财物、非法牟利的，处以责任单位 5000 元以上 20000 元以下罚款，处以直接责任人1000元以上5000元以下罚款。该办法执行中的具体问题，由市政府文教办公室负责解释。

三、《北京市教师申诉办法》

1996年3月19日市政府令1996年第2号颁布，根据《北京市实施〈中华人民共和国教师法〉办法》（以下简称《办法》）第二十四条规定制定，适用于本市所属的各级各类学校和其他教育机构中的教师对下列情况提出的申诉。

《办法》共9条，就教师申诉适用条件、程序、受理时限等作出规定。规定教育行政部门应当自收到申诉书的次日起30日内对申诉作出处理决定，受理申诉的人民政府或者行政机关也应及时作出处理决定。《办法》自1996年4月1日起施行。

1998年7月8日市政府作出关于修改《北京市教师申诉办法》的决定。修订后，“执行中的具体问题，由市人民政府负责解释”改为“本办法执行中的具体问题，由市教育委员会负责解释”。增加“教师应当在知道（或者应当知道）自己合法权益受到侵犯，或者在知道（或者应当知道）学校或者其他教育机构作出的处理决定之日起一年内，向有关行政机关提出申诉申请，逾期不提出视为自动放弃申诉权利。教师在自动撤回申诉或者接到受理申诉机关的正式处理后，不得就同一事实和理由再次提出申诉申请”。修订后的办法共10条。修订后的办法自1998年9月1日起施行。

四、《北京市人民政府关于对违反师范毕业生服务期制度者追缴专业奖学金和培养费的规定》

1998年7月8日市政府1998年第9号令颁布，该规定根据《北京市实施〈中华人民共和国教师法〉办法》第二十三条第二款的规定制定，自1998年9月1日起施行。该规定共7条，规定追缴专业奖学金和培养费标准和程序。规定追缴专业奖学金和培养费的标准，由市教育行政部门和市财政部门、市物价部门根据师范毕业生在校学习期间生均教育培养费用制定。追缴数额按已服务年限，以每年递减20%的比例计算。师范毕业生不按国家规定从事教育教学工作的，全额追缴专业奖学金和培养费。

五、《北京市教育督导规定》

1999年1月14日市政府令1999年第21号颁布，该规定为加强对教育的行政监督，促进和保障教育法律、法规、方针、政策的贯彻执行和教育目标的实现，根据《中华人民共和国教育法》第二十四条的规定，结合北京市实际情况制定。规定自 1999 年 3 月 1 日起施行。

该规定包括总则、教育督导机构和督学及职责、教育督导的实施、法律责任、附则 5 章 24 条，对教育督导的性质、对象、任务、督导机构设置、督学职责、督导实施都作了明确规定，反映了有中国特色的教育督导制度的基本框架。规定教育督导的范围是本市行政区域内的中等及中等以下各级各类教育及其有关工作。教育督导的对象包括下级人民政府及其教育行政部门，本级人民政府的有关部门，中等及中等以下各级各类学校。教育督导室是政府行使教育督导职能的专门机构。教育督导室主任、副主任由本级人民政府任免。教育督导室设专职督学，并可根据工作需要，聘任兼职督学。市和区、县人民政府聘任的特约教育督导员，参加市和区、县的教育督导工作。专职督学的任免按照有关行政机关人事管理权限和程序办理。督学由本级人民政府颁发督学证书。教育督导的基本形式为综合督导、专项督导和经常性检查。教育督导室应当定期向本级人民政府及其教育行政部门和上级教育督导机构报告督导情况，提出改进教育工作的意见和建议。教育督导室应当建立督导结果的通报制度。经本级人民政府同意，督导结果可以向社会公布。

六、《北京市社会力量办学若干规定》

2000年7月11日市政府令2000年第59号颁布。该规定为鼓励社会力量办学，促进北京市社会力量办学事业的健康发展，根据《社会力量办学条例》和国家有关规定，结合北京市实际情况制定，2000 年 9 月 1 日起施行。

该规定共 25 条，规定社会力量办学办学条件、监督管理、奖励处罚等。规定企业事业单位、社会团体及其他社会组织和公民个人在本市行政区域内利用非国家财政性教育机构，面向社会举办学校及其他教育机构的活动，适用本规定。社会力量办学是我国社会主义教育事业的组成部分。本市各级人民政府应当加强对社会力量办学工作的领导，将社会力量办学事业纳入本地区的国民经济和社会发展规划，并切实采取措施予以扶持。市教育行政部门是本市社会力量办学的行政主管机关，负责全市社会力量办学工作的统筹规划、综合协调和管理。市和区、县教育行政部门、劳动行政部门和其他有关行政部门根据市人民政府规定的职责，负责有关的社会力量办学管理工作。

2007 年 3 月 1 日《北京市实施〈中华人民共和国民办教育促进法〉办法》

施行，《北京市社会力量办学若干规定》同时废止。

第三节　救济制度

1996 年 2 月，市教委成立以后，市教委机关各部门树立“转变职能、依法治教”观念，排除行政行为对公民、法人或其他组织合法权益的侵害，通过行政复议、行政诉讼、信访制度、人事争议仲裁等制度，提高依法行政水平。

一、教师申诉案件处理程序

1998 年 11 月，市教委制定教师申诉委员会受理教师申诉案件程序若干规定。教师向北京市教育委员会教师申诉委员会提出申诉，市教委根据有关规定在 5 日内决定是否受理。正式受理立案后，根据案件所涉及的内容，由政策法规、人事、师资等业务处室具体承办。必要时，由主管委主任召开教师申诉委员会会议，决定处理结果。

二、教育行政处罚听证制度

从 1999 年 10 月 1 日起，市教委施行行政处罚听政制度。规定在做出行政处罚决定之前，应当告知当事人有要求举行听证权利的 8 种具体情形。当事人要求听证的，教育行政部门应当组织听证。制度还具体规定听证的调查人员、程序、结果等事项。

三、教育行政复议制度

从 2000 年 1 月 1 日起，市教委实施行政复议制度。规定公民、法人或者其他组织认为具体行政行为侵犯其合法权益，可以自知道该具体行政行为之日起 60 日内，依照《中华人民共和国行政复议法》的有关规定，向市教委提出行政复议申请。市教委政策法规处具体办理行政复议事项，履行《中华人民共和国行政复议法》第三条规定的职责。市教委政策法规处对本机关的复议、应诉具体工作进行统一管理。

四、行政审批责任追究制度

2001 年 12 月，市教委建立行政审批责任追究制度，规定市教委机关实行行政审批项目责任制，明确各项行政审批的责任部门、主管处长和具体责任人，并将行政审批工作作为考核部门、有关领导和具体工作人员的主要依据。对违反行政审批制度有 6 种情形的责任者，按照《国家公务员暂行条例》的规定，视其情节和责任，分别给予批评教育、通报、警告、记过、记大过、降级等行政处分。6 种情形是：①在受理行政审批工作中应当告知而没有告知当事人审批注意事项。②接待态度简单、推凑塞责引起群众不满。③没有按照规定时限完成审批。④没有履行审批程序。⑤没有严格遵守审批条件。⑥在行政审批工作中，徇私舞弊。

五、调查研究工作制度

2001 年 2 月，市教委制定调查研究工作制度。明确调查研究是机关工作中的一项经常性工作，努力做到调查研究和实际工作相结合，和具体决策相结合。坚持重大决策必须首先经过调查研究的工作制度。调查研究工作实行分工负责制。

六、行政许可责任追究制度

2004 年 10 月，市教委实施行政许可责任追究制。规定市教委机关工作人员在办理行政许可事项的过程中违反法律、法规的规定，导致办理事项错误或者显失公正，造成不良影响和严重后果的，应当追究直接责任人员及直接负责主管人员相应的责任。并具体规定责令改正、依法给予行政处分、依法追究刑事责任的 13 种具体情形。

七、教育行政事项决策制度

2010 年 7 月，市教委制定实施《北京市教育委员会重大教育行政事项决策制度（试行）》。该制度对市教委重大教育行政事项的决策行为进行规范。规定重大教育行政事项决策应遵循依法决策、科学决策和民主决策原则，坚持群众参与、专家咨询和行政部门决策相结合的决策机制。制度规定重大教育行政事项的范围确定、决策职责分工、前期调研、评估论证、听证、研究决策、执行督办以及责任追究等。

八、行政调解工作制度

2012 年 6 月，市教委实行行政调解工作制度。行政调解，是指市教委主持或主导，以法律、法规和政策规定为依据，通过说服劝导等方法，促使各方当事人平等协商、互谅互让、达成协议、消除矛盾的一种纠纷解决机制。行政调解的范围：①市教委受理的教师、学生申诉案件，可以由本机关先行予以调解，视调解情况再作出申诉答复；②市教委受理的行政复议案件，可以由本机关先行予以调解，视调解情况再作出行政复议决定；③市教委主管的学校发生学生伤害事故，学校与受伤害学生或者学生家长自愿书面请求市教委进行的调解；④法律、法规规定的其他可以行政调解的教育纠纷。市教委受理申请以后，认为必要的，可以指定相关部门进行调解，并应当在接到申请之日起 60 日内完成调解。

第四节　管理授权

2002 年，市教委依据市政府要求清理行政审批事项。4 月，市教委公布清理后的行政审批事项 16 项。其中：审批类 8 项，分别是：高中阶段以上年度招生计划；高等教育机构的设立、变更、终止和已有中等职业学校的变更、终止；中外合作设立各级各类办学机构；北京地区高等学校及其他单位学科专业学位授予权（不含博士学位）；中小学教学用书审查及相关教学资料审定；本市管理的高等教育、中等专业教育机构的专业设置、变更；寒暑假期间组织中小学生赴境外参加交流活动；组织全市性中小学生竞赛活动。核准类 4 项，分别是：高中阶段以上教师资格；各类高等学校在校学生学籍变更；各类学校接收外国学生和港澳台学生资格；高中阶段以上教育的招生录取。审核类 3 项，分别是：境外人员子女学校的设立、变更和终止；自费出国留学中介服务机构设立、变更、终止；本市社会力量举办的高等教育机构招生简章和广告。备案类 1 项：义务教育阶段学校（含民办）设立、变更。公布内容包括审批程序、审批条件、审批标准、审批时限等规定。

2004 年 9 月，市教委对本市实施的教育行政审批事项进行清理和研究，经报市政府法制办审定，确认 14 项为行政许可事项。2006 年，根据市政府有关要求，市教委对市教委行政执法依据进行梳理，分解行政执法事项职权，印发市教委行政执法事项职权责任分解表。

2008 年 6 月，根据有关法律法规的制定、修改或废止和教委处室职能分工的调整，市教委对已公布的市教委行政执法依据梳理结果和市教委行政执法事项职权责任分解表做出调整。调整后，市教委具有行政执法主体资格的单位共 2 个，其中法定行政机关 1 个（北京市教育委员会），法律、法规授权的组织 1 个（北京教育考试院）；本单位行政执法主体执行的现行有效的法律、法规、规章共计 23 部；具体行政执法职权共 73 项，其中行政处罚 46 项，行政许可 14 项，其他具体行政执法职权 13 项。

表 1-3-1　　北京市教育委员会行政执法职权（2008 年）一览表

类别	职权
行政处罚 46 项	北京市教委行政处罚（共 45 项） （1）违反国家有关规定，举办学校或者其他教育机构。（2）非法举办国家教育考试。（3）违法颁发学位证书、学历证书或者其他学业证书。（4）擅自分立、合并民办学校。（5）擅自改变民办学校名称、层次、类别和举办者。（6）发布虚假招生简章或者广告，骗取钱财。（7）非法颁发或者伪造学历证书、结业证书、培训证书、职业资格证书。（8）管理混乱严重影响教育教学，产生恶劣社会影响。（9）提交虚假证明文件或者采取其他欺诈手段隐瞒重要事实骗取办学许可证。（10）伪造、变造、买卖、出租、出借办学许可证。（11）恶意终止办学、抽逃资金或者挪用办学经费。（12）违法行为名称：弄虚作假、骗取教师资格。（13）品行不良，侮辱学生，影响恶劣。（14）未经批准擅自设立中外合作办学机构，或者以不正当手段骗取中外合作办学许可证。（15）在中外合作办学机构筹备设立期间招收学生。（16）虚假出资或者抽逃出资。（17）中外合作办学机构管理混乱、教育教学质量低下，造成恶劣影响。（18）发布虚假招生简章，骗取钱财。（19）民办学校的章程未规定出资人要求取得合理回报，出资人擅自取得回报。（20）违反规定，不得取得回报而取得回报。（21）出资人不从办学结余而从民办学校的其他经费中提取回报。（22）不依照规定计算办学结余或者确定取得回报的比例。（23）出资人从办学结余中取得回报的比例过高，产生恶劣社会影响。（24）民办学校未依规定将出资人取得回报比例的决定和向社会公布的与其办学水平和教育质量有关的材料、财务状况报审批机关备案，或者向审批机关备案的材料不真实。（25）民办学校管理混乱严重影响教育教学。（26）擅自设立职业学校和职业培训机构。（27）违法给学业成绩不合格者颁发学历证书、培训证书。（28）教师受到开除公职处分或者其教师资格是通过不正当方式取得。（29）使用假资格证书。（30）发布虚假招生简章或者招生广告，骗取钱财。（31）擅自增加收费项目或者提高收费标准。（32）管理混乱，教育教学质量低下。（33）未按照国家有关规定进行财务管理。（34）对办学结余进行分配。（35）国家机关工作人员和教科书审查人员参与或者变相参与教科书编写。（36）民办学校在筹备设立期内招收学生。（37）民办学校未建立、健全管理机构和管理制度，导致管理混乱、教育教学质量低下，造成恶劣影响；逾期不改正或者经改正仍达不到要求。（38）民办高等学校资产不按期过户。（39）民办高等学校办学条件不达标。（40）民办高等学校发布未经备案的招生简章和广告。（41）民办高等学校年度检查不合格。（42）独立学院资产不按期过户。（43）独立学院发布未经备案的招生简章或广告。（44）独立学院年检不合格。（45）独立学院违反国家招生计划擅自招收学生。 北京教育考试院行政处罚（共 1 项） （46）高自考中舞弊行为以及其他违反考试规则行为
行政许可 14 项	（1）中外合作办学机构（大学专科及其以下教育机构）正式设变终止审批。（2）中外合作办学机构（大学专科及其以下教育机构）筹备设立审批。（3）中外合作办学机构聘任校长或者主要行政负责人，变更合作举办住法定代表。（4）举办实施高等专科教非学历教育和高级中等教自学考试助文化补学前教育等中外合作办学项目审批。（5）民办学校聘任校变更举办者的核准。（6）实施学历教学前教自学考试助学及其他文化教育的民办学校设变终止批准。（7）民办学校以捐赠者姓名或者名称作为校名的审批。（8）教师资格认定。（9）中小学地方课程教材编写审批蓄。（10）高等学校和其他高等教育机构章程修改的核准。（11）高等职业学校和其他高等教育机构的设变终止的审批。（12）利用互联网实施远程学历教育的教育网校审批。（13）举办国际教育展览审批。（14）中小学校转让土地许可
其他具体行政执法职权 13 项	北京市教委其他行政执法职权（共 12 项） （1）学生伤害事故调解。（2）对参加教师资格考试作弊的行为进行处理。（3）违反国家规定招收学员的，责令退回招收的学员，退还所收费用。（4）在招收学生工作中徇私舞弊的，责令退回招收的人员。（5）学校及其他教育机构违反国家有关规定向受教育者收取费用的，责令退还所收费用。（6）中外合作办学机构未经批准增加收费项目或提高收费标准的，责令退还多收的费用。（7）未经批准擅自举办中外合作办学项目的，责令退还向学生收取的费用。（8）处理教师申诉。（9）处理学生申诉。（10）社会组织和个人擅自举办民办学校限期改正期限内仍达不到办学条件的，责令停止办学。（11）民办学校未公示学费退费办法或者未向审批机关备案的，责令限期改正。（12）民办学校未经批准，擅自变更学校地址或者擅自在审批机关批准的区域外增设教学地。 北京教育考试院其他行政执法职权（共 1 项） （13）对考生违纪、作弊和扰乱考场及考试工作场所秩序行为的处理

表 1-3-2　　2008 年北京市教育委员会行政执法依据一览表

行政执法依据	制定发布机关	生效时间
《高等教育自学考试暂行条例》	国务院	1988 年 3 月 3 日
《中华人民共和国教师法》	全国人大	1994 年 1 月 1 日
《北京市实施〈中华人民共和国义务教育法〉办法》	北京市人大	1994 年 1 月 1 日
《北京市实施〈中华人民共和国教师法〉办法》	北京市人大	1994 年 9 月 10 日
《中华人民共和国教育法》	全国人大	1995 年 9 月 1 日
《教师资格条例》	国务院	1995 年 12 月 12 日
《北京市教师申诉办法》	北京市政府	1996 年 4 月 1 日
《北京市实施〈中华人民共和国职业教育法〉办法》	北京市人大	1997 年 10 月 1 日
《中华人民共和国高等教育法》	全国人大	1999 年 1 月 1 日
《教师资格条例》实施办法	教育部	2000 年 9 月 23 日
《国务院关于基础教育改革与发展的决定》	国务院	2001 年 5 月 29 日
《学生伤害事故处理办法》	教育部	2002 年 9 月 1 日
《中华人民共和国中外合作办学条例》	国务院	2003 年 9 月 1 日
《中华人民共和国民办教育促进法》	全国人大	2003 年 9 月 1 日
《中华人民共和国民办教育促进法实施条例》	国务院	2004 年 4 月 1 日
《国家教育考试违规处理办法》	教育部	2004 年 5 月 19 日
《国务院对确需保留的行政审批项目设定行政许可的决定》	国务院	2004 年 7 月 1 日
《中华人民共和国中外合作办学条例实施办法》	教育部	2004 年 7 月 1 日
《普通高等学校学生管理规定》	教育部	2005 年 9 月 1 日
《中华人民共和国义务教育法》	全国人大	2006 年 9 月 1 日
《民办高等学校办学管理若干规定》	教育部	2007 年 2 月 10 日
《北京市实施〈中华人民共和国民办教育促进法〉办法》	北京市人大	2007 年 3 月 1 日
《独立学院设置与管理办法》	教育部	2008 年 4 月 1 日

第五节　依法治教

一、目标和任务

1993 年，中共中央、国务院颁布的《中国教育改革和发展纲要》，提出“加快教育法制建设，建立和完善执法监督系统，逐步走上依法治教的轨道”。自此，北京教育法制工作走向规范化，逐步明确依法治的目标和任务，即教育行政部门依法行政、学校和教育机构依法办学、受教育者依法接受教育。

1994 年，市成人教育局召开全市成人教育第一次法制工作会议，贯彻中央及市政府法制工作会议精神，研究布置成人教育法制工作。年内，市成人教育局制定成人教育法制工作五年规划，启用执法检查证，执法检查人员实行年度考核、持证上岗。

1996 年 5 月，市教委明确市教委机关法制建设工作任务职责。市教委政策法规处作为主管教育法制工作的职能处室，负责委内及各区县教育法制工作的综合协调、指导和监督工作。根据本市立法工作规划和计划，做好有关地方教育法规、规章草案前期调研、论证、起草、送审、修改等有关工作。相关业务处室承担教育法律、法规、规章的贯彻实施及日常执法检查工作，并指派具有较高政治素质、政策水平和业务水平的同志担任教育执法检查工作，按期接受有关部门对执法检查人员的专项培训、考核，实行持证上岗。

1999 年 10 月，市教委制定依法行政工作方案。提出到 2002 年的目标是：依法管理北京教育事业，全面实现依法治教即教育行政部门依法行政、学校和教育机构依法办学、受教育者依法接受教育。到 2002 年的主要任务是：①加强教育法制宣传教育，增强教育行政部门全体公务员、学校领导、教师和学生的教育民主法制意识；②制定和完善适应首都教育改革和发展的地方性法规、政府规章，形成与国家教育法律、法规相配套的较为完备的地方教育法规制度体系；③规范教育行政执法行为，提高依法行政水平，建立教育行政执法监督检查体系；④建立、巩固和完善以学校教育为主渠道、学校教育、家庭教育和社会教育有机结合的青少年法制教育工作体系，加强青少年法制教育基地建设。根据青少年生理、心理特点和成长规律，把法制教育和行为规范、道德规范教育结合起来，培养和巩固青少年的遵纪守法和自我保护意识。同时提出建立机关干部法律学习制度，建立依法决策制度，开展行政执法责任制和评议考核制，完善执法监督检查制度，实行地方教育法规规章专家参与委托起草制度，严格规范性文件审核，推进政务公开，加强教育法制宣传，依法行政实行首长负责制等 13 条制度措施。

2000 年 1 月，市教委向北京市依法治市领导小组办公室报送市教委 1999 年依法治教工作总结及 2000 年工作要点，提出依法治教工作重点是：①加强教育法制建设理论研究，树立大教育的观念，立足北京市的实际，使我们教育行政管理法制化、学校办学规范化，把我们各项管理工作逐步纳入法制轨道；②落实《推进依法行政工作方案》，完善行政执法责任制，重点抓好政务公开；围绕制定学校章程，推进校务公开试点工作；③加紧教育法制机构的建设和执法队伍建设，严格规范执法程序，建立必要的监督制约机制，为教育法律法规的正确实施打下良好基础；④继续加强教育法律法规的宣传工作，进一步提高全社会依法治教的自觉性和主动性的，使依法治教在全社会形成共识。

2004 年 7 月，市教委制定《北京教育系统关于贯彻北京市依法治市工作规划（2003—2007 年）的实施方案》，明确依法治教的战略目标是：加快立法步伐，制定和完善与国家法律法规相衔接、适应首都实现教育现代化需要的地方性法规和规章；坚持依法行政，依法治教，全面提高教育事业法治化水平；深化法制宣传教育，进一步提高北京教育系统领导干部和广大师生的法制观念和依法办事能力。切实维护教师、学生的合法权益。优化首都教育发展环境，努力为首都在全国率先基本实现教育现代化提供坚实的法治保障。主要任务包括加强立法工作、提高立法质量，积极推进依法行政、全面提高法治化管理水平，深化法制宣传教育、切实提高教育实效，建立健全长效机制、确保北京教育系统的安全稳定。

2007 年 1 月，市教委《关于进一步加强教育法制建设的意见》明确“十一五”时期的工作目标和主要任务是：全市教育系统的法治意识进一步增强，依法治教水平明显提高；教育行政部门依法行政的意识和能力进一步提升，行政决策和管理制度更加完善，政府职能切实转变，履行法定职责严格、规范、高效，行政执法责任制得到切实落实；依法治校深入推进，学校管理制度和工作机制进一步完善，办学行为更加规范、有序；开展“五五”普法教育，广大干部教师和受教育者的法律素质有明显提高；教育行政救济渠道畅通，教师和受教育者的合法权益得到有效保障。

2010 年 4 月，市教委印发 2010 年法制工作要点，提出年度法制工作的六大具体任务。①加强统筹协调，完善推进依法行政工作体系。完善市教委推进依法行政工作领导小组工作机制，研究建立重大行政决策制度，建立市教委法律顾问制度。②加强制度建设，提高决策服务水平。继续推进立法调研工作，加强对重大决策的合法性审查、督导和评估，加强对规范性文件的审查备案和清理工作，开展法规规章执行情况的督导和评估工作。③加强行政执法监督指导，规范行政执法行为。进一步落实行政执法责任制，建立行政执法监督检查制度，完善行政执法评议考核制度。④完善申诉、复议工作机制，有效化解教育争议纠纷，维护和谐稳定。研究建立申诉、复议和解制度，建立与法院、市政府法制办、区县教委、高校联系沟通机制，探索建立行政争议听证工作机制，加强对基层工作的指导。⑤切实加强基层基础工作，提高管理和服务水平。建立依法治教评价指标体系，做好法律咨询与服务工作，修订《学校法律读本》。⑥扎实推进社会主义法治理念教育，丰富法制宣传教育形式。全面落实“五五”普法规划，起草“六五”普法规划，强化法制教育课堂教学主渠道作用，积极开展师生喜闻乐见的法制教育形式，推广大学生法律志愿服务项目，助推青少年“法商”问题研究的成果转化，加大教育系统相关法律法规知识的培训力度。

二、工作机构

1990—1996年，北京教育行政机构均设有政策法规机构，市政府文教办设有法规处，市教育局设有法规政策研究室，市高教局设有教育研究室，1992年市成教局设立法制处。

1996年市教委成立后设立政策法规处，核定编制9人。其主要职责是组织拟订本市教育法规、规章的制定规划和年度计划。组织和协同委内业务处室起草法规、规章草案。对委内重要教育决策和拟制订的教育行政措施，提供法律、政策依据和意见。承办教育法规、规章具体实施中的解释和解答。拟订本委教育执法工作制度，综合协调教育执法监督、检查工作。参与查处或直接查处重大教育违法、违章案件。承办委主管的行政案件复议工作和行政诉讼的代理应诉工作。指导区县教育行政部门开展教育政策法规工作。2000年7月，市委教育工委政策研究室与市教委政策法规处合署办公，新组建了政策研究与法制工作处。2009年8月，市政府办公厅核定市教委主要职责、内设机构和人员编制，政策研究与法制工作处（法制办公室）负责机关推进依法行政综合工作，起草教育方面地方性法规草案、政府规章草案，负责行政执法工作的监督、指导和协调，承担行政复议、申诉和应诉的有关工作，承担机关行政规范性文件的合法性审核和有关备案工作，组织协调推进本市教育系统依法行政、依法治校和普法工作。

1996年，市教委明确要求各区县教育行政部门要成立有一位领导牵头的法制工作领导小组。每年负责制订法制工作计划安排，专题研究法制建设工作，分层次抓好领导班子、基层领导干部和广大教职工法律法规知识的培训和学习，对教育法律法规的执法责任进行分解、落实，建立配套制度。没有设立法制科的部门，要调专人具体负责协调、组织、落实本系统教育政策法制工作。至1996年年底，全市有15个区县教育行政部门成立法制工作领导小组，每区县确定1名局长（主任）主管法制工作。

1997年1月，市教委成立市教育系统法制宣传领导小组，负责领导、统筹本市教育系统法制宣传教育工作。领导小组下设办公室，设在市教委政策法规处。此后，各区县教育行政部门和高等学校相继成立普法领导小组，具体实施“三五”至“五五”普法规划。

1997年6月，市教委成立行政复议委员会，受理市教育系统的行政复议案件。成立行政处罚听证委员会，负责委机关行政处罚听证的日常工作。成立教师申诉委员会，处理教师申诉案件。委员会下设办公室负责申诉案件受理与否的裁定工作。申诉案件受理后，由委内有关业务部门根据申诉的内容分别具体办理，提出处理意见。3 个委员会主任由市教委主任担任。

2005 年 12 月，市教委成立依法行政工作领导小组。工作任务是制定教育系统推进依法行政工作计划，协调、指导、督促教育系统落实推进依法行政的各项工作，组织开展推进依法行政工作的调查研究，总结并向市政府报告推进依法行政工作情况等。依法行政工作领导小组由市教委主任组长，成员包括市教委主要业务处室主要负责人。

三、工作制度

1996 年 5 月，市教委印发《关于明确市教委法制建设工作任务职责的通知》，对 18 项教育法律、法规进行逐条研究，进行任务分解，明确各处室的责任范围、任务、权限和执法目的。教育法律、法规、规章的贯彻实施及日常执法检查工作，由教育法律、法规、规章所涉及的相关业务处室承担，并负责作出贯彻实施情况的报告，定期填报执法检查情况统计表。在对重大违法违章案件进行经济处罚或给予停止办学以上行政处罚时，应立案及时报政策法规处备案。政策法规处负责对全市教育行政部门和教育机构的执法检查工作的监督、指导和对执法检查人员的培训考核工作，并可参与查处或直接查处重大的教育违法违章案件。

1997 年 9 月 1 日起，北京市启用教育执法检查证，全市教育行政部门进行教育行政执法工作时，须持北京市教育执法检查证。原北京市成人教育执法检查证停止使用。

1998 年，市教委印发通知，规定市和区县教育行政部门建立实行行政执法责任制，确定执法职责并完成处室职责分解，确定行政执法规范，制定考核制度。1998 年以后，市教委多次梳理行政审批和行政许可职权，公开梳理结果，并依法确定本机关（系统）及其所属部门、机构、岗位的执法责任、目标，制定《北京市教育执法检查工作规定》《北京市教育执法工作考核办法》《行政处罚月报及重大案件备案制度》《执法检查档案制度》《执法检查员年度表彰奖励制度》和《教育规范性文件备案制度》等相关制度。

2001 年 2 月，市教委制定调查研究工作制度。明确调查研究是机关工作中的一项经常性工作，努力做到调查研究和实际工作相结合，和具体决策相结合。坚持重大决策必须首先经过调查研究的工作制度。调查研究工作实行分工负责制。一名主任（或书记）主管调研工作，各位主任（或书记）负责指导分管处室的调研工作。各处室要有一名负责人分管本处室的调研工作。政策研究与法制工作处负责两委机关调查研究工作的日常管理和统筹协调工作。调查研究工作要紧密结合本市教育事业改革发展的实际和两委的中心工作以及有关教育的重点、热点和难点问题，进行应用性政策研究和一些前瞻性战略研究；根据需要开展一定的理论研究；承担上级交办的有关教育课题的研究任务。机关全体工作人员每年都要安排由不少于60个工作日的时间用于参加调查研究。建立评选表彰机制，年终表彰优秀成果和先进处室。

2010年7月，市教委制定实施《北京市教育委员会重大教育行政事项决策制度（试行）》。该制度按照国务院、市政府有关规定，结合教育工作实际，对市教委重大教育行政事项的决策行为进行规范。规定重大教育行政事项决策应遵循依法决策、科学决策和民主决策原则，坚持群众参与、专家咨询和行政部门决策相结合的决策机制。制度规定重大教育行政事项的范围确定、决策职责分工、前期调研、评估论证、听证、研究决策、执行督办以及责任追究等。

四、行政规范文件管理

1996年，市教委成立后规定，市教委下发的行政管理规范性文件，由委相关业务处室负责起草，政策法规处进行协调，参与审核并会签。

2001年，市教委集中清理规范性文件。共清理1980年以来的教育党政规范性文件共计600余件，其中地方性法规4件，政府规章6件，规范性文件512件。2002年2月印发《北京市教育委员会关于停止执行部分规范性文件的通知》，决定自2002年3月1日起，停止执行126份规范性文件。同年，编辑出版《北京市教育行政规范性文件汇编（1996—2000）》，内容包括北京市地方教育法规、北京市教育规章、市委市政府有关教育工作的综合性文件、市教育行政部门规范性文件，其中，市教育行政部门规范性文件275件。

2003年，市教委制定关于清理行政规范性文件的方案，对1979年以来发布的行政规范性文件进行一次全面的清理。8月，公布文件，决定自2003年9月1日起，停止执行《关于启用北京市教育执法检查证的通知》等329份行政规范性文件。

2006年1月1日起，市教委施行行政规范性文件备案管理。行政规范性文件是指市教委行使法定职权时，制定和公布的对公民、法人和其他组织具有普遍约束力的文件。行政规范性文件由送政策法规处备案审查。行政规范性文件施行之日起30日前公布，未经公布的，不得作为实施行政管理的依据；但因保障国家安全、重大公共利益的需要，或者公布后不立即施行将有碍法律、法规、规章执行等情形的除外。行政规范性文件印发后，办公室将及时将行政规范性文件在市教委网站上刊登，并在市教委政报上公布。行政规范性文件公布之日起 15 日内，政策法规处报市政府备案。

2009 年 2 月，市教委向市政府法制办报送 2007 年 12 月 31 日前制发的行政规范性文件清理结果。经清理，市教委共有行政规范性文件 483 件，其中决定保留 335 件，决定修改 1 件，决定废止 86 件，决定宣布失效 61 件。2008 年 1 月 1 日至 2009 年 12 月 31 日，市教委制发行政规范性文件 33 件，2010 年制发行政规范性文件 9 件，至此，市教委保留的行政规范性文件 377 件。

五、学校制度建设

1996 年 3 月，《国家教委关于实施〈中华人民共和国教育法〉若干问题的意见》第十五条规定，各级各类学校及其他教育机构，原则上应实行“一校一章程”。《中华人民共和国教育法》施行前依法设立的学校及其他教育机构，凡未制定章程的，应当逐步制定和完善学校的章程，报主管教育行政部门核准。学校章程是指为保证学校正常运行，主要就办学宗旨、内部管理体制及财务活动等重大的基本的问题做出全面规范而形成的自律性基本文件。学校章程是学校自主管理、自律及政府监督管理的基本依据。学校章程应包括以下内容：学校名称、办学宗旨、主要任务、教育教学形式、内部管理体制（包括决策机构、执行机构、监督机构、咨询机构、反馈机构等）、财务和人事管理制度、举办者及其权利义务、章程的修改程序以及其他必要事项。

北京市社会力量办学的学校章程建设起步较早。1990 年《北京市社会力量办学管理办法》关于办学条件中规定举办社会力量办学要有办学的规章制度，1994 年《北京市社会力量办学管理办法》再次规定有健全的管理机构和规章制度，申请办学应当提交学校章程章或者培训机构章程。1999 年 8 月，市教委完成对全市 2000 余所社会力量办学学校章程制订和运行情况调查。调查结果表明，全市共有民办大学 87 所，民办中小学 63 所，其他各类民办学校 2000 多所，其中，有章程的学校占三分之二。在有校章的学校中，二分之一以上学校章程较为规范。但是在总体上存在学校章程制定得不够完善，极少数学校没有制定学校章程，学校举办者与学校之间权利和义务规定不够明确等问题。2000 年《北京市社会力量办学若干规定》就教育机构的章程进行具体规定，章程应当包括：名称、校址；办学宗旨、办学规模、学科门类、专业设置和教育形式；法定代表人或者负责人产生、罢免的程序；组织管理制度；资产管理和使用的原则；终止程序和终止后资产的处理；章程修改程序及其他必须由章程规定的事项。此后，社会力量教育机构章程建设进入规范化轨道，社会力量教育机构均依据规定拟订学校章程。

北京市中小学学校章程制定工作起步于1998年。1996年3月教育部颁发的《小学管理规程》附则规定，小学应根据《中华人民共和国教育法》和本规程的规定，结合本校实际情况制定本校章程。1998年北京市在全市小学阶段启动首轮学校章程制定工作。首先选定80所有代表性学校进行试点，先后召开2次制定学校章工作研讨会，推动工作进程。至1999年年底，北京市中心小学以上学校全部完成校章制定工作。2010年以后，北京市启动第二轮学校章程制定工作，并明确将中学章程建设纳入项目之中，计划用三年至五年时间全面推进基础教育阶段学校章程建设工作，努力实现校校有章程的目标。

2010年以后，北京高等学校根据教育部部署启动学校章程制定工作。

除学校章程以外，北京教育机构还普遍建立教育研究、业务档案、财务管理、安全工作、学习、会议等制度。2005年4月，为确保学校规章制度的合法性、适当性和有效性，不断完善学校内部管理体制和运行机制，切实提高学校管理水平，根据教育部《关于加强依法治校工作的若干意见》，市教委布置全市各级各类学校对本校规章制度进行集中清理。清理工作坚持以人为本、法制统一和科学管理三项原则，以学校为单位，面向改革开放以来学校管理文件，保留符合现行国家法律法规文件，修改有关内容，废止不符合形势需求文件，补充新的管理文件。8月，各级各类学校全部完成清理工作，部分学校如北京工业大学、中国人民大学还制定规章制度管理办法。

六、校务公开

1999年，北京市中小学启动校务公开试点。5月，门头沟区各中小学校实行校务公开制度。各学校在校内设置校务公开栏，定期召开家长会、教师会，公布学校各项制度、措施及依据，公开各项收费标准、收支细目。7月，朝阳区教委印发校务公开实施方案，确定10所学校为试点单位。9月，密云县教育局局和教育工会印发《关于实行校务公开制度的意见（试行）》，规定各学校以教代会或职代会听取校长校务公开报告、召开联席会议、建立校务公开专栏等多种形式实行校务公开。10月9日，燕山教育分局印发《关于政务公开校务公开的意见》，规定政务、校务公开的主要内容包括监督渠道等。2000年3月，市教委、市教育工会在西城区四十一中学召开校务公开现场会，交流西城区教育局、朝阳区教委、一五六中学和呼家楼学区团结湖一小校务公开试点工作经验。会议要求，校务公开与治理中小学乱收费工作相结合，各学校必须向社会公开收费工作。各区县扩大校务公开试点，已经开展试点工作的区县，要在全区中小学推广，其他区县要在 5 ~ 10 所学校进行试点。

1999 年，作为全国教育工会、市教育工会校务公开试点单位，人大制订《中国人民大学校务公开实施办法》。该办法规定校务公开的原则是：坚持党的领导、促进学校的改革和发展、依法治校、实事求是、注重实效。校务公开主要内容是：行政公开，财政公开，资产公开，人事公开，效益公开，党建公开。至 2000 年，北京 11 所高校试点校务公开。

2000 年 6 月 22 日，市教委印发《关于北京教育系统推行“政务公开、校务公开”的意见》。在区县和高校试点基础上，针对各校重视程度、公开水平差异很大，有些校长不愿或不敢公开实际问题，文件明确“政务公开、校务公开”（简称“两公开”）范围是各级教育行政部门、事业单位和业务部门、学校和其他教育机构；内容包括直接涉及群众利益的事项，除国家规定保密及涉及商业秘密、个人隐私等法律规定以外，都要向社会公开。“两公开”主要形式有召开会议、建立查询系统、利用传播媒体和建立各种制度等。意见明确，“两公开”工作情况将列入教育行政部门和各级各类学校工作考核与评估。

2000 年 7 月 11 日，市教育工会召开高校校务公开试点工作动员会。会议明确，教育系统内部公开重点包括：发展规划、政务校务计划和改革方案，经费及收入、支出使用管理情况，干部与职工聘任、考核、晋级、奖惩、职称评定等政策、程序和结果，工程建设及大宗物资、大型设备采购、投招标、验收和决算，党政领导廉政建设及责任制执行情况、经济责任审计结果，教职工购建房方案及住房公基金、医疗保险等与职工利益相关事项。向社会公开重点是：招生计划、程序、政策、考试规程和纪律及录取结果，收费项目、标准、依据、程序及接受公民个人捐赠款物的管理使用情况，学生学籍管理、转学、修学办法，奖学金、助学金管理、发放，毕业分配、就业情况，特长生、报送生推荐，信访和检查举报情况。

2000 年 12 月，市教委召开北京市普教系统校务公开工作汇报会。会议由各区县汇报校务公开工作情况，总结第一段工作经验，朝阳区教委介绍全面推行校务公开工作做法和体会。至年底，全市已有试点校 800 多个，占全市中小学的 20%，实现阶段性目标，西城和朝阳区中小学全部实现校务公开。

2001 年，北京教育系统全面推进校务公开，年内制定《关于推进 2001 年高校校务公开工作的意见》《关于在普教系统进一步推行校务公开的通知》，要求进一步扩大实行校务公开范围，到 2001 年年底，全市普教系统全面实现校务公开。

2001 年 9 月 14 日，市教委和市教育工会召开北京高校校务公开工作会。会议听取清华、北大、理工大、建工学院、教育学院、北林大推进校务公开工作的做法和经验介绍。会议认为，自 2000 年 6 月《关于北京教育系统推行“政务公开、校务公开”的意见》印发以后，各校校务公开工作取得成绩，但还存在制度建设不平衡等问题。会议强调，校务公开要突出“权、钱、人”监督，注重实效。

据统计，至 2002 年 12 月，北京高校全部实行校务公开，校务公开工作建制率和公开率均达到 100%。北京市普教系统 2027 所中小学、幼儿园、区县直属单位全部实行校务公开，普及率达到 100%。建立校务公开栏 2027 个，占开展校务公开工作单位的 100%。校务公开主要内容包括：①涉及学校改革发展和师生员工切身利益重大决策，包括学校改革发展计划、实施方案；教职工聘用、考核、奖惩、职称评定、晋级晋职以及其他有关教职工福利的事项。②涉及招生考试、教育收费、项目审批和学校管理重大事项，包括招生考试政策、纪律规定和录取情况；大宗物资采购情况；学校基建工程招投标情况；涉及学生切身利益的有关政策规定等。③收费公示制度的监督、检查，把校务公开工作与治理教育乱收费工作一起研究、一起布置、一起检查、一起总结，一起考核。校务公开主要形式有：教代会、教职工大会、校务公开栏、教职工代表座谈会、学生大会、学生代表座谈会、家长会。收费公示作为校务公开的重要内容，其主要形式包括公示栏、公示牌、公示墙、招生简章、收费报告单等。

2003 年以后，北京教育系统校务公开工作逐步纳入规范化、制度化轨道。

七、高校法律事务

2000 年以后，北京教育机构特别是高等学校，加强法律事务机构和队伍建设，注重运用法律手段维护合法权益。如 2006 年 3 月北京工业大学与北京市康达律师事务所签订协议，聘请常年法律顾问，事务所派出 5 名律师负责北工大全面法律服务。2006 年 10 月，北京工业大学校名、校标获得国家商标局核准注册。首次授权商标包括“北工大”“北京工大”中文字样和校徽、校标图案，涉及 4 大类商品，共计 13 个项目。2007 年 4 月，北京工业大学召开“法律事务管理办法”研讨会，研讨制定《北京工业大学法律事务管理办法》。

2008 年 1 月，在相关学校实践探索基础上，市教委印发《关于加强高等学校法律事务工作的意见》。文件规定加强高等学校法律事务工作的目标是：学校、教师和学生的法律意识和法律素质明显提高；学校办学行为纳入法治轨道，依法决策，依法行使各项权利：学校规章制度更加健全，并充分发挥作用；教育教学和学校管理活动更加规范，依法切实保障教师学生合法权益；涉法事务依法处理，有效防范风险，化解矛盾，依法治校水平显著提高，为学校发展和和谐校园建设创造良好的环境。要求高等学校明确专门机构和人员负责学校法律事务工作。法律事务工作机构可以单独设立，也可以与相关部门合并设立。高等学校应当聘请律师事务所或专职律师作为学校的法律顾问，协助学校处理法律事务，为学校提供专业法律服务。

八、依法治校示范校评选

2004 年，市教委在全市开展“依法治校示范校”创建及评估活动。依据《教育部办公厅关于开展依法治校示范校创建活动的通知》中的基本标准，市教委制定了《北京市依法治校示范校评估标准》。评估标准包括学校制度建设、学校管理体制、办学活动、民主监督、教师权益、学生权益、法制宣传教育、依法治校工作机制、整体效果与特色共九个方面，设二级指标 23 项，其中重要指标 14 项，一般指标 9 项。评估结果分为优秀、良好、合格、不合格四种，评估结果为优秀等级的学校具备依法治校示范校参评资格。

评审采取市、区两级评审。其中，市教委负责各高等学校、中等专业学校市级依法治校示范校的评审工作；负责中小学、职业学校市级依法治校示范校的复评工作。各区（县）教委组织本区（县）所属中小学、职业学校市级依法治校示范校的申报和初评工作。

2005 年 12 月，经过专家评审、市教委主任办公会讨论通过并在市教委网站上进行公示，评选出 100 所北京市依法治校示范校。其中，高等学校（含普通高校和民办高等教育机构）共 14 所，普通中等专业学校共 7 所，中小学校共 79 所。同月，经市教委推荐，北京工业大学、北京市计算机工业学校、中国人民大学附属中学、北京市通州区潞河中学、北京市怀柔区第三小学被教育部评为依法治校示范校。

第六节　法制宣传教育

从 1986 年以来，北京市教育系统实施两个全民普法五年规划，坚持运用多种形式，多种手段开展法制宣传教育。1997 年至 2010 年，北京市教育系统先后实施“三五”“四五”“五五”普法宣传教育规划。

1997 年 4 月 9 日，市教委印发《北京市教育系统法制宣传教育第三个五年规划（1996—2000 年）》，启动“三五”普法宣传教育。市教育系统“三五”普法工作主要任务是进一步学习以《中华人民共和国教育法》为核心的教育专业法，以及北京市地方性教育法规及市政府教育行政规章，提高教育系统广大干部、管理人员依法治教和依法办事的自觉性和紧迫感。对象包括各级党政教育主管部门干部、各级各类学校的教职员工和大、中、小学生，以及学校内的外地来京务工经商人员。重点是各级领导干部和青少年学生。

2000 年 9 月，市教委采用各单位自查上报总结和抽查等方式进行完成教育系统“三五”法制宣传教育总结验收。2001 年 5 月 北京林业大学等单位被北京市依法治市领导小组评为 1996 至 2000 年北京市“三五”普法先进单位。

2001 年 10 月 11 日，市教委印发《北京教育系统法制宣传教育的第四个五年规划（2001 年至 2005 年）》，启动“四五”普法宣传教育。市教育系统“四五”普法工作目标是深入开展法制宣传教育，全面提高北京教育系统全体师生员工的法律素质和依法治教管理水平，通过“四五”普法规划的实施，使广大青少年学生由提高法律意识向提高法律素质转变；使北京教育系统各级教育行政部门和各级各类学校实现由注重依靠行政手段管理向注重运用法律手段管理的转变，为全面推进依法治教，依法落实教育优先发展的战略地位，依法全面贯彻教育方针，坚持教育的社会主义方向，依法维护学校、教师、学生的合法权益，使受教育者成为德、智、体等方面全面发展的社会主义事业的建设者和接班人。主要任务是围绕北京教育系统的中心工作，积极开展法制宣传教育。一方面进一步学习以《中华人民共和国教育法》为核心的教育专业法，另一方面学习宣传社会主义市场经济的法律法规，宣传涉及保障和促进国家西部大开发的法律法规，宣传与加入世界经济贸易组织相关的法律知识，宣传与维护首都稳定相关的法律法规。对象是教育行政干部、各级各类学校的校长、教职工和学生，重点是处级以上党政干部、县级以上教育行政部门的负责人、各级教育行政部门的执法人员、教育督导人员、各级各类学校的校长、教师和大、中、小学生。

2005 年 6 月，市教委开展“四五”普法宣传教育工作总结验收工作。全市 18 个区县教委、70 所普通高校和 19 个直属单位参加总结验收，结果显示，“四五”普法宣传教育取得显著成效。8 月，市教委开展“四五”法制宣传教育先进集体和先进个人评选工作。评选采用学校自荐和实施考察方法，设立工作内容、工作保障和工作成效共计 65 项指标。来自全市各高校参加评选，其中评选 12 个市级先进集体、12个市级先进个人。推荐申报1个国家级普法先进单位和1名先进个人。

2006年5月15日至6月15日，全市教育系统中开展一次“我以守法为荣”法制宣传教育主题活动。

2006年11月8日，市教委印发《北京教育系统法制宣传教育的第五个五年规划》，启动“五五”普法宣传教育。北京教育系统“五五”法制宣传教育工作主要任务包括落实中央和全市法制宣传教育的总体部署明确教育系统法制宣传教育的重点内容，加强和改进各级各类学校法制宣传教育提高青少年学生的法治观念、法律素质和公民意识，加强和改进教育行政部门法制宣传教育力提高领导干部和公务员依法行使公共权力的能力，加强对校长和教师的法制宣传教育，提高教育工作者依法治校和施教的意识和能力，推进依法治校为提高师生法治观念营造良好环境五个方面。其中，法制宣传教育的重点内容是以学习宣传宪法为核心，进一步学习宣传国家基本法律制度，提高全体师生员工特别是领导干部和公务员的宪法意识，培育民主法制观念、爱国意识和安全统一意识；学习宣传维护社会和谐稳定、促进社会公平正义的相关法律法规，深入开展以“学法律、讲权利、讲义务、讲责任”为主要内容的公民法制宣传教育，促进师生员工依法行使权利、履行义务，自觉用法律规范行为；学习宣传保护奥林匹克知识产权、环境秩序和环境保护、文物保护和道路交通安全及社会治安等其他为保障筹办和举办奥运会而出台的法律法规规章，为成功举办2008年奥运会营造良好法制环境；学习宣传修订后的《中华人民共和国义务教育法》及其他教育法律规定，确实保障国家教育方针和法律要求的落实；学习宣传资源、环境、公共卫生、道路安全、国防教育和疾病预防等方面的法律法规，推进资源节约型和环境友好型社会建设；学习宣传社会主义市场经济法律法规，培育契约自由、公平竞争和诚实守信的意识。规划从2006年开始实施，2008年进行中期检查，2010年总结验收。

2006年4月17日，市教委聘请北京市海淀区人民法院法官尚秀云、北京电视台科教节目中心副主任徐滔、北京青少年法律援助与研究中心主任佟丽华3人担任“五五”普法期间“北京教育系统法制宣传教育形象大使”。

2007年12月，市教委召开北京教育系统依法治教和法制宣传教育工作会议，对北京教育系统今后几年加强法制建设工作提出了要求。印发了《北京市教委关于进一步加强教育法制建设的意见》（征求意见稿）。会议发布北京市青少年学生法制宣传教育卡通形象：普法小使者——威威。

2009年3月3日，市教委被中宣部、司法部、全国普法办评为全国“五五”

普法中期先进集体称号。

2009年6月，市教委面向全市中小学校派发《中学生法制教育》法制教育读本，共计10余万册。

2010年7月22日，北京市教育系统“五五”法制宣传教育工作通过市法制宣传教育领导小组、市司法局的检查验收。“五五”普法期间，以宪法为核心的法律知识在北京教育系统得到广泛普及，广大师生员工法律意识和法律素质普遍提高，全市教育系统初步形成遵守法律、崇尚法律、依法办事的良好风尚。青少年学生爱国意识、守法意识和权利义务意识进一步提高，正确的价值观和态度进一步确立；全市教育系统公务员特别是领导干部社会主义法治理念进一步增强，依法行政能力和水平进一步提高；学校干部教师遵纪守法、为人师表、教书育人意识进一步增强，良好教风、校风进一步确立；各级教育行政部门、各级各类教育机构依法管理和服务社会的水平进一步提高，为推进首都教育现代化作出积极贡献。2011年5月，市教委被中宣部、司法部评为2006—2010年全国法制宣传教育先进单位。

第四章 规划与计划

第一节 首都教育发展战略

20世纪末北京市教育普及化任务基本完成。1999年以后，北京市提出加快教育改革与发展的步伐，在全国率先基本实现教育现代化的首都教育发展战略。1999年12月，市委、市政府制定《关于深化教育改革全面推进素质教育的意见》，提出“实施教育先导发展战略，规划跨世纪发展目标，加速推进首都教育现代化”。首都教育先导发展战略是把教育作为先导性、全局性、基础性的知识产业和关键的基础设施，作为首都经济社会发展的战略重点和重要支柱，动员全社会重视教育，优先发展教育，在全国率先实现教育现代化。同月，市委、市政府召开教育工作会议，提出到2010年北京要率先基本实现教育现代化。

2004年4月，教育部、北京市政府决定共同推进北京教育现代化试验城市建设，试验目的是实施首都教育战略规划，实现2010年北京市在全国率先基本实现教育现代化的奋斗目标，同时为全国教育现代化探索和积累有益的经验。

2004年7月7日，市委、市政府印发《关于实施首都教育发展战略率先基本实现教育现代化的决定》，正式确立首都教育发展战略。首都教育发展战略的总目标是在全国率先基本实现教育现代化。其标志为：各级各类教育质量明显提高；基础教育高标准高质量均衡发展；职业教育更加发达；高等教育水平进一步提升；城乡教育差距显著缩小；学习型城市初步形成；教育的学习服务能力、人才支持能力、知识贡献能力和国际竞争能力显著增强；初步构建起与社会主义市场经济和经济社会发展要求相适应的现代教育体制和教育体系。

至2010年，围绕率先基本实现教育现代化总体目标，北京市全面推进教育优先发展科学发展，教育事业持续稳定发展，首都教育走出了一条北京特色的教育现代化之路。一是教育投入持续增加，办学条件显著改善。二是教育体系更加完善，教育普及程度大幅提高。北京市儿童入园率、义务教育普及率、高中教育毛入学率、高考录取率、高等教育毛入学率均位居全国前列，特别是高等教育毛入学率接近 60%。教育的普及程度基本达到世界发达国家平均水平。三是人才培养模式持续创新，学生综合素质全面提升。四是教育改革开放逐步深化，教育活力不断增强。五是教育公平惠及人民，初步实现基本公共教育服务均等化。六是教育功能不断拓展，教育对经济社会发展的服务贡献能力持续增强。

2011 年，北京市教育工作会宣布，首都教育已经总体达到中等发达国家同期平均水平，部分指标达到发达国家平均水平，率先基本实现教育现代化的目标已经实现。

率先基本实现教育现代化以后，2011 年 3 月，市委、市政府颁布《北京市中长期教育改革和发展规划纲要（2010—2020 年）》，提出“到 2020 年实现教育现代化”新的战略目标。即到 2020 年实现教育现代化，建成公平、优质、创新、开放的首都教育和先进的学习型城市，进入以教育和人才培养为优势的现代化国际城市行列。

第二节　中长期发展规划

1991 年至 2010 年，北京市制定并实施《北京市教育事业十年规划和“八五”计划纲要》《教育事业发展“九五”计划和 2010 年长远规划》《北京市“十五”时期教育发展规划》《北京市“十一五”时期教育发展规划》3 个中长期发展规划。教育事业中长期发展规划是北京市国民经济计划的重要部分，规定北京市教育事业发展远景目标和实施途径，一般由市教育行政部门牵头，会同有关综合管理部门，以及各高等学校、各区县共同完成。

一、教育事业十年规划和“八五”计划纲要

1992 年 7 月，市政府办公厅印发《北京市教育事业十年规划和“八五”计划纲要》，提出到 20 世纪末各类教育的主要目标，以及“八五”期间的主要任务。

20 世纪 90 年代北京市教育工作的基本任务是：全面贯彻党的基本路线，建成面向 21 世纪的具有中国特色的社会主义教育体系；各类教育的规模与首都政治、文化、国际交往中心的地位和经济、社会发展水平大体相称；社会主义建设依靠教育，教育为社会主义建设服务的方针全面落实；实现教育事业既适度超前，又能持续、稳定、协调发展，为首都培养出数以百万计的素质较高的社会主义建设者和接班人。

到20世纪末，各类教育的主要目标是：

——基础教育要全面实施九年制义务教育。妥善解决小学、初中入学高峰问题。努力缩小城乡基础教育的差距，彻底改变基础薄弱初中校的面貌。有学习能力的残疾、弱智儿童和少年，都能接受不同程度的义务教育和劳动技术教育。20世纪90年代，小学和初中的最大办学规模分别为108万人和54万人，比1990年分别增长8%和72.3%。普通高中，“八五”期间稳定规模，着重提高教育质量，招生最大规模为3.5万人左右；“九五”期间扩大到4万人左右。基础教育的质量要达到并保持全国一流水平。学前教育，以提高儿童整体素质为中心，建立起前后衔接，布局、结构和层次合理的学龄前教育体系。全市托幼园所收托儿童规模达到45万人，城乡基本满足幼儿入托入园要求；多数园所教育质量接近或达到目前市立托幼园所水平。

——职业技术教育要基本形成行业配套，结构合理，形式多样，设施完善，符合首都建设需要，初、中、高层次衔接，职前、职后教育相通的体系。全市实行“先培训、后就业”制度，农村绝大多数新增劳动力接受必需的实用技术培训，技术岗位新增职工接受必需的职业技术教育或培训。重点装备、建成80所能起骨干和示范作用的职业技术学校。到20世纪末，中等职业技术学校在校生达到近22万人，比1990年增加7.1万人。其中，中专学校7.3万人，技工学校5.6万人，职业高中8.2万人。

——高等教育要根据首都经济和社会发展需要，在合理调整学校布局和专业设置、大力提高教育质量的基础上适度发展。市属高校“八五”期间稳定规模，1995年在校生37万人；到2000年，在校生4万人。继续加强4所市属重点高校并争取其中2所列入全国重点建设高校，继续加强30个重点学科的建设，使办学条件和教育质量达到国内同类学校和学科的先进水平，成为北京市应用科学研究的重要基地。

——成人教育要以岗位培训和继续教育为重点。全市各类岗位培训保持每年150万人次的规模，专业性、技术性强的关键岗位实行“先培训、后上岗”制度和持证上岗制度。大力提高管理干部的现代化管理水平、专业技术干部的高新技术水平和技术工人的实际技术水平。在技术工人中，中、高级工的比例要达到60%左右，其中高级工由现在的3%提高到8%。大力提高成人高等、中等专业教育的质量，成人高等学校年招生稳定在0.8万～1万人左右，中专学校年招生稳定在1.5万人左右。

——大力改善各级各类学校办学条件，力争达到国家规定的设施标准。

——建设一支具有良好政治业务素质、结构合理、学科配套、相对稳定、较高水平的各级各类学校教师队伍。经过培训提高和补充新的合格教师，使绝大多数教师能够更好地胜任教育教学工作。中小学教师基本上达到现阶段国家规定的学历标准。小学、初中新补充的教师逐步提高大学专科、本科生所占的比例。

——经过10年的努力，北京市全体市民的文化素质和职工实际业务水平有较大提高。专门人才队伍进一步扩大，结构趋于合理，素质和水平明显提高。到2000年，市属单位在岗专门人才队伍将达到70万人，比1990年净增22万人，增长46%，大体适应经济与社会发展的需要。每万名市民中拥有大学文化程度的人数从1990年的1000人提高到1300人。全市人民平均受教育年限由8.6年提高到9.5年。“八五”期间，北京教育事业发展取得显著成绩。城乡幼教事业有很大发展，基本满足3～6岁幼儿接受学前教育的需要，解决曾一度出现的入园难问题。义务教育在全国率先普及九年义务教育、扫除青壮年文盲，1993年通过国家教委验收。高中阶段教育的规模不断扩大。中等职业教育有很大发展，在校生人数1995年比1990年增加7.21万人，增长54%；普通高中的办学规模加大。初中毕业生升入高中阶段教育的达88.6%。高等教育稳步发展。普通高校1995年比1990年本、专科在校生增长30%（其中市属高校增长14.3%）；研究生增长96%（其中市属高校增长188%）；成人高校在校生增长43%。全市每十万人口在校大学生达3200人，18～21周岁人口高等学校毛入学率达到29%。成人教育蓬勃发展。岗位培训和继续教育等各类成人教育年均培训规模达215万人次。成人高等、中等学历教育和高等教育自学考试的规模进一步扩大，社会力量办学有较大发展，拓宽在职人员的成才之路。五年来，为国家和首都培养大量人才。普通高校培养出本、专科毕业生18.76万人；研究生2.78万人，占全国培养研究生总数的五分之一，其中博士生0.38万人，占全国的四分之一。成人高校培养出本、专科毕业生18.16万人。中等职业学校培养出毕业生21.87万人。1995年，全市每十万人口中受过大专以上文化教育的为13352人，居全国首位。

二、教育事业发展“九五”计划和2010年长远规划

1997年6月，市政府办公厅印发《北京市教育事业发展“九五”计划和2010年长远规划》。计划编制工作始自1995年，初期编制工作由市政府文教办公室和市教育局、高教局、成人教育局依据各自工作范畴分别进行。1995年12月，市教委成立后，编制工作由市教委牵头，会同有关综合管理部门，以及各高等学校、各区县共同完成。

规划提出 2010 年教育事业发展的总目标：经过 15 年的努力，北京市要形成与首都经济和社会发展相适应，结构合理、各类教育相互衔接、协调发展的社会主义现代化教育体系；形成与社会主义市场经济体制相适应的教育体制和运行机制；形成与首都地位相称的国内一流教育，使教育水平接近发达国家的教育水平。

规划依据首都的城市性质和功能、经济建设和社会发展的需要、人口增长和人民对教育的需求、教育发展的现实基础制定。规划提出 2010 年教育事业发展的总目标：经过 15 年的努力，北京市要形成与首都经济和社会发展相适应，结构合理、各类教育相互衔接、协调发展的社会主义现代化教育体系；形成与社会主义市场经济体制相适应的教育体制和运行机制；形成与首都地位相称的国内一流教育，使教育水平接近发达国家的教育水平。规划提出 2000 年教育事业发展的主要指标，以及集中必要的人力、物力、财力组织实施“十大”教育工程。即：高标准基础教育工程、山区教育工程、普及高中阶段教育工程、职业教育工程、成人培训工程、高校“三重”工程、“110”工程、示范学校工程、教师队伍建设工程和教育综合改革实验工程。

2000 年，北京市教育系统全面完成北京市教育事业发展“九五”计划。学前教育质量和水平大大提高。3 ~ 6 周岁儿童入园率从 1998 年起达到 85% 以上。义务教育在普及的基础上巩固提高。小学学龄儿童入学率保持在 99.9% 以上，初中阶段毛入学率保持在 100% 以上；小学毕业生升学率达到 98% 至 99%，初中毕业生升学率从 1996 年起提高到 90% 以上，在全国率先普及高中阶段教育。高等教育在改革中稳步发展，在全国率先实现高等教育大众化。职业教育和成人教育在调整中进一步发展，职前职后教育逐渐沟通。成人教育形成市、区县、乡镇三级教育培训网络。社区教育成为教育发展新的生长点。教育投入不断增加，“九五”期间，确保实现教育经费的“三个增长”，预算内教育经费增长每年均高于财政收入增长，1999 年高出 15.24%。

三、北京市“十五”时期教育发展规划

《北京市“十五”时期教育发展规划》由市教委、市发展计划委组织编制，经市政府同意，2000 年 5 月，由市发展计划委、市教委印发。规划提出 2001 年至 2005 年北京教育事业的发展总目标：通过深化改革、调整结构、加强建设，形成各级各类教育结构合理、相互衔接和沟通、开放的现代教育体系；形成以德育为核心、以培养具有创新精神和实践能力人才为重点的素质教育模式；形成与社会主义市场经济体制相适应的教育体制以及教育与社会、经济、科技紧密结合

的发展机制。教育总体水平达到中等发达国家首都的教育水平，继续保持在全国的领先地位。

“十五”时期，北京市教育系统深化教育改革，按照办好人民满意教育的要求，妥善处理改革、发展与稳定的关系，促进各级各类教育健康协调发展，全面完成“十五”规划制定的各项指标。普及水平不断提高，受教育机会逐步扩大。3～6岁儿童入园率保持在85%以上，义务教育普及率巩固在99%以上，高中阶段教育入学率达到98%。高考录取率稳定在70%，高等教育毛入学率达到53%，在全国率先进入高等教育普及化阶段。城乡教育差距逐步缩小，弱势人群受教育权利得到保障。通过市级财政对远郊区县转移支付（5年共投入26亿元），城乡百所学校对口支援，特级教师送教下乡，开展农村教师培训等措施，农村中小学办学条件明显改善。教育功能不断拓展，贡献能力日益增强。“十五”期间，共培养研究生12.6万人，普通本专科生42.8万人，成人本专科生47.3万人，中等职业教育毕业生39.9万人；高校毕业生就业率保持在89%以上。教育投入持续增加，2005年北京市地方教育经费总投入为283.93亿元，比2000年增长127.47%；财政性教育经费为211.88亿元，占GDP的3.11%。“十五”期间，财政预算内教育拨款（含教育费附加）占地方财政支出比重保持在17%左右。全市中小学基本实现信息化，教师学历水平和教学水平不断提高，各级各类学校基础设施、教学条件和校园环境不断改善。经过“十五”期间的持续发展，北京市教育普及化任务基本完成，为率先基本实现教育现代化奠定了坚实的基础。

四、北京市“十一五”时期教育发展规划

2006年11月，经市政府批准，市教委、市发展改革委印发《北京市“十一五”时期教育发展规划》。规划依据党中央、国务院对北京工作的一系列指示精神、全国教育事业第十一个五年规划、北京城市总体规划（2004—2020年）、北京市国民经济和社会发展第十一个五年规划纲要、北京市教育大会精神编制。规划提出2006年至2010年北京市教育事业的发展思路、发展目标、重点任务和政策措施，是全市“十一五”规划体系的重要组成部分。

规划提出2010年首都教育改革发展的总体目标是，在全国率先基本实现教育现代化，努力办好让人民满意的教育。其标志为：基础教育高标准高质量均衡发展；职业教育特色更加突出；高等教育质量进一步提高；城乡教育差距显著缩小；教育供给服务能力、人才支持能力、知识贡献能力和国际竞争能力显著增强；初步构建起与社会主义市场经济和经济社会发展要求相适应的现代教育体制

和体系，初步形成学习型城市。

到 2010 年首都教育改革发展的具体目标是：

——全市居民受教育程度继续提高。6 岁及以上人口平均受教育年限达到 12 年。新增劳动力平均受教育年限达到 15 年左右，从业人员平均受教育年限超过 12 年。

——学前教育进一步普及。基本普及 0 ～ 3 岁婴幼儿早期教育，全面普及学前三年教育，满足学前儿童入园需求。早期教育服务得到较大发展，幼儿监护人接受教育指导率达到 90% 以上。全市 40% ～ 50% 幼儿园达到一级标准。

——基础教育高标准高质量发展。全市义务教育学校城乡差距、校际差距显著缩小，义务教育入学率力争实现 100%。学生综合素质、健康素质明显提高。示范高中辐射能力进一步增强；高中阶段教育入学率力争实现 100%。

——农村教育得到切实加强。农村中小学办学条件进一步改善，所有学校全部达标。完成对农村教师的全员培训，农村教师学历全部达标，素质明显提高。完成农村劳动力转移培训 50 万人次。

——职业教育和培训大力发展。中初级技能人才培养质量进一步提高，高技能人才培养取得突破，紧缺技能人才培养基本满足需求。职前培训率达到 90% 以上，从业人员在职培训参与率达到 70% 以上。

——高等教育健康协调发展。普及水平进一步提高，高等教育毛入学率达到 60% 左右。稳定普通高等教育规模，保持在 70 万人左右，普通高考录取率保持在 70% 左右。高校人才培养质量、科学研究及创新水平、社会服务能力明显提高。多种形式的高等教育得到进一步发展。

——学习型城市初步形成。50% 以上的企业、社区和其他组织成为学习型组织。社区教育、企业教育广泛开展，成人培训参与率达到 50%。基本建成比较完善的现代国民教育体系和终身教育体系，初步形成全民学习教育制度；学习资源更加丰富，学习方式更趋灵活，学习制度更具弹性。

——教育投入得到切实保障。依法确保教育经费“三个增长”，预算内教育经费占财政支出的比例逐年提高，到 2010 年财政性教育经费占本市地区生产总值的比例达到 4% 以上。教育财政体制进一步完善，教育经费使用效益增强。

——依法治教水平明显提高。地方教育立法取得新进展，制度建设进一步加强。依法行政全面推进，科学决策机制和教育行政监督机制更加健全。教育行政体制和学校内部管理体制改革进一步深化，政府、学校、社会的关系基本理顺，现代学校制度建设取得初步成效。

——教育系统党的建设进一步加强。党的先进性建设取得明显成效，学校精神文明建设取得新进展，师生思想道德素质显著提高。学校安全防范体系进一步完善，突发事件应急处置机制更加健全，校园及周边环境显著改善，各类影响稳定的矛盾和冲突得到有效化解，学校安全稳定局面得到持续巩固，和谐校园建设呈现新局面。

至 2010 年，北京市教育系统全面推进“十一五”教育发展规划具体落实，教育发展规划主要事业发展目标基本实现。

教育普及水平全面达到预定目标。2009 年学前三年毛入园率达到 90.3%，0 ~ 3 岁婴幼儿接受早期教育率为 90%；小学净入学率为 100%，初中毛入学率为 112.2%，高中毛入学率超过 98%，高等教育毛入学率达到 59%，高考录取率 80%。

人口整体素质进一步提升。2009 年每十万人口在校大学生数达 6410 人；新增劳动力平均受教育年限达到 14 年，6 岁及以上人口平均受教育年限达 10.99 年左右，由于“十一五”以来北京市常住人口规模持续大幅增加，给人口整体素质提高带来较大压力，这两项数量性指标要达到规划预定目标还有一定难度。

财政性教育投入持续增长。北京市地方财政性教育经费由 2005 年的 211.88 亿元增长到 2008 年的 383.31 亿元，增长了 81%，同期财政性教育经费占 GDP 比重也由 3.08% 提高到 3.65%，但尚未达到“十一五”规划预定的 4 % 以上的目标。

教育总体规模平稳增长。2009 年北京市教育总人口 354.4 万人，占常住人口（1755 万人）的 20.2%，比 2005 年增长了 9.7%。从各级各类教育具体规模来看，学前教育呈现机构减少、在园幼儿显著增加的特征；中小学校呈现机构减少、户籍在校生持续减少、非户籍在校生持续增加的特征；中等职业学校呈现机构和在校生规模双减少的特征；普通高校在校生规模稳中有升，民办高等教育机构数有所增加，但在校生规模下降。

表 1-4-1　“十一五”时期北京教育事业发展主要指标

指标		2005 年	2009 年	“十一五”预定目标
教育普及	学前三年毛入园率	87.9%	90.3%	90%
	0 ~ 3 岁婴幼儿接受早期教育率	80%（2007 年）	90%	85%
	小学净入学率	99.9%	100%	100%
	初中毛入学率	118.2%	112.2%	100%
	高中毛入学率	98%（2006 年）	＞98%	100%
	高等教育毛入学率	53.0%	59%	60% 左右
	高考录取率	＞70%	80%	70% 左右

续表 1-4-1

指标		2005 年	2009 年	“十一五”预定目标
人力资源	每十万人口在校大学生数	6580 人	6410 人	—
	6 岁及以上人口平均受教育年限	10.7 年	10.99 年（2007 年）	12 年
	新增劳动力平均受教育年限		14 年（2007 年）	15 年左右
	从业人员平均受教育年限	11.5 年	—	12 年
教育投入	财政性教育经费占 GDP 比重	3.08%	3.65%（2008 年）	≥ 4%

第三节　招生计划管理

20 世纪 90 年代初，北京市学历教育继续实行年度招生计划管理。年度招生计划由教育行政部门依据一定程序，在统筹考虑“需要”（即社会发展需要和人民群众接受教育的需求）和“可能”（即办学资源和办学条件）的基础上确定。招生计划是国民经济和社会发展宏观调控的重要指标之一，是保证各级各类教育健康协调发展，确定学校年度办学规模的主要手段，也是教育经费核拨、师资队伍调配、办学条件改善等教育资源配置的重要依据。年度招生计划由教育行政部门依据一定程序，在统筹考虑“需要”（即社会发展需要和人民群众接受教育的需求）和“可能”（即办学资源和办学条件）的基础上确定。未经教育行政部门同意，各单位和学校不得擅自扩大招生规模。

一、普通高等教育招生计划管理

1991 年，北京普通高等学校招生计划由市高教局、市计委上报国家教育委员会，经国家综合平衡批准后执行。1990 年，国家教育委员会、国家计委颁发《普通高等学校、中等专业学校招生计划管理暂行办法》，就招生计划管理做出明确规定。各地区报送招生计划（草案）由计划部门和教育部门联衔上报。国家教育委员会综合研究后，提出分部门、分地区招生计划初步方案，报送国家计划委员会。国家计委对国家教育委员会报送的初步方案进行综合平衡，并结合各部门、各地区报送的招生计划（草案）提出全国普通高等学校、中等专业学校分部门、分地区招生计划（草案），经征求国家教育委员会意见后，提交全国计划会议讨论，并经国务院审定后，由国家计委下达到各地区、各部门，待全国人大审议批准后正式执行。国家教育委员会根据国家计委会正式下达的普通高等学校、中等专业学校招生计划和各地区、各部门报送的招生计划（草案），编制分学校招生计划，会同国家计划委员会下达。

招生计划主要包括国家任务、委托培养、自费生三种招生计划形式，及其他根据特殊需要确定的临时招生计划形式，如干部专修科、教师本专科等。自费生计划是国家招生计划的一部分。国家在核定的各地区、各部门招生总额中确定招收自费生的比例，由高等学校按照国家编制年度招生计划的要求单独编列，报送主管部门汇总平衡，纳入年度招生计划和生源计划。国家任务也称为指令性计划，委托培养、自费生称为调节性计划。

1994 年，国家教育委员会实施普通高等学校招生并轨改革，即不再划分国家任务、委托培养、自费生三种招生计划形式，指令性计划和调节性计划合并为国家招生计划。当年，北京工业大学、北京建工学院、北京联合大学旅游学院 3 所市属高校参加改革试点。至 1997 年，北京普通高校招生并轨改革完成，所有本、专科招生全部实行并轨。并轨改革后，不再按指令性和调节性招生计划分别划定两条录取分数线（双轨），而是按总的招生计划划定一条分数线（单轨）进行录取。同时建立学生缴费上学，毕业自主择业制度。

1996 年，国家教育委员会改革普通高等学校本专科招生计划管理办法。国家对普通高等学校的招生计划实行“国家宏观指导，总量调控，中央和省部两级管理，分级负责”的体制。国家教育委员会和国家计委根据国民经济和社会发展的总体规划进行综合平衡，提出年度的全国普通高校招生总量、发展速度和有关方针政策。根据经济、社会需求、毕业生就业趋势及普通高等学校办学条件、基础教育发展程度等因素，综合研究确定各省市、部门年度普通高等学校招生规模。各省市、各部门在安排招生计划时，坚持事业发展、办学条件、就业保证等相关因素的综合平衡，根据办学条件标准等因素研究确定分学校的年度最大招生容量，并据此提出地方、部门年度招生总规模。普通高等学校依据国家教育委员会制定的核定普通高等学校招生规模的办学条件标准，坚持社会需求与办学条件可能相结合的原则，编制招生计划。

1999 年，国家进一步扩大高等学校招生规模的决策下，至 2001 年北京市高等学校招生规模连续扩大招生规模。1999 年，市属普通高等学校研究生招生 1146 人，比上年增加 212 人，增长 23%；本专科实际招生 27026 人，比上年增加 5577 人。全市高中毕业生高考录取率达到 76%；市属成人高校实际招生 31057 人，比上年增加 3553 人。是历年来高等学校扩招规模最大的一次。2001 年市教委提出，市属（市管）高校编制 2002 年普通高等教育招生计划应遵循“稳定规模、调整结构、改善条件、提高质量”的原则。各校在计划编制过程中，要综合考虑学校性质、定位、办学条件以及毕业生就业情况，按照学校“十五”期间发展目标，合理确定年度招生规模，突出学科和专业特色，不断提高教育教学质量和办学效益。

1999 年，北京地区 37 所学校参加按新的管理模式和运行机制举办高等职业技术教育试点，普通专科和高等职业教育招生计划统一编报下达。共计划招生 9524 人，其中，计划招收高中毕业生 6743 人，招收中等职业学校应届毕业生 2781 人，分别比上年同期增长 502%、614% 和 348%。

1999 年 12 月，北京市试行春季招生改革，首次下达春季招生计划 1755 人，其中本科 102 人、专科 1653 人。报名人数 1101 人。2005 年，北京春季高考的报名人数 1466 人，计划招生人数 1542 人。2006 年，北京宣布暂停春季高考。

2003 年，北京市开始实施高等职业教育（专科层次）优秀应届毕业生进入本科（简称“高职升本科”），确定市属市管普通高校 2003 年高职升本科招生计划为 1300 人。2004 年，北京市结合高等教育实际，以及首都产业结构调整对中、高等职业人才的需要，开始进行五年制高等职业教育试点工作。当年 7 所学校参加试点，招生计划 585 人。

2006 年，北京 3 所高等职业教育院校开始实施自主招生改革试点工作。参加改革试点的高等职业教育专科层次招生由高等学校依法自主进行入学测试、自主确定入学标准、自主实施招生录取。3 所试点院校招生计划 630 人。2010 年，12 所学校参加自主招生试点，招生计划 2715 人。

2006 年，北京市贯彻国务院关于“高等教育要全面贯彻落实科学发展观，适当控制招生增长幅度、相对稳定招生规模，把重点放在提高办学质量上”精神，采取措施加强招生计划管理工作。明确提出，今后五年，全市高等教育要在稳定规模的同时，加快结构调整，提高教育质量。凡生师比超过 18 ∶ 1 的学校，相应调减年度招生规模。2006 年至 2010 年，北京市属高校普通高等教育招生规模保持稳定，2010 年招生 80026 人，在校生 285776 人。

二、研究生招生计划管理

研究生教育恢复伊始，其入学招生完全按照国家招生计划进行。招生计划一般由国家教委统一编制，经过教育主管部门会同国家财政部和国家计委审批下达各培养单位。20 世纪 90 年代，国家允许高校在一定范围内展开计划外招生，以定向培养计划、委托培养和自筹经费招生计划弥补国家计划的不足。

1996 年，国家教委印发《招收攻读硕士学位研究生管理规定》及其实施细则。根据文件规定，研究生招生计划包括国家非定向培养和定向培养招生计划以及委托培养和自筹经费招生计划，即国家任务计划和调节性计划相结合的招生计划体制。招生计划由国家教育行政主管部门和招生单位分级管理具体组织实施，招生培养单位制定招生计划上报省级教育主管部门进行初审后，汇总上报，再由国家发展与改革委员会、教育部、人事部联合下达年度计划。其中，国家招生计划由国家教委会同有关部门下达，其毕业生服务范围是：高等学校，以基础研究为主的科研机构，国家重点企业，由财政拨款的文化、医药卫生等公益事业单位，党和国家机关，人民解放军。委托培养招生计划由高等学校根据自身培养条件和社会需求编制，培养经费由委托单位提供。自筹经费招生计划由高等学校在培养条件、指导力量具备的前提下，用导师的科研经费、本单位集资的经费，根据社会需求编制。

2006 年起，教育部安排部分研究生招生单位开展少数民族高层次骨干人才培养专项工作，招生计划为国家定向培养专项招生计划。2007 年起，安排一定数量的农村学校师资计划，专项用于为农村学校培养教育硕士师资。

2010 年，根据教育部安排，北京市属高校进一步扩大专业学位研究生培养规模，市属高校承担全日制专业学位硕士招生任务 1478 人。同时，市属高校承担“少数民族高层次骨干人才”研究生培养任务，招生规模 90 人，其中，博士研究生 10 人，硕士研究生 80 人。2010 年，市属高校研究生招生计划 8397 人，其中，国家计划 5399 人，委托培养和自筹经费招生计划 2998 人。招生规模中，博士生招生计划 645 人，硕士生招生计划 7752 人。

三、中等职业学校招生计划管理

北京高级中等学校 1985 年起实行普通高中、中专（包括中等师范学校）、技工学校、职业高中联合考试、统一招生，分类别制定招生计划的管理体制。市教委成立以前，各类高级中等学校招生计划分别由市教育局、市高教局、市劳动局汇同计划部门编制。市教委成立以后，高级中等学校招生计划由市教委统一管理，分类下达。

市属普通中等专业学校及职工中专、干部中专招生计划（含招生来源计划），由学校主管部门拟定后，要于上年的 12 月 10 日前（中央在京学校于当年 2 月底前）报送市高教局。高教局汇总后报送市计委，经综合平衡后，纳入北京市计划。北京市计划分别报送国家计划委员会和国家教育委员会。国家教育委员会、国家计委综合平衡后，提出分地区招生计划初步方案，提交全国计划会议讨论，并经国务院审定后，由国家教育委员会编制分学校招生计划，会同国家计委下达。

1994 年，国家教育委员会改革普通中等专业学校招生计划体制。从 1994 年起，国家只下达分省、分部门所属普通中等专业学校招生计划总数，不再下达分学校招生计划。普通中等专业学校招生计划的制定，由学校及办学主管部门及地方教育行政部门会同计划部门根据本地区、本部门经济和社会发展的客观需要以及学校所具备的办学条件编制，按照隶属关系，由省、直辖市、自治区教育行政部门和国务院有关部委教育司（局）审核确定，并将本地区、本部门招生计划总数上报国家教育委员会、国家计委，经审核后列入全国普通中等专业学校招生计划下达。招生计划包括国家任务计划和调节性计划两种形式。国家任务计划包括定向招生。调节性计划是根据社会需要安排的委托培养和自费生招生计划。

1997 年，国家教育委员会、国家计委印发关于普通中等专业学校招生并轨改革的意见，北京市实行招生并轨改革。普通中等专业学校招生并轨后，不再实行国家任务计划和调节性计划（含委托培养和自费生）的计划形式，统一实行一种招生计划，并统一录取标准，学生缴费上学。

1998 年 12 月，全国中等专业学校招生工作总结会决定，1999 年起全国普通中专招生事业计划下放到地方制定。

北京市职业高中和技校的招生计划分别由市教育局与市计委、市劳动局与市计委统筹管理。职业高中招生计划由各区县汇总后在当年 2 月底前报送市教育局。市教育局汇总后报送市计委，经综合平衡后，纳入北京市计划。4 月底前将计划分别下达给有关区县。招生计划中的委托或定向培养生，学生哪儿来哪儿去，不转户口，不包分配。自费生在整个招生计划中的比例由北京市中等学校招生工作委员会（1989 年成立）确定，农业户口自费生不转户口，缴费不低于实际培养费的 80%。

职业高中招生计划由各区县上报招生计划，市教育局汇总后商市计划部门下达。“八五”期间，职业高中发展迅速。1991 年职业高中计划招生 1.6 万人，实际招生 1.9 万人，1995 年职业高中计划招生 2.8 万人，实际招生 3.83 万人。

1995 年，北京市教育局下放职业高中（职业中专）联办学校和专业招生计划审批权，由区、县教育局根据市、区县职教发展规划和有关联合办学的规定，负责审批本区县联办的学校和专业的招生计划，报市教育局备案。市教育局负责审核汇总，编制全市招生计划和招生简章，由市招生办公室组织录取审批。1995 年起，逐步扩大招收收费生的比例，招收收费生的名额按本区、县职业高中年度招生计划总数的 50%以内。

1999年全国普通中专招生事业计划制定下放到地方后，市教委就编制高级中等学校招生计划制定新的规定。

各区县根据全市教育发展战略制定本区县规划，并在此基础上确定本区县普通高中和中等职业类学校的比例和各类学校的招生规模。市教委提出全市各类学校的招生规模。职业高中招生规模由区县教育行政部门拟订，报市教委确定；中等专业学校招生规模由市教委商市计委等有关部门确定；技工学校招生规模由市劳动与社会保障局商市教委、市计委等有关部门确定。

2001年，教育部关于印发《中等职业学校设置标准（试行）》。此后，市教委主要依据《中等职业学校设置标准（试行）》，确定中等专业学校（含普通中等专业学校、职业高中、职业中专）招生计划。凡专任教师、学校占地、学校校舍、生均图书、在校生人数五项主要指标中，其中二项达不到设置标准者为“黄牌”学校，将减少招生计划；三项以上或二项指标连续两年达不到设置标准者为“红牌”学校，暂停招生。

2006年，市教委对中等职业学校实行招生规模数的办法进行管理，并适当增加中等职业学校招生规模管理的弹性。中等职业学校招生规模5.7万人左右（普通中等专业学校2.4万人，职业高中2万人，技工学校1.3万人）。职业高中分学校招生计划由区县教委报市教委；普通中等专业学校招生规模由各校直接报市教委；技工学校招生规模由市劳动和社会保障局报市教委。市教委负责组织、协调全市各类高级中等学校招生计划的统筹、汇总和下达工作。

2008年，市教委规定高级中等学校招生计划的编制按市、区县两级管理权限和工作程序进行。市教委负责对全市各类高级中等学校招生计划的宏观管理、统筹和指导。五年制高职和中专学校招生计划由市教委、市发展改革委联合下达；市人力社保局负责安排技工学校分学校招生计划；区县教委负责安排本区县职业高中分学校招生计划。

表1-4-2　　1991年和2010年北京市中等职业学校招生情况一览表　　单位：人

年份	招生数
1991	62109
2010	50586

四、普通高中招生计划管理

1989年5月，市政府成立北京市中等学校招生工作委员会，负责领导全市高中、职业高中、中专、技校的招生工作，审定招生计划，批准招生工作方案，决定招生工作改革等事项。委员会下设办公室，人员由市教育局、市高教局、市劳动局组成。

普通高中年度招生计划职责主要在区县教育行政部门。区县依据教育事业发展规划编制年度招生计划，经市教育局、市计委汇总平衡后批准执行。区县教育局、学校必须严格招生计划。普通高中调整招生班数，需经区县教育局报市教育局。在维持区、县普通高中招生计划总班数不变的情况下，由区、县教育局报市教育局审批；在区、县普通高中招生总班数需要调整到突破或不足计划总班数时，由市教育局汇总区、县情况报市计委审批学校招收自费生须经市计委批准。

1992 年秋季，北京市普通高中试行招收计划外自费生。自费生可适当降低分数要求，收费标准由试点学校自定。自费生的学习内容及学校对自费生的各项管理同于计划内招收学生。试点工作由各区、县可根据具体情况决定试点与否。试点计划需报市教育局备案。

1998 年，崇文、海淀、顺义 3 个区县试点高级中等学校招生考试改革。改革的主要任务是落实区县对九年义务教育的全面管理责任，探索符合本市和本区县实际的初中毕业、升学考试办法。通过试点为全市建立起区县承担主要责任的初中毕业、升学考试管理制度，逐步推行高级中等学校升学指标与初中办学水平、质量评价挂钩，多种升学办法并存的高级中等学校招生制度提供经验。该项改革试点将中考、中招改革管理权限下放崇文、海淀、顺义 3 个区县，在国家教育委员会和市教委有关规定和指令性政策的前提下，自行制定中考、中招办法和实施方案，报市教委，经市教委、北京教育考试院同意后，由本区县审批，报市教委、北京教育考试院备案。市教委、市考试院在计划管理、招生录取等具体工作中给予技术指导和支持。至 2000 年，全市所有区县全部进入改革序列。

1999 年，面对普通高中不断扩大招生规模形势，市教委采取五项措施扩大普通高中招生规模：动员有条件的公办普通高中校整建制地增班扩招；允许普通高中校充分挖掘潜力，按最大班额补招学生；民办高中校在保证质量的前提下适当增加招生；各区县所属的中等师范学校尽可能安排招收普通高中班；具备条件的中等专业学校和职业高中可以和普通高中校联合办学，中等专业学校也可以独立进行举办普通高中班或综合高中班的试点。经市教委批准的普高增班扩招、部分中师举办的高中班及中专、职高高中部试办的高中班，由区县中招办依据市教委批准的扩招计划，在本区县规定的分数线上按考生服从分配的要求，安排补充招生。根据区县的实际情况，举办普通高中班试点的中等专业学校，经主管部门同意后，由所在区县教委、教育局审查办学条件，并经市教委批准后，可在原校内设高中部，纳入所在区县教育行政部门管辖。1999 年全市普通高中实际招生 56998 人，此后连续走高。2003 年普通高中招生总规模确保 9 万人，实际招生 94894 人，达到近年招生峰值。

2006 年起，北京市进行将示范高中部分招生计划分配到本区县初中校招收优秀应届初中毕业生的试验（简称“招优工作”试验）。至 2010 年，各区县示范高中每年招生计划的 5% ～ 10%用于招收纯初中校或九年一贯制学校优秀生。

表 1-4-3　　1991 年和 2010 年普通高中招生情况统计表　　单位：人

年份	招生数
1991	28589
2010	65649

第四节　教育事业统计

1986 年 3 月，国家教育委员会根据《中华人民共和国统计法》和国务院《关于加强统计工作的决定》，制定《教育统计工作暂行规定》，建立全国统一的教育统计工作制度。各级教育部门和学校，包括中央和地方政府各部门所属的学校，企事业单位、集体经济组织和其他社会力量举办的各类学校，必须依照《中华人民共和国统计法》和《教育统计工作暂行规定》，填报教育统计调查表，提供教育统计调查所需要的统计资料。

1991 年至 1995 年，依据北京市教育管理体系，北京市教育统计工作由北京市教育局、北京市高等教育局、北京市成人教育局分别领导。在国家教育委员会统一组织和管理下，北京市教育行政机构制定本地区统计调查实施方案，做好各级教育部门和学校（包括中央和地方政府各部门所属的学校）报表的布置、统计资料审核汇总和按时报送工作，并对本地区各级教育部门和学校发展计划的执行情况和教育管理工作进行统计分析，实行统计监督。全市各区县和高等学校、中等专业学校是教育统计工作的基层综合单位，负责组织、协调本单位（部门）统计工作，及时准确地填报国家颁发的统计调查表，收集、整理、提供统计资料。

教育统计范围和内容包括学前教育、基础教育、中等职业教育、高等教育的学校和办学机构，统计调查项目涉及教育事业统计、教育基本建设统计、教育产业统计等近 20 个项目，统计指标包括学校（幼儿园）、学生、教师、教学仪器、图书资料等。统计结果由北京教育行政机构上报国家教育委员会，报送北京市统计行政机构，并依据一定程序向社会公布。

1991 年 12 月，北京市高等教育局在《高教简报第 39 期》刊发《1991 北京市高等教育及中等技术教育事业统计公报》，1991 年北京市共有普通高校 67 所，另有筹建校 1 所，即北京医学专科学校。总招生规模是 37700 人，比上年多招生 1425 人；在校生为 136940 人，比上年减少 2706 人；本专科毕业生 37702 人，比上年增加 1531 人。教师总量基本保持稳定，共有专任教师 35523 人，比上年减少 475 人。普通高校共招收研究生 5914 人，其中：博士生 924 人，硕士生 4971 人，研究生班 19 人。总招生数比上年增加 259 人。在学研究生 17084 人（不包含在京科研机构研究生），比上年减少 215 人。研究生指导教师共有 7911 人，与上年比较相差不大。中等专业学校校数由原来的 120 所，减少为 118 所。其中：中等技术学校 98 所，中等师范学校 20 所。中等专业学校在校生为 55718 人，招生 16790 人，其中招高中生 2260 人，招初中生 14530 人；培养毕业生 17515 人，比上年增加 518 人，其中：中等技术学校增加 878 人，而中等师范学校减少 360 人。教职工总数为 14884 人，比上年略有增加。专任教师为 6525 人，比上年减少 101 人。

1994 年 3 月，北京市教育局在《北京教育报》上发表《北京市 1993 年普通教育事业统计公报》，这是北京市教育局第一次向社会公开发表统计公报。

至 1995 年，北京市教育局、北京市高等教育局、北京市成人教育局按年度分别编印内部资料《北京市普通教育事业统计资料》《北京市成人教育统计资》《北京高等学校、中等专业学校统计资料》。

1995 年 12 月成立，北京市教育委员会成立。市教委计划处是全市教育统计工作的职能部门，负责全市教育的基本统计工作。市教委成立后，进一步完善教育统计报表的自上而下逐级布置、培训和自下而上逐级上报、审核、汇总的工作程序。按照属地原则和教育行政隶属关系，全市教育统计工作由市教委统一布置实施，各区县教委、中等职业（成人）学校、高等学校和市教委直属单位填报中小学及其他教育统计综合报表、高等教育基层统计报表、中等职业教育统计报表、职业技术培训机构统计报表等相关报表上报市教委。普通中小学、幼儿园统计工作由区县教育行政部门统一布置实施。

1997 年，为加强教育事业统计管理，提高教育事业统计报表数据质量，市教委开展北京市教育事业统计工作质量评估工作。质量评估面向区县从事教育统计信息工作的教育行政部门和统计信息人员，普通高等学校、成人高等学校、普通中等专业学校、成人中等专业学校和统计信息人员，依据机构建设、统计信息报送、统计信息服务等项评估指标，选出优秀集体和优秀个人。此后，该评选每年评选表彰一次。

2003 年，中等职业教育事业统计改为按照属地原则和教育行政隶属关系，由区县教委教育统计主管部门统一布置实施。普通中专、成人中专、职业高中填报的统计数据先报送区县教委审核汇总，再上报市教委。

2005 年 4 月，市教委制定《北京市中小学校办学条件管理系统应用管理办法（试行）》，推广应用《北京市中小学校办学条件管理系统》。该管理系统的应用工作在市教委统一领导下，由北京市教育技术设备中心负责组织实施。区县教育装备管理部门负责接收汇总辖区内中小学校的基础数据，由区县教委审核后上报北京市教育技术设备中心。中小学负责数据提供（采集）、数据录入、数据校验、数据上报。

2005 年，市教委开展基础教育事业统计数据质量监控工作，建立教育重点统计数据核查制度和经常性教育统计数据质量监控制度。教育重点统计数据核查制度分区县级核查内容和学校级核查内容。区县级核查内容主要包括统计管理工作、区县重点指标数据、实地核查数据质量可能存在问题的学校等；学校级核查内容主要包括统计管理工作、校内重点指标数据等。经常性教育统计数据质量监控制度包括统计数据发布制度、统计数据自查制度、建立统计人员培训制度。同时，市教委开展高等教育事业统计数据质量监控工作。检查由教育部发展规划司负责组织实施，全国各级教育行政部门和学校共同参与。北京市采取自查、抽查、重点核查的方式开展工作，并按照要求完成统计数据的核查工作。

2007 年，市教委印发《关于加强和改进本市教育事业统计工作的意见》，明确规定各区县教委指定机构负责教育事业统计管理工作，并确定负责人作为教育统计工作的第一责任人；各区县教委和高等学校应配备 2 ~ 3 名专职统计人员负责教育统计工作，其他学校也应配备 1 名专职统计人员或由相对固定的人员兼职从事统计工作。各区县教委和学校统计机构和统计人员主要职责是完成国家统计调查、部门统计调查和地方统计调查任务，搜集、整理、提供统计资料；对所属单位和本单位的事业发展状况、规划和计划执行情况进行统计分析，实行统计监督；建立健全统计台账制度，会同有关机构或人员建立健全原始记录制度。各区县教委和学校从事统计工作的人员需经过培训、考核，取得市统计局统一制发的“统计从业资格证书”，方可从事统计工作。

2009 年 8 月，市委、市政府批准市教委主要职责、内设机构和人员编制，市教委发展规划处主管本市各级各类教育基本信息统计、分析与发布。

2010 年，教育部开展各级各类学校（机构）代码编制工作，为每所学校（机构）编制全国唯一代码，建立统一赋码、统一维护、动态调整的各级各类学校（机构）代码管理制度。教育部负责研制和管理“各级各类学校（机构）代码填报管理信息系统”，建立各级各类学校（机构）代码数据库，审核并发布各级各类学校（机构）代码；各地教育行政部门负责辖区内各级各类学校（机构）代码编制工作的布置与培训，代码的填报与审核等。

1996 年至 2010 年，市教委逐年编纂《北京市教育事业统计资料》，分别编纂“八五”至“十一五”期间北京市教育事业统计资料。

第五节　教育实事和折子工程

一、教育实事

1985 年 7 月，中共北京市委、市政府领导在北京市教育工作会议上宣布：市委、市政府将采取十项措施，贯彻落实全国教育工作会议精神和《中共中央关于教育体制改革的决定》，努力把北京建成教育程度最高的城市。十项措施即：①从市委书记、市委常委、市长、副市长开始，都要联系一所学校（包括幼儿园），要到学校去倾听师生意见，帮助解决实际问题。②每个机关、企事业单位，都要支持办好一个中小学、幼儿园，建立固定联系，在政治上、经济上和其他方面，帮助解决问题。③在三年到五年之内，为城区、近郊区的中小学、幼儿园教师，建造 50 万平方米的宿舍。④ 9 月 10 日前，把改革后的工资，发到每个中小学、幼儿园的教师手中。⑤增加教育经费，中央关于政府的教育拨款的增加要高于财政经常性收入的增长、按在校学生人数平均的教育费用逐步增长的决定，坚决照办。市政府再拨一笔专款，作为教师奖励基金。⑥农村乡镇企业要拿出利润总额的 3% ~ 5% 用于办学。⑦改善办学条件。1985 年全部解决中小学危房问题。三年内将破烂不堪的中、小学校舍修好。五年内进一步改善校舍、照明、取暖等办学条件。各区、县要采取措施，作出具体安排。⑧坚决办好大、中、小学和幼儿园的伙食，改善卫生条件，下半年开两次办好食堂的经验交流会。⑨由市卫生局负责，对全市中、小学、幼儿园教师进行一次身体检查。⑩第七个五年计划期间，建立一个教育中心和一个教师疗养院。

这十项措施后来被简称为市委、市政府为教育办的十件实事。自此，市委、市政府每年为教育办十件实事。至 1994 年，十年共 100 件。多渠道集资筹建“北京教师之家”为第100件实事。

二、为群众办实事

从1995年起，市委、市政府不再单独列为教育办十件实事工作，直接关系教职工切身利益和教育发展大局的重点工作全部纳入市委、市政府日常管理工作之中。

1997年，市委、市政府围绕人民群众最关心、反映最强烈的问题，继续为人民群众办一批实事。自本年起，该项工作改变以前“多做少说，有的做了也不说”办法，实事“年初公布，年中检查，年底兑现，接受监督”的新的办事原则，以《在直接关系群众生活方面拟办的重要实事》为题在《北京日报》等媒体公布，并直接征求群众意见。

在直接关系群众生活方面拟办的重要实事中，教育工作比重较大。1997年至2010年，市委、市政府在直接关系群众生活方面所办的重要实事共822件，其中市教委为主要负责单位的30件。这些实事项目集中在涉及改善办学条件推进义务教育均衡发展、扩大学校招生、提高师生生活待遇等社会关心的热点问题。如1999年和2001年的加强山区教育建设，2003年的为远郊区县中小学建设100个网络计算机教室、农村中小学取消明火取暖，2000年扩大高等学校和普通高中的招生规模列入实事工作，2008年改善农村寄宿制中小学生活条件，为140所学校配备寄宿生活用车，改造40所学校的食堂和浴室、100所学校活动室等。

表1-4-4　　1997年至2010年市教委承担市政府实事项目统计表　　单位：件

年份	市政府实事项目数	市教委承担的实事项目数
1997	60	3
1998	60	1
1999	60	5
2000	60	2
2001	60	4
2002	60	2
2003	60	2
2004	56	1
2005	55	1
2006	59	3
2007	58	2
2008	59	2
2009	57	1
2010	58	1

三、市政府折子工程

北京市政府1997年开始实施折子工程。折子工程是市政府批准并亲抓亲办的工程。一般由主管副市长分工负责，相关委、办、局及承办单位协调配合的重要工程项目，它要求做到任务、时限、责任明确具体到文字，确保落实。

至2010年，市政府实施折子工程2961项，其中，市教委承担169项，集中在教育事业发展中的重点、难点问题。历年折子工程基本都包括推进义务教育均衡发展、加强大中小学生思想教育、扶持农村教育、改善中小学办学条件等。如1998年开展下岗、转岗人员的培训，1999年依法保障教育投入，2002年推进高考科目“3＋X”改革、试行北京市单独命题，2005年加大教育乱收费治理力度，2008年保障学校食堂食品供应和饭菜价格稳定。除教育事业外，市教委承担主要责任的市政府折子工程还涉及城市规划、城市规划、建设和管理，劳动就业和社会保障，科技发展等。如2000年深化教育人事制度改革，逐步推行教职工全员聘用合同制；2002年加强世贸组织事务的学习和研究，有针对性地制定和实施过渡期行动方案；2003年加快良乡和沙河高教园区建设；2009年进一步推动服务驻京部队工作，加强国防后备力量建设，广泛开展双拥共建和国防教育。

表1-4-5　　1997年至2010年市教委承担市政府折子工程统计表　　单位：件

年份	市政府折子工程数	市教委承担折子工程数
1997	332	15
1998	251	5
1999	184	13
2000	253	17
2001	217	12
2002	205	11
2003	175	12
2004	151	9
2005	212	8
2006	108	7
2007	213	15
2008	214	15
2009	218	13
2010	228	17

第五章　人事管理

20 世纪 90 年代初，北京市教育局、市高教局、市成人教育局均设有人事管理机构，负责协调指导教育系统人事与劳动分配制度改革，协调管理学校教师和管理人员队伍建设，协调指导市属师范院校毕业生接收工作，负责本机关和直属单位的人事管理等工作。1996 年市教委成立后，分设人事处和师资处（职称改革办公室），2000 年人事处和师资处合并成立人事处，2009 年 8 月，市委办公厅、市政府办公厅印发《中共北京市委教育工作委员会北京市教育委员会主要职责、内设机构和人员编制规定》，市教委设人事处（师资管理办公室）。

第一节　人事制度改革

1988 年年底，北京市全面推行中小学内部管理体制改革，到 1989 年底完成第一阶段改革任务，初步形成以校长负责制、教职工聘任制、工资总额包干制和校内结构工资制为主要内容的管理机制。1990 年 6 月 28 日，市政府文教办、市教育局印发《关于进一步巩固、完善和深化中小学内部管理体制改革的几点意见》，按照“巩固、完善、深化、提高”的方针继续推进中小学管理体制改革，该意见明确要坚持实行校长负责制，完善教职工聘任制和校内结构工资制度。实行教职工聘任制应遵循四项原则：定编制、定岗位、定任务、择优聘用，逐步建立优化教职工队伍机制。至 1992 年，第一轮中小学学校内部管理体制改革完成，形成以校长负责制、教职工聘任制、工资总额包干制和校内结构工资制为主要内容的中小学内部管理体制。1999 年 7 月，市教委启动以教职工聘用合同制为核心的新一轮中小学内部管理体制改革。主要内容包括完善教职工岗位聘任制，试行教职工聘用合同制，试行校长职级制，改革校内结构工资制试行教师岗位工资制。至 2004 年，中小学学校内部管理体制改革基本完成。

1989 年，市高教局在北京工业大学和北京师范学院进行深化内部管理体制改革试点工作，取得明显效果。1991 年 6 月 20 日，北京市政府成立市属高等院校改革领导小组，正式在市属高等院校全面推行和深化内部管理体制改革。改革的主要内容为：健全、完善校内领导体制，实行教育目标责任制、教师和干部聘任制、全校工资总额包干和校内结构工资制。1992 年 3 月 1 日，市高教局印发《关于市属高等学校深化内部管理体制改革的意见》，该意见要求围绕健全完善校内领导体制、实行教育目标责任制、实行教师干部聘任制、实行工资总额包干和校内结构工资制等四项内容进行改革，建立起“坚持方向，提高质量，优化队伍，鼓励贡献”相协调一致的学校内部管理的运行机制。

1991 年，市成人教育局在北京市教育学院、教育行政学院、广播电视大学、成人教育学院等 7 所院校实行内部管理体制改革试点。1992 年 8 月 31 日，市成人教育局成立北京市成人教育院校改革工作领导小组，在市属成人教育院校全面实施内部管理体制改革。

至 2002 年，市属市管高校和市教委直属事业单位已全部启动聘用合同制工作，学校内部管理改革取得明显成效。

一、教职工聘任制

1991 年 6 月 18 日，北京市委教育工作委员会、市政府文教办、市教育局制定《北京市中小学教职工岗位聘任制暂行办法》，中小学教职工实施岗位聘任制。校长在本校现有教职工中选聘上岗的教职工。受聘教职工的任期一般不少于一年。拒聘的教职工可接受本区、县中小学或其他区、县中小学的聘任。

1998 年 12 月，市教委、市人事局、市财政局、市机构编制委员会办公室印发《北京市中小学教职工岗位聘任办法》。1997 年 5 月，市教委成立人事处牵头，基教一处、二处、师资、督导、政策法规等处室参加的学校内部管理体制改革工作小组。1999 年 7 月 27 日，市教委召开中小学内部管理体制改革工作会议，标志着新一轮中小学内部管理体制改革的启动。新一轮中小学内部管理体制改革核心是“公开、公平、竞争、择优”上岗。与 1991 年岗位聘任制相比，新的岗位聘任办法依据有关法律、法规和政策，明确教师的权利和义务；规定不称职人员（九种情况）的辞退办法；在学校和教育行政部门建立教师聘任争议调解申诉制度和组织；规范聘任工作程序，力求合法、合理，减少盲目性和随意性；拓宽人员流动、安置渠道，妥善安置未聘人员（安置办法有五种）。教职工聘用合同制首先在办学体制改革试验的民办公助学校试行。之后，在朝阳区、海淀区、房山区部分中小学校相继试点聘用合同制。

2000 年 3 月，市教委印发《关于城近郊区中小学接收应届大中专毕业生实行聘用合同制的意见》，从 2000 年起北京市东城、西城、崇文、宣武、朝阳、海淀、丰台、石景山区 8 个城近郊区中小学（含民办公助和民办的中小学）接收的应届大中专毕业生一律实行聘用合同制管理。按照“新人新办法，老人老办法”的改革思路，城近郊 8 区 458 所中小学对新接收的 1490 名大中专毕业生全部实行聘用合同制，学校与毕业生签订聘用合同制，明确双方责任和义务，其人事档案交由北京市教育系统人才交流服务中心管理服务。多数单位聘任合同聘期 1 年，部分单位聘期为 3 年。

2000 年 10 月 16 日，市教委印发《关于加强市教委直属事业单位管理工作的意见》，明确规定在人员管理中实行岗位聘任制，并逐步推行聘用合同制和人事代理制度。自 2000 年起，各单位新进人员均实行聘用合同制和人事代理制度。

2002 年，市教委启动市属市管高等学校全面实行聘用合同制工作。其目标是破除职务终身制和人员单位所有制，按照“按需设岗、公开招聘、平等竞争、择优聘用、严格考核、合同管理”的原则，促进学校自主用人，保障教职工自主择业，维护学校和教职工双方的合法权益，建立人员能进能出、职务能上能下、待遇能高能低的充满生机与活力的新型用人制度。首次实行聘用合同制为全员聘用，其对象主要为本校在编教职工。学校按照岗位的职责和聘用的条件，公开招聘，教职工竞聘上岗，学校择优聘用。聘用合同期限分为有固定期限、无固定期限和以完成特定工作的时间为期限。

至 2002 年，全市各区县中小学、中专、幼儿园和市属市管高等学校、市教委直属事业单位全部启动聘用合同制工作。

2005 年 5 月 10 日，市教委制定《北京市高等学校教师职务聘任管理办法》，实行教师职务岗位面向社会公开招聘制度，将教师聘任管理重心下移，引入民主决策和学校内部制约机制，取消教师职务任职资格评审，强化岗位聘任，推进灵活多样的弹性用人机制。年内，有 12 所学校进行教师职务聘任制改革。9 月 8 日，北京市教委和北京市人事局印发《北京市属市管高等学校教师职务聘任制实施意见（试行）》，进一步明确高等学校教师职务岗位要建立分类、分层次的教师岗位体系，可设置为以教学科研为主型岗位、以教学为主型岗位、以科研为主型岗位、以实验技术为主型岗位，并向创新团队、重点学科、重点建设学科及学校重要骨干学科专业倾斜。高等学校教师职务岗位实行结构比例宏观动态管理。学校根据主管部门核定的人员编制和结构比例标准，确定本校教师职务结构比例方案，设置教师职务岗位，并报北京市教育委员会和北京市人事局审核、备案。聘任的教师职务，在平等自愿、协商一致的基础上签订书面聘任合同。合同期满考核合格，根据岗位需要、本人自愿的原则，办理续聘手续。从2005年起，北京市市属（市管）普通高等学校试行教师职务聘任制，到2007年底前，各高等职业学校、成人高等学校逐步实行教师职务聘任制。

2007年9月30日，北京市人事局、北京市教委印发《北京市高等职业学院、成人高等学校教师职务聘任制实施意见（试行）》，推进高职院校、成人高校教师职务聘任制改革工作。意见明确教师岗位可以分别设置为教学岗位（基础课教学岗位、专业课教学岗位）、科研岗位、实训指导岗位。教学岗位主要承担学生基础课和专业课（实践）教学任务并进行教改研究；科研岗位主要承担科研任务；实训指导岗位主要承担实践课、实验、实训等实践环节的教学任务。教师岗位向教学改革试点专业、学校特色专业、创新团队、重点建设专业倾斜。高等职业学院、成人高等学校聘任教师职务，应当在平等自愿、协商一致的基础上签订书面聘任合同。聘任合同包括受聘岗位和职责要求，岗位工作条件和工资福利待遇，岗位纪律和考核要求，聘任合同变更、解除和终止的条件，违反聘任合同的责任，聘任合同期限等。合同期满考核合格，根据岗位需要、本人自愿的原则，办理续聘手续。未聘人员安置应按照北京市有关规定执行。

二、校长任期制和职级制

1992年10月4日，市委组织部、市委教育工委制定《北京市属高等学校实行校长任期制试行办法》。该办法规定，市属高校校长、副校长均实行任期制，一般为4年；学制为5年的学校，任期可为5年；年龄在57岁以上的正副校长不实行任期制。2005年9月，市委教育工委、市教委印发《〈北京市属市管高等学校校级领导职务任期制办法（试行）〉》。规定校级党政领导职务每届任期为4年，可以连选、连任。但是在同一职位上连续任职一般不超过两届。校级党政领导职务应按时换届。换届方式和程序，按照中央和市委有关文件执行。换届时，年满58岁（含58岁）的校级领导干部，一般不再连任，保留原级别待遇。年龄不满58岁，任期不满4年不再连任的，不保留原级别。

1994年年底，北京市完成对全市中小学校长的全员培训任务。自1995年1月1日起，全市实行中小学校长“持证上岗”制度。凡担任中小学校长（农村乡中心小学、完小以上学校正、副校长）职务者，必须按规定参加校长培训，取得“北京市普通干部岗位培训合格证书”方可任职。

1998年12月，北京市中小学试行校长职级制。市教委、市人事局、市财政局、市编办印发《北京市中小学校长职级制试点工作的意见》明确，中小学校长职级制是在普通中小学设置校.B校长职级序列，对具备任职条件的校长进行科学考评，并依其德识、能力、水平、实绩确定或晋升到相应校长职务等级的事业单位人事管理制度。中小学校长任职必须具备《北京市中小学校长工作意见》中提出的五项基本条件。任职条件包括：主持学校全面工作的能力；在学校管理、教育改革中取得的成绩；带领教师开展教学、科研的成果；学校在社会上的知名度；以及任校长的年限，等等。校长的聘用，依据校长职级评定的结果，按照干部管理权限的规定，由主管部门对校长实施聘任并颁发聘书。聘任双方签订聘约。聘约应明确校长任期内的目标、职责、权利、义务。校长在任期内作为学校法定代表人，履行校长的职责、权利和义务并享受校长相应职级应有的待遇。对连续两年考核为不合格的，应调离校长岗位，不再享受校长待遇，工资待遇随岗而定；无故不服从工作调动的就地免职。中小学校长职务等级分为五级十等。中小学党支部（总支）书记可参照校长职级意见同时参加职级评定，并享受相应待遇。校长职级制首先在西城区试点。

2000年1月，市教委印发《关于改革人事分配制度深化学校内部管理体制改革的意见》，要求各区县教育行政部门因地制宜地制定方案，进行校长职级制的试点。

三、工资制度改革

20世纪80年代末，北京教育系统进行学校内部管理体制改革后，实施工资总额包干的校内结构工资制。工资总额包干内容包括：基本工资（基础职务工资、工龄津贴、教龄津贴、护龄津贴），免税限额内奖金；按国家政策规定的范围、标准发放的津贴，加班工资和临时工工资。同时，还可以包括部分福利性津贴（洗理费、防暑降温费等）。校内结构工资由基本工资、教龄津贴、课时津贴、职务津贴和职工岗位津贴、奖励工资5部分构成。基本工资、教龄津贴为校内结构工资中的固定部分；课时津贴、职务津贴和职工岗位津贴、奖励工资为校内结构工资中浮动的部分。浮动部分使用的经费主要是国拨工资中30%的津贴部分、年终一次性奖金、班主任津贴及各级政府的补贴专款、学校自筹经费等。

1991年11月，市政府办公厅印发《关于增加市属中小学、幼儿园教职工结构工资问题的通知》，从1991年9月1日起，市属中小学、幼儿园职工每人每月增加结构工资10元。增加结构工资所需经费原则上由各区县人民政府解决。

对门头沟、怀柔、平谷、延庆、密云 5 个山区区、县，市政府拨款专款补贴。增加的结构工资专款列入各校（园）结构工资总额，由各中小学、幼儿园集中掌握，不得平均使用。1992 年 12 月，市政府办公厅印发《关于增加市属各级各类学校教职工收入问题的通知》，落实当年市委、市政府为教育所办 10 件实事中关于“继续提高市属各级各类学校教职工待遇，除正常晋职晋级外，从 1992 年 9 月 1 日起，将教职工人均收入再提高 5%”的要求，决定市属各级各类学校教职工每月人均增加收入 14 元。这笔专款纳入各级各类学校工资总额，所需经费原则上由各区县政府和市政府各委办局（总公司）解决。

1994 年 2 月 5 日，人事部、国家教委印发高等学校、中小学、中等专业学校贯彻《事业单位工作人员工资制度改革方案》的三个实施意见，实施职务（技术）等级工资为核心的工资改革。改革后，工资由固定部分与活的部分两块构成。职务（技术）等级工资为工资中固定的部分，主要体现工作能力、责任、贡献、劳动的繁重复杂程度；津贴为工资中活的部分，主要体现各类人员岗位工作特点、实际工作的数量质量差别。在各单位工资总量构成中，职务（技术）等级工资部分占 70%，津贴部分占 30%。学校可根据学校教学、科研和管理工作各自的特点设置教学课时津贴、科研课题津贴、研究生导师津贴、岗位目标管理津贴、领导职务津贴等津贴项目。

高等学校教师（含科研人员）执行高教、科研人员专业技术职务等级工资标准。高等学校均属国家全额拨款事业单位，工资构成中固定部分 70% 和活的部分 30%，以及国家规定的年终奖金，全部由国家财政预算列支。

中等专业学校教师执行中等专业学校教师专业技术职务等级工资标准。中等专业学校的工资实行国家宏观控制和政策指导下的学校自主管理体制。国家对中等专业学校的工资实行宏观管理，制定统一的工资制度、工资政策和工资标准。学校在国家立法和政策规定的范围内，可自主组织实施正常升级、具体确定津贴的分配。中等专业学校在定编定员的基础上，实行工资总额包干，增人不增工资总额，减人不减工资总额，节余的工资由单位自主安排使用。

中小学教师执行中小学教师职务等级工资标准。中小学行政人员实行国家统一规定的事业单位职员职务等级工资制度，执行职员职务等级工资标准。中小学技术工人执行技术等级工资标准，普通工人执行普通工人等级工资标准。幼儿园保育员原则上执行技术等级工资标准。 中小学实行严格考核、定期升级制度。考核工作按国家统一规定，并结合中小学的具体情况组织实施。年度考核一般在学年末进行。凡连续两年正常履行教育教学职责，经考核合格的工作人员，每两年晋升一个工资档次。中小学属全额拨款的事业单位，其工资构成中固定部分70%和活的部分30%同时实施，由国家财政预算列支，并保证按月足额兑现。

表 1-5-1　　高教、科研人员专业技术职务等级工资标准表（1994 年）　　单位：元／月

职务等级	职务工资标准										津贴部分
	一	二	三	四	五	六	七	八	九	十	
教授、研究员	390	430	470	520	570	620	670				71 ~ 287，全额拨款单位，按在工资构成中占30%计算
副教授、副研究员	275	305	335	365	435	475	515	555			
讲师、助理研究员	205	225	245	265	285	315	345	375	405	435	
助教、研究实习员	165	179	193	213	233	253					

表 1-5-2　　中等专业学校教师专业技术职务等级工资标准表（1994 年）　单位：元／月

职务等级	职务工资标准										津贴部分
	一	二	三	四	五	六	七	八	九	十	
高级讲师	275	305	335	365	395	435	475	515	555		64 ~ 238，按在工资构成中占30%计算
讲　　师	205	225	245	265	285	315	345	375	405	435	
助理讲师	165	179	193	213	233	253	273	293	313	333	
教　　员	150	162	174	192	210	228	246	264			

表 1-5-3　　中小学教师专业职务等级工资标准表（1994 年）　　单位：元／月

职务等级	职务工资标准										津贴部分
	一	二	三	四	五	六	七	八	九	十	
中学高级教师	275	305	335	365	395	435	475	515	555		62 ~ 238，按工资构成中的30%计算
中学一级、小学高级	205	225	245	265	285	315	345	375	405	435	
中学二级、小学一级	165	179	193	213	233	253	273	293	313	333	
中学三级、小学二级	150	162	174	192	210	228	246	264			
小学三级教师	145	156	467	183	199	215	231				

2000年12月31日，市教委印发《北京市属（市管）高等学校特聘教授岗位津贴实施办法》，决定特聘教授在聘期内享受特聘教授岗位津贴。特聘教授岗位津贴标准为每人每年8万元，同时享受学校按照国家有关规定提供的工资、保险、福利待遇。在岗位工作时间不足6个月的可以作为讲座教授予以聘任，津贴按实际在校工作日累计计算，累计一个月（22天）按1万元（税前）计发。

2001年1月1日起，国家调整机关、事业单位工作人员工资标准，增加离退休人员离退休费。事业单位从2001年起执行发放年终一次性奖金的规定。教授研究员的职务等级工资起点调整到668元，中专、技校高级讲师和中学高级教师职务等级工资起点调整到498元。

2006年7月1日，公务员实行国家统一的职务与级别相结合的工资制度，事业单位实行岗位绩效工资制度。岗位绩效工资由岗位工资、薪级工资、绩效工资和津贴补贴四部分组成，其中岗位工资和薪级工资为基本工资，执行国家统一的政策和标准。

高等学校岗位分为专业技术岗位、管理岗位和工勤技能岗位。其中，专业技术岗位设置13个等级。聘用在教授一级岗位的人员，执行一级岗位工资标准；聘用在教授二级岗位的人员，执行二级岗位工资标准；聘用在教授三级岗位的人员，执行三级岗位工资标准；聘用在教授四级岗位的人员，执行四级岗位工资标准；聘用在副教授一级岗位的人员，执行五级岗位工资标准；聘用在副教授二级岗位的人员，执行六级岗位工资标准；聘用在副教授三级岗位的人员，执行七级岗位工资标准；聘用在讲师一级岗位的人员，执行八级岗位工资标准；聘用在讲师二级岗位的人员，执行九级岗位工资标准；聘用在讲师三级岗位的人员，执行十级岗位工资标准；聘用在助教一级岗位的人员，执行十一级岗位工资标准；聘用在助教二级岗位的人员，执行十二级岗位工资标准。

中等职业学校（含普通中等专业学校、职业高中、成人中等专业学校）教师的岗位工资和薪级工资标准，在新的专业技术人员基本工资标准的基础上分别提高10%。聘用在高级讲师、中学高级教师一级岗位的人员，执行五级岗位工资标准；聘用在高级讲师、中学高级教师二级岗位的人员，执行六级岗位工资标准；聘用在高级讲师、中学高级教师三级岗位的人员，执行七级岗位工资标准；聘用在讲师、中学一级教师一级岗位的人员，执行八级岗位工资标准；聘用在讲师、中学一级教师二级岗位的人员，执行九级岗位工资标准；聘用在讲师、中学一级教师三级岗位的人员，执行十级岗位工资标准；聘用在助理讲师、中学二级教师一级岗位的人员，执行十一级岗位工资标准；聘用在助理讲师、中学二级教师二级岗位的人员，执行十二级岗位工资标准；聘用在教员、中学三级教师岗位的人员，执行十三级岗位工资标准。对承担教育教学工作任务较重、业务水平较高、表现突出的骨干教师和优秀班主任，优先聘任到较高等级岗位，并执行相应的岗位工资标准。

中小学（含普通中学、普通小学、幼儿园、特殊教育学校、工读学校、职业初中和成建制中、初等成人学校）教师岗位工资和薪级工资标准，在新的专业技术人员基本工资标准的基础上分别提高10%。义务教育学校教师的平均工资水平应当不低于当地公务员的平均工资水平。聘用在中学高级教师一级岗位的人员，执行五级岗位工资标准；聘用在中学高级教师二级岗位的人员，执行六级岗位工资标准；聘用在中学高级教师三级岗位的人员，执行七级岗位工资标准；聘用在中学一级教师一级岗位和小学高级教师一级岗位的人员，执行八级岗位工资标准；聘用在中学一级教师二级岗位和小学高级教师二级岗位的人员，执行九级岗位工资标准；聘用在中学一级教师三级岗位和小学高级教师三级岗位的人员，执行十级岗位工资标准；聘用在中学二级教师一级岗位和小学一级教师一级岗位的人员，执行十一级岗位工资标准；聘用在中学二级教师二级岗位和小学一级教师二级岗位的人员，执行十二级岗位工资标准；聘用在中学三级教师、小学二级教师、小学三级教师岗位的人员，执行十三级岗位工资标准。

薪级工资主要体现工作人员的工作表现和资历。对专业技术人员和管理人员设置65个薪级，对工人设置40个薪级，每个薪级对应一个工资标准。对不同岗位规定不同的起点薪级。

绩效工资主要体现工作人员的实绩和贡献，是收入分配中活的部分。教育主管部门按照同级政府人事部门和财政部门核定的绩效工资总量，综合考虑所属高等学校的社会公益目标任务完成情况、绩效考核情况、事业发展、人员规模、岗位设置等因素，具体核定所属学校的绩效工资总量。各类学校在核定的绩效工资总量范围内，按照规范的分配程序和要求，采取灵活多样的分配形式和分配办法，自主分配。实行绩效工资后，取消现行年终一次性奖金，将一个月基本工资的额度以及地区附加津贴纳入绩效工资。

津贴补贴，分为艰苦边远地区津贴和特殊岗位津贴补贴。中国科学院院士、中国工程院院士以及为国家做出重大贡献的一流人才，执行专业技术一级岗位工资标准。对有突出贡献的专家、学者和技术人员，继续实行政府特殊津贴。对承担国家重大科研项目和工程建设项目等为我国经济建设和社会发展做出重要贡献的优秀人才，给予不同程度的一次性奖励。对基础研究、战略高技术研究和重要公益领域的事业单位高层次人才，建立特殊津贴制度。

2006年7月1日起，年度考核结果为合格及以上等次的学校工作人员，每年增加一级薪级工资，并从第二年1月起执行。

表 1-5-4　　事业单位专业技术人员基本工资表（2006 年）　　单位：元／月

岗位工资		薪级工资									
岗位	工资标准	薪级	工资标准	薪级	工资标准	薪级	工资标准	薪级	工资标准	薪级	工资标准
一级	2800	1	80	14	273	27	613	40	1064	53	1720
二级	1900	2	91	15	295	28	643	41	1109	54	1785
三级	1630	3	102	16	317	29	673	42	1154	55	1850
四级	1420	4	113	17	341	30	703	43	1199	56	1920
五级	1180	5	125	18	365	31	735	44	1244	57	1990
六级	1040	6	137	19	391	32	767	45	1289	58	2060
七级	930	7	151	20	417	33	799	46	1334	59	2130
八级	780	8	165	21	443	34	834	47	1384	60	2200
九级	730	9	181	22	471	35	869	48	1434	61	2280
十级	680	10	197	23	499	36	904	49	1484	62	2360
十一级	620	11	215	24	527	37	944	50	1534	63	2440
十二级	590	12	233	25	555	38	984	51	1590	64	2520
十三级	550	13	253	26	583	39	1024	52	1655	65	2600

说明：各专业技术岗位的起点薪级分别为：一级岗位 39 级，二至四级岗位 25 级，五至七级岗位 16 级，八至十级岗位 9 级，十一至十二级岗位 5 级，十三级岗位 1 级

2010 年 1 月 1 日起，北京市将工读教育岗位津贴标准调整为按教师本人基本工资的 25% 执行。基本工资为岗位工资和薪级工资之和，含岗位工资和薪级工资提高 10% 的部分。2003 年北京市对从事工读教育的教职工发放工读教育岗位津贴。

第二节　编制管理

1988 年 3 月 21 日，市机构编制委员会办公室、市教育局颁发《北京市全日制中学、职业高中、小学教职工编制标准的试行意见》。中学和职业高中校级领导干部（正、副校长，党支部书记）一般按 24 个班的学校配备 4 人，18 个班的学校配备 3 人，12 个班的学校配备 2 人，6 个班的学校配备 1 人。小学校级领导干部一般按 18 个班的学校配备 2 人，12 个班的学校配备 1 人。中学、职业高中、小学中层领导干部的职数，由学校根据工作需要提出意见，报区、县教育局审定。

1999 年 6 月 3 日，京编办就市属高校内部机构设置人员编制作出说明，依据《中华人民共和国高等教育法》，高等院校拥有自主确定内部组织机构的设置和人员配备权。各校可按现已核定的机构编制限额，自主确定、调整校内的教学、科学研究、行政职能部门等内部组织机构和人员配备。调整后的机构编制情

况，报教育主管部门和机构编制主管部门备案。

2000 年，北京市对中小学和高等学校重新核定机构和编制数额。根据 2000 年 1 月 19 日市教委《关于改革人事分配制度深化学校内部管理体制改革意见》要求，中小学校教师总数占教职工总数的 70% 以上。高等学校党政机构数额 9 ~ 20 个，内设党政管理机构领导职数一般不超过机构总数的 2.5 倍，平均生师比要达到 14 ∶ 1，教师总数应占学校基本教育规模编制的 50% 以上，学校党政管理工作人员编制控制在基本教育规模编制的 20% 以内。

2000 年 5 月 9 日，市机构编制委员会办公室、市教委印发《北京市全日制中学小学职业高中学校校内机构设置及教职工编制标准试行意见》，对干部配备和机构设置、教职工编制标准和标准课时数做出明确规定。普通中学和职业高中规模在 24 个班以上的，配备校级领导 3 人；13 ~ 23 个班的配备校级领导 2 ~ 3 人；12 个班以下的配备校级领导 1 ~ 2 人；学校规模在 24 个班以上的可增设办公室。完全小学规模在 24 个班以上的，配备校级领导 3 人；13 ~ 23 个班的配备校级领导 2 ~ 3 人；12 个班以下的配备校级领导 1 ~ 2 人。乡镇中心小学校配备校级领导 2 ~ 3 人，12 个班及以下的小学只设管理岗位不设职能机构，可配备教导主任和总务主任各 1 人；规模在 30 个班以上的各类学校，可增加校级领导 1 人。教职工编制标准由基本编制和附加编制构成，基本编制根据学校教育教学工作任务、教职工工作量，以学校为单位按班计算（见附表）。标准课时数高中教师 10 ~ 14 节；初中教师 12 ~ 16 节；小学教师 16 ~ 22 节；职业高中教师不得低于 12 节。

表 1-5-5　北京市全日制中学小学职业高中教职工基本编制标准表（2000 年）　单位：人

学校类别		班额标准	每班平均教职工			每名教职工平均负担学生数		
			合计	教师	职工	合计	教师	职工
职高		35 ~ 40	4.5	3	1.5	8.3	12.5	25
高中		45 ~ 50	4.2	2.9	1.3	11.3	16.4	36.5
初中	城镇	45 ~ 50	3.7	2.6	1.1	12.8	18.3	43.2
初中	农村	40 ~ 45	3.6	2.6	1	11.8	16.3	42.5
小学	城镇	35 ~ 40	2.4	1.8	0.6	15.6	20.8	62.5
小学	农村	25 ~ 34	2.2	1.8	0.4	13.4	16.4	73.8

2000 年 12 月 8 日，北京市委组织部、北京市人事局、北京市教育委员会、北京市机构编制委员会办公室联合印发《关于深化北京市属（市管）高等学校人事制度改革的实施意见》。意见指出：在机构设置中，对教学和科研机构进行分

离，管理机构数额按学校规模可设置 9 ~ 20 个，领导职数不超过机构数额的 2.5 倍。人员编制重点核定基本教育规模编制、专职科研编制和部分附属单位的编制，附属单位逐步与学校分离。基本教育规模编制按学校类别和标准进行核定，教师总数应占基本教育规模教职工总数的 50% 以上，管理机构人员编制控制在基本教育规模编制总数的 20% 以内。

2008 年 1 月 28 日，市人事局、北京市教委制定《北京市义务教育学校岗位设置管理指导意见》《北京市高等学校岗位设置管理指导意见》《北京市中等职业学校、普通高中、幼儿园岗位设置管理指导意见》，就各级各类学校岗位设置提出规范性要求。

义务教育学校岗位分为管理岗位、专业技术岗位和工勤技能岗位三种类别。管理岗位分为 6 个等级，现行的处级正职、处级副职、科级正职、科级副职、科员、办事员依次分别对应管理岗位五至十级职员岗位。专业技术岗位中，中学教师岗位划分为 9 个等级。其中高级岗位分别为中学高级教师一级岗位、中学高级教师二级岗位、中学高级教师三级岗位，对应五至七级专业技术岗位；中级岗位分别为中学一级教师一级岗位、中学一级教师二级岗位、中学一级教师三级岗位，对应八至十级专业技术岗位；初级岗位分别为中学二级教师一级岗位、中学二级教师二级岗位，分别对应十一级、十二级专业技术岗位；中学员级教师岗位为中学三级教师岗位，对应十三级专业技术岗位。小学教师岗位按 6 个等级划分。小学高级教师一级岗位、小学高级教师二级岗位、小学高级教师三级岗位，分别对应八至十级专业技术岗位；小学一级教师一级岗位、小学一级教师二级岗位分别对应十一级、十二级专业技术岗位；小学二级教师、小学三级教师岗位对应十三级专业技术岗位。岗位类别结构比例：中学教师岗位占岗位总量的比例一般不低于 85%，管理岗位、其他专业技术岗位和工勤技能岗位一般不超过 15%。小学教师岗位占岗位总量的比例一般不低于 90%，管理岗位、其他专业技术岗位和工勤技能岗位一般不超过 10%。教师高级岗位五至七级之间的结构比例为 2∶4∶4；中级岗位八到十级之间的结构比例为 3∶4∶3。小学具有中学高级教师职务人员的结构比例由区县教委按照五级、六级、七级之间的结构比例 2∶4∶4 进行调控。

高等学校岗位设置实行最高等级控制，可设置特设岗位。管理岗位分为 8 个等级。专业技术岗位分为 13 个等级。正高级教师岗位名称为教授一级岗位、教授二级岗位、教授三级岗位、教授四级岗位，分别对应一至四级专业技术岗位；副高级教师岗位名称为副教授一级岗位、副教授二级岗位、副教授三级岗位，分别对应五至七级专业技术岗位；中级教师岗位名称为讲师一级岗位、讲师二级岗位、讲师三级岗位，分别对应八至十级专业技术岗位：初级教师岗位名称为助教一级岗位、助教二级岗位，分别对应十一级、十二级专业技术岗位。工勤技能岗位包括技术工岗位和普通工岗位。岗位类别结构比例，专业技术岗位一般不低于学校岗位总量的 70%。其中，普通本科院校教师岗位一般不低于岗位总量的 55%、高等职业学院教师岗位一般不低于岗位总量的 50%。管理岗位一般不超过学校岗位总量的 20%、工勤技能岗位一般不超过学校岗位总量的 10%。岗位等级结构比例中，教师和其他专业技术正高级岗位中，二级、三级、四级之间的结构比例总体控制目标为 1∶3∶6。

中等职业学校、普通高中、幼儿园岗位分为管理岗位、专业技术岗位和工勤技能岗位三种类别。其中教师岗位是专业技术主体岗位。中等职业学校、普通高中、幼儿园岗位设置实行岗位总量、结构比例和最高等级控制。管理岗位分为 6 个职员等级，现行的处级正职、处级副职、科级正职、科级副职、科员、办事员依次分别对应管理岗位五级至十级职员。与相应教师职务序列相对应，教师岗位设高级岗位、中级岗位和初级岗位，共划分 9 个等级。其中高级岗位设 3 个等级，分别对应事业单位专业技术岗位等级的五级、六级、七级；中级岗位设 3 个等级，分别对应事业单位专业技术岗位等级的八级、九级、十级；初级岗位设 3 个等级，分别对应事业单位专业技术岗位等级的十一级、十二级、十三级。中等职业学校、普通高中、幼儿园其他专业技术职务系列按国家有关规定执行。特设岗位是根据中等职业学校、普通高中、幼儿园特点和教育发展规律经批准设置的工作岗位，用于聘用急需的高层次人才、面向社会公开招聘办学急需的专业技术人员和高技能人才担任专业课和实习指导教师等，是中等职业学校、普通高中、幼儿园中的非常设岗位。特设岗位不受中等职业学校、普通高中、幼儿园岗位总量、最高等级和结构比例限制，在完成工作任务后，按照管理权限予以核销。中等职业学校高级教师岗位名称为高级讲师一级岗位、二级岗位、三级岗位，中级教师岗位名称为讲师一级岗位、二级岗位、三级岗位，初级教师岗位名称为助理讲师一级岗位、二级岗位。普通高中高级教师岗位名称为中学高级教师一级岗位、二级岗位、三级岗位，中级教师岗位名称为中学一级教师一级岗位、二级岗位、三级岗位，初级教师岗位名称为中学二级教师一级岗位、二级岗位，学员级教师岗位名称为中学三级教师岗位。幼儿园使用小学教师岗位名称。中等职业学校、普通高中、幼儿园岗位总量应按照编制标准，原则上以核定的教职工编制总量确定。岗位设置要优先满足教育教学工作的实际需要，严格控制非教学岗位。

中等职业学校、普通高中教师岗位占学校岗位总量的比例一般不低于85%，其他岗位原则上不超过15%。幼儿园教师岗位占幼儿园岗位总量的比例一般不低于88%，其他岗位原则上不超过12%。

高等学校岗位设置实行最高等级控制，可设置特设岗位。管理岗位分为8个等级。专业技术岗位分为13个等级。正高级教师岗位名称为教授一级岗位、教授二级岗位、教授三级岗位、教授四级岗位，分别对应一至四级专业技术岗位；副高级教师岗位名称为副教授一级岗位、副教授二级岗位、副教授三级岗位，分别对应五至七级专业技术岗位；中级教师岗位名称为讲师一级岗位、讲师二级岗位、讲师三级岗位，分别对应八至十级专业技术岗位：初级教师岗位名称为助教一级岗位、助教二级岗位，分别对应十一级、十二级专业技术岗位。工勤技能岗位包括技术工岗位和普通工岗位。岗位类别结构比例，专业技术岗位一般不低于学校岗位总量的70%。其中，普通本科院校教师岗位一般不低于岗位总量的55%、高等职业学院教师岗位一般不低于岗位总量的50%。管理岗位一般不超过学校岗位总量的20%、工勤技能岗位一般不超过学校岗位总量的10%。岗位等级结构比例中，教师和其他专业技术正高级岗位中，二级、三级、四级之间的结构比例总体控制目标为1∶3∶6。

第三节　师资管理

一、教师资格认定

1994年1月1日起施行的《中华人民共和国教师法》明确规定：国家实行教师资格制度。1995年12月，国务院依据《中华人民共和国教师法》发布《教师资格条例》，规定从事教育教学工作，应当依法取得教师资格。同月，国家教委印发《教师资格认定的过渡办法》。教师资格制度是法定的教师职业许可制度。教师资格分为7类：幼儿园教师资格，小学教师资格，初级中学教师资格和初级职业学校文化课、专业课教师资格（统称初级中学教师资格），高级中学教师资格，中等专业学校、技工学校、职业高级中学文化课、专业课教师资格（统称中等职业学校教师资格），中等专业学校、技工学校、职业高中实习指导教师资格（统称中等职业学校实习指导教师资格），高等学校教师资格。取得教师资格的人员，可以在本级及其以下等级的各类学校和其他教育机构担任教师；取得中等职业学校实习指导教师资格的人员只能在中等专业学校、技工学校、职业高中或者初级职业学校担任实习指导教师。高级中学教师资格与中等职业学校教师资格相互通用。

1997 年 4 月 17 日，北京市实施《教师资格认定的过渡办法》，进入各级各类学校任教的教师必须具备《中华人民共和国教师法》规定的教师资格条件。凡不具备规定的教师资格条件的人员一律不得再进入学校任教。已取得教师资格尚不具备规定学历的教师，应经过进修培训达到规定的学历要求。今后较低层次学校的教师向较高层次学校流动，必须在先取得相应层次学校教师资格的前提下进行。教师资格过渡的范围：1993 年 12 月 31 日在岗、在编的各级各类学校和其他教育机构中从事教育教学工作的在职教师及承担教育教学任务的其他人员，符合教师资格过渡条件的，均可参加教师资格过渡。1993 年 12 月 31 日前已退（离）休或调离学校的教师和其他人员以及 1994 年 1 月 1 日以后补充到教师队伍的人员，不属于教师资格过渡范围。过渡时间从 1997 年 4 月开始至 7 月底结束。

2001 年 7 月 5 日，北京市依据国家《教师资格条例》，制定具体实施办法和教育教学能力测试标准等一系列相关文件，启动首次教师资格认定。首次教师资格认定工作范围为具备《中华人民共和国教师法》规定的教师资格条件的人员，包括：1994 年 1 月 1 日以后补充到教师队伍中的在职教师；原在列入国民教育序列的各级各类学校中任职，现已离退休的教师（含 1993 年 12 月 31 日以前离退休教师）；其他符合《中华人民共和国教师法》规定的学历条件的人员。

申请认定幼儿园教师资格，应当具备幼儿师范学校毕业或以上学历；申请认定小学教师资格，应当具备中等师范学校毕业或以上学历；申请认定初级中学教师资格，应当具备高等师范专科学校、其他大学专科毕业或以上学历；申请认定高级中学教师资格，应当具备高等师范院校本科、其他大学本科毕业或以上学历；申请认定中等职业学校教师资格，应当具备高等师范院校本科、其他大学本科毕业或以上学历；申请认定中等职业学校实习指导教师资格，应当具备中等职业学校、普通高级中学毕业或以上学历。对于确有特殊技艺者，经市教委批准，其学历要求可适当放宽；申请认定高等学校教师资格，应当具备研究生或大学本科毕业学历。

市教委负责认定高级中学教师资格、中等职业学校教师资格、中等职业学校实习指导教师资格和高等学校教师资格。各区、县教委（教育局）认定幼儿园教师资格、小学教师资格和初级中学教师资格。接受委托的普通高等学校认定本校拟聘人员的高等学校教师资格。

申请教师资格认定人员应通过由市教委指定部门组织的教育学、心理学等有关科目的培训。申请认定高等学校教师资格人员由北京师范大学和北京市高校师资培训中心负责组织培训；申请认定中等职业学校、高级中学、初级中学及小学教师资格人员由北京教育学院负责组织培训；申请认定幼儿园教师资格人员由北京幼儿师范学校负责组织培训。高等学校拟聘任副教授以上教师职务或具有博士学位的人员申请认定教师资格，免于面试、试讲和普通话水平测试。各级各类学校师范教育类毕业生，可以持毕业证书向其工作单位或户籍所在地教师资格认定机构申请直接认定相应的教师资格。应届师范毕业生可以在毕业前的最后一个学期持学校出具的思想品德鉴定、学业成绩单和其他申请材料向就读或拟任教学校所在地教师资格认定机构申请认定教师资格。

2001 年 10 月 26 日，市教委印发《关于委托有关高校认定教师资格的通知》，委托清华大学等 59 所普通高等学校认定本校拟聘人员高等学校教师资格。12 月 24 日，市教委、市卫生局印发《北京市教师资格认定体格检查工作实施细则》。

至 2002 年年底，北京地区各级教师资格认定机构共受理教师资格认定申请 83955 人。其中，在职教师 65756 人（高中教师 19281 人），离退休教师 18199 人。共认定教师资格 46166 人。其中，高等学校教师资格总数 22479 人，高级中学教师资格 19281 人，中等职业学校教师资格 3412 人，中等职业学校实习指导教师资格 994 人。

2002 年 3 月，市教委印发《关于全面实施教师资格制度的通告》，自 5 月 8 日起，北京市全面实施教师资格制度。同时，制定《北京市教师资格教育教学能力测试标准及办法》，对幼儿园、小学、初级中学、高级中学、中等职业学校和高等学校教师资格教育教学能力的测试做出明确的规定。2004 年 2 月 27 日，市教委就全面实施教师资格制度再次发布通告。

2004 年 5 月，北京市首次面向社会认定教师资格。非师范教育专业毕业申请认定教师资格需补修教育学、心理学，并经考试取得合格证书，师范教育类专业毕业生无需参加教育学、心理学考试及教育教学能力测试。除 1965 年 1 月 1 日以前出生的人员和高等学校拟聘任副教授以上教师职务或具有博士学位者外，均需进行普通话水平测试，合格标准为国家语言文字工作委员会颁布的《普通话测试等级标准》二级乙等以上。当年组织两次全市教育学和教育心理学统一考试，8000 人参加考试。受理教师资格认定申请 33256 人，32663 人取得教师资格，其中，市教委（含委托普通高校）认定 22487 人，包括高级中学、中等专业学校和高等学校；区县认定 10176 人，包括幼儿园、小学和初级中学。此后，北京市教师资格认定工作逐渐转入常规，每年春季和秋季各受理一次，每年有 1 万余人左右获得教师资格。

2005 年 3 月，市教委委托中国科学院研究生院认定本校拟聘人员高等学校教师资格，全市认定本校拟聘人员高等学校教师资格的高校达到 60 所。

2008 年 3 月，市教委批复北京教育学院同意设立北京市教师资格认定工作办公室，挂靠北京市中小学中等职业学校教师培训中心。办公室主要职能为：受理申请认定高级中学教师资格的报名审核工作，组织专家进行教育教学能力测试工作。负责编写教育学、教育心理学教材及考试大纲的组织工作及考试命题工作。负责教育学、教育心理学考试的报名、组考、阅卷、成绩发布、证书发放等相关工作。负责制定教师资格认定考试管理的相关规定，承担有关教师资格认定的政策咨询。负责全市教师资格认定工作的各项数据统计、发放教师资格证书等工作。

2010 年 8 月 2 日，市教委和市卫生局对 2001 年市教委和市卫生局制定的《北京市教师资格认定体格检查工作实施细则》做出修改，删除附件二中第 4 条：“各型肝炎病毒携带者或丙氨酸氨基转移酶升高者，不宜从事幼儿教育教学及食品科学等相关工作。”9 月 9 日，市教委印发《关于教育学、教育心理学实行统一考试有关问题的通知》。该通知规定，从 2011 年起，非师范教育类毕业的人员申请幼儿园、小学、初级中学、高级中学、中等职业学校实习指导教师资格必须通过市教委统一组织的教育学、教育心理学考试。该考试定于每年 3 月初举行。实行统一考试后，原相关免试的规定不再执行。

2010 年，北京市 11450 人通过教师资格认定。全市各级教师资格认定机构和依法接受委托的普通高等学校共受理教师资格认定申请 14325 人，认定 11450 人。其中，市教委和依法接受委托的普通高等学校共认定 6645 人，包括高级中学教师资格、中等专业学校教师资格、中等专业学校实习指导教师资格和高等学校教师资格；区县教委认定 4805 人，包括幼儿园教师资格、小学教师资格、初级中学教师资格。

二、教师职务评聘

北京市教师职务聘任始于 1986 年。中学教师职务设中学高级教师、中学一级教师、中学二级教师、中学三级教师。中学高级教师为高级职务，中学一级教师为中级职务，中学二级教师和中学三级教师为初级职务。市教育局负责组建中学高级教师职务评审委员会负责中学高级教师职务任职资格的审定工作。区、县教育局负责组建中学中级教师职务评委会，负责中学一级教师职务任职资格的评审工作。学校负责组建中学初级教师职务评审小组，负责中学二、三级教师任职资格的评审工作。小学教师职务设小学高级教师、小学一级教师、小学二级教师、小学三级教师。区、县教育局负责组建小学高级教师职务评审委员会，负责小学高级教师职务任职资格的评审工作，并对符合中学高级教师职务任职条件的教师提出推荐意见，报市中学高级教师职务评委会审定。小学（或乡中心）成立教师职务评审小组，负责小学一、二、三级教师职务任职资格的评审工作，并对符合小学高级教师职务任职条件的教师提出推荐意见。幼儿园教师职务设幼儿园高级教师、幼儿园一级教师、幼儿园二级教师、幼儿园三级教师。幼儿园高级教师相当小学高级教师，为高级职务；幼儿园一级教师相当小学一级教师，为中级职务；幼儿园二级教师和三级教师，相当小学二级教师和三级教师，为初级职务。幼儿园教师职务评审参照小学小学教师职务评审有关规定进行。

高等学校教师职务设助教、讲师、副教授、教授。市高等学校教师职务评审委员会，负责本市高等学校教授、副教授任职资格的审定工作。普通高等学校教师职务评委会，审定讲师以下（含讲师）职务任职资格；评议提出符合教授、副教授任职资格的意见，报市教师职务评委会审定。经授权，部分学校评委会或学科评议组可以审定副教授、教授的任职资格或评议副教授、教授的任职资格。

中等专业学校教师职务设教员、助理讲师、讲师、高级讲师。高级讲师为高级职务，讲师为中级职务，助理讲师和教员为初级职务。市高教局负责组建市中等专业学校教师高级职务评审委员会，审定市属中等专业学校高级讲师任职资格，并报市职称改革办公室和国家教委备案。市属中等专业学校业务主管局（总公司）成立中等专业学校教师中级职务评审委员会审定本系统本单位中等专业学校讲师任职资格，报市高教局备案。各中等专业学校成立教师职务评审组审定助理讲师、教员任职资格，并报业务主管局（总公司）备案。

各类教师职务一般实行任命制，均有一定的任期。经核定的教师职务限额，学校不得自行突破。

1990 年，市高教局在首次评聘工作结束后进行一次过渡性的评聘。全市 70 所高校上报市评审会 1321 人，通过 1050 人（通过率为 79.5% ）。其中申报高级正职的 336 人，通过 246 人（通过率为 73.2%）；申报高级副职 898 人，通过 740 人（通过率为 82.4%）；申报中级职务 87 人，通过 70 人（通过率为 80.5% ）。

1991 年，北京市举行第二次中小学专业技术职务评审、聘任工作，全市中小学共有 39913 人评聘或晋升专业技术职务。其中高级职务 3486 人，中级职务 11570 人，初级职务 24857 人。

1991 年起，北京市教师职务评聘工作转为经常性工作，每年评审一次。

1993 年，北京市教师职务评委会对高校中具备条件的学科评议组通过评审，下放学科评议权。当年 21 所学校申报了 54 个学科评议组的副教授或教授、副教授的学科评议权，共批准了 17 所学校的 34 个学科组具有学科评议权，其中，取得教授、副教授评议权的有 9 个学科组，取得副教授评议权的有 25 个学科组。

1994 年，北京市职称改革工作领导小组办公室对各系列专业技术职务的管理权限进行了调整，北京市高教局负责评审任职资格的专业技术职务系列范围是市属高校教师、科研、工程、实验、图书资料。其中前 4 个系列为高级职务任职资格，图书资料系列为中、高级职务任职资格。同时，北京市高教局仍然负责部委在京院校教师高级职务任职资格的评审工作，并且受有关部委的委托代为评审其在京院校中科研、工程、实验、图书资料各系列专业技术职务任职资格。

1997 年，市职改领导小组明确市教委牵头组织的专业技术职务任职资格评审范围。高等学校中，负责组织高等学校教师和教育管理研究高、中级职务任职资格的评审；负责市属高校并接受部委在京高校委托组织评审科研、工程、实验系列高级职务和图书资料系列的高、中级职务的任职资格。中等专业学校中，负责本市中等专业学校并接受部委在京中等专业学校上级主管部门的委托组织评审中专高、中级教师职务的任职资格。中学负责组织中学部分学科高级教师职务和普教学校图书资料系列中、初级职务任职资格评审。小学（幼儿园）负责组织评审小学教师中的中学高级教师职务。市教委对市属单位的评审实行下管一层的管理办法，即除直接管理市属普通高校及市教委直属单位外，对其他单位一律通过区、县教育主管部门或学校主管委、办、局（总公司）进行管理。

1997 年，市职改办对原北京市高等学校教师高级职务评委会和北京市成人高等学校教师高级职务评委会进行换届调整，合并成立北京市高等学校教师高级职务评委会。同年，市教委发出通知，规定市属普通高等学校职务限额继续按原规定结构比例控制，成人高等学校和部委在京普通高等学校职务限额按行政隶属关系由上级主管部门决定。

1999 年，市科干局、市人事局和市教委对各类民办学校的专任教师职称评定问题做了具体规定，并将民办学校教师的职称工作纳入全市教师专业技术职务评聘工作中进行统一管理。申报教师职务的教师应是经教育行政部门批准的民办学校的专任教师，其户口为北京市户口，人事档案存放在北京市人才交流机构。申报教师职务人员应填写相应教师职务申报表，经所在学校审核同意并签署推荐意见，再由本人档案的管理部门审核同意后报到市职改办。

2002 年 5 月，市教委印发《关于北京市教育系统 2002 年专业技术职务评聘工作有关问题的通知》，要求申报晋升高等学校教师、科研系列正高级职务人员的评审答辩程序在市教委高评委进行，副高级专业技术职务评审权下放至部分实施本科学历教育的市属市管普通高等学校。“高等学校教师职务聘任委员会”更名为“高等学校教师职务评审委员会”。8 月，北京 17 所市属市管高校获得副高级高校教师系列专业技术职务评审权，分别是：北京电影学院、北京机械工业学院、北京工商大学、首都经济贸易大学、北京农学院、中国音乐学院、北京石油化工学院、北京舞蹈学院、北方工业大学、北京服装学院、北京建筑工程学院、首都体育学院、北京信息工程学院、首都医科大学、北京印刷学院、首都师范大学、北京物资学院。

2003 年，中学教师职务评审制度改革，中学教师高级专业技术职务评审权下放至区县教委。

2004 年 3 月 29 日，市人事局、市教委印发《中小学教师职务任职资格条件》，同时规定，自 2004 年起，中学二级教师、小学二级教师、小学一级教师职务由用人单位按岗位需要，符合资格条件，经考核合格，直接聘任相应教师职务。中学一级教师、中学高级教师、小学高级教师职务不再办理资格认定，相应教师职务均应通过评审取得。

2005 年 5 月 10 日，市人事局、市教委印发《北京市高等学校教师职务聘任管理办法》《北京市高等学校教师职务岗位结构比例和高级职务岗位设置的意见（试行）》，2007 年 9 月 30 日印发《北京市高等职业学院、成人高等学校教师职务聘任制实施意见》，北京高等学校全面实行教师职务聘任制。高等学校教师职务聘任遵循按需设岗、公开招聘、平等竞争、择优聘任、严格考核、合同管理的原则进行。应聘人员申请在符合国家规定的高等学校教师职务任职基本条件，并具备履行应聘职务岗位职责的教学、科学研究能力和实践能力条件下，经学校教师职务聘任委员会考核、评议、公示后聘任。聘任合同期满，考核合格，学校与受聘人员可按照岗位需要、本人自愿的原则，办理续聘手续，签订新的聘任合同。教师的工资收入按照“以岗定薪，岗变薪变”的原则，根据聘期内所聘职务确定。

2006 年，市教委会同市人事局制定《北京市属市管高等学校岗位设置管理实施指导性意见》，完善市属市管高等学校教师职务聘任工作。

2010 年，全市共有 423 人申报晋升高校教师、科研（含高校教育管理研究）两个系列专业技术职务。经高校教师职务专业学术评议委员会评议审定，共 308 人晋升专业技术职务，其中，晋升高级专业技术职务 56 人、副高级职务 160 人、中级职务 92 人。北京市中等专业学共 168 人申报晋升专业技术职称，其中，申报高级讲师 72 人、讲师 78 人、助理讲师 8 人，高级实验师 1 人、实验师 9 人。经教师高、中级职务评委会认定，共 112 人晋升专业技术职称，其中，高级讲师 41 人、讲师 54 人、主力讲师 8 人、高级实验师 1 人、实验师 8 人。全市 16 个区县共推荐申报中学教师（管理）高级职称 94 人，经中学教师（管理）高级职务评委会召开评审会议认定，89 人晋升专业技术职称。

三、“人才强教行动计划”

2004 年，北京市教育大会确定“人才强教”是新时期首都教育发展的重要战略方针。2005 年 6 月 14 日，市教委印发《北京市属市管高等学校人才强教计划实施意见》，正式实施“人才强教行动计划”。该计划通过 5 年的重点建设，完善高校吸引人才、培养人才和使用人才的体制、机制与政策，形成有利于人才发展和发挥作用的良好环境。造就 100 名左右在本学科领域国际学术界具有一定影响力、居于国内同领域学术前列的学术带头人，少数优秀者成为中国科学院、中国工程院院士；重点支持 100 个左右创新团队建设，在促进首都经济社会发展和高校学科建设上发挥突出作用；培养 1000 名左右优秀中青年骨干，使其成为教育教学、学术研究、技术开发以及管理工作的骨干力量，有一批中青年骨干成为市属市管高校学术带头人、教学名师和高级管理人员；创造条件为 10000 名左右的高校教师和管理人才提供接受教育培训、访问进修或攻读学位的机会，优化人才队伍的知识结构、学历结构，增强人才发展后劲和队伍整体素质。该计划在市属市管普通本科院校、高等职业学院范围内实施。自 2005 年至 2009 年市教委安排专项经费保证本计划的实施。

市属市管高校“人才强教行动计划”由“人才引进计划”“创新人才选拔计划”“人才培训计划”三个层次共 9 个项目构成。其中，“人才引进计划”包括“北京市特聘教授和讲座教授计划”“人才引进资助计划”2 个项目。“创新人才选拔计划”包括“拔尖创新人才百人计划”“学术创新团队百团计划”“骨干教师千人计划”3 个项目。“人才培训计划”包括“访问学者研修计划”“教师教育技能和实践技能培训计划”“高校教师职业道德建设计划”“高级管理人才培养计划”4 个项目。

“北京市特聘教授和讲座教授计划”重点内容是设置北京市特聘教授和讲座教授岗位。设置北京市特聘教授岗位的学科一般应为国家重点学科、北京市重点学科及重点建设学科、普通本科院校的主干学科以及北京市经济社会发展有重大需求的前沿学科或新兴交叉学科。原则上每校每个岗位只能聘任 1 名特聘教授。特聘教授聘期 3 年，要求全职在校工作。除享受正常的工资福利待遇之外，享受北京市特聘教授工作津贴每人每年 8 万元。自 2005 年起，每年计划聘请北京市特聘教授的名额 30 人。北京市讲座教授不受设岗学科限制，由市属市管高校根据教学科研工作的需求聘请，属于兼职工作性质。北京市讲座教授在聘请学校工作时间不得少于 3 个月，享受北京市讲座教授工作津贴每人每月 1 万元。聘请诺贝尔奖获得者、国际重要学术组织负责人或一流学者以及中国科学院院士、中国工程院院士作为讲座教授的，可以享受北京市讲座教授工作津贴每人每月 2 万元。

"人才引进资助计划"是指市属市管高校根据本校学科建设、教学科研工作和教育管理工作需要引进的高水平学术人才、教育专家、高级管理人才，市教委根据不同情况给予引进人才资助。引进中国科学院、中国工程院院士、哲学社会科学著名学者，资助科研经费 50 万元；引进国外及国内"211"学校重点学科带头人、博士生导师，资助科研经费 10 万 ~ 30 万元；引进国内外院校知名学者、优秀留学归国人员，资助科研经费 5 万 ~ 10 万元；引进高级应用技术型人才、资助研究经费 5 万 ~ 10 万元。引进高级教育管理人才，教育部"百篇优秀博士论文"获得者（艺术、体育类院校可放宽到硕士研究生）资助调查研究经费 2 万 ~ 5 万元。

"拔尖创新人才百人计划"主要在市属市管高校教学科研工作第一线教师中遴选 100 名品德高尚、学术造诣较高、教学科研成果突出并在国内外有一定影响的优秀教师，给予重点扶植资助和培养，成为优秀拔尖创新人才。2005 年遴选 50 名，2006 年遴选 30 名，2007 年遴选 20 名，每人每年资助研究经费 20 万 ~ 30 万元，连续支持 3 年。

"学术创新团队百团计划"主要在市属市管高校的国家级重点学科、北京市重点学科和重点建设学科以及高校重要主干学科中遴选 100 个学术创新团队，给予重点支持和资助，带动高校学术团队建设，提高创新能力和竞争能力。2005 年遴选 30 个，2006 年遴选 30 个，2007 年遴选 40 个。自然科学每个团队每年资助建设经费 50 万元，哲学社会科学每个团队每年资助建设经费 30 万元，连续资助 3 年。

"骨干教师千人计划"主要面向在市属市管高校从事教学、科研工作以及大学生思想政治教育工作的中青年教师，年龄不超过 45 岁，遴选 1000 名作为市属市管高校中青年骨干教师给予重点培养。2005 年遴选 300 名，2006 年遴选 400 名，2007 年遴选 300 名，每人每年资助经费 2 万元，用于教学改革研究、科学研究预研、调查研究工作，连续资助3年。

“访问学者研修计划”“教师教育技能和实践技能培训计划”“高校教师职业道德建设计划”“高级管理人才培养计划”通过境内外学者进修等形式开展人才培训，创造条件努力使每一位教学科研和管理人员都能有接受良好的继续教育的机会，完善继续教育制度并加快建立教育人才终生学习制度，全面提高人才队伍素质。

至2007年，北京市实施“人才强教”计划3年合计划拨经费30035万元，共资助99个学术创新团队、100名拔尖创新人才、1013名中青年骨干教师，11批审定特聘教授46人。

2008年8月29日，市教委、市人事局、市财政局印发《关于实施北京市属高等学校人才强教深化计划的意见》，决定2008年至2012年，市教委继续深化实施“人才强教”计划。通过5年的重点建设，引进、聘请150名杰出人才到北京市属高校工作；为50名高层次人才、150名创新人才和300个创新团队创造良好的工作环境；为1000名优秀中青年骨干人才提供国外访问、进修或攻读学位的机会；为20000名左右的教学科研人员和管理人员提供教育培训、更新教育观念的机会。

2009年，人才强教深化计划资助市属高等学校特聘教授10人、讲座教授36人、高层次人才19人、创新人才63人（学术创新人才40人、教学创新人才23人）、创新团队102个（学术创新团队54个、优秀教学团队43个、管理创新团队5个）和中青年骨干人才470人。2010年8月9日，市教委公布入选2011年度市属高等学校人才强教深化计划名单。2011年该计划资助市属高等学校特聘教授5人、讲座教授27人、高层次人才17人、教学创新人才33人、创新团队77个（学术创新团队51个、优秀教学团队23个、管理创新团队3个）和中青年骨干人才477人。

四、学科教学带头人和骨干教师

1991年，市教育局学科带头人和骨干教师队伍分为中小学两个系列，中年骨干、青年骨干、学科教学带头人三个层次。其中，市级中学中年骨干教师队伍407人，中学青年骨干教师队伍317人，中学学科教学带头人队伍320人；小学中年骨干教师队伍311人，小学青年骨干教师队伍252人，小学学科教学带头人队伍203人。同时，建有区县级骨干教师、学科教学带头人队伍。

1992年至1998年，市高教局和市教委5次选拔优秀青年骨干教师和（青年）

学科带头人。全市市属高校和部委院校参加选拔。1992 年选拔（青年）学科带头人 26 人，优秀青年骨干教师 214 人；1993 年选拔（青年）学科带头人 64 名，优秀青年骨干教师 334 名；1994 年选拔（青年）学科带头人 68 人，优秀青年骨干教师 408 人。当选教师政治素质好，业务能力强，工作稳定，其中相当部分还担任起各级业务或行政领导职务。1994 年起市高教局对当选青年教师每人每月奖励 30 ~ 50 元，并委托市高等学校教师培训中心优先安排他们参加各类教育理论或研究生课程班的培训。1996 年，市教委将高校选拔（青年）学科带头人和青年骨干教师权限下放给学校。全市共有 53 所高校评选出（青年）学科带头人 88 人，青年骨干教师 486 人。选拔出的人员学历层次和高级专业技术职务比例比以往有所提高，年龄有所降低。1998 年 7 月，北京市高等学校进行第五次青年学科带头人和优秀青年骨干教师评选工作，评选出青年学科带头人 114 人，优秀青年骨干教师 547 人。至此，北京市高等学校选拔出优秀青年骨干教师 1987 人，青年学科带头人 362 人，占 40 岁以下青年教师总数的 19.4%。

1996 年，市教委首次在成人教育院校中开展中青年骨干教师的选拔工作，共评选出 144 名中青年骨干教师，并颁发证书。1998 年 4 月，市教委印发《北京市成人学校中青年骨干教师队伍建设工作意见（1998—2000 年）》。该意见确定骨干教师培养目标，细化选拔条件、方式及步骤，在培养内容、原则、方法上做出具体规定。5 月，138 人被评为北京市成人学校中青年骨干教师，其中，成人高校 86 人，成人中等学校 52 人。1999 年，第三次评选成人学校中青年骨干教师，107 人入选，其中成人高校 82 人，成人中等学校 25 人，通过率 67.3%。至此，北京市评出成人学校中青年骨干教师 389 人。8 月，北京市成人学校中青年骨干教师师资库建成。该师资库设有学校名称、姓名和最后学历等十余项内容。收集 389 名北京市成人学校中青年骨干教师基本情况，其中高校 257 人，中专校 132 人。35 岁以下占骨干教师总数的 34.96%。骨干教师专业涉及 20 余个专业，主要集中在中文、数学、经济、政治、财会、计算机 6 个专业，约占 54.96%。

1997 年 4 月，市教委在北京市中小学（含中等师范学校、教师进修学校等）选拔市级中青年学科教学带头人和骨干教师，首次把市级中青年学科教学带头人和骨干教师作为独立荣誉称号进行评选。选拔范围是年龄 45 岁以下的中小学在职专任教师。选拔基本标准包括具有中学高级教师职务；担任过 5 年（含 5 年）以上班主任工作并取得较好成绩；在本学科专业领域具有扎实的理论基础，能系统掌握、全面正确理解教学大纲，能精通本专业中学或小学的全部教材；具有较强的教育教学科研能力，主持或参加过市级以上教育科研课题的研究工作并取得较好成果；能设计、开发并能熟练使用本专业常用软件等。市级中青年学科教学带头人和骨干教师均应在区县级中青年学科教学带头人和骨干教师中产生。市教委为入选者颁发中青年学科教学带头人或中青年骨干教师证书。中青年学科教学带头人或中青年骨干教师不搞终身制，脱离教学岗位者不再保留荣誉称号。年内，市教委评选出“九五”期间首批市级中小学中青年骨干教师 225 人。1998 年 12 月，第二次评选市级中青年骨干教师 178 人。2001 年年初，市教委修订 1997 年市级中青年学科教学带头人选拔标准，规定市级中青年学科教学带头人首先要达到市级中青年骨干教师标准。7 月，第三次评选中青年骨干教师 506 人。同时评选中青年学科教学带头人 24 人。“九五”期间，北京市选拔出近 6000 名市、区县两级学科带头人和骨干教师，形成一支以特级教师为代表的中小学学科带头人群体和一支以中青年高级教师为代表的中小学骨干教师群体。

1997 年 10 月，北京市首次评选普通中等专业学校（含中央部属中专学校）中青年骨干教师。选拔范围是：北京地区普通中等专业学校中年龄在 45 周岁以下，具有大学本科及以上学历和中级及以上专业技术职务的专任中青年教师。选拔主要条件包括独立承担一门及以上基础课或两门专业课的教学工作，能使用先进教学手段和设备，教学效果良好（承担教学工作量不低于学校教师年平均课时数）；具有较强的科研能力，在教学科研方面取得一定水平的研究成果；能阅读本专业外文资料掌握一门外国语；在教书育人先进评选、发表教学或科研学术论文、出版专著、科研成果获奖等方面取得实际成绩。50 余所学校 149 名中青年教师申报参加评选，109 人被评为 1997 年度普通中专学校中青年骨干教师。1998 年 12 月，北京市再次评选普通中等专业学校（含中央部属中专学校）中青年骨干教师。53 所学校 196 人参评，117 人入选，通过率 59.6%。至此，北京市普通中等专业学校两次评选中青年骨干教师 226 人。2001 年 7 月，市教委第三次评选普通中等专业学校中青年骨干教师。来自 40 所普通中专学校 217 人参加评选，其中，168 人当选。

1999 年至 2003 年，教育部在全国高等学校实施“高等学校骨干教师资助计划”，以增强科研经费支持力度方式培养高校骨干教师队。2002 年 12 月，北京高校 40 人被评为全国高等学校优秀骨干教师。该奖项奖励在“高等学校骨干教师资助计划”中做出突出贡献教师，全国共有 332 人受到表彰。

表 1-5-6　　2002 年全国高等学校优秀骨干教师（北京）一览表

单位	姓名
清华大学	孟安明　袁　新　欧阳明高　李艳和　刘　铮　苏　宁　翁　端

续表 1-5-6

单位	姓名
北京大学	李子臣　唐建国　胡　敏　李若瑜　刘玉鑫　黄　如　周晓林　何书元
北方交通大学	赵　耀
北京科技大学	邢献然　闵乐泉
北京化工大学	何　静　李效玉
北京邮电大学	纪越峰　杨放春
中国农业大学	张　勤
北京林业大学	骆有庆
中国协和医科大学	赵玉沛
北京中医药大学	张　冰
北京师范大学	李洪兴　郑志刚　方维海　沃建中
石油大学（北京）	崔立山
中国地质大学（北京）	邓　军
北京工业大学	陈艳艳　贾克斌　余跃庆
北京工商大学	孙家跃
首都医科大学	杨　慧
首都师范大学	宫辉力　方　炎
北京信息工程学院	张　朋

2003 年 5 月，市教委制定《北京市幼儿园中小学中等职业学校学科教学带头人骨干教师选拔和管理暂行办法》。从 2004 年起，北京市幼儿园、中小学、中等职业学校教师骨干教师评选统一进行，中青年学科教学带头人和骨干教师也统一规范为市级学科教学带头人、骨干教师，市级学科教学带头人、骨干教师评选成为正式制度，每届任期三年。选拔范围包括幼儿园、中小学、区县教师进修院校、少年宫（含少年之家、科技馆、站）、中等职业学校的专任教师；教研部门的教研员；兼课每周不少于 6 课时的行政人员。市级骨干教师选拔对象在区县级骨干教师中产生（普通中等专业学校在校级骨干教师中产生）；市级学科教学带头人选拔对象在市级骨干教师中产生。市级学科教学带头人、骨干教师主要职责是每年至少要在市、区（县）范围做一至两次示范公开课，每年至少在区（县）及以上刊物或学术会议上发表一篇高水平的论文、经验或科研报告，每年有计划地指导 2 ~ 3 名骨干教师（其中必须指导本区县外校或外区县 1 名骨干教师），承担完成市、区（县）教委或业务部门交给的教育教学、支教讲学、教育科研、教师培训等有关工作任务。经年度考核合格，市级学科教学带头人可享受每人每年一次性奖励不低于 1200 元，市级骨干教师可享受每人每年一次性奖励不低于 1000 元。市级学科教学带头人、市级骨干教师在任期内享受不少于半个

月的脱产学习时间。2004 年，北京市评出市级学科带头人 156 人，评出市级学科骨干教师 1844 人。2007 年，再次评出市级学科带头人 349 人，市级学科骨干教师 1883 人。

2007 年，市教委实施“北京市职业院校教师素质提高工程”，在全市高等职业院校选拔优秀青年骨干教师。选拔的基本条件包括基础理论和专业知识扎实教学效果优良，完成学校规定的教学和科研任务，科研成果显著，具有大学本科及以上学历，中级及以上专业技术职务，年龄在 40 周岁以下。至 2010 年，4 次共评选 1030 名优秀青年骨干教师。每人获得市财政资助 1 万元。

2010 年，北京市第三次评选幼儿园中小学中等职业学校学科教学带头人和骨干教师。评出市级学科带头人 398 人（幼儿园 12 人、小学 117 人、中学 248 人、中等职业学校 21 人），市级学科骨干教师 2018 人（幼儿园 127 人、小学 858、中学 949 人、中等职业学校 84 人），任期为 2011 年 1 月 1 日至 2013 年 12 月 31 日。

第四节　教师继续教育

一、高校教师继续教育

1991 年，市高教局要求各高校在 3 年内对所有教师进行一次电教培训，学习技术，实现教学现代化。1992 年，北京市高校师资培训中心成立，作为北京市高校师资培训的基地和组织协调机构，挂靠在首都师范大学，该中心工作重点是北京市属高校的师资培训，兼顾部委院校的部分培训工作。1996 年年内，北京市高校师资培训中心统一组织 4 期高校教育理论培训班和两次教育理论自学考试，50 多所北京高校近 800 名青年教师参加培训，607 人合格结业。这一年，部分院校按《北京市高校师资培训“九五”规划》要求，完成往届毕业青年教师教育理论培训工作。同时，市教委组织学科实力较强的院校开展同学科教师进修活动。中国人民大学、北京师范大学、北京外国语大学等学校参与学科研修中心校的建设。北京大学、清华大学和北京外国语大学等 30 多所高校继续举办硕士研究生同堂听课培训。参加硕士研究生水平培训的青年教师有 525 人，截至 1996 年年底，全市有 2316 人参加该项培训。

1997 年 1 月，市教委制定《北京市实施〈高等学校教师培训工作规程〉办法》。北京普通高校继续开展青年教师教育理论培训，开展硕士研究生主要课程进修、国内访问学者选派、骨干教师提高外语和计算机操作能力等多种形式培训。

1998 年 1 月，市教委审批高校教师岗前培训北京理工大学、北京师范大学等6个办学点。要求岗前培训统一使用教育部指定教材和北京地方参考教材；由北京市统一命题进行结业考试和考核；颁发教育部统一印制的岗位培训合格证书。1999年，审批北师大、理工大等10个岗前培训办学点，并实行北京市高校青年教师岗前培训统一命题，首次组织高等教育学和高等教育心理学两门课的统一命题工作。根据教育部要求，完成对北京市高校师资培训中心的评估工作。并对高校实施《高等学校教师培训工作规程》和《"九五"高校师资培训规划》的落实情况进行检查和调研，为制定"十五"师资培训规划做准备工作。2000年，北京地区27所理工农医类高校和16所附属医院派遣研究生攻读学位52人，进修访问学者980人次，接受进修访问学者856人次，其中市属高校派遣研究生攻读学位8人；进修访问学者213人次，接受进修访问学者111人次。

2002年5月19日，市教委印发《关于北京市高等学校教师"十五"时期培训工作的意见》，实施"十五"时期高等学校教师培训工作。意见明确：北京市高校师资培训中心和各高校制定具体计划以保证每位教师每学年接受培训不少于72学时；要求1957年1月1日以后出生的未取得硕士学历的助教和讲师，须通过在职申请硕士学位或参加硕士研究生主要课程进修取得合格证书。要求到2005年完成对45岁以下的高校教师和专业技术人员现代教育技术的一级培训，其中50%通过二级培训。加强高校教师的外语培训，使北京市高校30%教师能够熟练运用一门外国语进行专业实践。决定在"十五"期间资助100名中青年骨干教师作为国内访问学者和参加高级研讨班，资助100名中青年骨干教师在国内、外进行短期外语强化培训，资助50名市属市管高校中青年学科带头人到重点大学进行专门培养。提升教师的学历层次，以教学为主的本科高等学校教师中60%达到研究生学历，教学科研型高等学校中80%以上达到研究生学历（其中取得博士学位的达到30%以上）。并将教师培训的考核成绩和鉴定将计入教师业务档案，作为教师聘任和晋升的依据之一。2003年，北京市建立健全并严格落实师德规范，将师德建设内容作为教师继续教育的必修课程。同年，北京市开展高校教师在职攻读硕士学位的工作，高校在职教师通过学校推荐报考，要求为高等学校在职教师，国民教育序列大学本科毕业从事教学工作满两年以上者，参加全国统一安排的入学考试，考试科目四门：政治、外语、专业课、专业基础课，其中外语实行全国统一命题，政治、专业课、专业基础课由招生单位自行命题，每年10月考试，次年春季学期入学；入学后可采用灵活的教学方式，在校累计学习时间不少于一年，至少应有半年脱产学习，课程考试及格并通过硕士学位论文答辩者授予相应学科的硕士学位。同时，开展高等学校现代教育技术的培训工作。

二、职业和成人教育教师继续教育

1997 年 9 月 29 日，市教委印发《北京市职业高中专业课教师“九五”继续教育工作的意见》，对专业课教师继续教育的内容作出规定。

1997 年 10 月 24 日，市教委制定《北京市成人学校教师继续教育工作意见》，规定继续教育的对象为成人高等学校、成人中等专业学校、成人中等学校（包括职工学校、职工中学、乡镇成人学校）和其他成人教育机构以及社会力量举办的中、高等学校，男 55 岁以下（1942 年 7 月 1 日以后出生），女 50 岁以下（1947 年 7 月 1 日以后出生）的专任教师。继续教育内容包括成人教育基础，成人教育政策法规，教师职业道德修养，有关学科的新理论、新知识、新技术、新方法，成人教育教材教法，现代教育教学技术，本专业、本课程实际操作及实践方面的训练，计算机和外语，成人教育教学研究和教育科学研究，成人教育改革信息，研究生课程。其中成人教育基础，成人教育政策法规，教师职业道德修养为全体教师必修课。计算机和外语为 40 岁以下教师的必修课。其他内容为选修课。基础必修课应占 20%，本专业必修课（含公共专业）应占 60%，其他选修课应占 20%。1957 年 7 月 1 日以后出生的成人高校青年教师计算机要达到国家计算机等级考试一级水平，外语要达到大学英语四级水平（其他语种达到相应水平）；成人中等专业学校和成人中等学校的青年教师计算机要达到国家计算机等级考试一级 B 类水平，外语要达到本市专业技术人员评聘专业技术职务所要求的外语水平。成人高校教师应当具备研究生或者大学本科毕业学历，成人中等专业学校和成人高中学校教师应当具备大学本科毕业及其以上学历，成人初中和乡镇成人学校教师应当具备大学专科毕业及其以上学历。到 2000 年年底以前各级各类成人学校教师要达到规定的学历，未取得合格学历的应调离其所在教学岗位。

2002 年以后，中等职业学校教师继续教育工作和中小学、幼儿园教师继续教育实行统一管理。

三、中小学教师继续教育

1991 年 11 月，市教育局修订 1989 年制定的《中学教师继续教育管理办法（试行）》，印发《中学教师继续教育管理办法（修订稿）》，规定：中学教师继续教育各层次的教学计划规定的授课时数分别为新任教师 120 课时，初级教师 180 课时，中级教师 240 课时，高级教师 360 课时。各层次均含 30 课时的思想政治教育课。全市中学教师继续教育的培训任务分别由北京教育学院和各区（县）教师进修院校承担，不同层次培训班的招生、教学、考核、管理均由办班单位负责。北京教育学院举办的高级教师研修班和中级教师培训班，由北京教育学院颁发结业证书；教育学院分院及各教师进修学校举办的新教师、初级和中级教师培训班，由办班院校颁发结业证书，均需加盖北京市教育局有关公章。到 1995 年，北京市基本完成第一轮中小学教师继续教育全员培训，全市已有 4.5 万名中学教师和 6 万名小学教师领取了继续教育结业证书，分别占中学教师和小学教师总数的 97% 和 99%。

1994 年 3 月，北京市实施中小学电化教育教师全员继续教育。电化教师继续教育包含岗位培训、专业进修、学历教育、骨干教师培训四个方面，主要学习内容是电化教育专业理论知识、专业技能和专业新技术。继续教育业务工作分别由北京教育学院和北京电化教育馆负责并组织实施。电教教师参加电教专业进修班学习取得的“电化教育专业进修班结业证书”等同于其他学科教师的“继续教育结业证书”。凡 50 岁以下的电教教师均应取得“岗位培训合格证书”，作为聘任上岗和参加电教学科职评的依据之一。从 1995 年 9 月起未取得岗位合格证书者不得担任电教教师。至 1998 年 12 月底，全市完成电教教师继续教育。

1997 年 4 月 24 日，市教委印发《北京市中小学教师“九五”继续教育工作意见》，实施“九五”期间继续教育工作。“九五”期间中小学继续教育对象为已取得教师职务并具备相应学历的小学、初中和高中教师，不具备相应学历，但从教工作（至 1996 年年底）已达 30 年以上并取得相应教师职务者。新任教师为从 1996 年 7 月后分配到中小学担任教学工作，已达到教师法规定学历要求的各类学校毕业生，在一年实习期内，培训时间为 120 学时，其中由教师所在学校培训时间不少于 60 学时。对于非师范院校毕业生，还应参加教育学、心理学和学科教材教法培训。参加教师职务培训者培训时间为每年 72 学时，五年为一个周期，共 360 学时。提高学历层次者增加教育教学能力和教师素质教育的培训内容。培训内容：教师职业道德修养；教育政策法规；现代教育学原理与教育心理学；教材教法研究；教学基本功训练、教育教学能力培养；教育科研理论与方法；最新教改信息；计算机、外语；现代教育技术；艺术鉴赏；学科基础理论和学科前沿新理论、新技术、新知识、新方法。其中教师职业道德修养和教育政策法规为必修课，计算机（初级能力）培训作为 45 岁以下教师的必修课，其他内容为选修课。教师选修本专业（含公共专业）的内容不得低于选修课时的 70%。将继续教育工作与学科带头人和骨干教师队伍建设相结合，计划培养选拔市级中小学青年学科教学带头人100名，市级骨干教师1000名，重点加强培训区县级骨干教师10000名。6月16日，市教委印发《北京市中小学教师“九五”继续教育工作意见的说明》，从2001年起，将教师的聘任、晋升、评优、奖励与继续教育实行硬挂钩，完成继续教育者才能享受这四项待遇。

1997年9月10日，北京市制定《北京市中小学教师“九五”继续教育管理办法》《北京市中小学教师“九五”继续教育考核办法（试行）》，继续教育实行学分制的考核办法。取得36学分即可结业，其中10分为必修课，其他26分为选修课。9月19日，印发关于《在继续教育中进一步加强小学教师基本功训练的通知》，将小学教师基本功训练五项标准：口语表达，写字，简笔画，使用、制作教具，组织教育活动列入“九五”继续教育的重要内容，由各区县分期分批进行考核，并核发小学教师基本功合格证书。从2001年起，凡未取的合格证书者不能晋升教师职务。“九五”期间，中小学教师继续教育每年72学时，5年为一个周期，共360学时。市和区县教师进修院校不在从培训任务上分工，北京市中学教师培训中心和小学教师培训中心在市教委的领导下，负责统筹组织、指导协调全市中小学的继续教育工作，继续教育的行政工作由市教委师资处负责。至2001年，全市完成中小学教师第二个五年一轮的360学时继续教育培训。

2002年4月22日，市教委印发《关于北京市幼儿园中小学中等职业学校教师“十五”时期继续教育工作的意见》，实施“十五”时期中小学教师继续教育工作。“十五”时期继续教育的对象扩大到幼儿园、中等职业学校和特殊教育机构、少年宫（家、站）、科技馆（站）、教育信息中心（电教馆）、教研室、教师进修院校等教育机构中取得教师资格证书的在职教师。到2005年，幼儿园在职教师中20%以上达到大专以上学历；小学在职教师中60%以上达到大专以上学历，其中有5%达到本科学历；城近郊区初中在职教师中80%以上达到本科以上学历，其中10%经过硕士研究生主要课程班的学习；远郊区县初中在职教师中50%以上达到本科以上学历；普通高中和中等职业学校全部达到本科以上学历，其中30%经过硕士研究生主要课程班的学习。继续教育内容包括思想政治教育和师德修养，专业知识及其更新与扩展，现代教育理论与实践，基础教育新课程理念，教育科学研究，教育教学技能训练和现代教育技术，信息技术教育、现代科技与人文社会科学知识等。其中教师职业道德修养、教师及学生心理健康为全体教师的必修课。10月25日，印发《北京市中小学教师“十五”继续教育管理办法》《北京市中小学教师“十五”继续教育考核办法》《北京市中小学教师“十五”继续教育公共必修课的培训意见》《北京市中小学教师“十五”继续教育各级培训机构教师培训意见》《北京市中小学教师“十五”继续教育学科课程设置的意见》《关于组建北京市中小学教师“十五”继续教育学科指导组的意见》配套文件。

“十五”时期中小学教师继续教育实行市、区县、学校三级管理和三级培训。市教委负责教师继续教育工作的宏观管理和指导，具体行政工作由市教委人事处负责。北京市幼教师资培训中心负责规划、组织及协调全市各类幼儿园中级专业技术职务教师和骨干教师的培训工作。北京教育学院负责规划、组织及协调全市高级中学教师、中等职业学校教师、市级骨干教师、各级培训机构教师的培训工作和全体教师3门必修课（教师职业道德修养、教师及学生心理健康、现代教育信息技术应用）的培训工作。开通“北京市中小学教师网站”，与教育部“全国中小学教师继续教育远程中心”对接，建立全市中小学教师继续教育管理信息库和资源库（师资库、课程教材库），实行网上继续教育管理。区县培训机构负责规划、组织幼儿园初级专业技术职务教师、小学教师、初级中学教师、区县级骨干教师及新任教师的培训工作，并根据需要，承担部分高级中学教师的培训和部分教师三门必修课的培训任务。学校按照市、区县教育行政部门的要求制定本校教师继续教育计划，有计划地安排教师参加市、区县两级教师培训机构组织的培训，并组织好校本培训。学校校长是教师参加继续教育的第一责任人。

2007年1月8日，市教委印发《关于北京市中小学教师“十一五”时期继续教育工作的意见》，提出“十一五”时期继续教育工作目标：2010年，建设一支拥有数十名教育家、400名左右学科教学带头人、2000名左右市级骨干教师和近万名区（县）级骨干教师的高素质、专业化骨干教师队伍。小学专任教师40%达到本科及以上学历，初中专任教师80%达到本科以上学历且有3%教师达研究生学历，高中教师全部达到本科学历，且有10%达到研究生学历。到2010年，建设一支以千名德育主管校长、骨干班主任和骨干心理健康教育教师为核心的高质量德育队伍，为每一所中小学培训1名以上心理辅导教师。由北京教育学院牵头，联合各区县教师培训基地，推进“绿色耕耘”（2004年9月开始针对北京市远郊区县农村义务教育学校各学科教师进行的继续教育培训项目）、“春风化雨”（2006年4月开始针对400名校长和5000名教师进行的专项培训计划，提升义务教育学校的管理水平及校本研修水平）行动，同时继续实行“金色种子”行动，加大对全市中小学教研员的培训力度。在城区部分中小学设立农村中小学教师研修工作站，每年接收部分农村中小学教师进站研修，提高其教育教学能力和水平。采用导师制、名校研修制、名师工作室、名师教育教学研究等方式，为名师成长搭建良好的发展平台。开展义务教育新课程实施的跟进培训和高中新课程的通识培训和学科专业培训，保证义务教育课程改革的全面推进和国家普通高中新课程方案的实施。同时，市教委制定配套的《北京市中小学教师“十一五”时期继续教育管理办法》《北京市中小学教师“十一五”时期校本培训管理办法》《北京市教育委员会关于加强区县教师培训基地建设的指导意见》。

“十一五”时期中小学教师继续教育继续实行市、区县、学校三级管理和三级培训体制。市教委负责对继续教育的宏观管理和指导，领导继续教育的质量监控、检查验收等工作。北京市中小学中等职业学校教师培训中心（挂靠在北京教育学院）协助市教委组织落实全市教师继续教育相关计划，对培训项目进行业务统筹管理；逐步建立并完善教师培训电子学籍和学习档案，建立全市教师动态资源库；对培训资源进行统筹管理，建立教师培训专家库和课程资源库；承担北京地区教师培训教材征集、评选和推广工作；建立北京市中小学教师培训专家指导委员会，成立培训专家组，统筹协调培训专家队伍。区县教委负责本区县继续教育的统筹与规划，配合市教委开展继续教育工作，负责区级培训质量管理和校级培训质量的监控。各区县培训机构负责规划、组织、实施区级培训；配合市级培训机构落实二门公共必修课的培训任务。各中小学积极组织本校教师参加继续教育，组织开展校本培训，校长是教师继续教育的第一责任人。

2007 年 7 月，市教委加大对区县教师培训基地建设的力度，组织相关专家制定《北京市区县教师培训基地建设标准》，明确区县教师培训基地承担本区域教师培训的组织、协调、指导、管理和服务，是本地区中小学教师培训、教学研究、教育科研、改革实验、信息技术应用的基地和教师教育的资源开发、统筹管理、咨询服务的中心。2009 年和 2010 年，市教委依据《北京市区县教师培训基地建设标准》组织两批达标验收，经评估，崇文区教育研修学院、昌平区教师进修学校、顺义区教育研究考试中心及通州区教师研修中心等 18 个区县教师培训基地验收合格。

2008 年 8 月，北京市进一步加强农村教师队伍建设，决定在本市城镇地区学校设立农村中小学教师研修工作站。研修工作站通过导师带教的方式，使远郊区县乡镇以下学校的校级骨干教师，学习和体会名师的教学设计和教学实施，丰富教学实践，提升实际教学能力。工作站设立形式包括两种类型：在区县教师培训基地设立工作站，根据学科优势接收农村中小学教师参加研修，以集中培训为主，全面提升农村中小学教师的理论水平和教育教学水平；在城镇师资力量雄厚的优质中小学，设立工作站，以导师带教的方式接收农村中小学教师脱产研修。同时，市教委公布首批北京市农村中小学教师研修工作站40所，指导教师238人。

“十一五”时期，北京市全面开展中小学教师继续教育，整体提升教师专业素质。2005—2009年，全市小学专任教师中专科及以上学历教师比例由84.3%稳步提高到93.4%，本科和研究生学历教师所占比例由22.2%迅速提高到68.7%。同期，初中专任教师本科及以上学历所占比例由75.0%提高到92.0%，研究生学历教师所占比例由1.1%提高到4.5%。普通高中专任教师中本科及以上学历教师所占比例由95.5%稳步提高到98.6%，研究生学历教师所占比例由3.6%提高到10.8%。

第五节　干部培训

一、中小学校长培训

培训对象

1989年，市政府文教办、市教育局颁发《关于对北京市中小学校级干部加强培训的意见》，规定中小学校级干部继续教育的对象是中小学校级干部（含职高，师范学校、进修学校）和区、县教育局副局长以上干部，在规定时间内都要接受相应的继续教育。截至1993年12月31日，凡男55岁（含55岁）、女50岁（含50岁）以下的现任中小学校级领导干部，要按要求参加教育管理培训班或教育管理进修班的培训并取得“继续教育证书”。1994年1月1日起（郊区、县山区1995年1月1日起），凡未取得“继续教育证书”或不具备教育管理专业本、专科学历的中小学校级干部不能继续任职，凡准备任职的后备干部必须先参加继续教育，取得证书后方可上岗。

1994年12月，北京市召开了小学干部队伍建设与培训工作会议，颁布由市委组织部、市委教育工委、市政府文教办、市教育局联合制定的《北京市中小学领导干部1995年至2000年培训规划》，“九五”中小学领导干部培训工作正式开始。“九五”干训规划按照中小学校长的任职条件和岗位要求，加强后备干部培训，坚持做到新任校级干部持证上岗。

2001年4月28日，市委教育工委、市教委印发《北京市中小学领导干部2001年至2005年培训规划》，实施北京市中小学领导干部培训“十五”规划。“十五”期间，北京市中小学领导干部培训对象包括新任命的中小学领导干部和后备干部（拟任职的中青年干部），在职校级干部（校长和党总支、支部书记），以及干训管理干部和教师。培训根据对象不同分为任职资格培训、提高培训、研修培训、培训者培训、短期专题培训五大类。

培训内容

1989 年，市政府文教办、市教育局规定中小学校级干部继续教育的层次包括岗位职务培训班、教育管理进修班、教育管理大专班、教育管理本科班、教育管理研究班。凡男 55 岁、女 50 岁以下，1985 年 9 月 1 日以后担任中小学校级干部者，在规定时间内参加教育管理培训班、教育管理进修班，学习 4 门必修课、1 门选修课总计 300 学时的学习，及二至三周教育管理实践活动，经考核合格颁发“继续教育证书”。男 45 岁、女 40 岁以下，有条件的中小学校级干部（尤其是小学干部），可参加脱产、半脱产二至三年的教育管理专业大专班或本科班的学习，毕业时取得教育管理专业大专或本科学历证书。至 1995 年，全市培训 100 名中学校长、300 名小学校长。

“九五”期间，北京市中小学领导干部培训干部培训形式包括教育管理高级研修班、教育管理研修班、教育管理学历班（大专班、本科班）、教育管理进修班、校长岗位职务培训班。1994 年 12 月，北京教育学院开办第一期中学校长高级研究班，招收学员 15 名，均是北京市著名中学的校长。该班学习近两年，1996 年 10 月结业。1998 年 9 月，北京市在全国首创“北京市中小学干训管理和教学骨干研修班”，参加培训的 16 名学员（每区县一位）均是各区县的干训院校长、干训主任或骨干教师。学习内容为干训理论、学校咨询与诊断、干训模式研究 3 个板块，累计 360 学时。

2001 年，市、区县两级教育行政部门共投入 800 万元，选送 50 名中小学校长及后备干部赴美国进行为期 18 个月的学习培训。此后，北京市开始中小学校长及后备干部赴境外培训。

“十五”期间，北京市中小学领导干部任职资格培训面向新任命的中小学领导干部和后备干部（拟任职的中青年干部），以履行岗位职责所要求的基本政治素质、专业知识和工作能力为内容，培训时间累计 360 学时，其中集中培训时间不少于 300 学时。

提高培训。即对已获得任职资格培训证书的在职校级干部进行的以学习新知识、掌握新技能、提高管理能力、研究和总结办学经验为主要内容的继续教育。在职领导干部每 5 年接受 360 学时的提高培训，其中集中培训时间累计不少于 240 学时。

研修培训。面向富有办学经验并具有一定理论修养和研究能力的校长（党总支、支部书记），旨在培养一批骨干校长和办学带头人，并着眼于培养造就一批优秀的中小学教育管理专家。培训执行北京市干训领导小组审批的教学计划。培训时间不少于360学时，其中集中培训时间300学时。培训分两种类型：骨干校长研修班和校长高级研修班培训。

培训者培训。是为干训管理干部和教师举办的以研修为主要形式的培训，组织他们对培训理论和培训实践进行深入研究，促进培训质量和效益的提高。

短期专题培训。围绕市普教系统的党政中心工作和教育改革发展中的热点难点问题组织，培训执行市、区县委教育工委（教育局党委）、教委（教育局）审批的教学计划。

培训实施

1989年，北京市中小学校级干部教育管理培训班、教育管理进修班由北京教育行政学院举办，或委托区县举办，至1994年1月培训中小学干部6000人。其中，教育管理大专班、本科班和中学校级干部教育管理研究班由北京教育行政学院开设，小学校级干部教育管理研究班各区、县干训部门负责。

“九五”期间，市教委将培训的部分权限下放到区县教师培训机构，市级培训机构只承担部分高层次的校长培训（教育管理高级研修班等）。“九五”期间，北京市共培训中学校级干部2670人，培训小学校级干部3071人，保证新任干部持证上岗，并为培养一批教育专家和办学带头人打下基础。同时，通过教育管理研修班、教育管理进修班、校长岗位职务培训班等形式，对在职的3000名校级干部进行360学时的提高培训。

“十五”期间，北京市中小学领导干部培训工作由市委教育工委和市教委统一领导，市普教系统干部队伍建设与培训领导小组负责指导，市委教育工委的职能部门具体协调，日常工作由市干训领导小组办公室负责。市干训领导小组办公室由市干训中心办公室和市教育党校办公室合并组建，实行一个机构、一套人马、两块牌子。全市的培训规划、配套政策、培训组织、检查评估、验证发证和市级培训的条件保证由市委教育工委、市教委负责；培训业务、教学计划、教研工作、课程标准、教材编写、考试考核和示范性培训等工作由市干训领导小组办公室负责。区县委教育工委（教育局党委）、教委（教育局）负责制定本区县培训规划，落实上级培训计划，组织协调本区县干训工作，保证本区县干训工作条件。

中小学领导干部的任职资格培训、提高培训、骨干校长研修培训和区县围绕中心工作开展的各种短期培训，由区县干训主管部门组织实施，其中任职资格培训、提高培训和骨干校长研修培训报市干训领导小组办公室备案；中小学领导干部的任职资格培训试（实）验班、提高培训的示范培训、全市统一举办的分类、分岗培训和围绕中心工作开展的各种短期培训由市干训领导小组办公室组织实施；校长、书记高级研修班培训及干训管理者师资研修班培训，由市委教育工委负责审批，市教育学院（教育党校）组织实施。全市小学领导干部培训经费原则上每年人均 500 元，中学领导干部培训经费原则上每年人均 600 元。

二、职教成教干部培训

1997 年 10 月，市委教育工委、市教委印发《北京市成人教育管理干部和教师培训办法》，成人院校管理干部培训工作纳入规范化轨道。成人教育管理干部培训，是指对市、区（县）政府从事成人教育行政管理的干部、各委（办）局、总公司和大中型企业从事教育管理的干部、各级各类成人学校、民办学校及教育培训机构的校长（主任）及其他管理干部进行的培训。

培训分为资格性岗位培训、继续教育和学历教育三类。其中，资格性岗位培训和适应性岗位培训。资格性岗位培训内容，由主体课、专题讲座、社会考察三部分组成。主体课程按照国家教育委员会的统一要求，采用“2 + 1”规范性岗位培训结构模式，开设《成人教育基础》《成人教育政策法规》和与培训对象岗位工作相关的《管理实务》三门课程；专题讲座，重点讲邓小平教育理论以及国际国内成人教育发展的新形势、新理论、新经验；安排联系实际的成人教育社会考察活动。

参加资格性岗位培训并经考试、考核合格的，颁发由市教委统一印制并加盖其公章（钢印）的资格性岗位培训证书。参加适应性岗位培训并经考试、考核合格的，颁发由市成人教育学院统一印制并加盖其公章（钢印）的适应性岗位培训证书。对参加继续教育的成人教育管理干部，按照市教委和市科技干部局的要求，填写市科技干部局统一印制的“继续教育登记证书”。成人教育管理干部按规定接受岗位培训、继续教育和学历教育，经考试、考核合格取得证书，应作为任职或者聘任资格的基本依据，并作为评选优秀干部或者优秀教师、定级、晋升职务的一个基本条件。凡在限定期间内，无故不接受培训，未取得应有的证书者，不得再从事成人教育管理工作或者教学工作。市成人教育学院是成人教育管理干部、教师培训的基地。

1998 年，市教委委托市成人教育学院举办 4 次岗位资格培训，分别有 34 所民办高等学校校长、32 所职工中专学校校长、30 所示范乡校校长和 40 名铁路局成人教育管理干部参加学习。

1999 年，北京市成人教育管理干部培训成人中等专业学校校长 26 人、民办高校校长 17 人、示范乡校校长 20 人、民办中等学校校长 1225 人。经培训考试共有 1288 人取得岗位培训证书。全市 18 个区县有 16 个区县开展民办学校校长岗位资格培训工作，培训率达到 80%。共培训区县、委办局教育管理干部 83 人，经考试 83 人全部取得适应性岗位培训证书。

2001 年 9 月 18 日，市委教育工委、市教委、市劳动社保局印发《北京市职业教育成人教育干部培训“十五”规划》，自此，北京市职业教育、成人教育干部培训实行统一管理。

“十五”期间，职成教干部培训以因地制宜和分类指导的原则，建立职成教干部经岗位资格培训持证上岗的制度和不断更新知识的提高培训制度。培训的对象包括：普通中等专业学校、职业高中、技工学校、职业技术学校的校长、书记（含副职）；中等及中等以下各类成人学校及职业教育培训机构（含社会力量举办学校和乡镇成人学校）的校长、书记；学校的中青年校级后备干部及其他管理干部。

“十五”期间，北京市职成教干部培训主要任务分为岗位资格培训、提高培训、高级研修培训和短期专题培训四大类。其中，岗位资格培训是指按照岗位工作的要求进行的干部履行岗位职责能力的培训。凡未参加过岗位资格培训的在职职业教育、成人教育校级干部（含拟任职的中青年后备干部），须在 2003 年年底以前参加岗位资格培训并取得任职资格证书，其他教育管理干部最迟应在 2005 年年底前取得任职资格证书。培训执行北京市职成教系统干部岗位培训统一的教学计划，培训时间累计不少于 360 学时，其中集中培训不少于 150 学时。提高培训是对已经做到持证上岗的职成教党政干部进行的知识更新、拓展和加深的教育。已取得市教委及市属委、办、局（总公司）颁发的岗位资格培训证书的职成教党政干部每 5 年要参加一次提高培训。培训时间 5 年累计不少于 360 学时，其中参加市教育主管部门组织的集中培训不少于 80 学时。高级研修培训是对有较丰富办学经验和较强研究能力的校长、书记进行的培训。培训时间 5 年累计不少于 360 学时，集中培训不少于 150 学时。短期专题培训是围绕市职业教育和成人教育系统的党政中心工作和教育改革发展中的热点难点问题组织的短期专题培训。由市、区县教育部门组织。

从 2001 年起，职成教干部培训纳入北京市教育干部培训总体规划，由“北京市普教系统干部队伍建设与培训领导小组”协调实施，培训方案、培训业务、教学和教研工作、考核发证等由领导小组办公室负责。具体培训工作按照干部管理权限，实行分级管理分级负责。各区县、委办局（总公司）根据全市干训规划的要求制定各自的职成教干部培训规划、计划并组织实施。市教委直属中等专业学校校级领导干部的培训，由市委教育工委干部处提出计划，北京教育学院负责培训的具体组织实施工作。各区县、局（总公司）负责各自所属中等专业学校、职业高中、中等及中等以下成人教育机构领导干部的培训工作。市劳动社保局统一管理北京市技工学校、职业培训机构校级领导干部培训，北京市职业技能培训指导中心承担全市技工学校、职业培训机构领导干部培训管理的职能，负责培训的具体组织实施工作。

三、普职成教干部培训

2002 年 4 月，北京市成立“北京市普职成教系统干部队伍建设与培训领导小组”，统一领导中小学、职业教育、成人教育干部培训工作。同时，“北京市普教系统干训中心”更名为“北京市普职成教干部培训中心”，归属“北京市普职成教系统干部队伍建设与培训领导小组”领导，办公地点设在北京教育学院。“北京市普职成教干部培训中心”负责北京市普教职教成教干部培训工作的统筹规划、协调服务、业务指导和督导检查的任务。

2006 年 4 月 4 日，北京市召开北京市普职成教系统领导干部培训工作会，启动北京市普教职教成教系统“十一五”干部培训工作。依据《北京市普职成教干部培训“十一五”规划》，在 2010 年前，分岗分层组织开展新一轮干部全员培训，完成对所有培训对象累计 360 学时以上的培训。

分岗培训对象

分岗培训对象包括职业教育、成人教育在内的各类学校（幼儿园）正职校长、书记，德育、教学、总务后勤分管副校长，校级后备干部以及区县教育行政部门干部。

课程设置

“十一五”干部培训根据不同的对象、岗位和层次设置不同的课程。

1. 任职资格培训。中小学校长任职资格培训是按照中小学校长任职资格标准和岗位规范要求，对新任校长或拟任校长进行以掌握履行岗位职责必备的知识和技能为主要内容的培训。培训时间累计为 360 学时。任职资格培训课程设置以岗位任职需要的“应知”“应会”即基本知识和基本专业技能的培训为重点，采用“宽基础 + 活模块”的课程设置模式，由必修、选修和综合实践课程组成。校长兼任党支部书记、专职副书记单独组织任职资格培训班，因无法单独组班而参加校长任职资格培训的，在选修课中安排 80 学时的支部书记岗位专业知识技能培训。中等职业学校校长与中小学校长共同参加校长任职资格培训，在选修课中安排 80 学时的职业学校校长岗位专业知识技能培训。幼儿园园长培训单独组织任职资格培训班，因无法单独组班而参加校长任职资格培训班的，应在选修课中安排 80 学时的园长岗位专业知识技能培训。

表 1–5–7　　任职资格培训的课程设置

<table>
<tr><th>课程类型</th><th>课程模块</th><th>主要内容</th><th>备注</th></tr>
<tr><td rowspan="4">必修课
（不少于 180 学时）</td><td>1. 政治理论与教育法规政策</td><td rowspan="4">邓小平理论、江泽民文选、“三个代表”重要思想、科学发展观、党和国家有关教育的重要法规政策；学校管理的基本理论和基本技能知识；校长休养与发展理论；管理心理、教育心理与心理健康知识；教育教学理论和国内外教育动态</td><td rowspan="4">模块 1 中“教育法规政策”需安排 32 学时；模块 3 中“管理心理学”需安排 16 学时，这两门课要求进行笔试</td></tr>
<tr><td>2. 学校管理理论与实践</td></tr>
<tr><td>3. 校长专业发展</td></tr>
<tr><td>4. 教育理论与技术</td></tr>
<tr><td>选修课
（140 学时）</td><td>因岗、因地、因人制宜安排培训内容，并突出区县特色课程</td><td>针对不同领导岗位安排专门的“应知”“应会”知识技能学习；经济社会发展的通知培训；人文修养等</td><td></td></tr>
<tr><td>综合实践课
（不少于 40 学时）</td><td>学习考察、校际互访和挂职锻炼等</td><td>初步熟悉校长管理工作实际业务要点和工作流程</td><td></td></tr>
</table>

2. 提高培训。中小学校长提高培训是面向已取得任职资格培训证书的在职校级干部进行的以更新教育观念、学习新知识、掌握新技能、提高管理能力、研究和交流办学经验等为主要内容的培训。培训时间为平均每年 72 学时，5 年累计不少于 360 学时。培训课程设立学校领导与战略管理、学校人力资源和财务管理、教育教学管理等课程模块；总课时中应设立不少于 80 学时的技能提高或综合实习模块及 80 学时的自修模块；各区县还可根据实际需要灵活增加专题和内容。

3. 高级研修培训。中小学校长高级研修培训是对具有一定办学经验、有一定理论修养和研究能力的校长进行的培训，目的是培养骨干校长和办学带头人，起到示范引领作用。根据校长岗位的不同，要有针对性地设立领导力测试与校长修养、宏观教育发展背景、学校发展与管理、教育教学改革、综合实践和专题研究等课程模块。为实现校长与学校共同发展，应开设关于学校改进、校长专业发展和提高自身修养等课程。

培训管理

干部培训由市区两级共同管理。市委教育工委统一领导全市普职成教干部培训工作。中小学领导干部的任职资格培训、提高培训和区县围绕中心工作开展的各种短期培训，由各区县委教育工委主管、区县干训机构负责组织实施。全市统一举办的分层、分岗研修培训和围绕中心工作开展的各种短期培训由普职成教干训中心办公室制定年度计划，市级培训机构组织实施。校长、书记高级研修班培训及干训师资和教育行政干部研修培训原则上由市级培训机构举办、委托高校举办或与高校合办，由市教育学院（教育党校）负责制订年度培训计划，经市委教育工委审批后组织实施。

中小学领导干部的任职资格培训、提高培训和高级研修培训的证书由市普职成教干部培训中心统一制作。其中任职资格培训和高研培训证书由市教委和培训机构共同验印；其他培训按照“谁培训谁发证”的原则，由培训机构单独验印或培训机构与其同级主管部门共同验印。

“十一五”期间，普职成教系统干部培训工作组织开展 5 项重点培训工程，包括农村校长培训工程、城区初中校长培训工程、职业学校与成人学校校长培训工程、名校长培养培训工程、区县教育党政干部培训工程。至 2011 年，北京市全面完成北京市普职成教干部培训“十一五”规划。

第六节　荣誉与奖励

一、特级教师

特级教师是国家为了表彰特别优秀的中小学教师而特设的一种既具先进性、又有专业性的称号。特级教师应是师德的表率、育人的模范、教学的专家。1991 年，经市政府批准，市教育局依据国家 1978 年颁发的《关于评选特级教师的暂行规定》评选中小学特级教师 102 人，其中中学 53 人，小学 49 人。

1993 年 8 月，市教育局、市人事局、市财政局转发国家教育委员会、人事部、财政部《关于颁发〈特级教师评选规定〉的通知》，决定从 1994 年起每隔 3 年评选一次，在职特级教师总数控制在评选当年教师总数的 1.5‰左右，并以市政府名义授予特级教师称号，颁发特级教师证书。特级教师一律从具有高级专业技术职务（中小学的中学高级教师、师范学校的高级讲师）教师中评选。新的特级教师津贴标准从 1993 年 7 月起执行，每人每月 80 元，退休后继续享受，数额不减。

1994 年，北京市评选特级教师 110 人。1998 年，北京市评选特级教师 134 人。

1999 年 1 月，市教委印发《北京市特级教师管理暂行办法》，规定了特级教师的权利和义务，并提高特级教师的津贴，在国家教委、人事部、财政部原规定的每人每月享受 80 元津贴的基础上，增加津贴 40 元。同时规定，由外省市调入本市的特级教师，调入区县的教育行政部门应及时将其情况和有关材料报市教委，经市教委认定后方可继续承认其特级教师称号。特级教师调离中小学教育系统，其称号自行取消，同时停止享受特级教师的有关待遇。

2001 年，北京市评选特级教师 91 人。

2005 年，市教委、市人事局印发《北京市特级教师评选暂行办法》，特级教师总量修订为中小学教师总数的 1.5‰以内，评选指标由市教委下达。该办法适用于普通中小学、幼儿园、特殊教育学校、教师进修学校、职业中学、工读学校、教学研究机构、校外教育机构中的教师。

2006 年，北京市评选特级教师 144 人。

2008 年，市教委、市人事局、市财政局联合印发《北京市特级教师管理办法》，同时废止 1999 年的《北京市特级教师管理暂行办法》和 2005 年的《北京市特级教师评选暂行办法》。管理办法规定，市教委、市人事局共同组成由教育、人事部门领导、特级教师及有关专家等参加的特级教师评选委员会，统一领导特级教师评选工作，审定特级教师人选。特级教师评选工作每隔 3 年进行一次，普通中小学、幼儿园、特殊教育学校、教师进修学校、职业中学、工读学校、教学研究机构、校外教育机构中的在职教师都可以参加特级教师评选。评选条件是包括在所教学科具有系统的、坚实的理论知识和丰富的教学经验，在教学领域形成特色，教学示范作用明显，在本市基础教育界有一定影响；具有先进的教育教学理念，及时吸收利用本学科相关的现代科学知识，落实素质教育要求，以学生为本，育人效果显著；在教育教学研究和教学改革中取得显著成绩，相关成果对提高本地区教育水平具有较高的指导意义和推广价值；在培养、指导青年教师的思想政治、文化业务水平和教育教学能力方面做出显著贡献；具有《中华人民共和国教师法》规定的合格学历，且有中学高级教师专业技术职务或高级讲师专业技术职务 5 年（含）以上，特别优秀的农村学校教师专业技术职务任职年限可适当放宽。外省市调入本市的特级教师经重新认定后方可享受本市特级教师相关待遇。

2008 年，北京市重新认定调入本市的特级教师 30 人。2010 年，北京市评选特级教师 106 人，重新认定调入本市的特级教师 24 人。

二、北京市人民教师

“北京市人民教师”奖是北京市教师最高荣誉奖，1992 年市委、市政府为教育办十件实事中提议设立，奖励献身教育事业并做出杰出贡献的优秀教师。1993

年教师节，市委、市政府奖励北京市十大杰出教师，并授予“北京市人民教师”奖。评选条件是教龄在10年以上，被评为全国或北京市优秀教师，献身教育事业，做出过杰出贡献，在北京乃至全国有一定影响、目前仍工作在教育教学第一线的北京地区各级各类学校的教师。市教育局、市高等教育局、市成人教育局和市劳动局等单位推荐出20名候选人，经市评选领导小组审议，评选出北京市人民教师奖获得者10人，每人奖励1万元，“北京市人民教师”奖提名获得者10人，每人奖励5000元。1993年9月7日，市委、市政府在人民大会堂召开北京市庆祝教师节暨优秀教师表彰大会，10名杰出教师获得首都教师最高奖——“北京市人民教师”奖。10位杰出教师是：朝阳区幸福村中心小学特级教师马芯兰、北京大学教授袁行霈、第二十二中学特级教师孙维刚、中国人民大学教授高鸿业、清华大学教授杨卫、东华门幼儿园特级教师王继芬、北大附中特级教师周沛耕、大兴县黄村第二小学特级教师柴喜春、北京市房地产职工大学副教授王希富、北京市农业学校副教授李中涛。此外，另有10名教师获得“北京市人民教师提名奖”。

1999年9月9日，北京市在人民大会堂颁发第二届“北京市人民教师”奖。清华大学教授符松、北京师范大学教授顾明远、北京工业大学教授周美玲、北京四中教师顾德希、海淀区永丰中学教师张连喜、北京市第一聋人学校教师周晔、崇文区光明小学教师武琼、一零三中教师李刚、崇文成人教育研究室研究员马成奎和宣武实验幼儿园教师李玉英10人获得“人民教师奖”；北京大学教授贺卫芳、中国人民大学教授王珊、首都师范大学教授高德伟、景山学校教师毛桂芬、北工大附中教师臧龙光、石景山区教师进修学校教师王能智、西城区黄城根小学教师白彬华、育才学校教师于宪敏、北京市电信学校教研主任邱素轩、北京市财贸管理干部学院副教授王成荣和朱小娟（北京市第五幼儿园教师）11人获得“北京市人民教师提名奖”。

2008年9月10日，北京市再次联合表彰“北京市人民教师”。经市政府批准，授予怀柔区第一中学语文教师马红民、北京第二实验小学语文教师曲莉梅、延庆县一中物理教师许铁成、北京汇文中学物理教师张国、朝阳区劲松第一幼儿园教师芦德芹、北京教科院基础教育研究中心教师吴正宪、北京市建筑材料工业学校教师刘振强、中国人民大学经济学院教授吴易风、首都师范大学教授欧阳中石、北京大学数学学院教授姜伯驹10人获得“北京市人民教师”称号。同时，授予北京市东城区史家胡同小学语文教师万平、北京市供销学校教师王慧萍、宣武区长椿街幼儿园教师付雁、北京市第三聋人学校语文教师吕雪晶、清华大学环境科学与工程系教授张晓健、北京教育学院丰台分院小学语文教师张增甫、朝阳区垂杨柳中心小学语文教师郑丹娜、北京工业大学环境科学与工程学科教授彭永臻、北京交通大学教授简水生、通州区潞河中学体育教师薛贵 10 人获得“北京市人民教师提名奖”。此后,“北京市人民教师”评选规范为每四年一次。

三、优秀教师和优秀教育工作者

1991 年以来，北京市依据国家《教师和教育工作者奖励暂行规定》，按照国家教委、教育部历年分配的各级各类先进名额，评选全国教育系统全国劳动模范、全国优秀教师和全国优秀教育工作者。同时，北京市结合实际情况，开展市级优秀教师、优秀教育工作者表彰和奖励活动。

1991 年，市委教育工委、市政府文教办、市人事局、京市教育工会、市人民教育基金会表彰优秀教师、优秀教育工作者 1474 人、优秀青年教师 382 人。

1993 年表彰市级优秀教师 640 人、优秀教育工作者 690 人、优秀青年教师 160 人。1995 年 9 月表彰 1528 名优秀教师、优秀教育工作者,299 名优秀青年教师。

1997 年 9 月，市委教育工委、市教委、市人事局、市财政局、市劳动局、市教育工会共同开展评选表彰优秀教师、优秀教育工作者活动，共表彰北京市优秀教师 1397 人，优秀教育工作者 148 人，优秀青年教师 299 人。

2004 年 4 月，市委教育工委、市教委、市人事局、市财政局、市社保局和市教育工会联合开展北京市优秀教师、北京市优秀教育工作者评选。全市教育系统 694 人当选，其中，优秀教师 618 人，优秀教育工作者 76 人。

2006 年 9 月，北京市表彰优秀教师 628 人、优秀教育工作者 69 人。

2009 年 8 月 18 日，市委教育工委、市教委、市人力资源和社会保障局、市财政局、中国教育工会北京市委员会授予张传茂等 630 人“北京市优秀教师”称号，授予许崇任等 69 人“北京市优秀教育工作者”称号。

四、先进人物

马芯兰

1994 年，市委教育工委、市政府文教办、市教育局、市教育工会联合发出通知，在普教系统共产党员、教职工中开展向马芯兰、张明珠学习的活动。马芯兰，朝阳区幸福村中心小学副校长，1966 年从事教育工作，在小学教学、教材、教法改革中，创造了“以开发学生智力，减轻学生负担，提高教学质量”为目标的教学经验 . 被市教育局命名为“马芯兰教学法”，为全市、全国小学教学改革做出了突出的贡献。她曾被评为市优秀教育工作者、有突出贡献的专家、全国三八红旗手、少年儿童先进工作者、优秀班主任、特级教师、特等劳动模范、北京共产党员“十杰”之一，荣获北京市人民教师奖和“五一劳动奖章”。1996 年被国务院授予全国劳动模范。

孙维刚

1997 年 9 月 10 日，市委教育工委、市教委、市教育工会联合作出在全市教育系统开展向孙维刚学习活动的决定。孙维刚，1938 年出生，山东省海阳县人。大学学历，北京二十二中数学教师。1962 年参加教学工作，长期担任数学教师和班主任。1980 年开始进行初一至高三循环实验，其中，“数学结构教学法”实验取得突出成绩，实验班学生多次获国际、国内数学奥林匹克竞赛奖，高考升学率为 100%。在班主任工作中，他注意培养诚实、正直的班风，为人民多做贡献的抱负，为他人幸福而奉献的情操，所带的班多次被评为北京市先进班集体。孙维刚是特级教师、全国人大代表、中国数学学会理事、国家数学奥林匹克首批高级教练，是北京市首批有突出贡献的专家、全国十佳师德标兵、全国先进工作者和首都楷模，曾经获得苏步青数学教育全国一等奖、北京市首届基础教育教学成果特等奖。2002 年 1 月 20 日，北京特级教师孙维刚逝世，享年 64 岁。

孟二冬

2005 年 12 月 10 日，教育部决定在全国教育系统开展向孟二冬学习的活动。教育部号召教师和教育工作者学习孟二冬淡泊名利、爱岗敬业和无私奉献精神。孟二冬，1957 年 1 月出生，安徽省宿县人，1980 年毕业于宿州师专，1994 年，在北大中文系任教，2003 年晋升教授。2004 年 3 月，孟二冬参加北大对口支援新疆石河子大学教学工作，到达新疆后不久即身患重病，仍坚持为学生上完最后一课，病倒在讲台上。孟二冬长期从事古代文学学科研究，著有专著《〈登科记考〉补正》，2004 年获得北京市第八届哲学社会科学优秀成果一等奖。2005 年 12 月 15 日，市委教育工委、市教委授予孟二冬北京教育系统优秀共产党员称号。2006 年 1 月，孟二冬获得全国“五一劳动奖章”,2 月获得“全国模范教师”称号。2006 年 4 月 22 日，孟二冬因病在京逝世，享年 49 岁。

毛二可

2006 年 6 月 23 日，市委教育工委印发《关于向毛二可同志学习的决定》。该决定号召北京教育系统职工，学习毛二可先进事迹。毛二可，1934 年出生，北京市人。1956 年毕业于北京工业学院，并留校任教。他从教 50 年里，在科学研究、队伍建设、人才培养、科技成果转化等方面做出贡献，特别是在电子雷达信号处理领域取得重大的研究成果。1983 年当选为教授、1984 年获得国家突出贡献专家称号、1995 年当选为中国工程院院士。毛二可 1984 年加入中国共产党，2006 年 6 月，被评为全国优秀共产党员。

霍懋征

2010 年 2 月 20 日，教育部印发通知，号召全国广大教师和教育工作者向霍懋征学习。号召学习她终身从教、矢志不渝的坚定信念；学习她以爱执教、文道统一的教育思想；学习她孜孜不倦、勇于进取的创新精神。霍懋征，1921 年 9 月 18 日出生于山东省济南市。1943 年毕业于北京师范大学数学系。毕业后留任北师大第二附属小学（后改名为北京第二实验小学）工作，终身从事小学教育事业。曾经担任过数学教师、语文教师、班主任、副校长。由于工作努力，成绩突出，1956 年被评为全国首批特级教师。霍懋征是中国当代著名教育家，是“爱的教育”的倡导者和实践者，是中国高学历人才从事小学教育的先行者。从教 60 多年来，她为国家培养了大批优秀人才，为中国的教育事业做出了卓越贡献。2010 年 2 月 11 日，霍懋征在北京病逝，享年 88 岁。

第六章　学籍管理

20世纪90年代初，市教育局、市高教局、市成人教育局分别设有学生管理机构，负责学生基础信息管理、学生异动管理（转班、转校、休学、复学、留级、退学）、毕业生信息管理（小学毕业、初中毕业、高中毕业）、奖惩管理等多项管理职能。1996年2月，市教委成立。市教委内设学生处，负责北京地区高等学校、中小学、中等职业教育学校、成人中高等学校学生的学籍管理。

第一节　中小学学籍管理

20世纪90年代初，北京市执行1986年12月市教育局发布的《北京市中、小学学生学籍管理暂行办法》。1990年2月，市教育局印发《北京市中、小学学生学籍管理办法》，就中小学学生入学、考勤、转学、借读、休学、复学、退学、开除和毕业等事项作出规定。学生入学按市教育局当年的招生规定入学。新生办理入学手续后，即取得学籍。学校在开学后一个月内编制新生学籍卡片和学生名册，并将学生名册报区、县教育局备案。应届毕业生，由学校编制毕业生名册，报区、县教育局核准后，发给毕业证书。学校开除学生学籍，应报区、县教育局批准，开除小学、初中学生学籍，还应经街道办事处或乡、镇人民政府同意。毕业证书、结业证书、肄业证书由市教育局统一印刷。1991年3月，市教育局决定自1990—1991学年初中一年级、高中一年级开始，对北京市行政区域内普通中学学生的学籍实行学校和区县教育局双层管理。学生学籍和“学籍卡片”由学校编制，学校每学期至少与区、县教育局核对一次学籍。学生毕业手续由学校报区、县教育局审核批准。1993年起，北京市行政区域内各中学颁发的普通高中、初中毕（结）业证书，必须加盖区县教育局学历证书专用章（钢印），方为有效。

1995年1月，北京市中小学招生办公室机构更名为“北京市教育局考试招生管理研究中心”。职责主要为：统筹管理本市中小学入学、考试和招生工作；

负责组织考试招生政策的制定及理论研究；建设并管理中小学考试题库等。

1996 年 3 月，市教委规定，全市统一印制的普通中学毕业证书、结业证书、肄业证书上的监制机关字样由“北京市教育局监制”，改为“北京市教育委员会监制”。

2001 年 7 月，市教委、市劳动和社会保障局联合发出启用初中毕（结）业生登记表通知。通知要求，初中毕业考试与高级中等学校招生考试分开举行的区县，初中毕（结）业生应填写“初中毕（结）业生登记表”。

2007 年在全市试行中小学管理信息系统（简称“CMIS”），2008 年正式实施电子化学籍管理。CMIS 管理工作由市、区县和学校三级 CMIS 管理部门承担。市级 CMIS 管理部门主要职责是统筹规划全市 CMIS 的升级开发、推广应用与管理工作。区县管理部门主要职责是负责本区县教育行政部门和各中小学 CMIS 的应用与管理工作；审核学校上传的 CMIS 数据，并按要求汇总、上传；负责本区县 CMIS 信息数据的融灾备份。校级管理部门主要职责是负责本校 CMIS 各项数据的录入、更新、上传、交换、备份；确保 CMIS 各项数据真实、有效；分配各部门及人员的使用权限，保证数据安全。电子化学籍管理的主要内容包括：按照学籍管理有关规定，通过 CMIS，为每一位在校就读的学生（含新入学学生、转入学生和借读生）建立电子学籍档案；在规定的时间内为学生发放统一的电子身份证件，即“学生卡”；新学期开始时，通过 CMIS 系统完成学籍注册。按照相关规定和要求，及时记录并更改学生学籍发生的各种变化，同时办理相应的学籍手续。记录学生在校就读期间德智体诸方面的成长情况；通过中小学管理信息系统打印出学籍管理所需要的各种表格（册）、证书（证明）等；区县教委统一使用系统实行电子化学籍管理，掌握辖区内所有中小学校学生的学籍数据，并进行数据储存、统计、查询和报送。市、区县、校三级数据要保持同步。2008 年 9 月，市教委规定初中学生参加中考、普通高中学生参加会考均通过电子学籍报名，实现北京市中小学电子化学籍管理与中考、会考衔接。

2008 年 3 月，市教委决定对“北京市中、小学生毕（结、肄）业证书”进行修改。新版证书小学、初中为 32 开、高中为小 16 开；封面正面上方印制“北京市小学（初级中学、普通高中）毕业证书”，反面下方印制“北京市教育委员会监制”。证书内芯厚度为 220 克重白卡纸，小学、初中为 B5，高中为 A4（加存根后为异型纸）。底色统一为浅黄色加底纹。正面右上角加有防伪标志。标题：“小学（初级中学、普通高中）毕（结、肄）业证书”。下方：“北京市教育委员会监制”。中间文字部分，小学、初中、2008 年和 2009 年普通高中毕业生为“修业期满，成绩及格，准予毕业”；2010 年后普通高中毕业生为“修业期满，符合毕业条件，准予毕业”。结业证书，小学、初中、高中结业生统一为“于 ×× 年 ×× 月至 ×× 年 ×× 月在本校修业期满，准予结业”。肄业证书，小学、初中、高中肄业生统一为“于 ×× 年 ×× 月入本校学习，至 ×× 年 ×× 月 ×× 年级肄业”。市教委负责证书规格、样式和内容的设计，各区县教委负责证书制作与发放，确保证书质量。

从 2010 年春季开学起，送教上门学生学籍列入各区县特殊教育学校管理，培智学校学生毕业证书式样按照市教委要求，统一制发，在字号处标注“特”字。

2010 年 5 月，北京市实行新的中小学校学生学籍管理办法。新办法分为 10 章，分别对中小学校的学生入学、转学、借读、休学、复学、退学和毕业等事项管理做出详细规定。新办法规定，市中小学校学生学籍管理由市教育行政部门统筹指导，区、县教育行政部门统一管理，中小学校具体实施。各级教育行政部门和中小学校设学籍管理人员，负责学生学籍管理工作。入学新生按照规定时间到录取学校办理入学注册手续。新生办理入学注册手续后，即取得学籍。学校采用电子化手段管理学籍，按照教育行政部门要求将采集的学生学籍信息输入北京市中小学信息管理系统，在开学后一个月内编制新生名册，为每一位学生分配学籍号码，发放学生卡，并将新生名册报区、县教育行政部门备案。学生在本市内转学的，由原就读学校予以办理转学手续及学籍信息变更，并报区、县教育行政部门备案。学生休学需向学校提交书面申请，经学校同意，发给休学证明。学生毕业，由学校编制毕业生名册，报区、县教育行政部门备案后，发给毕业证书。毕业证书、结业证书、肄业证书规格式样，由市教育行政部门统一制定。本市普通中小学校学生学籍依据市教育行政部门监制的电子化学籍管理系统进行管理。各级中小学学生学籍管理部门违反本学籍管理规定的，由其上级行政主管部门责令改正。

第二节　高等学校学籍管理

1990 年 6 月，市高教局印发《北京地区普通高等学校学生学籍管理办法（试行）》。该办法就普通高校学生入学与注册、成绩考核与记载、升级与留降级、转学转系（专业）、本科生转专科、专科生转本科，休学停学与复学退学、奖励与处分、毕业等作出详细规定。依据该办法，学生日常管理由学校依据规定管理，学生转学，或专科转入本科、本科转专科需报市高教局审核批准。对学生作出勒令退学、开除学籍处分由学校审批，报市高教局备案。其中因政治问题而作出勒令退学、开除学籍处分的，须报市高校工委审批，报高教局备案。1992年，市高教局将本、专科互转的审批权限下放给高校。

1996年3月，市教委就学生转学理由和标准、转学手续作出补充规定。由外省（市）高校往本市高校转学的，经市教委审查批准后，行文批复转入学校，同时抄送市公安局、转出学校及所在省教委，方可办理转学手续。由北京地区高校转回生源省高校的，经市教委学生处审查同意后，向转入学校所在省市主管教育部门发函联系。本市高校间学生转学的，需经市教委审查同意后办理有关手续。市教委集中办理转学审批手续，报审时间每年两次（即每年的6月和12月）。各高校本科转专科及专科转本科的审批权限均在各学校，学校按规定程序审批正式行文报市教委备案。专科转本科的比例一定要控制在重点院校不超过同年级专科生总数的5%，一般院校不超过3%。

1996年12月，市教委印发《北京成人高等学校学生学籍管理规定（试行）》，就成人高等学校高中起点的本、专科学生、第二专业学生及专科起点的本科学生相关入学与学籍、成绩考核、转学与转专业、休学退学与复学、纪律与考勤、奖励与处分、毕业结业肄业等作出规定。办法规定，学生转学，由转入学校负责指导学生填写由市教委印制的《北京成人高等院校在校学生学籍变动审批（备案）表》，由转入学校将该学生有关学籍材料及转学表，在本学期的规定时间内报市教委成教处批准备案，并编入相应专业相应年级。学生从外省转入，还需经转出校所在的省级教育行政主管部门批准。本校要求转专业的，由学校于当学期报市教委成教处批准备案。给予学生警告、记过、留校察看、勒令退学，开除学籍处分，须经学校领导审核批准，并报市教委成教处备案。学生毕业应在市教委成教处备案，由学校发给由国家教委统一印制并验印的毕业证书。

1997年7月，市教委针对一些高校在本专科学生互转工作中存在着违反政策规定，超标准超限额地进行本专科互转工作的问题，或不符合规定的报批和备案等问题，加强高校学生学籍管理。规定试行本专科学生互转办法的学校，必须制定具体实施细则（包括标准、条件及办法），报市教委学生处备案后，在新生入学时公布实施。由专科转入本科的学生需先报我委审核批准。批准后才能进行。办理专科生转本科审批手续的时间，在每年的5—7月。

1997年12月，市教委印发《北京地区研究生学籍管理规定（试行）》，包括研究生的入学与注册、考勤、休学与复学、转学与转专业、退学、奖励与处分、毕业与就业等。研究生入学注册等日常管理由培养单位负责。学生转学报市教委审批，各类转学只能在所有审批手续完备后方能办理。入学前为应届毕业生，因学业原因退学的，报市教委审批，办理派遣手续。对研究生做出勒令退学、开除学籍的处分，由培养单位审批，报 市教委和国家教委备案。如有特殊情况，须报北京市教委审批。研究生毕业证书和结业证书由国家教委统一印制，培养单位到 北京市教委统一领取。研究生毕业时，培养单位凭研究生（学籍）卡片，依据国家教委审批的就业计划到市教委办理派遣手续。

2000 年 2 月，北京地区普通高等教育本、专科层次学历证书实行电子注册工作。高等教育学历证书注册工作实行国家、省级、高等学校三级管理。高等学校印制、填写、颁发毕（结）业证书，对按国家招生规定录取的毕（结）业生颁发证书结束后，将毕（结）业生的新生录检表、学籍变动情况和所发证书市教委注册。市教委审核颁发的毕（结）业证书，并予以注册；注册后，将经注册的毕（结）证书汇总报教育部备案。教育部通过全国高校招生录取库，对照审核经注册的毕（结）业证书，对合格的予以备案。经备案的毕（结）业证书进入国家高等教育学历证书档案库，供用人单位网上查询。高等学校制发的学历证书基本内容须有姓名、性别、出生年月日、入学与毕（结）业时间、专业及层次、学校名称、校（院）长具名、证书编号等。每份学历证书注册内容为姓名、性别、出生年月日、专业、层次（本、专科）、证书编号 6 项。

同时，北京市改革普通高等教育（本专科）学历证书的管理办法，从 2000 年起，市教委不再负责组织发放由国家教育部统一印制的全国普通高校学历证书，由各校按国家有关规定自行印制、管理、发放。改革后，市教委依法管理北京高校学生学籍学历工作，负责学生学历管理的政策制定、宏观管理和监督检查。市教委对各校学历证书的检查以市教委的电脑数据库和对学籍学历管理工作的有关规定为依据，重点是毕业生学历资格认定。除按教育部有关文件规定实行学历证书电子注册制度外，市教委授权北京高校毕业生就业指导中心实行对北京高校学历证书查询认证制度。其认证对象为北京地区普通高校历届毕业生（博士、硕士、本科、专科），服务范围包括社会各级各类用人单位及学生个人均可联系查询认证，查询认证内容包括毕业证书样、学生本人的照片、身份证号、毕业证书号、学号。

2001 年 9 月，北京市改革北京地区普通高等学校学生转学专科生（非高职）转本科报批程序。学生转学、专科（非高职）转本科由原来的行文报批改为表格报批；学生转学、专科（非高职）转本科由原来盖“北京市教育委员会”印章公文批复，改为盖“北京市教育委员会中高等教育学籍管理专用章”表格审批。学生转学，每年集中办理两次，一次在5月中旬至6月中旬，一次在12月，其他时间不予办理。

2002年2月，北京市建立“成人高等教育学籍学历管理信息系统”。系统包括成人高等教育培养单位、市教委、教育部三级。市教委负责北京市“成人高等教育学籍学历管理系统”的推广及信息库建库工作。信息库实现新生入学、注册收费、成绩记载、学籍变动、奖励处分、毕业审核、证书发放等方面网络管理；实现对全市成人高等教育学生综合管理，学历证书电子注册、抽样调研、统计分析等。

2004年2月，北京市建立北京地区高校网络教育学院学生学籍管理信息库。信息库管理对象是经教育部正式批准具有实施网络高等教育资格的学校，管理内容包括取得正式学籍、培养层次为高起本、高起专、专升本、二学历专科的在校生的学籍变动情况。信息库是学历证书电子注册的审核依据，定期向教育部报送数据。

2004年3月，北京市调整北京地区研究生转学报批形式，由原来的行文报批改为表格报批，由原来盖“北京市教育委员会”印章的公文批复，改为盖“北京市教育委员会中高等教育学籍管理专用章”表格审批，（章的印模见附件二，略）。

2005年6月，市教委制定《北京地区成人高等教育学籍管理有关规定》，内容涉及转学、转专业、学习形式调整、学籍变动办理要求等具体要求。学生转学、转专业、学习形式调整需报市教委确认。同层次同科类间专业的调整，由学校批准，同层次不同科类间专业的调整，转专业学生的入学成绩应达到转入专业本校的最低录取分数线，并报市教委确认。

2005年6月，市教委规定普通高等学校学生违纪处分程序。在京普通高等学校对在校全日制研究生和本科、专科（高职）学生实施纪律处分包括学校依据国家和学校的有关规定对违法、违规、违纪学生作出的警告、严重警告、记过、留校察看、开除学籍处分。高等学校在处分学生时，应当坚持公开、公平、公正，教育与处罚相结合的原则，做到事实清楚、证据充分、程序正当、依据准确、处分恰当。学校查清事实后，对违法、违规或违纪学生进行处分的，应当依据上级机关和学校规范性文件的有关规定进行处理。学校在对学生做出处分决定前，应当告知学生拟处分的事实、理由和依据，并告知学生有进行陈述和申辩的权利。学校应当充分听取拟被处分学生或者其代理人的陈述和申辩。对拟被处分学生陈述和申辩提出的事实、理由和证据，学校相关职能部门应进行复核。拟被处分学生提出的事实、理由、证据成立的，应当采纳；不得因拟被处分学生提出申辩而加重处分。经过审查，违法、违规、违纪事实清楚，证据充分的，由学校相关职能部门依据上级机关和学校规范性文件规定提出处分意见，报学校审查批准。学校对学生作出开除学籍处分决定的，应当由校长办公会研究决定。对学生开除学籍的处分决定书，须同时报北京市教育委员会备案。学校拟对学生处以开除学籍处分时，应当书面告知拟被处分学生有要求听证的权利。学生对学校的处分决定有异议的，可以向学校提出书面申诉。受处分学生对学校的复查决定有异议的，在接到学校复查决定书之日起 15 个工作日内，可以向市教委提出书面申诉。

2005 年 9 月 1 日，北京市施行《普通高等学校学生管理规定》。该规定由教育部制定，内容包括学生的权利与义务、学籍管理、校园秩序与课外活动、奖励与处分等 6 章 69 条，同时，原国家教育委员会发布的《普通高等学校学生管理规定》《研究生学籍管理规定》同时废止。施行《普通高等学校学生管理规定》（以下简称《规定》）后，市教委要求各高校做好本校学生管理制度的修订与建设，《规定》中明确由“学校规定”或按“学校规定”的方面，学校要有明确具体的规定；各高校的管理规定，要在主管校领导的统筹协调下，经校内正常程序通过后，按隶属关系正式报送上级教育行政部门备案。市属市管高校的管理规定报市教委备案。市教委对高校新校规的内容进行全面审查，凡与《规定》要求不一致的，指导学校修改；对提交审查的新校规，市教委不作“同意”或“不同意”的备案回复。同时学生转学转专业的管理。招生时国家已有明确规定不能转专业的特殊类型专业学生不能转入其他专业；提前批录取的学生，招生时均有特殊要求，一般不予转学；学生在北京地区高校间转学或由在京高校转至京外高校的，由转出学校申报；属于由京外高校转至在京高校的，由转入学校申报；转学使用统一规范的申请（确认）表，每学期末集中办理。

2006 年 2 月，市教委启用教育部学籍学历信息管理平台，并从 2004 级新生起实行入学新生核对政策，要求学校将录取的新生与教育部网站公布的招生数据进行核对，确认学生的录取资格。

2007 年 9 月 1 日，北京市成人高等学校实行学生学籍管理工作网上办公，即通过“北京地区成人高等教育学籍学历管理工作平台”，实现转学、学籍变动的网上审核、确认、批复的管理模式。

2009 年秋季起，新生学籍和在校生学年电子注册的范围扩大至普通高等教育研究生。新生学籍电子注册增加电子图像核对，中国高等教育学籍学历信息管理平台提供给学校进行新生入学资格复查的数据中，加入以考生号命名的学生报考电子图像信息，学校必须对报到新生与电子图像认真核对，确认无误后方予以注册。

2010年，市教委审核注册89所普通高校本专科新生学籍148025人，审核注册89所89所普通高校本专科毕业生学历证书152876本；审核注册137个研究生培养单位新生学籍86311人，审核注册136个研究生培养单位毕业生学历证书62584本（博士15080本、硕士47504本）；共审核注册83所成人高等教育学校新生学籍112680人，审核注册93所成人高等教育学校毕业生学历证书117591本。审核注册18所高校网络教育学院新生学籍174003人，审核注册18所高校网络教育学院毕业生学历证书85068本。

第三节　中等职业学校学籍管理

1997年1月，北京市实行《北京地区普通中等专业学校学生学籍管理办法（试行）》。规定包括入学与注册、成绩考核、升级与留级、转学与转专业、休学与复学、退学、纪律与考勤7章58条。规定普通中专按照国家招生计划规定录取的新生，到学校办理入学手续，复查合格者，即取得学籍。复查结束后，学校将取得学籍的学生名册报市教委和学校上级主管部门备案。取消新生的入学资格，由学校会同北京市中招委办公室确定，并报市教委和学校上级主管部门备案。学校可试行学分制，试行的具体方案由学校提出，经学校上级主管部门同意后，报市教委审批。学生在本市范围内转学，报市教委审批；本市学生拟转入外省、市普通中等专业学校，报市教委审查同意；外省、直辖市、自治区普通中等专业学校学生拟转入本市普通中等专业学校，报学校所在省、直辖市、自治区教育行政部门审查同意，报市教委审查批准。学生在本校范围内转专业，由学校审核，经学校上级主管部门同意，报市教委备案。转专业的条件参照转学的有关规定。对学生作出勒令退学或开除学籍的处分，须经校长办公会讨论决定，并报市教委和学校上级主管部门备案。对于争议较大的处分决定，市教委有权进行调查了解，并做出裁决。学完教学计划规定的全部课程经考核及格的学生，准予毕业，并由学校发给经市教委验印的毕业证书，未经验印的毕业证书一律无效。各校可结合本校实际情况及行业特点制定实施细则，并报市教委备案，同意备案后方可执行。

1997年2月，北京市启用北京地区普通中等专业学校毕业证书。根据国家规定，毕业证书应由毕业生本人保管，一经遗失将 不予补发。鉴于毕业证书遗失现象时有发生的实际情况，市教委决定从 1996 届毕业生开始，有遗失毕业证书的学生可办理毕业证明书，毕业证明书与毕业证书具有同等效用。

1997 年 5 月，市教委规范成人高中（职业高中）教育规范化管理，对成人高中（职高）毕业证书实行统一验印。凡经国家批准建立的成人高中（职高），经教育行政主管部门批准入学备案的学生，学完教学计划规定的全部课程，成绩合格，准予毕业者，由学校颁发市教委监制并验印的成人高中（职高）毕业证书。对参加成人高中单科结业考试的学员，由区县成人教育行政部门指定学校统一组织，考试合格者，由指定学校颁发市教委统一印制的单科结业证书。各单科结业考试成绩均合格者，由指定学校换发市教委统一印制并验印的毕业证书 . 自 1997 年 7 月 1 日起，未经市教委验印的成人高中（职高）毕业证书一律无效。

1998 年 11 月，市教委印发《北京市成人高中（职高）学生学籍管理规定》。该规定对成人高中（包括成人职业高中）学生入学和学籍，休学与转学，成绩考核，纪律、考勤、奖励与处分，毕业等学籍管理工作作出明确规定。新生入学复查符合规定者，报送本区县成人教育行政部门审批并报市教委成教处备案，取得学籍。学生转学，经区县成人教育行政部门批准，并于每学期末，统一报市教委成教处备案。学校作出勒令退学、开除学籍决定，报本区县成人教育行政部门批准，并报市教委备案。学生毕业时，报本区县成人教育行政部门审核后，发给成人高中（职高）毕业证书。毕业证书由市教委统一印制、验印，学校填写颁发。

1998 年 11 月，市教委就成人中等专业学校学分制学生制定《北京市成人中等专业学校学分制学生学籍管理暂行规定》。规定学生持初中以上学历证明到学校登记入学，学校按规定日期到市教委有关部门办理注册备案手续。已注册的新生由注册学校建立学生学籍档案。学分制学生修业年限为二年至六年，学生在规定的时间内取得规定的学分，思想品德考核合格，发给市教委统一印制、统一验印的成人中专毕业证书。

1998 年 3 月，市教委印发《北京市职业高中、职业中专学校学生学籍管理办法》。规定被学校录取的新生，必须持录取通知书和有关材料按规定日期到校报到注册，办理入学手续和按规定缴纳学费。新生复查合格者名册经区县教育行政主管部门核准后报市教委认定备案。学生原则不得转学、转专业。个别学生需要转学或转专业的，经学校审查并征得转入学校和联办单位及学校所在区县教育行政主管部门批准，报市教委备案。学校为外省（市）代培、委培学生，需报区县教委、教育局同意，市教委批准。学校与境外联合办学、合作办学及有关涉外办学，需严格按照有关外事方面政策执行，经区县教育行政主管部门同意后报市教委审批。学生在校学习期间，需到外省市见习、实习的学校要报区县教育行政主管部门同意，报市教委备案。学生按合作办学协议赴国外实习、研修等，需经区县教育行政主管部门同意，报市教委审核批准。学完教学计划规定的全部课程，经过考核合格的学生，准予毕业，由学校发给经市教委验印的毕业证书。对学生作出勒令退学或开除学籍的处分，需经校务会议讨论通过，报区县教育行政主管部门备案后生效。学生证、毕业证书、结业证书、肄业证书及学籍卡片、毕业生登记表等由市教委统一监制。

2000 年 11 月，北京市改革中等职业学校（不含技工学校）招生学籍管理制度及毕业证书发放办法。其中，学籍管理方面改革包括：下放各类中等职业学校学生的学籍管理权限，实行电子注册制度。学生学籍由学校管理，其学籍变动情况应按学校类别分别报市、区（县）教育行政部门备案。允许学校自行审批并办理中等职业学校之间学生转学或转专业的手续。外省市中等职业学校学生转入我市学习须经市教委批准。毕业证书发放办法改革包括：统一各类中等职业学校毕业证书样式，毕业证书由市教委统一印制，各中等职业学校自行审核发放。市教委将不再对各类中等职业学校学生毕业证书进行统一验印。学生毕业时，各学校须填写“北京市中等职业学校毕业生登记表”，将毕业生名单和毕业证书发放情况报市教委备案。

2002 年 2 月，市教委修订 1997 年印发的学生学籍管理办法，制定《北京地区普通中等专业学校学生学籍管理办法》。新的办法包括入学与注册、成绩考核、升级与留级、转学与转专业、休学与复学、退学、纪律与考勤、奖励与处分八章。规定学生转学用北京市教委统一印制的“北京地区普通中等专业学校学生转学审批表”。学生毕业由学校发给由市教委统一印制并进行电子注册的毕业证书，未经电子注册的毕业证书无效。

2002 年 5 月，市教委制定《北京市职业高级中学、职业中专、成人中等专业学校学生学籍管理办法》。该办法适用于职业高中（职业中专、职业高中班）、成人中专（成人中专班）和民办中等职业学校。规定新生入学后，各职业高中、职业中专、成人中等专业学校（不含市政府各委办局举办的学校）和民办中等职业学校将新生名单于每年 10 月 20 日以前，按照规定的报表格式，报所在区县教育行政部门，由区县教育行政部门汇齐后，通过计算机网络系统报市教委备案。市政府各委、办、局、总公司举办的成人中等专业学校和普通中等专业学校举办的成人中专班需通过计算机网络系统直接向市教委备案 。学校应为入学新生建立学生档案。学生档案应当包括：“报名表”“体格检查表”“毕业生登记表”“学籍卡片”及奖惩材料，学生团员应有“团员组织登记表”等。学生成绩考核包括学业和操行两个方面，考核分为考试和考查两种。经市教委批准，学校可以实行学分制。学生申请课程免修或免试，须经学校批准，并报区县教委和市教委备案。毕业年级学生一般不得转学。学生转学或转专业原则上应控制在二年级以内。中等职业学校可以接收高中阶段其他类型学校的学生转学。学生在本校范围内转专业，由学校批准后，报区县教委和市教委备案；转入本市其他学校者，须经原学校和转入学校批准，并报所在区县教委和市教委备案；本市学生转到外省市的学校学习，须经市教委同意。外省市的北京生源转入本市学校学习，须经市教委批准。根据社会人才需求的变化情况，由学校提出，经区县教委审核，市教委批准，可以调整部分学生的专业。开除学籍处分需要经校务会议讨论决定，报区县教育行政部门备案。对开除学籍的不发学历证明。学生毕业由学校颁发北京市教委统一印制并加盖学校钢印和印章的中等职业学校毕业证书。

从 2002 年起，市教委取消北京地区普通中等专业学校学历证书验印，实行学历证书由市教委统一印制、学校自行发放管理办法，市教委对审核合格学历证书进行电子注册，供社会网上查询。

2006 年 9 月，北京市在普通中等专业学校试行学生学籍管理网上办公，即通过“北京地区普通中等专业教育学籍学历管理工作服务平台”实现转学、学籍变动的网上审核、确认、批复的管理模式。

2010 年，市教委审核注册 42 所普通中等专业教育学校新生 17005 人，共审核注册 51 所普通中等专业学校毕业生学历证书 22869 本，其中，审核注册毕业证书 22469 本、结业证书 400 本。

第七章　经费管理

20 世纪 90 年代，北京市和区县政府加强预算管理，确保教育经费增长比例高于财政经常性收入的增长比例，保证在校学生人均教育费用逐步增长，保证教职工工资和学生人均公用经费逐步增长。预算了管理实行“分级办学、分级管理”模式，并与 2006 年以后实行基本支出和项目支出分类预算管理。为保证经费高效使用，市（区县）教育行政部门、高校等财务收支金额较大的其他教育事业单位等根据工作需要，设置专职审计人员和内部审计小组，对本部门和所属单位实行审计监督。

第一节　预算管理

20 世纪 80 年代，国家预算管理由过去的“统收统支”改为“划分收支，分级包干”的“分灶吃饭”体制。至 20 世纪 90 年代，北京教育财政建立起中央和地方分级负责的财政体制。其中，基础教育经费由地方负责筹措，实行“分级办学、分级管理”，形成市、区（县）、乡三级财政管理体制。高等教育根据学校行政隶属关系，分别由中央和地方财政各自负担。成人教育学校和事业单位，按行政隶属关系，纳入市或区财政预算。此外，企事业单位举办的学校，由主办单位负责；社会力量办学经费由办学者自筹。

单独核算单位预算管理实行核定收支、定额补助、超支不补、结余留用的办法，分别依据编制部门制定的编制标准，以及财政部门编制的定额标准编制人员经费和公用经费。

1991 年，市高等教育局和市成人教育局实行第二轮（1991 年至 1995 年）经费包干办法，即定财政补助，定创收补充教育经费，定国有资产保值。1992年9月，北京市普通中小学实行统一工资总额包干，依据市编办、市教育局《关于北京市全日制中学、职业高中、小学教职工编制标准的试行意见》，在核定学校编制的基础上核定工资总额，以后原则上增人不增加工资总额，减人不减少工资总额。

1996 年，市教委组建以后，市教育事业费市本级教育预算和区县专项经费由市财政切块给市教委，由市教委统筹使用。

1998 年，市财政对区县教育专项资金的分配实行转移支付的分配形式。其具体分配分为三种形式：一般性教育专项资金、导向性教育专项资金、专项性教育专项资金。其中，一般性教育专项资金仅用于义务教育阶段的补助，其补助只能用于中小学校的公用经费支出；导向性教育专项资金和专项性教育专项资金，是根据市政府对全市教育的发展规划、各区县的需求和市级财力可能，由市财政局、市教委统筹安排。2000 年 1 月 1 日起，北京市实施财政管理体制改革，依据事权与财权相一致的原则，市对区县的教育事业费专项补助并在新的财政体制，不再实行转移支付，各区县教育事业发展特别是义务教育的发展由区县负全部责任。教育附加费按专项资金管理，作为政策性导向资金重点解决区县义务教育薄弱环节。

1999 年 12 月，中共北京市委、北京市人民政府印发《关于深化教育改革全面推进素质教育的意见》，明确基础教育实行主要由区县负责、分级管理的体制。同时为减轻部分乡镇教育投入压力，决定从 2000 年起，49 个边远山区乡镇的教育经费改为主要由区县负责统筹。2001 年，北京市以分步实施、逐步到位的原则将教师工资纳入公务员工资发放保障体系统一发放，并首先在 10 个远郊区县进行试点。统一发放工资实行“编制部门核准编制、人事部门核定人员和工资、财政拨付经费、银行（或当地信用社）代发到人、及时足额到位”的管理原则。纳入教师工资统一发放的单位为 10 个远郊区县的公办中小学校，纳入人员包括学校正式编制内的全体教职工。教师工资统一发放工作由区县教育、财政共同负责组织实施，教师工资全额纳入本级财政预算。

2000 年以后，市教委先后制定《市级引导教学公用经费支出预算管理办法》《关于完善北京市义务教育经费保障机制的通知》《北京市本级教育项目绩效考评管理办法》《北京市基础教育校舍维修改造专项资金管理暂行办法》等规范性文件，加强预算管理。

第二节　基本支出和项目支出管理

2002 年 7 月，市教委印发《北京市教育系统项目支出管理试行办法》，以项目支出预算管理取代专项经费管理。项目支出是指教育系统事业单位在维持单位正常运转所需基本支出之外，为完成其特定的事业发展目标而发生的支出。项目支出主要用于与学校办学条件直接相关或有重要影响的项目，实行逐项申请，专项审批，拨款数额不进入当年预算基数，也不作为下年度拨款的依据。项目资金管理按照“统一规划，预算控制，项目管理，单独核算、专款专用”的原则，主要用于项目实施中所需支出的设备购置费、修缮费、业务费、按规定支出的人员费用及其他费用。市教委按照市财政局编制年度部门预算的要求，统一汇总各单位申请的预算项目向市财政局申报项目支出预算，预算批复后市教委批转到市本级各预算单位执行。

2004 年，北京市实行事业单位项目绩效考评。绩效考评的内容分为业务考评和财务考评。财务考评内容主要包括：项目预算考核、财务管理状况考核、会计信息质量考核、项目资金调整考核。绩效考评由市财政局统一组织管理，市财政局、市属事业单位主管部门和项目单位分级实施。

2006 年 11 月，北京市制定《北京市市级教育经费基本支出预算管理办法（试行）》《北京市市级教育经费项目支出预算管理办法（试行）》，明确实行基本支出和项目支出分类预算管理。

市级教育事业单位基本支出预算是部门预算的组成部分，是教育事业单位为保障其教学和科研工作正常运转、完成各项工作任务而编制的年度基本支出计划，其内容包括人员经费、公用经费两部分。直属教育事业单位人员经费的各项定额标准均根据国家有关工资政策、开支标准、各项提取比例、补助标准、各项津贴范围及标准以及规范工资收入政策规定等核定。公用经费根据单位现有的公用资源情况以及行业特点，实行全市统一的事业单位行业定额加教育行业综合定额的核定方式。学校基本支出预算编制由学生人数和生均综合定额标准决定。2007 年，高校经费包括分学科生均综合定额和分学校生均综合定额。按教育部学科设置标准，将市属市管高校学科分为十二大类，按加权平均法分别核定生均公用经费定额标准，与统一的人员经费生均定额形成高校学科生均综合定额。十二大类学科生均综合定额标准为 11000 ~ 20900 元。其中，一般院校财政负担 73%，预算外资金负担 27%，师范、农学类财政负担 100%，高职（一般院校）财政负担 5000 元，预算外负担 6000 元。按教育部学校类型设置标准，将市属市管高校学科分为十大类，按加权平均法分别核定市级引导教学、科研工作所需公用经费的定额标准。生均公用经费定额标准，与统一的人员经费生均定额形成高校学科生均综合定额。十类学校生均综合定额标准为 810 ~ 1620 元。中小学及卫生类、艺术类中等专业学校实行财政补助生均综合定额。其中，民族中学生均综合定额18800元，一般中学生均综合定额3527元，一般小学生均综合定额2727元，重点中学生均综合定额5627元，卫生局中专生均综合定额8484元，艺术类中专生均综合定额19800元。中专技校按照工科、文科、艺术类、联办班分为四大类，生均综合定额1727 ~ 4307元。

市级教育事业单位项目支出预算是指市级教育行政事业单位为完成教育事业发展目标，在基本支出之外编制的年度项目支出计划。市级教育主管部门根据全市教育发展整体规划及市财政局预算编制要求，对所属单位申报项目进行审核、筛选、汇总上报市财政局。市财政局结合年度预算安排的实际情况安排项目支出预算。项目预算下达后，市级教育主管部门指导基层预算单位对项目进行单独核算，单独管理，专款专用。项目支出分为工程修缮类项目、购置类项目和市级教育主管部门统筹的事业发展项目。

2006年12月，北京市实行《北京市市级部门预算支出绩效考评管理办法》，基本支出和项目支出纳入绩效考评范围。

第三节　公用经费定额标准

2001年，北京市修订1989年起执行的《北京市普通教育事业公用经费定额标准（试行）》。教育事业费财政补助定额标准包括综合定额、差旅费、取暖费、机动车辆燃料维持费、学生活动费、职工培训费、教学业务费、会议费。其中，综合定额中，职业高中（理科）每生每年300元，职业高中（文科）每生每年240元，高中每生每年280元，初中每生每年260元，小学每生每年220元，特教（中学）每生每年1150元，特教（小学）每生每年770元，幼教（整日制）每生每年150元，校外教育每生每年15元，其他单位教职工每人每年1000元。

2007年3月，市教委、市财政局调整北京市普通教育事业公用经费定额标准。新标准依据中小学近几年实际开支情况及新颁办学条件标准，增加残疾人保障金、外籍专家教师费用、绿化费、外事接待费、修缮费、招生经费、信息中心费用、其他费用。新核定的公用经费定额标准（财政拨款标准）职业高中每生每年500元，高中每生每年700元，初中每生每年900元（城八区820元），小学每生每年800元（城八区760元），特教每生每年2200元，幼教每生每年200元，校外教育每生每年30元，其他单位教职工每人每年3500元。调整后的公用经费定额标准为维持学校正常运转的最低标准，在实际安排中已超过此标准的区县不应降低现行公用经费定额标准。考虑到各区县财力的实际差异和困难，市级在本级教育事业费支持基础教育事业发展经费中安排专项资金，对财力薄弱区县予以补助。补助内容为按新标准调整后公用经费新增部分（剔除减免杂费补助经费）。其中，市级财政将对崇文区、宣武区、丰台区、石景山区、门头沟区、顺义区、怀柔区给予公用经费新增部分 30% 的补助；对昌平区、通州区、大兴区、房山区、平谷区、密云县、延庆县、燕山分局给予公用经费新增部分 50% 的补助。2007 年，北京市级补助 2.02 亿元，2008 年，北京实际补助资金 3 亿元。2009 年全市各区县实现公用经费定额标准全面达标。

2010 年 1 月 1 日起，北京市调整基础教育特殊教育学校公用经费定额标准。将现行特殊教育学校（含随班就读）公用经费定额中综合定额标准由每生每年 2200 元调整为每生每年 4500 元，其他定额部分与现行基础教育公用经费定额标准相同。

2010 年 12 月，北京市再次调整基础教育公用经费定额标准，并于 2011 年起实行。

第四节　教育经费执行情况监测

1997 年 9 月，市教委、市统计局依据“国家教育经费执行监测制度”制定“北京市教育经费执行监测制度”。该制度建立教育经费执行情况监测系统，以监测各区、县政府的教育经费执行情况。监测办法由市教委、市统计局和市财政局共同制定。监测指标包括：预算内教育经费占财政支出的比重；预算内教育事业费增长速度与财政经常性收入增长速度的比例；生均预算内教育事业费和公用经费的增长情况；财政性教育经费占国内生产总值的比重。教育经费执行情况的监测结果，以监测公报的形式向社会公布。

1998 年，北京市公布 1997 年教育事业费执行情况监测公告，此后逐年公布。1997 年至 1999 年监测公告重点统计财政拨教育事业费，2000 年以后改为预算内教育经费；生均教育事业费监测数据包括普通教育事业费中的中学和小学，2000 年改为普通高等学校、普通高中、初中、小学；2001 年增加生均公用经费执行情况；2003 年，增加职业高中生均教育事业费和生均公用经费执行情况；2009 年，增加中等职业学校数据，至此生均教育事业费和生均公用经费执行情况分为普通小学、普通初中、普通高中、职业高中、普通高等学校、中等职业学校 6 个监测子项。

1997 年至 2010 年北京市教育事业费拨款增长情况：

1997 年全市财政经常性收入比 1996 年增长 15.4%，全市财政拨教育事业费增长 19.32%，教育事业费拨款增长率高于财政收入增长率 3.92 个百分点。

1998 年全市财政经常性收入比 1997 年增长 11.76%，全市财政拨教育事业费增长 15.69%，教育事业费拨款增长率高于财政收入增长率 3.93 个百分点。

1999 年全市财政经常性收入比上年增长 10.47%，全市财政拨教育事业费比上年增长 15.71%，教育事业费拨款增长率高于财政经常性收入增长率 5.24 个百分点。

2000 年北京市预算内教育经费拨款 776588 万元，比上年的 592711 万元增长 31.02%；经常性财政收入 3537514 万元，比上年的 3011505 万元增长 17.47%，预算内教育经费拨款增长比例高于经常性财政收入增长比例 13.55 个百分点。

2001 年全市预算内教育经费执行数为 946587 万元，比 2000 年增长 21.89%；全市财政经常性收入 2001 年为 4246316 万元，比 2000 年增长 20.04%；预算内教育经费的增长比例高于财政经常性收入增长比例 1.85 个百分点。

2002 年全市预算内教育经费执行数为 1091008 万元，比 2001 年的 946587 万元增长 15.26%；全市财政经常性收入 2002 年为 4844539 万元，比 2001 年的 4246316 万元增长 14.09%；预算内教育经费的增长比例高于财政经常性收入增长比例 1.17 个百分点。

2003 年全市预算内教育经费执行数 1268129 万元，比 2002 年的 1091008 万元增长 16.23%；全市财政经常性收入 2003 年为 5122466 万元，比 2002 年的 4844539 万元增长 5.74%；预算内教育经费的增长比例高于财政经常性收入增长比例 10.49 个百分点。

2004 年，全市预算内教育经费执行数为 1572679 万元，比 2003 年的 1268129 万元增长 24.02%；全市财政经常性收入按可比口径计算（按财政部 2004 财政经常性收入计算）2004 年为 8306565 万元，比 2003 年的 6883692 万元增长 20.67%；预算内教育经费的增长比例高于财政经常性收入增长比例 3.35 个百分点。

2005 年，全市预算内教育经费执行数为 1914117 万元，比 2004 年的 1572679 万元增长 21.71%；全市财政经常性收入按可比口径计算（按财政部 2004 年的财政经常性收入计算）2005 年为 9621132 万元，比 2004 年的 8306565

万元增长 15.83%；预算内教育经费的增长比例高于财政经常性收入增长比例 5.88 个百分点。

2006 年，全市预算内教育经费投入（包括教育事业费投入、基建投入、科研投入及其他投入）230.30 亿元，比上年投入的 191.41 亿元增加 38.89 亿元，增长 20.31%。全市财政经常性收入 1135.59 亿元，比上年增长 17.25%，预算内教育经费增长比例高于财政经常性收入增长比例 3.06 个百分点。

2007 年，全市预算内教育经费投入 293.51(包括教育事业费投入、基建投入、科研投入及其他投入）亿元，比上年增长 27.45%。全市财政经常性收入 1418.72 亿元，比上年增长 24.93%，预算内教育经费增长比例高于财政经常性收入增长比例 2.52 个百分点。

2008 年，全市地方国家财政性教育经费 383.31 亿元，占全市国内生产总值 10488 亿元的 3.65%。预算内教育经费投入 351.84 亿元（包括教育事业费投入、基建投入、科研投入及其他投入），比上年增长 19.87%。全市财政经常性收入 1679.33 亿元，比上年增长 18.37%，预算内教育经费增长比例高于财政经常性收入增长比例 1.50 个百分点。

2009 年，全市地方国家财政性教育经费（包括：各级政府的教育拨款、各级政府征收的用于教育的税费、企业办学中的企业拨款和校办产业与社会服务收入用于教育的经费）433.27 亿元，占全市国内生产总值 11865.93 亿元的 3.65%。预算内教育经费投入（包括教育事业费投入、基建投入、科研投入及其他投入，不含教育费附加）400.63 亿元，比上年增长 13.87%。全市财政经常性收入 1856.51 亿元，比上年增长 10.55%，预算内教育经费增长比例高于财政经常性收入增长比例 3.32 个百分点。

2010 年，全市地方国家财政性教育经费（包括：各级政府的教育拨款、各级政府征收的用于教育的税费、企业办学中的企业拨款和校办产业与社会服务收入用于教育的经费）513.13 亿元，占全市国内生产总值 13777.9 亿元的 3.72%，比上年增长 0.07 个百分点。预算内教育经费投入（包括教育事业费投入、基建投入、科研投入及其他投入，不含教育费附加）469.32 亿元，比上年增长 17.15%。全市财政经常性收入 2172.72 亿元，比上年增长 17.03%，预算内教育经费增长比例高于财政经常性收入增长比例 0.12 个百分点。

表 1-7-1　　1997 年至 2010 年预算内教育经费增长情况统计表　　单位：亿元

年度	预算内教育经费投入	预算内教育经费投入高于财政收入增长率（个百分点）
1997	35.77	3.92
1998	42.58	3.93
1999	49.27	5.24
2000	77.66	13.55
2001	94.66	1.85
2002	109.10	1.17
2003	126.81	10.49
2004	157.27	3.35
2005	191.41	5.88
2006	230.30	3.06
2007	293.51	2.52
2008	351.84	1.50
2009	400.63	3.32
2010	469.32	0.12

说明：预算内教育经费投入统计项 1997 年至 1999 年为财政拨教育事业费；预算内教育经费投入包括教育事业费投入、基建投入、科研投入及其他投入，不含教育费附加

第五节　经费审计

20 世纪 80 年代后期，北京市教育局、高教局和成教局相继成立审计室、审计处等内部审计机构，配备专职审计人员，在全市教育系统组织开展内部审计工作。至 90 年代初，教育系统审计监督工作包括：教育事业费、教育费附加、科研经费、专项补助经费、世界银行贷款等教育、科研经费的管理和使用；单位财务收支计划、外汇收支计划、预算的执行和决算；学校基金、勤工俭学资金、学杂费、捐资和集资资金等教育预算外资金的管理和使用；基本建设（含自筹、捐赠基建）投资的管理和使用；与教育经费、基建投资、预算外资金等收支有关的经济活动及其经济效益；国家、单位资产的管理和使用；国家财经法纪的执行情况；内部控制制度的建立、执行情况；所属企业单位的厂长（经理）的经济责任；上级交办或委托以及本单位确定的其他审计事项。

1996 年 2 月，北京市教育委员会成立后，设立内部独立审计机构审计处，编制 7 人。主要工作职责：指导与检查本市教育系统内部审计工作；拟订本市教育系统内部审计规章制度；负责对机关、市属高等学校和直属直管单位进行审计及审计调查，按照有关规定对上述单位领导干部进行经济责任审计；组织对区

县教育行政部门进行市拨教育专项经费审计和审计调查；协助查处有关人员违法违规的行为和案件。当年，全市教育系统有内审机构 32 个，专职审计人员 75 人；审计小组 566 个，兼职审计人员 1994 人。市教委成立后，审计工作以集中力量抓好审计基础建设为重点，通过召开普教、高教、成教和委直属单位审计工作调研会，加强对全市教育系统内部审计工作指导。在市教委内部建立财务审计制度，对市属高校和教委直属单位进行审计，建立教委干部离任经济责任审计制度，完成"教育十大工程"专项经费审计，依靠社会审计组织民办学校审计，恢复审计片组活动，成立 6 个协作组。

1997 年，市教委印发《北京市教育系统内部审计工作实施办法》，建立教育系统审计工作制度和工作体系。市、区县教育行政部门，市属的大学、独立设置的学院和规模较大的高 等专科学校，北京教育科学研究院、北京教育考试院、北京教育音像报刊总社，财务收支金额较大且规模较大的教育系统的企业单位和其他教育事业单位等根据工作需要，设置专职审计人员和内部审计小组。市教委审计处指导和监督全市教育系统内部审计工作，对本部门和所属单位实行审计监督。区县教育行政部门的内部审计机构，指导和监督本地区教育系统内部审计工作，对本部门和所属单位实行审计监督。市属高等学校、教育系统的企业单位和其他事业单位的内部审计机构对本单位和下属单位实行审计监督。

1997 年，市教委实行高等学校领导干部经济责任审计。审计范围为对高等学校内负有经济责任和直接领导责任的校（院）、系（所、室、处）级领导干部在任职期间，任职届满或调动、免职、辞职、离退休等原因离开现职岗位前的管理职责范围内的经济活动及履行经济责任的情况进行评价。凡符合条件者，都应根据本规定对其任期内的经济责任进行审计。对处级以下（不含处级）干部是否进行经济责任审计，由学校自行规定。2003 年，市教委印发《北京市属市管高等学校处级领导干部任期经济责任审计操作指南》，任期经济责任审计扩展到处级干部。

2000 年 6 月，市教工委与市教委合署办公，仍然保留独立设置的内部审计机构审计处，编制为 4 人。

2000 年 11 月，市教委印发《北京市教育系统基建及修缮工程项目审计办法（试行）》，就北京市教育系统以国有资产（包括以土地投资为合作项目）投资的基本建设项目和修缮工程项目。审计内容包括开工前审计、概（预）算执行情况审计、项目竣工决算审计。建设工程、修缮工程项目审计由各部门、各单位审计机构组织实施，也可委托社会审计组织实施。

2001 年，市教委聘任特约和兼职审计员开展内部审计工作。9 月，市教委召开特约和兼职审计人员聘任大会，向 77 名市教委特约和兼职审计人员颁发聘书。

2004 年 3 月，市教委开展全市教育收费审计工作。中小学收费审计主要内容：各项收费是否符合《北京市中小学统一收费项目、标准卡》和义务教育阶段“一费制”的规定；学校收取的规定性收费和代收性收费是否全部纳入学校财务统一核算；学校收取的代收性收费是否按其用途专款专用。市属市管高校与委直管中专学校收费审计主要内容：各项收费是否全部纳入学校预算管理，是否按“收支两条线”规定及时上缴财政专户，是否存在未经物价部门批准或擅自提高标准、扩大范围的收费项目；非独立核算的二级教学单位和相关部门是否存在未经学校委托或擅自立项收费且不上缴学校财务统一核算与管理的问题；预收教材款（学生用书）及其他代收费用的会计核算是否规范，采购折扣的管理是否符合财务制度规定，有无私分截留问题。直属事业单位收费审计主要内容：单位各项收费是否经过物价部门批准，是否存在违规擅自立项或超标准收费问题；单位收取的各项收费是否全部纳入单位财务统一核算，是否按“收支两条线”规定及时上缴财政专户；单位所属部门是否存在乱收费和截留私分问题。收费审计采取学校内部审计和教委抽查结合的方式进行。

2006 年 4 月，市教委建立领导干部经济责任审计工作联席会议制度。经济责任审计工作联席会议（以下简称联席会议）由教育纪工委、干部处、监察处、机关党办、审计处主要负责人组成。联席会议的主要任务：讨论、商定经济责任审计年度计划；指导、协调经济责任审计工作；交流、通报有关经济责任审计情况；研究、解决经济责任审计工作中存在的难点和审计中发现的重大问题。联席会议例会每半年召开一次，分别在 5 月、11 月进行；并视经济责任审计工作需要，可随时召开。

2007 年 4 月 1 日起，北京市教育系统实施内部审计重大事项报告制度。即：各单位在开展内部审计工作中，凡涉及重大审计事项的应当及时向上级内部审计机构报告。市属市管高等学校和市教委直属直管单位应当及时向市教委报告有关重大审计事项。重大审计事项是指单位内部审计发现本单位的严重经济违规违纪问题、涉嫌经济犯罪问题及其审计（或审计调查）结果，以及移交相关部门已处理的情况等。

2010 年 2 月，市教委建立内部审计结果公开制度，明确内部审计结果纳入对单位综合绩效考评和干部人事考核的指标体系，实行审计“一票否决”。

2010 年，市教委审计处编制 4 人，教育系统内部审计机构 74 个，其中独立设置机构 30 个；内部审计人员 1949 人，其中专职审计人员 132 人。全年完成审计项目 3889 项，其中，财务收支审计 283 项，预算执行与决算审计 217 项，基本建设审计 138 项，修缮项目审计 1072 项，经济责任审计 389 项，经济效益审计 49 项，专项资金审计 643 项，其他项目审计 1098 项。审计资金 503 亿元。查出有问题资金 25918 万元，其中，财务处理不当资金 14821 万元，损失浪费资金 52 万元，违纪违规资金 11045 万元。促进增收节支 24196 万元。完成审计调查项目 82 项，提交审计调查报告 145 篇。完成科研项目 7 个，撰写论文 27 篇，公开发表 9 篇。

第八章　民办教育管理

民办教育源于企业、社会团体和个人办学。20 世纪 90 年代初，民办教育按照社会力量社会力量办学管理，特指不具备颁发国家学历证书、技术等级证书资格面向社会招生的学校或举办补习、辅导、进修和其他培训的组织。2006 年，北京市实施《中华人民共和国民办教育促进法》，民办教育扩展为本市行政区域内国家机构以外的社会组织或者个人，利用非国家财政性经费，面向社会举办学校及其他教育机构（以下统称民办学校）的活动。北京市一贯鼓励支持民办教育，实施“积极鼓励、大力支持、正确引导、加强管理”发展策略。1994 年《北京市社会力量办学管理办法》提出，社会力量办学是我国社会主义教育事业的重要组成部分。各级人民政府应当将社会力量办学纳入教育事业发展规划。学校在引进资金、教学设备和兴办校内经济实体及纳税等方面，享受同级同类学校的同等待遇。2000 年 7 月，《北京市社会力量办学若干规定》指出，社会力量办学是我国社会主义教育事业的组成部分。本市各级人民政府应当加强对社会力量办学工作的领导，将社会力量办学事业纳入本地区的国民经济和社会发展规划，并切实采取措施予以扶持。2007 年，《北京市实施〈中华人民共和国民办教育促进法〉办法》明确提出：民办教育事业属于公益性事业，是首都社会主义教育事业的组成部分。市和区、县人民政府应当鼓励、支持、引导民办教育事业健康发展。民办学校与公办学校以及民办学校的教师、受教育者与公办学校的教师、受教育者具有同等的法律地位。捐资举办的民办学校和出资人不要求取得合理回报的民办学校，依法享受与公办学校同等的税收以及其他优惠政策。出资人要求取得合理回报的民办学校，按照国家有关规定享受税收优惠政策。

第一节　发展政策

1990 年 8 月，北京市人民政府发布《北京市社会力量办学管理办法》，明确了社会力量办学的范围和主管部门的权限等。社会力量办学包括三类：本市行政区域内经国家批准的企事业组织、民主党派、团体以及公民个人举办的不具备颁发国家学历证书、技术等级证书资格面向社会招生的学校或举办补习、辅导、进修和其他培训的组织；普通高等学校、中等专业学校、职业学校、技工学校、中学、小学、少年宫（家、站、馆）、幼儿园和成人高等学校、成人中等专业学校、成人中学、职工学校、教师进修学校、职业技术学校、党校、干部学校等，以及经区、县政府或市政府各委、办、局（总公司）批准并在市成人教育局备案的培训中心，从事国家计划外的、面向社会招生的补习、辅导、培训、进修等教学活动；各级、各类学校接受行业或部门委托举办的、学校之间联合举办的以及学校与其他单位联合举办的面向社会招生的补习、辅导、培训、进修等教学活动。社会力量办学实行分级属地审批管理原则。北京市成人教育局负责制定政策，综合、协调、指导、管理、监督全市社会力量办学工作，区、县成人教育局负责本辖区内社会力量办学的日常管理工作。凡举办中等以下层次（含中等）和学制一年以下（含一年）的短期教育及高等教育自学考试辅导班由区、县成人教育局审批和管理；举办高等层次、学制一年以上的全日制面授学校和各种函授、刊授、广播、电视等学校或培训班，由办学者所在区、县成人教育局审核，报市成人教育局批准。

社会力量举办普通中小学依据 1989 年《北京市关于鼓励和促进社会力量举办普通中小学的试行意见》《北京市关于私人举办普通中小学若干问题的暂行规定》，凡属社会力量合办中小学、承办中小学以及接办现有市立中小学，须由办学主管部门与区、县教育行政部门拟定协议书，报市教育局审核批准；社会力量自办中小学应经区、县教育行政部门注册登记，报市教育局备案。

1994 年 9 月 23 日，北京市人民政府发布新的《北京市社会力量办学管理办法》，自 10 月 15 日施行。新的办法社会力量办学定义为本市行政区域内的国家机关、部队、企业事业单位、民主党派、社会团体及公民个人（统称社会）举办面向社会招生、以自筹资金和收取学杂费为主要经费来源的各级各类学校和教育培训机构。新的办法明确社会力量举办的普通中小学教育、在九年制义务教育基础上进行就业前的各类中等职业技术学校教育、职业技术培训和职工教育，按国家及本市有关规定办理。依据新的《北京市社会力量办学管理办法》，设立高等教育层次学制 1 年以上（含 1 年）的学校，向市成人教育局申报，验收合格后，由市成人教育局颁发“北京市社会力量办学许可证”；设立高等教育层次学制 1 年以下以及中等教育层次以下的（含中等）学校和培训机构，向办学单位或者公民个人户口所在地的区、县成人教育局申报，验收合格后，由区、县成人教育局颁发“北京市社会力量办许可证”；设立具有颁发国家承认学历证书资格的学校，按国家有关规定经批准后，由市成人教育局颁发“北京市社会力量办学许可证”；设立文艺、饮食、卫生、体育等专业性教育培训内容的学校或者培训机构，必须先经有关行业管理机关审核同意，并验收合格后，由市成人教育局颁发“北京市社会力量办学许可证”。

1995 年 11 月，市教育局印发《北京市民办中小学、幼儿园管理暂行规定》和《〈北京市民办中小学、幼儿园管理暂行规定〉实施细则》，明确北京市教育行政部门（北京市教育局）是本市行政区域内民办中小学、幼儿园的主管机关。各区、县教育局（教育委员会）负责本区、县行政区域内民办中小学、幼儿园的日常管理。

1999 年 3 月，市教委印发《北京市社会力量举办中等职业学校设置和审批暂行规定》，规定申请者向校址所在区、县教育行政部门提交办学申请书和可行性报告，区、县教育行政部门向市教育行政部门提交初审报告和相关材料，市教育行政部门派出专家组对学校进行评审做出批复意见，对合格者签发“社会力量办学许可证”。

2000 年 7 月，北京市人民政府发布《北京市社会力量办学若干规定》，社会力量办学范围明确为企业事业单位、社会团体及其他社会组织和公民个人在本市行政区域内利用非国家财政性教育经费，面向社会举办学校及其他教育机构的活动。同时，对社会力量办学主管部门以及职责进行了调整：市教育行政部门为本市社会力量办学的行政主管机关，负责全市社会力量办学工作的统筹规划、综合协调和管理。市和区、县教育行政部门、劳动行政部门和其他有关行政部门根据市人民政府规定的职责，负责有关的社会力量办学管理工作。管理体制方面，调整为归口审批、分层次分类管理，体现社会力量办学与公办教育共同管理、共同发展的新思路。其中，中等职业学校、民办中小学、学前教育机构、职业技术培训机构由各区县管理，民办高等教育由市教委统筹管理。

2002 年 3 月，北京市实施《北京市民办高等教育机构设置办法（试行）》，废止《北京市民办高等学校（非学历）设置标准及申办审批的有关规定》。此后，北京市非学历民办高等学校统称为民办高等教育机构，而举办全日制学历教育的民办高等学校与普通高等学校共同管理。

2002 年 8 月 22 日，市教委印发《关于加强社会力量办学管理的通知》，明确区、县教育行政部门是所辖行政区域内社会力量办学的主管机关，负责本辖区的社会力量办学管理工作。主要职责是：负责中等职业学校、中小学、幼儿园的设置、变更、终止工作；负责制定本行政辖区内民办教育培训机构的办学标准，以及设置、变更、终止工作；全面负责民办中等职业学校、中小学、幼儿园、培训机构的教育教学管理、学生管理、办学状况检查、年检、财务审计等工作；负责民办中等职业学校、中小学、幼儿园、培训机构的招生广告（简章）的审核和学费标准的备案工作；负责民办中等职业学校、中小学、幼儿园的招生、学籍、教研活动、卫生、安全、消防等其他管理工作；协助相关行政部门查处违法违规办学行为。

2007 年 3 月 1 日，北京市起施行《北京市实施〈中华人民共和国民办教育促进法〉办法》。该办法对民办学校管理予以新的规定：设立实施本科以上高等学历教育的民办学校，按照有关规定报国务院教育行政部门审批；设立实施专科教育的民办高等职业学校，由市人民政府审批，报国务院教育行政部门备案；设立实施中等及中等以下学历教育、学前教育以及其他文化教育的民办学校，由区、县教育行政部门审批，报市教育行政部门备案；设立实施以职业技能为主的职业资格培训、职业技能培训的民办学校，由市和区、县劳动和社会保障行政部门按照各自职责审批，抄送同级教育行政部门备案；设立民办技工学校，由市劳动和社会保障行政部门审批。

2008 年 2 月，教育部发布《独立学院设置与管理办法》，明确独立学院是民办高等教育的重要组成部分。国务院教育行政部门负责全国独立学院的统筹规划、综合协调和宏观管理。省、自治区、直辖市人民政府教育行政部门（以下简称省级教育行政部门）主管本行政区域内的独立学院工作，履行独立学院办学许可证的管理、招生简章和广告备案的审查、年度检查和表彰奖励、违法违规行为的查处等职能。独立学院的设置标准参照普通本科高等学校的设置标准执行。申请设立独立学院按照普通本科高等学校设置程序，报国务院教育行政部门审批。

第二节　办学规模

1987 年，国家教委针对民办教育事业发展中出现的未经教育部门批准自行办学、自行颁发毕业证书，个别学校乱登广告蒙骗学生，严重损害民办高校声誉等问题，要求各地政府采取措施加强管理。1988 年，北京市成教局开始对社会力量办学进行清理整顿。1990 年，全市社会力量办学由 1989 年的 522 所（在校生 63826 人）规范为 492 所，其中民办高校为 40 所（面授 17 所，函授 23 所）。民办高校主要举办自学考试辅导，学生通过参加高等教育自学考试可以获得高等教育自学考试毕业证书。学校所设专业以经济、文秘为主，同时设有医科、外语、艺术等专业。

1991 年，全市民办教育事业稳步发展，各级各类民办学校增加到 716 所，35 万余人参加以民办高等教育、文化职业技术教育、社会文化生活教育培训为主的学习。1992 年 9 月，北京市依据 1990 年市政府印发的《北京市社会力量办学管理办法》，批准第一所民办学校“北京私立正则中学”。1993 年，《中国教育改革和发展纲要》正式确立发展民办教育的“十六字方针”：积极鼓励、大力支持、正确引导、加强管理。随着国家教委、国务院和北京市相继发布、颁布有关民办教育的规定和条例，北京的民办教育，特别是民办培训机构进入大力发展和实践探索阶段。1993 年 11 月 16 日，北京市海淀区私立新东方学校成立，学校以出国英语考试辅导为特色，至 2001 年发展成为集教育培训、教育研发、图书杂志音像出版、出国留学服务、职业教育、在线教育、教育软件研发等于一体的大型综合性教育科技集团。1994 年，北京新成立一批以北京小牛津双语幼儿园（寄宿制）为代表的民办双语教学寄宿制幼儿园。

表 1-8-1　　1991 年至 1995 年北京市社会力量办学基本情况统计表　　单位：人

年份	学校数（所）	参加学习人数	学校教职工
1991	716	350633	—
1992	936	442000	5627
1993	1367	637000	8418
1994	1527	565350	11412
1995	2068	623707	12345

1993 年 10 月，北京市在全国率先进行高等教育学历文凭考试试点。高等教育学历文凭考试是国家对尚不具备颁发学历文凭资格的民办高校学生组织的学历认定考试，属于大学专科水平的高中后教育，也是自学考试制度的新模式。凡经市成教局批准的全日制面授民办高等学校经审批均可举办文凭考试试点校。学生以参加北京地区普通高考和成人高考的线下生为主。凡参加国家组织的文凭考试试点的学生，学分累计达到标准、思想品德鉴定合格者，由北京市高等教育自学考试委员会颁发国家承认的毕业证书。试点专业学制一般为 3 年，学生学分累计达到标准，考试成绩合格，由北京市高等教育自学考试委员会办公室核发高等教育文凭考试毕业证书。当年，中华社会大学等 15 所民办高校试办 15 个专业。1996 年，15 所民办高校文凭考试试点招生 1.2 万人，毕业 7509 人。2004 年，教育部决定取消高等教育学历文凭考试，2005 年停止招收学历文凭考试学生。2008 年，北京市 42 所民办高等教育机构 25 个专业的 2167 名考生申报毕业，其

中，2135 人通过毕业复审。至此，北京市高等教育学历文凭考试全部完成。此后，北京市民办高等教育机构主要从事高等教育自学考试助学辅导、继续教育培训及其他文化教育。

表 1–8–2　　　　北京市高等教育学历文凭考试专业情况一览表

开考时间	专业名称（专科）
1993 年	法律、文秘、英语、工商企业管理、日语、国际贸易、财务会计、金融、旅游管理、中医、工业与民用建筑、应用电子、计算机应用、艺术设计专业服装设计方向、艺术设计专业装潢设计方向、艺术设计专业室内设计方向
1997 年	营养学
1998 年	通信工程
2000 年	动物科技
2001 年	航空服务、电子商务
2002 年	计算机网络、体育产业管理、市场营销
2003 年	物流管理、生物技术、武术

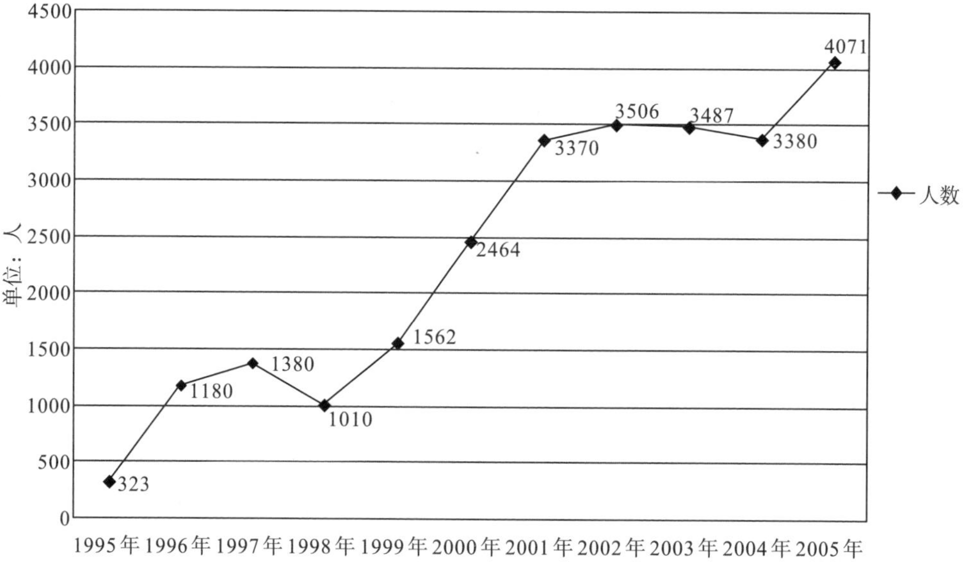

图 1–8–1　1995 年至 2005 年北京市学历文凭考试毕业生变化图

1996 年，市教委成立后统筹管理全市社会力量办学。当年北京市有社会力量办学 1911 所（点），在校生 312374 人。培训机构举办文化补习、职业技术、实用技术和社会文化、社会生活等培训项目上千种。1998 年，全市民办中小学 41 所。

2002 年 3 月，北京市民办高等教育机构和民办高等学校分类管理，当年，北京市有民办高等学校 3 所。

2004 年 5 月，市教委批准设立首都师范大学科德学院和北京工商大学嘉华学院两所独立学院。独立学院是指实施本科以上学历教育的普通高等学校与国家机构以外的社会组织或者个人合作，利用非国家财政性经费举办的实施本科学历教育的高等学校，为民办高等教育的重要组成部分，施行独立法人、独立校园、独立招生、独立财务核算，教育事业统计中不单独记入校数。2004 年 9 月，市教委完成先进民办高校评选。评选设立学校办学指导思想与学校发展、党建和行政管理、办学行为、教育教学质量和学生管理 5 方面指标。19 所民办高校申请参加评选，其中，北京城市学院、北京中新企业管理学院、中国管理软件学院、北京人文大学、北京培黎职业学院和燕京华侨职业学院获 2004 年度北京市民办教育先进单位。2005 年 4 月和 7 月，教育部分别批准设立北京邮电大学世纪学院、北京工业大学耿丹学院。10 月和 11 月，教育部批准筹建北京第二外国语学院中瑞酒店管理学院。至 2010 年，北京市公办高校举办的独立学院为 5 所，在校生约 2 万人。

2005 年，北京市共有各级各类民办学校和教育机构 2197 所，在校学生 229.26 万人，专任教师 3.02 万人，兼任教师 2.58 万人。其中，民办高校 10 所，民办高等教育机构 50 所，在校生 228899 人；民办高等教育学校数量和在校生数比 2002 年分别增长 233.3% 和 16.5%。

2006 年，北京市民办中小学校数达到最高，共 117 所，其中民办中学 96 所，民办小学 21 所。2006 年以后，民办中小学学校数开始回落。至 2010 年，北京市民办中小学 94 所，其中民办中学 73 所，民办小学 21 所，民办中小学就读学生总数 69278 人。

表 1–8–3　　1996 年至 2010 年北京市民办中小学统计表　　单位：所

年度	普通中学	小学	合计
1996	33	3	36
1997	41	4	45
1998	65	5	70
1999	42	3	45
2000	51	4	55
2001	61	3	64
2002	74	8	82
2003	81	10	91
2004	93	12	105
2005	92	16	108
2006	96	21	117

续表 1-8-3

年度	普通中学	小学	合计
2007	76	19	95
2008	76	20	96
2009	85	24	109
2010	73	21	94

2009 年 11 月至 2010 年 1 月，北京市开展民办高等教育机构办学状况评估。71 所经市教委批准成立的具有民办学校办学许可证、法人证书的民办高校参加评估和专项检查，51 所民办非学历高等教育机构评估结果为合格。46 所民办非学历高等教育机构统计显示，学校占地面积共 599.87 万平方米，其中占地面积超过 6.66 万平方米（100 亩）的学校有 20 所。校舍建筑总面积达到 213.5 万平方米，其中教学行政用房建筑面积达 80.3 万平方米，生均 9.23 平方米；21 所学校摆脱了完全依靠租赁校舍办学的局面，学校自有的校舍建筑总面积达 80.8 万平方米。教学仪器设备总值达到 1.7 亿元，教学用计算机共 1.7 万台，生均 0.2 台。图书资料共约 231.7 万册，生均约 28 册。

表 1-8-4 2009 年至 2010 学年北京市民办高等教育机构办学评估合格学校一览表

学 校		
北京现代音乐研修学院	北京北大资源研修学院	中国信息大学
北京人文大学	北京高等秘书研修学院	北京中新企业管理学院
北京八维研修学院	北京文理研修学院	东方文化艺术学院
北京中国驻颜美容学院	北京黄埔大学	北京建设大学
北京涉外经济专修学院	北京卓达经济管理研修学院	北京京海研修学院
北京经济技术研修学院	现代管理大学	北京华大研修学院
北京珠宝首饰研修学院	北京影视研修学院	北京社会函授大学
北京心理学函授学院	北京经济管理函授学院	北京国际汉语学院
北京汉语国际推广中心	北京彼得·德鲁克管理研修学院	北京工商管理专修学院
北京应用技术大学	中国管理软件学院	北京金融学院
北京东方大学	北京民族大学	北京演艺专修学院
北京国际标准舞研修学院	中国逻辑与语言函授大学	中国农民大学
北京国际青年研修学院	北京计算机专修学院	北京国际经贸研修学院
北京中山学院	北京自修大学	北京旅游专修学院
北京兴华大学	北京财经专修学院	北京明园大学
北京东方研修学院	北京军地专修学院	北京机械工程师进修学院
北京摄影函授学院	中国教育国际交流研修中心	北京东方妇女老年大学

至 2010 年，全市各级各类民办学校（机构）644 所，在校学生 317130 人，毕业生 79554 人，招生数 88839 人，教职工数 37656 人，其中专任教师 19969 人，比 2006 年的学校数量、在校生、毕业生和教职工数分别增长 16%、13.7%、48.8% 和 28.7%。其中，民办高校由 2006 年的 10 所增加到 2010 年的 15 所（包括 1 所本科院校、9 所高职院校、5 所独立学院），办学规模不断扩大；民办高等教育机构由 2006 年的 51 所增加到 2010 年的 62 所（以全日制自学考试助学辅导为主，同时举办短期业余培训、函授等教育），但招生数却在逐年递减。中等教育学校 94 所，在校生 43386 人，民办小学 21 所，在校生 32686 人，民办幼儿园 445 所，在园幼儿 83730 人。此外，在教育行政部门注册的民办职业技术培训机构 1194 所，注册学生数约 11.9 万人。

表 1-8-5　　2006 年至 2010 年北京民办教育办学规模统计表　　单位：人

类别	年度	学校（所）	毕业生	招生数	在校生	教职工
高等教育（包含民办高校和民办高等教育机构）	2006	61	32164	62482	194678	15631
	2007	60	55036	61594	250593	15922
	2008	74	56730	57159	243772	17070
	2009	80	62720	47660	208863	17597
	2010	77	46766	36168	157328	16779
中等教育（包含民办高中、民办中等职业教育、初中阶段教育）	2006	115	10366	13140	47190	5182
	2007	115	12794	14758	47513	5048
	2008	118	13287	15696	48801	4817
	2009	106	12857	14954	44530	4766
	2010	94	11225	14983	43386	5016
民办小学	2006	21	931	1388	6678	1321
	2007	19	2402	4513	21643	1374
	2008	20	3155	5832	26315	1753
	2009	24	3860	5904	30630	1970
	2010	21	3875	6863	32686	2295
民办幼儿园	2006	350	10012	11869	35580	7114
	2007	343	12733	16622	47854	8934
	2008	380	14577	21000	56642	10205
	2009	409	16337	24671	69529	12138
	2010	445	17688	30825	83730	13566
民办职业技术培训机构	2006	1798	1630979	—	1404501	31084
	2007	1796	1656242	—	768000	31067
	2008	1386	871689	—	576817	26462
	2009	1391	965864	—	970000	25743
	2010	1194	941517	—	1191672	24291

续表 1-8-5

类别	年度	学校（所）	毕业生	招生数	在校生	教职工
合计	2006	2345	1684452	88879*	1683227	60332
	2007	2333	1739207	97487*	1135603	62345
	2008	1978	959438	99687*	952347	60307
	2009	2010	1061638	93189*	1323552	62214
	2010	1831	1021071	88839*	1508802	61947

说明：* 为不包含民办职业技术培训机构的招生数

第三节　举办条件

举办民办学校需符合北京市相关法规，经举办者申请，教育行政部门审查批准后办学。

1990 年 8 月，《北京市社会力量办学管理办法》规定社会力量办学举办条件：单位具有法人资格，公民个人具有本市常住户口，并具有完全的民事行为责任能力；有与所举办的教育内容相对应的专业优势或者特长。有明确的办学宗旨、培养目标、教学计划、教学大纲和相应的教材。有健全的管理机构和规章制度。有必要的筹建费用和相应的办学规模、办学人员及设施（具体标准由市成人教育局制定）。租借的校舍、实验实习场所，有签订的具有法律效力的契约，其中高等教育层次学校租借契约租期不得少于 4 年，培训机构租借契约租期不得少于 2 年；举办的学校和培训机构申请颁发国家承认学历证书资格的，除符合上述条件外，还必须符合国家对同级同类学校规定的设置条件。学校和培训机构必须配备遵守国家法律、思想品德好、作风正派，具有一定教学经验和组织管理能力，有与办学内容相应的文化程度或者专业技术资格，能坚持正常工作，身体健康，年龄男不超过 75 岁、女不超过 70 岁的专职正副校长或者正副主任。高等教育层次学校的正副校长必须具有 5 年以上高等学校工作经验。

1995 年 11 月，市教育局印发《北京市民办中小学幼儿园管理暂行规定》，规定举办民办中小学、幼儿园应当具备以下条件：有符合国家教育方针的办学宗旨；符合本市和所在区、县教育发展规划；有符合规范的校（园）名；能够独立承担民事责任；有必备的办学资金、稳定的经费来源、合理的收费标准和经过公证的足额的风险担保；有合格的师资；有符合规定标准的与学校级类和规模相适应的校（园）舍、场地和其他办学设施、设备；有合法的学校（园）组织章程、组织机构，及符合国家要求的校（园）长人选有根据国家和地方教育行政部门颁布的课程方案和教材选用意见制定的课程教学计划和教材选用计划。校（园）长须由有本市正式户口的中国公民担任，按照同级同类公办学校校（园）长任职资格执行。

1998年4月，市教委印发《北京市民办高等学校（非学历）设置标准及申办审批有关规定（试行）》。规定申请举办具有颁发高等教育学历文凭资格的民办高等学校，按照国家教育委员会《民办高等学校设置暂行规定》执行。面向社会举办实施学制在二年以上的全日制高等教育但不具备颁发学历文凭资格的教育机构，应具备下述基本条件：申请举办民办高校的企事业组织、社会团体及其他社会组织应具有本市法人资格。公民个人申请办学应具有本市正式户口、政治权利和完全的民事行为能力。举办者可通过捐赠、出资等方式为设置的机构提供必要的经费和办学的基本条件。联合出资举办教育机构的举办者，应视出资比例，确定一方为举办者。教育机构成立后，举办者应将提供的资产移交给教育机构管理和使用，并不得抽逃或撤出。举办者应当通过校董会体现其办学宗旨。有稳定的经费来源，办学启动资金不得少于300万元，并提供具有法律效力的资信证明。有健全的机构和规章制度。制定学校章程，按照《北京市社会力量举办学校设立董事会的暂行办法》设立校董会。建立行政、教学、财务、学生管理机构，并制定相应的规章制度。有明确的办学宗旨、培养目标、办学方案。有经专家论证的与所开办专业相应的教学计划、教学大纲；开设的专业一般不少于3个，学制2年以上；办学规模不少于500人（其中实施学制2年以上全日制高等教育的在校学生不少于300人）。有明确的招生对象及来源的可行性论证报告。有能够坚持党的基本路线、政策观念强、思想品德好、熟悉教育工作、有组织管理能力的领导班子。校长（须有本市正式户口）、教学副校长须具有大学本科以上（含大学本科毕业）文化程度；5年以上高等学校系主任（教务主任）以上职务的管理工作经历；熟悉教育规律、教学业务；具有高级职称；年龄在70岁以下，能坚持正常工作。专职行政、财务、学生管理人员，应具有大专以上文化程度，熟悉高等学校工作。教务主任应具有大学本科以上文化程度，从事过高校教学管理工作。管理人员人数与学生人数一般应按1:15配备。董事、校长与副校长之间；正、副校长与担任人事、会计、总务职务的人员之间实行亲属回避制度。配备政治素质高，业务能力强，具有教师资格并具有高等学校教学工作经验的教师队伍。配备教师实行聘任制。各门公共必修课、专业基础课和专业必修课，至少应配备有讲师以上职称的教师1人。每个专业必须配备专任学科骨干教师，学科骨干教师应具有本科（相关专业）以上学历、高级职称，并有3年以上高等学校教学工作经历，能经常到校参加专业建设工作。专、兼职教师与学生的比例一般不低于 1∶15。有稳定、集中的教学设施和场所。校舍：自有校舍建筑总面积不小于 3000 平方米（按 300 人规模、每生 10 平方米计算）。计算机专用教室：每校至少配备计算机 70 ~ 80 台。语音室：每校至少配备语音设备 40 ~ 50 座。实验室：开设理工专业的，应配备必要的专用实验室；开设财经类专业的，应配备财会专用模拟实验室。各校实验课自开率不低于 70%。图书：每校不少于 30000 册，其中专业书比例不低于 70%。报纸、杂志不少于 50 种。生活设施：招收全日制脱产学生的学校，应有与住宿人数相适应的宿舍、食堂、卫生保健设施以及学生锻炼身体的场地和体育器材。宿舍和食堂条件要确保安全、卫生、价格合理和便于管理。举办专业技术性、对公民身心健康、安全影响大的教育专业或培训项目，如举办含文艺、饮食、卫生、体育等专业性高等教育机构，须先经有关行业主管部门审核同意。

1998 年 5 月 26 日，市教委发出《关于社会力量办学举办者资格的通知》，规定社会力量办学举办者资格为：企事业组织、社会团体及其他社会组织应具有法人资格；公民个人应具有政治权利和完全民事行为能力；其办学所需经费应达到基本条件，即：初等层次为 5 万元以上、中等层次 30 万元以上，高等层次为 300 万元以上。

1998 年 12 月，市教委规定社会力量举办的中等及中等以下非学历教育机构设置标准。其中，关于举办者规定，举办者应是具有法人资格的企事业组织、社会团体及其他社会组织，或具有政治权利和完全民事行为能力的公民个人；举办者应通过捐赠、出资等方式为设置的非学历教育机构提供必要的经费和办学的基本条件；联合出资举办非学历教育机构的举办者，应视出资比例，以及经公证机关公证的联合出资协议书，确定一方为举办者。关于资金规定，除办学启动资金一般不得少于 10 万 ~ 50 万元（具体数额由各区县教育行政部门予以规定）外，非学历教育机构还应有稳定的经费来源。关于机构、章程和规章制度规定有学校章程，有行政、教学、财务、学生管理机构，有健全的规章制度，设立校董会的，按照《北京市社会力量举办学校设立董事会的暂行办法》的规定执行。同时，要求有明确的办学宗旨、培养目标、办学方案；有明确的招生对象及相对稳定的生源，并具有一定的办学规模；有能够坚持党的基本路线、政策观念强、思想品德好、熟悉教育工作、有组织管理能力的领导班子。非学历教育机构的法定代表人（须有本市正式户口，简称“校长”）和教学副校长须具有中级以上职称或本科以上（含大学本科毕业）文化程度，5 年以上教育管理工作经历，熟悉教育规律、教学业务，年龄一般在70岁以下，能坚持正常工作；有与办学层次、办学内容、办学规模相适应的专兼职管理人员；校长与副校长之间，正、副校长与担任人事、会计、总务职务的人员之间实行亲属回避制度；设立董事会的非学历教育机构，董事、校长与担任人事、会计、总务职务的人员之间实行亲属回避制度。配备政治素质高，业务能力强，与所设专业相适应的熟悉教学业务的专兼职教师队伍。有与办学规模相适应的，稳定、集中的，符合国家安全标准的校舍，面积不少于500平方米；租借校舍的租借期不少于5年。有与办学内容相适应的教学实验实习设备和场所，有一定的图书、杂志、报纸等资料。举办专业技术性、对公民身心健康、安全影响大的教育专业或培训项目，如举办涉及文艺、饮食、卫生、体育等专业性非学历教育机构，须先经有关行业主管部门审核同意。举办高等教育自学考试助学辅导，按市教育行政部门有关规定办理。

1999年3月，市教委关于社会力量举办中等职业学校，在学校规模、管理人员和师资（专任教师）条件、学校校舍条件、设备条件、图书资料、办公经费及开办注册资金等方面作出规定。具体设置条件：专业设置两个以上，各类在校学生人数480人以上（艺体类不得低于240人），具有连续招生条件和需求，有人才需求、专业设置论证材料、课程计划、学校发展规划。校长和教师必须具备国家规定的任职资格和条件。全脱产班师生比1∶15，业余班1∶25。学校自有校舍建筑面积：城区不得少于3000平方米，郊区不得少于4000平方米，并应有相应的运动场地。临时租借校舍不得超过2年，逾期取消招生资格。临时租借校舍需具备一经批准办学即可生效的租借校舍、场地的协议书，且附有切实可行的自建校舍计划及必要的资金准备；社会力量举办中等职业学校租用和借用公办中小学校舍，须经区、县教育行政部门批准。学校要有与招生规模相适应的供师生用的食宿条件。教学用房不得少于生均4平方米，艺术、体育类专业要求具备与办学规模相适应的训练用房。学校有专用教室、实训基地，实验自开率高于80%。学校应设专用计算机房和语音教室。图书不少于1.2万册，专业图书应占图书总数的70%以上。学校必须有稳定的经费来源并保证逐年增加。学校开办注册资金（教育事业费）不少于150万元。

2004年，市教委就北京市民办自学考试助学及其他文化教育学校（民办培训学校）设置标准作出规定。设置民办培训学校应依法组建学校理事会、董事会或者其他形式的决策机构。设置民办教育培训学校须配备专职校长。校长应符合下列条件：具有较高政治素质和管理能力、品德高尚；具有五年以上教育教学或相关管理工作经验；具有大学本科以上学历或者中级以上专业技术职称；年龄在

70 岁以下，身体健康，能坚持在校正常工作。设置民办培训学校须配备专、兼职教师队伍。聘任的教师要符合《中华人民共和国教师法》和有关法规规定的教师资格和任职条件，教师的人员配备应与办学内容、学校规模相适应。应配备专、兼职管理人员。其中财务人员应具有会计岗位资格证书。须有与办学规模相适应的、稳定的、符合安全规范的教学、实验、办公用房，建筑面积一般不少于 300 平方米。租借教学、实验、办公用房的，须签订具有法律效力的租借合同，租借期不少于两年。必须配备与办学内容相适应的教学仪器设备、图书资料和必要的办公设备。在办学许可有效期内，举办者必须保证学校的办学条件。须制定学校章程和有关规章制度，应有与办学内容、教学特色相适应的教学计划、教材和教学大纲。所需基本建设投资和正常教学等各项工作所需的经费，须有稳定、可靠的来源和切实的保证。一般应有不少于 10 万 ~ 50 万元的资金（各区县教育行政部门根据本区实际确定具体数额）作为必要的办学经费的保证。

2007 年 3 月 1 日起，《北京市实施〈中华人民共和国民办教育促进法〉办法》施行。依据《中华人民共和国民办教育促进法》，北京市学历教育民办学校的设置标准参照同级同类公办学校的设置标准执行。7 月，市教委依据《中华人民共和国民办教育促进法》印发民办非学历教育培训机构设置管理规定。举办民办非学历教育培训机构应具备 12 项条件：

——举办者应为国家机构以外的社会组织或具有政治权利和完全民事行为能力的公民个人。

——拟任非学历教育机构校长年龄不超过 70 周岁，身体健康，能专职主持日常工作，具有中级以上专业技术职称或大学本科以上学历，5 年以上的相关教育教学经验。

——具有稳定的办学经费来源，注册资金不少于 50 万元（其中 20 万元为风险资金）。

——具有能够满足教学需要的相对稳定的办学场地和教学用房，校舍面积不低于 500 平方米，其中教学面积不少于 80%。房屋产权清楚，租用期或使用期限不低于 3 年，适合办学，无安全隐患。不得使用居民住宅、地下室作为办学场所。教室和办公室应设在一处。

——举办计算机专业培训应具有不少于 40 台的较新型号计算机；举办其他专业性较强的培训应具有与办学规模相适应的教学设备和场所；有一定数量的图书资料。

——举办非全日制高等教育自学考试助学辅导机构的，其校舍建筑总面积应不少于1000平方米；举办全日制高等教育自学考试助学辅导机构的，校舍建筑总面积应不少于3000平方米，并按照办学规模保持生均不低于10平方米的建筑面积。设备总值应不少于100万元，图书资料不少于10000册。按照不低于20∶1的生师比配备专任教师，参照有关规定配备班主任等学生教育管理人员。

——非学历教育培训机构应当设立理事会、董事会或其他形式的决策机构（组成人数应为不少于5人的单数），其中三分之一以上的董事或者理事应当具有5年以上的教育教学经验。

——举办专业性较强、对公民身心健康、安全影响较大的培训须经政府有关行政管理部门审核。民办非学历教育培训机构不得举办军事、警察、宗教、政治等类培训。

——有完善的办学章程、教学计划或方案。

——有2名以上具有专业资质的财务人员。

——有一定数量与开办专业和办学规模相适应的教师。

——2名以上专职行政管理人员。

第四节　办学许可证管理

1988年，北京市对全市社会力量办学进行了检查、清理和登记。检查合格者，由区、县成人教育局审核批准，颁发《北京市社会力量办学证明》。

1990年8月，依据《北京市社会力量办学管理办法》规定，北京市实行核发“北京市社会力量办学许可证”制度。对符合办学条件，经批准的发给“北京市社会力量办学许可证”。“北京市社会力量办学许可证”实行年度检验制度，各校须按市或区、县成人教育局的规定办理年检手续，成人教育行政机关对年检合格学校的许可证须加盖年检戳记。市或区、县成人教育局颁发的许可证是合法办学的凭证。非法办学者分别由市或区、县成人教育局、物价局、财政局、审计局、工商行政管理局、公安局、银行依照管理职权视情节轻重给予警告、通报批评、责令退还学费、没收非法所得、限期整顿、勒令停办、取缔等处罚，直至追究法律责任。

1990年年底至1991年，市、区、县成教局对社会力量办学进行复查登记工作，为551所学校发给了“办学许可证”；53所学校缓发“办学许可证”；48所学校因有严重违令行为责令停止办学。同时清理未批准备案的办学机构150家，其中136家办理了补证手续，14家因不符合办学条件进行了处理。1992年10月，市、区县成人教育局按属地原则，对所辖地区无证办学问题进行大检查，共查处50起违令办学问题，按规定进行了处理。1992年第四季度，市成教局和市政府文教办、法制办联合对全市力量办学进行全面检查。市和区县政府均成立了执法检查领导小组。在学校自查的基础上，各区县检查组进行检查，在18个区县抽查了347所民办学校。之后，市检查组对东城区、西城区、海淀区、门头沟区、大兴区、昌平区6个区县及其所属12所民办学校进行重点抽查。此次检查学校共计359所，占民办学校总数的30%。全市共查出有违反法令行为的民办学校137所，对违法违令行为的108所学校进行了批评教育，违法令行为严重的18所学校予以取缔。同时，查处无证办学73家，其中47家经审核符合条件，批评教育后补办了手续，26家不符合条件令其停办。同年，市成教局建立法制处。100名执法干部经考核合格取得了执法检查证，建立了社会力量办学执法队伍。

1995年，《北京市民办中小学、幼儿园管理暂行规定》规定，北京市民办中小学、幼儿园签发办学证实行办学证制度，市教育行政部门及其授权机关对批难开办的民办中小学、幼儿园签发“北京市民办中小学、幼儿园办学证”。

1996年10月15日，市教委对执有“北京市社会力量办学许可证”的学校、培训中心、培训部、班集中进行年检和重新登记手续。经年检合格，按时办理重新登记手续的学校，核发市教委统一印制的“北京市社会力量办学许可证”，1997年继续办学。对违反国家法令、法规和北京市有关规定办学，受到教育行政部门处罚的；财务审计、物价年检存在严重问题的；工作中存在问题需要继续调查处理的；逾期未到教育行政部门办理年检和重新登记手续的社会力量办学机构限期改正，并暂不发给办学许可证。对根据有关规定应予以停办、吊销许可证或者取缔的，1996年未开展办学活动的，按规定未参加1996年度物价年检或年检不合格的学校不发给办学许可证。

1998年5月1日起，北京市启用“中华人民共和国社会力量办学许可证”，办学许可证分别由审批机关颁发。换发（核发）范围包括实施学历教育、文化补习、学前教育、自学考试助学、社会文化生活教育为主的教育机构，也包括民办幼儿园和实施学历教育的民办中小学、职业高中、普通中专、成人中专、成人（职业）高中等教育机构。6月1日，市教委在核发“办学许可证”之前，对全市民办中学（职业高中）、小学和幼儿园的办学情况进行一次全面检查。检查对象为全市已批准的民办幼儿园、小学、普通中学和职业高中。合格校发给新的“办学许可证”，允许继续办学；不合格校，限期整改或予以撤销。此后，“北京市社会力量办学许可证”“北京市民办中小学、幼儿园办学证”，全部换发为“中华人民共和国社会力量办学许可证”。

2001 年，北京市对高等学校举办社会助学实行“社会力量办学许可证”制度。高等学校所在区（县）教育行政部门根据学校的办学条件和主管部门核定的办学规模情况，包括校舍、教室、师资、管理、专业、规模等对高等学校申请举办社会助学进行审批，办理“社会力量办学许可证”（注明社会助学）。

2004 年 9 月 1 日，北京市启用新的“中华人民共和国民办学校办学许可证”。12 月 13 日，市教委对取得“办学许可证”的民办学校的办学情况逐项检查，主要检查学校属性、办学条件、学校章程、办学行为。符合规定条件的学校换发新的“许可证”，对存在的违法违规办学行为依法查处。“办学许可证”仅适用于符合《中华人民共和国民办教育促进法》规定范畴的各级各类民办学校，不在《中华人民共和国民办教育促进法》调整范围内的学校和教育机构，不再颁发“办学许可证”。

从 2007 年起，在全市民办学校中建立办学情况年度报告制度。经市、区县教育行政部门审批的民办学校，于每年第一季度，将上一年度的办学情况向主管教育行政部门进行报告。

年度报告包括年度财务审计报告、由校长签署的学校依法办学情况的书面报告、年度办学基本情况统计等材料、房产或房屋租赁证明的原件和复印件及卫生、消防、公安部门的证明文件、举办者资质证明（法人证书、营业执照及校长、董事长身份证明）复印件。

从 2009 年 3 月起，市教委开始换发教育部新修订的“中华人民共和国民办学校办学许可证”，有效期限为 3 年，特殊情况不超过 6 年。2004 年 9 月 1 日启用的“办学许可证”自 2010 年 1 月 1 日起停止使用。

2008 年，市教委组织换发新的“中华人民共和国民办学校办学许可证”。新的许可证包括名称、地址、校长、学校类型、办学内容、主管部门、有效期限。本科学校、独立学院由市教育行政部门进行审查，教育部换发办学许可证。其他各区县批准设立的民办学校和培训机构，由区县教委换发。

第五节　日常管理

一、收费管理

1990 年 10 月 26 日，市财政局和市成人教育局发布《北京市社会力量办学财务管理暂行规定》，明确学校收费须执“收费许可证”并按物价局核定的项目、标准进行收费。收费须使用市财政局统一印制的收据。

1993年4月18日，市物价局和市财政局制定社会力量办学、工人技术培训收费标准权限，规定：凡经成人教育部门批准的社会力量办学或劳动部门批准的工人技术等级（岗位）培训班、就业前培训班的学费（培训费）和报名费的收费标准由各办学单位根据市场的需要和学校的办学条件自行制定，并分别报所在区县物价局、劳动局、成人教育局备案。社会力量办学的学校和办学单位须持成人教育部门或劳动部门批准证书到所在区县物价部门办理收费许可证后方可收费，收费要实行明码标价。

1996年6月18日，市教委就社会力量办学收取学杂费印发通知，明确规定：学校和教育机构必须要按照市、区县教委、成教局核准备案，按物价局批准的收费项目和标准收取学杂费，变更收费标准须按原审批程序办理变更手续。学校和教育机构学制一年以上（含一年）的，收取学杂费时不得跨学年收费。并按“新生新办法、老生老办法”执行。学校和教育机构学制一年以下实施短期培训的，收取学杂费时不得跨期收费。学校和教育机构应接受物价、财政、审计和教育行政部门的监督和检查。凡违反规定跨学年收取学杂费以及对老生按新生标准收取学费的，均按乱收费予以查处。

1997年印发的《北京市民办高校招生管理若干规定》也明确规定：学校收费必须公开其标准，未经物价部门批准不得擅自增加收费项目或提高收费标准。收取学杂费不得超过一学年度。学校应按有关法规政策制定退学、退费规定，并在招生快讯、招生现场予以公告。

2002年10月28日，市教委制定《北京市民办高等学校收退费管理办法（试行）》，首次明确退学退费规定。学校须按照教育行政部门和其他有关部门核准的收费项目和收费标准进行收费，并使用市有关部门统一印制的专用票据。该票据作学校收费和退费的凭证和依据。学生入学后因故要求退学退费的，须向学校提出书面申请，阐明理由，出具有关退学退费材料和凭证。办理退费，按以下标准执行：因学校刊登、散发虚假广告（简章）或其他违反教育法律、法规的行为或校方造成的其他原因，学生要求退学退费的，学校须退还学生所缴纳的全部费用；学校开学前或学生出具武装部门的应征入伍通知书提出退学退费申请的，学校扣除报名费后，应退还学生所缴纳的其余学费、杂费；学校开学后，学生出具国家各级各类承认学历的院校的正式录取通知书或因重大疾病、意外伤亡、家庭特殊困难等正当理由提出退学退费申请的，学校按学生的实际学习时间扣除相应的学费、杂费及报名费后应退还学生所缴纳的其余学费、杂费。一般情况下，学校开学（扣除军训时间，以下同）7天以内，学生提出退学退费申请的，学校扣除学生本学期学费、杂费的10%及报名费后，应退还学生所缴纳的其余学费、杂费；学校开学8至15天以内，学生提出退学退费申请的，学校扣除学生本学期学费、杂费的30%及报名费后，应退还学生所缴纳的其余学费、杂费；学校开学16～30天，学生提出退学退费申请的，学校扣除学生本学期学费、杂费的50%及报名费后，应退还学生所缴纳的其余学费、杂费；学校开学30天以后，一般不再办理本学期退费手续。学生在校期间因触犯国家法律、法规等原因被学校作开除学籍处分的，学费一般不予退还。

2005年3月，依据国家《民办教育收费管理暂行办法》。实施学历教育的民办学校收费执行审批制，收取的学费、住宿费标准，由民办学校提出书面申请，教育行政部门审核，由教育行政部门报价格主管部门批准。实施非学历教育的民办非学历教育机构，收费执行备案制，收取的学费、住宿费标准，由民办学校自行确定，报价格主管部门备案。

2009年6月3日，市教委印发《北京市民办学校退费管理办法》。办法规定：新生在报到前和上课前提出退学的，学校退还全部学费；按学期收费的全日制学校，学生在开始上课后的一个月内提出退学，学校核退80%的学费；一个月至两个月内提出退学，学校核退60%的学费；开学两个月后提出退学，学校不予退费。按学年收费的全日制学校，学生在第一学期开始上课后的一个月内提出退学的，学校核退80%的学费；一个月至两个月内提出退学，学校核退60%的学费；开学两个月后提出退学者，学校不退本学期的学费，第二学期的学费、住宿费和未发生的代收代管费用退还学生。学生在第一学期结束后提出退学的，学校应退还其余学期相关费用。参加短期、业余培训的学生，在完成本期二分之一课时前提出退学的，学校应按已完成课时的比例，扣除相应比例的学费及已发生的代收代管费用、相关税费后，退还剩余部分。学生在完成本期二分之一的课时后提出退学的，学校不再退还学费。办法还对其他情况的退学做了详细规定。2002年10月28日发布施行的《北京市民办高等学校收退费管理办法（试行）》同时废止。

二、招生管理

20世纪90年代初期，市成教局要求社会力量举办的高等院校招生计划须经市成教局审查批准，招生广告、招生简单一律在学校名称后面注明“社会力量办学”，只能在北京地区招生。

1994 年 6 月 30 日，市成教局针对全市社会力量举办的面授高等院校招生工作下发通知，要求学校要立足北京市，为实施全市中高层次紧缺人才培训、转岗人员培训、乡镇企业职工的培训服务；有食、住、安全保卫、医疗保健等条件的学校可限量招收部分老、少、边、贫地区的学生。学生的入学条件，必须具有高中毕业水平或同等以上水平，高考落榜生要控制分数线，相关科目成绩需达到一定水平。

1997 年 4 月 17 日，市教委印发《北京市民办高校招生管理若干规定》。明确规定：学校应编制与本校办学条件、管理能力和教学水平相适应的招生计划，经校（院）长办公会议研究确定，由主管校（院）长直接负责，于当年 5 月上旬报市教育委员会社会力量办学管理办公室审核，实际注册人数于当年 10 月底报市政府和国家教委审批或备案。招生广告、招生简章（包括自行印制）需经市教委社管办审批，内容必须符合有关规定，招生工作不得委托或承包给经营性中介机构或个人代为招生，不得蒙骗学生。学校只面向北京地区招生，原则上不招收外地学生，不得擅自到外省市招生或设立招生工作站。确需跨省市招生的，按市教委有关规定办理。招收住宿生需具备必要的食宿、安全保卫、卫生条件。租用的食、宿、医疗卫生场所应有 3 年以上的租赁合同，并随同当年招生计划报市教委社管办审核。招收学生应具备相应的入学条件和录取分数线，在开学一周之内对其入学资格进行复审，不符合入学条件者在开学一周内劝退。举办高中阶段教育，需经市教委有关部门批准。

1997 年，市教委根据调查和社会各界反映，针对有的学校未经批准擅自在报刊上登招生广告；有的学校委托学生或其他人员在外省市散发招生简章；有的学校教学点承包办学的违规情况下发紧急通知，要求学校根据有关规定和年度招生计划，对招生情况进行自查和总结，如有违反招生规定的应立即纠正，并在 10 月 15 日前，将招生工作总结、简章及宣传材料报市教委社管办。同时，对违规的京桥大学、京西大学停止 1997 年的一切招生活动，并取消两校高等教育学历文凭考试试点资格。

1999 年 6 月至 7 月，市教委组织专家对民办高校教学点进行全面检查，部分管理混乱、条件差的教学点被撤销和停止招生；进一步制定和完善民办高校招生政策，加强规范管理，全年审批广告简章 390 余份，其中，对违纪广告简章 80 余份进行处理。因内部管理混乱，给予现代管理大学、北京蔚林经济管理学院停止招生、进行整顿的处理。

2000年7月11日，市教委发出重申民办高校招生办学工作有关规定的通知。各民办学校办学点属学校内设机构，不得独立开展招生活动，各民办高校不得擅自刊登、张贴、散发招生广告和简章。通知强调，未经许可各校不得到外省市刊登、散发招生广告和简章，不得在外地设立招生站或派人前往招生。

2001年8月29日，市教委印发《关于加强民办高校招生管理工作有关事项的通知》。通知规范民办高校招生广告（简章）内容，明确各校教学点属于学校内设机构，不得独立开展招生及宣传活动。教学点不具有独立法人资格，其招生、招生宣传、教师聘请、收费、退费、学生安全、签署办学相关合同等办学活动由学校统一负责，所有办学责任由学校而不是教学点承担。通知强调，未经市教委审定，非文凭考试试点学校不得以文凭考试试点校名义招生。

2002年7月10日，市教委转发教育部《关于进一步做好民办高等教育机构招生工作意见》通知，再次重申：学校招生宣传材料内容必须真实有效，用词准确，尤其在介绍学历、证书等情况时，不得含糊其词、弄虚作假。民办高校的教学点属于学校内设机构，不得独立开展招生及宣传等活动。未经市教委审定，非文凭考试试点学校不得以文凭考试试点学校名义招生，各文凭考试试点学校也不得将试点资格转给非文凭考试学校，否则将暂停其下一学年文凭考试招生资格。学校不得擅自派人到外省市开展招生活动。如确需到京外招生的，需填写《北京市民办高等教育机构京外招生审核表》，市教委将视学校情况进行审核，核准后学校需到当地省级教育行政部门审批，获得批准后方可开展招生活动。

2005年，市教委发布《北京民办高校校外教学点管理办法》《关于规范民办高校招生简章和广告若干问题的意见》等文件，在制度约束上规范学校办学行为。3月31日，市教委取消北京工商管理专修学院廊坊东方大学城办学点，自3月22日，该办学点相继发生教师罢课、学生群体聚集等恶性事件。

从2006年开始，市教委发布关于北京市民办普通高校和非学历高等教育机构秋季招生政策通知，明确区分民办普通高校和非学历高等教育机构招生工作。民办普通高等学校指经教育部或市政府批准、具有颁发普通高等教育本科或专科学历证书资格，其普通本专科教育的招生，严格执行教育部普通高等院校招生管理规定，一律纳入全国普通高等学校统一考试招生体制内管理。经过批准实行学校自主招生改革试点外，其余民办普通高校没有自主招生权。录取通知书分为两类：一类是按全国普通高校招生规定，考生参加当年高考，达到录取分数线后，由省级招生部门办理录取手续，由学校寄发的普通本科、高职（专科）学历教育录取通知书；另一类是由民办高校自行组织生源，招收的非学历高等教育学生，由学校寄发的非高等学历教育录取通知书。

民办非学历高等教育机构以面向学校所在地区开展高等教育自学考试助学活动为教学内容，允许开展文化教育培训、职业培训。招收的学生只有通过国家高等教育自学考试规定的全部课程，方可取得加盖主考普通高校及自学考试办公室印章的国家承认的学历文凭，学校自行颁发的证书不具有学历证书性质。要求民办普通高校将非学历教育招生与学历教育招生分开进行宣传，避免相互混淆，引起学生误解。同时，市教委官方网站（www.bjedu.gov.cn）和北京民办教育网（www.bpedu.org.cn）及时发布相关政策信息。

2007 年 5 月 8 日起，北京市实施民办高等教育机构招生简章备案制。规定民办高校招生简章必须在教委备案，招生简章必须与备案内容一致，学校法定代表人要对招生简章真实性负责。6 月，北京民办教育协会受市教委委托开展民办高等教育机构第一轮招生广告检查，11 个已备案教育机构招生广告存在不同程度的虚假或不实宣传问题。市教委对虚假宣传的民办高等教育机构进行公开点名批评。至年底，58 所应备案院校，57 所报送备案材料。

2010 年，市教委继续开展民办高校招生简章和广告的备案及监测工作，共完成 73 所民办高校的招生简章和广告备案，备案院校占应备案院校的 96%。

三、广告管理

1990 年 6 月 18 日，市成人教育局和市工商局联合印发的《北京市社会力量办学招生广告管理暂行规定》，规定明确：社会力量办学招生广告的管理机关是各级工商行政管理局，招生广告内容的审批机关是成人教育局。刊播招生广告的学校，审批手续一般按市、区（县）两级管理的原则办理。外省、市学校（班）在京刊播招生广告，必须经北京市成人教育局审批；凡举办高等层次长学制（一年以上）的面授班及各类型、层次的函授、广播、电视班，其招生广告按隶属关系经区（县）成人教育局审核后，报北京市成人教育局审批。学校刊播招生广告需填报由市成人教育局统一印制的《北京市社会力量办学招生广告审批表》一式三份，广告经营单位、审批单位、办学单位各一份，同时上报招生快讯、教材。招生广告内容必须对学校招生专业、培养目标、招生对象、收费标准、颁发学习证明等作出说明。

1994 年 5 月 11 日，市成人教育局加强社会力量办学招生广告刊播管理工作，要求全市社会力量举办学校的招生广告必须经成人教育行政部门审批后，方可刊播。外地社会力量举办的学校在京刊播招生广告须经市成人教育局审批，不能来京办理广告审批手续的，由广告经营或代理单位到市成人教育局代办有关手续。广告经营单位应按《北京市社会力量办学招生广告审批表》批准的广告内容设计、制作、刊播广告，广告批准号必须列入广告内容刊播。任何广告经营单位不得刊播未经市成人教育行政部门审批的社会力量办学（含外地）招生广告。违者由成人教育行政部门和工商行政管理部门按有关规定予以处罚。

2001 年 8 月 29 日，市教委针对部分专修（研修）学院招生时擅自取消“专修（研修）”字样，擅自修改已经市教委核准的招生广告（简章）内容，个别非学历文凭考试试点学校擅自招收文凭考试学生等违规行为印发通知，对招生广告（简章）内容作出明确要求。学校招生广告（简章）内容必须与市教委核准的内容相一致，并且不得擅自修改，如需改动要另行报审。招生广告（简章）宣传的内容必须真实、准确，不得含有损害社会公共利益、妨碍社会公共秩序和违背社会风尚的内容。招生广告（简章）不得使用国旗、国徽、国歌；不得使用国家机关和国家机关工作人员的名义；不得使用“国家级”“最高级”“最佳”等用语。招生广告（简章）使用的数据、统计资料、调查结果、文摘、引用语，应当真实、准确，并注明出处。属于学校内设机构的教学点不得独立开展招生及宣传活动。未经市教委审定，非文凭考试试点学校不得以文凭考试试点学校名义招生。各文凭考试试点学校不得将试点资格转给非文凭考试学校。

2007 年 5 月 8 日起，北京市实行民办高等教育机构招生广告备案制。凡经市教委批准设立的民办高等教育机构，发布招生简章和广告，均须对招生广告进行备案。招生广告包括在本市或外省（自治区、直辖市），通过报纸、广播、电视、互联网、户外广告、未经出版的印刷品及影像资料等媒介，以刊登、播放、张贴、散发、邮寄等方式发布的招生简章、广告、入学通知等各种形式的招生、办学、宣传信息。民办高等教育机构于发布招生简章和广告前到备案管理部门提交备案材料，经备案后方可发布。

四、毕业证书管理

20 世纪 80 年代，《北京市社会力量办学试行办法》规定：凡不计学历的各级各类辅导、补习性质的学校，学员结业并经考试合格后，由学校发给结业证明，供用人单位参考。1990 年《北京市社会力量办学管理办法》明确规定：社会力量办学机构的学生学习结束后，由学校发给附带学习成绩单的“结业证明”，不得颁发毕业证书和结业证书。“结业证明”按市成人教育局规定的统一制式印制。自学考试辅导班，通过国家考试的科目，由主考单位发给单科合格证书。

从1993年起，根据国家教委《关于印发〈关于成人高等教育毕业证书统一印制及加强管理的若干规定〉的通知》精神，市成教局按照属地原则，负责对国家统一印制的毕业证书进行审核和验印工作。同年，北京市在15所民办高校15个专业中试行学历文凭考试试点工作，学制为2年。参加高等教育学历文凭考试的学生，修完教学计划规定的全部课程，各门课程考试成绩合格，由省、市高等教育自学考试委员会发给自学考试毕业证书（在内芯上注明“高等教育学历文凭考试”字样，并加盖学校印章），不另外印制高等教育学历文凭考试毕业证书。参加高等教育学历文凭考试取得毕业证书的毕业生，国家承认其大学专科学历，享受大学专科毕业生的待遇。

1994年，市政府发布新的《北京市社会力量办学管理办法》，进一步明确：社会力量办学机构和学校在学生学习期满、考试合格后，按国家有关规定，颁发本校的毕业证书或者结业证书。

2003年9月1日起施行的《中华人民共和国民办教育促进法》第二十五条规定：民办学校对招收的学生，根据其类别、修业年限、学业成绩，可以根据国家有关规定发给学历证书、结业证书或者培训合格证书。

2003年，北京市具有颁发国家承认学历的民办普通高等学校8所，2010年，具有颁发国家承认学历的民办普通高等学校15所。

第六节　民办高等学校评估

1996年8月，市教委颁布《关于对北京市民办高等学校开展评估工作的意见》。意见要求把评估工作重点放在全面考察学校贯彻执行党的基本路线和教育方针情况，考察学校依照国家法律、法规办学情况，进一步规范办学行为，加强对学校的宏观指导和管理。8月，组建北京市社会力量办学评估领导小组，办公室设在成人教育处，并聘请43名专家组成评估小组。至年底，完成评估试点工作和16所学校的评估工作。评估工作采取学校自评与专家评估相结合的办法，注重学校自评过程中的自我完善。

1997年，市教委分别制定民办面授高校、民办函授高校综合评估指标体系及实施细则，启动对民办高校管理水平综合评估工作，全年评估民办面授、函授高等院校77所，暂缓评估学校12所。评估结果：60所面授高校中优良学校19所，占总数的31.7%；合格学校24所，占总数的40%；基本合格学校15所，占总数的25%；不合格学校2所，占总数的3.3%。17所函授高校中优良学校2所，占总数的 11.8%；合格学校 10 所，占总数的 58.8%；基本合格学校 4 所，占总数的 23.5%；不合格学校 1 所，占总数的 5.9%。在评估准备期间，对照评估要求，部分学校感到差距较大，其中，4 所学校提出停办或改为培训中心，12 所学校申请缓评，进行自我完善。

2001 年 9 月 4 日，市教委对全市 100 所民办面授、函授高等学校和中外合作办学高等教育机构进行教育教学工作综合评估，以此强化民办高校依法治校。市教委成立北京地区民办高等学校教育教学工作评估领导小组，负责审定评估工作意见、评估方案，审核评估报告，确定评估结果。同时聘请专家组成若干评估专家组。评估方案分为评估指标体系、评估指标和等级标准。评估体系分为行政管理（含财务管理）、教学管理（含学生管理）、办学条件、教学效果四个一级指标；评估指标和等级标准为 17 个二级指标，40 个观测点，评估标准非为 A、B、C 三个级别，A 为合格，B 为基本合格，C 级为不合格。评估工作分为学校自评和专家检查评估，评估专家组进行综合评议后，将“评价意见”报市评估领导小组审定，通过后通知被评学校。2002 年 3 月 21 日，评估结果公布，合格学校为 24 所，颁发“北京民办高等学校教育教学工作综合评估合格证书”，其中，承担高等教育自学考试社会助学任务的非学历文凭试点学校可以申请学历文凭试点学校。基本合格学校 34 所，根据专家组的评估意见进行专项整改，自公布之日起 6 个月后提出复评申请，经复评合格后颁发评估合格证书。不合格学校 5 所，取消其办学资格，分别为：北京同兴专修学院、北京中国驻颜美容学院、北京中国烹饪专修学院、北京中美工商管理研修学院、北京国际商务学院。另有 32 所评估结果未定的学校，依据专家组的评估意见进行全面整改后进行复评申请，复评仍达不到基本合格标准的，按不合格学校处理。3 所学校未参加此次评估。

2005 年，北京市开展民办高等教育机构办学状况评估试点工作。评估范围是经市教委批准，持有“中华人民共和国民办学校办学许可证”的民办高等教育机构，以全日制自考助学类学校为主。以业余学习为主的自学考试助学学校，委托北京市自学考试办公室协同北京民办教育协会，参照本评估办法组织评估。同时，市教委明确，民办普通高校参加高职学院综合评估及教育部组织的本科教学工作水平评估。民办“独立学院”可参加教育部组织的“独立学院”评估。中外合作办学机构、培训机构、函授类的民办高教机构单独组织评估。

从 2006 年开始，市教委建立对北京市民办高等教育机构办学状况评估工作的长效机制，每年进行一次评估，市教委成立了市民办高等教育机构（全日制自考助学）办学状况评估领导小组，办公室设在高教处，聘请评估专家，制定评估方案，审核评估意见，确定评估结论，并向社会公布。具体实施工作委托北京民办教育协会承担。评估采用学校先自评，专家组进校考察的方式进行，考察内容和形式包括实地考察校园环境及教学、行政、生活设施，听课，走访，召开座谈会，问卷调查，核查学校有关档案资料等。专家组经讨论形成书面考察意见及建议评估结论，由北京民办教育协会汇总后，报市评估领导小组。评估结论分为合格、黄牌和红牌，由市教委通过新闻媒体、网络等形式向社会公布。合格学校由市教委颁发一年有效期的评估合格证书，作为办学表彰、奖励的重要依据；黄牌学校责令限期改正，并根据其办学条件严格控制学校招生规模；连续两年评估为黄牌则合并为红牌。红牌学校责令限期改正，并依法责令停止招生，待学校全面整改并经次年复评合格后，方可恢复招生。

表 1-8-6　2006 年至 2010 年北京市民办高等教育机构办学状况评估合格学校统计表

学年	学校总数	合格学校	合格率
2006—2007	61	41	67.2%
2007—2008	73	52	71%
2008—2009	70	51	72.8%
2009—2010	71	51	71.8%

第七节　党的建设和协会管理

2000 年，北京市开始在社会力量举办学校建立工会。在各区县教育（文教）工委或教育局、成人教育局党委和区县教育工会的领导下，各区县社会力量举办学校联合建立区县社会力量办学工会联合会（或联合工会）。工会联合会（或联合工会）是所辖学校工会和职工利益的代表者和维护者，具有工会领导机关和基层工会组织的双重职能。凡依法登记注册，取得办学许可证并已开始办学的学校都应依法建立工会组织。教职工在 25 人以上或不足 25 人但具有独立开展工会工作能力的学校应建立工会委员会；学校规模较小、教职工人数较少的要建立工会分会或工会小组，并参加工会联合会或联合工会；新建学校在开学同时或至迟一年之内完成工会组建工作。学校举办者和管理者应支持工会组建工作，并为工会提供必要的活动条件。2000 年 10 月至 2001 年 9 月在部分学校进行试点；2001 年 10 月全面铺开，至 2002 年 9 月全市大多数社会力量举办学校建立工会，大多数教职工加入工会。

2004 年 4 月，北京民办教育协会成立。该协会是以北京地区民办学校、民办教育中介组织及其他民办教育机构为主体，以促进民办教育发展为目的，自愿组成的、实行行业服务和自律管理的行业协会组织，是北京市教育委员会主管的一级社会团体法人。内部机构设置：最高权力机构是会员代表大会。理事会是会员代表大会的执行机构，在会员代表大会闭会期间领导协会开展日常工作，对会员代表大会负责。协会设立常务理事会。常务理事会由理事会选举产生，在理事会闭会期间行使理事会职权并对理事会负责。协会的日常办事机构为秘书处，下设办公室、财务部、会员部、研究部、备案部、评估部、国际交流部和事业发展部等机构。到2010年，协会共有员工31人，其中，博士及以上2人，硕士11人，本科 14 人，大专 2 人，高中及以下 2 人。有团体会员单位 570 个，并有基础教育分会和农民工子女教育分会 2 个分支机构。主要职责：制定本市民办教育行规行约，研究探索北京市民办教育发展自律制度；组织专题论坛，研析国内外民办教育的成功经验和发展动态，指导各类民办教育机构的研究、交流活动，开展民办教育科研成果的评价和推广；开展民办教育的业务培训、信息咨询、技术支持和其他有利于民办教育发展的服务工作；表彰、奖励在教育教学研究、协会活动及民办教育各项工作中取得优异成绩的单位和个人；发挥行业代表作用，担当政府与民办教育领域之间的桥梁，向有关民办教育的决策制定和政策研究部门提供相关信息；调解会员之间、学校与学生之间、会员与其他社会组织之间的民事纠纷，依法维护民办教育机构及其工作者的合法权益；组织会员开展国际交流与合作等。

2006 年，为促进民办高校健康发展，中共中央加强党对实施本、专科学历教育的民办高校的领导。要求民办高校健全组织，理顺关系，明确民办高校党组织的作用和职责。民办高校党组织发挥政治核心作用，主要职责是：宣传和执行党的路线方针政策，执行上级党组织的决议，坚持社会主义办学方向和教育公益性原则，致力于培养社会主义建设事业的各类人才。引导和监督学校遵守法律法规，参与学校重大问题的决策，支持学校决策机构和校长依法行使职权，督促其依法治教、规范管理。支持学校改革发展，及时向上级党组织和政府职能部门反映学校的合理要求，帮助解决影响学校改革发展稳定的突出问题。全面加强学校党的思想、组织、作风和制度建设，做好党员教育管理工作。领导学校思想政治工作和德育工作。领导学校工会、共青团、学生会等群众组织和教职工代表大会。做好统一战线工作，支持学校内民主党派的基层组织按照各自的章程开展活动。要求选好配强民办高校党组织负责人。民办高校必须有一名以上的专职党组织负责人。加强辅导员班主任队伍建设。辅导员总体上按师生比不低于 1∶200 的比例配备，每个班级都配备 1 名班主任。

2007 年 12 月，市委教育工委、市教委向实施本、专科学历教育的北京民办高等学校委派督导专员兼党建工作联络员。督导专员兼党建工作联络员是促进民办教育规范健康发展，维护广大师生员工的合法权益，加强民办高校党的建设工作的具体举措。督导专员兼党建工作联络员由市委教育工委和市教委负责选派和管理，一般由教育系统内处级以上、具有一定工作经验和领导水平的在职人员或身体健康、年龄在 65 岁以下（含 65 岁）的离退休人员担任。其任期原则上 3 年，负责联系 2 ~ 3 所民办高校。督导专员主要履行以下职能：列席民办高校董事会、校长办公会，参加学校发展规划、重要人事安排、资产财务管理、基本建设、招生、收退费管理等重大事项的研究讨论，但不参加投票表决；了解所在民办高校的基本办学情况，定期向政府主管部门报告学校办学情况，并提出工作意见和建议；党建工作联络员主要履行以下职能：围绕全市教育工作和党建工作，联系民办高校党组织。参加学校党组织的会议和活动，及时了解学校党建工作情况和思想政治工作状况。参加学校领导班子民主生活会、干部会议，了解学校党组织领导班子建设情况。根据上级党组织要求和学校需要，指导学校党建工作和思想政治工作，对重大或紧急情况及时向学校上级党组织和相关部门汇报，提出工作建议。

第九章　教育教学支持单位

1996 年，市委、市政府在组建市教委同时，批准成立北京教育科学研究院、北京教育考试院、北京教育音像总社。至年底，市教委完成对原“三局一办”（市政府文教办、市教育局、市高教局、市成人教育局）直属单位调整、撤销、合并工作。市教委直属事业单位由原来的 62 个调整合并为 32 个。2000 年，市教委调整组建相关事业单位，新成立北京教育网络和信息中心、北京教育对外交流服务中心、北京教育综合服务中心、北京学生活动管理中心、北京市教育系统人才交流服务中心 5 个单位。2010 年，除教学单位外，市教委直属事业单位 18 家，分别为：北京教育科学研究院、北京教育考试院、北京教育音像报刊总社、市教委机关服务中心、北京市教工休养院（育新苑宾馆）、北京校办产业管理中心、北京教育网络和信息中心（北京电化教育馆）、北京教育综合服务中心、北京市学生资助事务管理中心、北京市国际教育交流中心、北京市教育技术设备中心、北京教育老干部活动中心、北京教育志编纂委员会办公室、北京教育新闻中心、北京高校毕业生就业指导中心、北京市教育系统人才交流服务中心、北京高校房地产开发总公司、北京学生活动管理中心（北京市少年宫、北京市青少年科技馆、北京教学植物园）。同时，市教委作为业务主管单位，指导北京市教育学会等群众性教育团体。这些教育教学支持单位。涉及教育科学研究、教材建设、教师培训、招生考试服务、信息化建设、校办企业管理、新闻宣传、报刊音像制品出版、学生活动、教育技术设备、学术交流等服务领域，定位于教育行政决策和管理的支持机构，承办教育决策的前期研究工作和教育教学业务性、技术性、辅助性较强的工作，为提高教学质量、教育管理和决策水平服务。

第一节　北京教育学院

1953 年，北京教师进修学院成立，开启北京教师继续教育的先河。1978 年，

“文化大革命”期间一度停办的北京教师进修学院复院并更名为北京教育学院。20世纪90年代，北京市基本建立起以教育学院为主，区县教育学院分院和区县教师进修学校共同参与的教师继续教育体系。

1993年12月，北京教育学院和北京教育行政学院合并，定名为北京教育学院。同年8月成立的北京教育党校（北京教育行政学院加挂牌）一并转入北京教育学院；同时，北京英语教师培训中心并入北京教育学院外语系，与市教育局脱离直属关系。1995年6月，市编办同意教育学院加挂北京市普教系统干部培训中心、北京市中学教师培训中心和北京教育党校牌子。2000年9月，北京市成人教育学院、北京实验大学、北京市成人教育服务中心并入北京教育学院。2002年7月，市编办同意北京教育学院原加挂的“北京市中学教师培训中心”改挂在北京教育学院教师培训办公室，同时更名为“北京市中小学中等职业学校教师培训中心”。

2005年，北京教育学院确立了首都校长、教师培训基地的功能定位，明确“建设首都专业化、综合化、现代化的基础教育、中等职业教育和成人教育的教师培训基地、校长培训基地和党建研究中心，建设全国一流的校长教师培训的专门学院”的办学目标。每年参加校长、教师继续教育培训的人数年均达到万余人次。

2010年，北京教育学院内设机构共30个，其中党政管理部门14个，教学、科研部门10个，包括校长研修学院、教师教育人文学院、教师教育数理学院、信息技术与职业教育学院、体育与艺术学院、学前教育学院、国际语言与文化学院、初等教育学院、图书馆、首都基础教育人才科学研究院，上级机关设置（挂靠）部门6个，包括北京市普教系统干部培训中心办公室、北京市中小学中等职业学校教师培训中心办公室（北京市教师资格认定事务中心）、北京市基础教育党建研究中心、北京市督学研修中心、《北京教育丛书》办公室（编辑部）、教育部“国培计划项目办公室”，直属事业单位1个为《中小学管理》杂志社。另有面向社会独立经营的法人实体5个。学院分为4个校区。总部在西城区德胜门外黄寺大街什坊街2号，国际语言与文化学院和教师教育数理学院设在西城区西直门外文兴街2号，体育与艺术学院设在东城区黄化门街5号，校长研修学院设在东城区鼓楼外大街56号。

一、校长培训

1991年至1995年，干部培训工作突出以岗位职务培训为主体，以全部在职中小学校级干部持证上岗为目标，综合开展学历教育（教育管理专科、本科教育）、继续教育（教育管理进修班、教育管理研究班），形成多层次、全方位培训中小学校长和教育行政干部的格局，岗位培训与学历教育进入高峰期。

1993 年 12 月，北京教育行政学院与北京教育学院合并，干部培训工作由合并后的北京教育学院干部培训中心和教育管理系承担，前者主要承担岗位培训，后者主要承担学历教育。

至 1994 年年底，北京市实现在职中小学校长全部持证上岗的目标，提前三年达到国家教委提出的要求。至 1995 年学院共举办中学校长脱产岗位职务培训班 13 期，结业 2 714 人。其中包括中学校长半脱产岗位职务培训班 5 期和与北京市各区县联办岗位职务培训班 25 个。学历教育以教育管理本科班为主，1995 年在院学习的本科班学员有 618 人。这期间本科班部分在学院，部分办在北京市各区县，基本是半脱产形式，学习三年。

1994 年 12 月，北京市颁布《北京市中小学领导干部 1995 年至 2000 年培训规划》，“九五”中小学领导干部培训工作正式开始。“九五”期间，北京市各区县培训部门承担岗位培训和提高培训，教育学院通过提供师资、培训示范和组织培训研究等途径，发挥中小学校长培训基地的重要作用，重点举办校长高级研修班。1994 年 12 月，教育管理系开办第一期中学校长高级研究班，招收学员 15 名，均是北京市著名中学的校长。该班学习近两年，1996 年 10 月结业。1996 年 10 月，教育管理系又举办了第二期中学校长高研班。1998 年，教育管理系举办了为期一年的小学校长高级研修班，选拔北京市著名的小学校长参加研修。1999 年至 2001 年，教育管理系举办了第三期中学校长高研班，26 人参加了学习。1999 年 9 月至 10 月，学院承担了为期一个月的“全国小学骨干校长研修班”的办班任务。此外，学院还开展了多种对象、多种专题、多种形式的其他培训。学院与北京师范大学合作，对 300 名中青年干部开展教育管理研究生主要课程班和党建研究生培训，由北京师大和学院部分教师承担教学。培训班开设教育学原理、教育管理学、教育科研方法、管理心理学等 6 门课程。

2001 年 4 月，北京市颁布《关于印发北京市中小学领导干部 2001—2005 年培训规划的通知》。启动“十五”期间全市普教、职教、成教干部队伍的培训。2001 年至 2004 年，学院的干部培训以干训中心为主，教育管理系参与。2002 年至 2004 年，校院举办第四期中学校长高研班，结合远郊区县优质高中发展策略、城区合并校研究、到新学校当校长等专题开展研究。

2004 年 9 月，北京教育学院成立校长研修学院，干训中心的培训任务转到校长研修学院。校长研修学院适应形势，以高研班为主扩大培训规模，相继开展了农村中小学校长、职业学校校长、德育副校长的高级研修培训。

“十五”期间，北京教育学院主要承担各种高研培训、培训者培训、区县教育领导干部短期培训和各种围绕教育中心工作的专题培训任务。学院共举办不同类型的高级研修班13期，参加高级研修班的校长420余人；举办培训者研修班两期，58名干训工作者参加培训。

2007年1月9日，北京市印发《北京市普职成教干部培训“十一五”规划实施细则》，启动“十一五”期间，北京市普职成教领导干部培训工作。根据全市部署，“十一五”期间教育学院承担全市统一举办的分层、分岗研修培训和围绕中心工作开展的各种短期培训，重点举办校长、书记高级研修班。

“十一五”期间，北京教育学院干部培训不断发展完善，形成了分层分类培训体系，包括3个系列、7个岗位、3个层次。3个系列是教育行政干部、校长、培训者，7个岗位是教委副主任、教委科长、校长、教学副校长、德育副校长、后勤副校长、培训者，3个层次是资格班、研修班、高研班。2007年5月，学院还举办第一期北京市名校长工作室。第一期项目设5个名校长工作室，聘请陶西平、刘彭芝、高玉琛、李烈、吴国通5人为工作室导师，各区县28名优秀校长作为首批研究员分别进入各工作室。该项目为期两年，总工作时间为70个工作日。2007年和2008年，受市教委委托，学院于两次承担北京市高中新课改干部培训。培训对象涉及北京市区县教育督学，区县教委主任、副主任，区县教育分院院长，干训、师训、教研副院长和干训、师训主任，区县教委中教科长、中教研主任、教科所所长，普通高中和完全中学校长、教学副校长、德育副校长和教学教务主任。

“十一五”期间，北京教育学院拓宽了培训的国际通道，每年与英国合作开展校长联合培训，把合作培训、境外培训与考察、参加国际会议与论坛3种形式结合起来，拓展了校长们的国际视野，促进了教育的国际交流。2006年以来，每年暑假组织一周的国际培训，每次聘请3位英国资深校长（培训专家）进行培训，内容涉及英国学校体制、理想的学校设计与教育改革等。2006年学院承办了“中美教育研讨会暨首届教育领导国际会议”，在校长领导力、课程与教学领导、基于数据的管理、校长培训等内容方面开展了交流；2006年至2010年，学院先后组织优秀校长到英国、加拿大、澳大利亚、新西兰、荷兰、日本等国家进行培训和考察，拓展了校长们的国际视野。

二、教师培训

1989 年 8 月，北京市召开师资培训工作会议，宣布实施教师继续教育，明确教育学院继续教育工作的总任务是负责指导全市中学教师继续教育工作，并具体承担培训全市中学高级职务和中级职务教师的继续教育。1989 年暑假后，学院开办中文、政教、历史、数学、物理、化学、生物、地理 8 个专业的继续教育试点班两期，共 348 人。1991 年 1 月至 2 月，受市教育局委托，北京教育学院组织编写中学 12 个学科四个层次的 48 套教学计划、367 门课程的教学大纲（试行）和继续教育的管理办法。至 1996 年暑期，全院共举办政教、中文、历史、地理、数学、物理、化学、生物、英语、体育、美术、音乐 12 个学科的继续教育班 120 多个，培训学员 9481 人。

到 1995 年年底，北京市“八五”继续教育工作基本完成，全市有 97% 的中学教师和 99% 的小学教师参加第一轮的继续教育。

北京市“九五”期间中小学教师继续教育的任务有三个：一是为全面提高中小学教育教学质量服务，二是为中小学全面实施素质教育服务，三是为转变基础薄弱校和农村山区学校的面貌服务。

“九五”期间继续教育准备工作从 1994 年开始。1995 年暑期，北京教育学院和北京师范大学现代教育技术中心对全市 7000 名中小学教师进行“北京市中小学教师基本情况及其对继续教育需求”的调查，广泛征求各方面人士对中小学教师继续教育内容及形式的意见，提出了较为详尽的调研报告。同时，组织研究中小学教师“九五”继续教育的课程设置。在“八五”中学教师继续教育 420 门课程的基础上，归纳并整理出适于中小学教师“九五”继续教育培训的 800 余门课程。研究成果被市教委师资处颁发的《北京市中小学教师继续教育科目指南》所采用。

1997 年 4 月 24 日，市教育局《北京市中小学教师“九五”继续教育工作意见》，启动“九五”继续教育工作。年底，北京教育学院举办物理、地理、音乐、美术、英语、历史 6 个专业的 81 名中青年骨干教师研修班。研修班培训内容分为理论学习、科学研究、教学实践、参观考察等共 360 学时。其中理论学习大约占 100 学时，科学研究占 120 学时，教学实践占 60 学时，考察占 80 学时。学员隔周到学院上课一天，同时在必要时采取相对集中的方式进行教学和研究活动。

“九五”期间中小学教师继续教育责任主要在区县，教师在进修课程上有很大的自选余地。面对这一新的情况，从 1998 年暑期开始，北京教育学院从《中学教师继续教育学科指南》规定的252门面授选修课程中精选122门主干课程面向全市中学教师“挂牌”授课。全市向北京教育学院聘请“挂牌”教师开展培训的区县拓展为15个，学院共有14个系的100多位教师为北京市各区县教师上课，开出课程共计231门次，讲授课程时数累计达6708课时，参加学习的学员达18700多人次。同时，北京教育学院积极组织有关高校的教育理论专家以及在学科教育研究领域卓有建树的特级教师，举办面向全体中小学教师举办学科素质教育系列讲座。系列讲座共安排100讲，其中素质教育理论与实践安排12讲，教育理论部分安排13讲，分学科的素质教育讲座安排75讲。学科素质教育讲座纳入“九五”继续教育培训范畴，并计算学分。

2002年4月22日，市教委印发《关于北京市幼儿园中小学中等职业学校教师“十五”时期继续教育工作的意见》，启动师“十五”时期教师继续教育工作。“十五”期间，北京教育学院承担继续教育培训项目81项（师训36项、干训41项、综合4项），全市10余万中小学和中等职业学校的干部教师参加相应项目的培训。其中，教师职业道德修养、教师与学生心理健康和现代教育信息技术应用等3门公共必修课是全员培训，以面授辅导、下校指导与网络、空中课堂或其他媒体相结合的形式进行。以该形式进行的还有高中新课程过渡方案的培训，参加培训的干部教师有43462人次。其他项目均以面授为主，培训课时从几十到几百不等，培训人数近4万人（含北京市、国家级和外省市委托的培训人数），其中37376人为北京市普职成教干部和教师（占96%）。

2002年至2006年，北京教育学院教师继续教育包括“绿色耕耘”“春风化雨”“市级骨干教师培训”“三门公共必修课培训”“师德培训”“心理健康专项培训”“校长高研班”“培训者培训”等29个项目，包含全员性培训、骨干培训、资格培训、高级研修等各层次的培训，实现了对全市中小学中等职业学校干部教师的全岗位、各学科、多层次、分主题的培训。其中，北京教育学院整合优质教育资源采用课题引领、导师带教等方式，重点加强对北京市中小学、中等职业学校市级学科带头人和骨干教师的培训。2002年至2006年先后进行了三轮培训，市级中小学各学科带头人和骨干教师共1567人次参加。2005年至2006年开设了“名师工作室”，共148名骨干教师参加研修。先后举办了北京市中学校长、小学校长、农村小学校长、城区初中校长、教学校长、德育校长、中等职业学校校长等骨干校长培训，700余名中小学、中等职业学校的校长、副校长参加了高级研修培训班。

2003年在“非典”特殊时期，北京教育学院启动了非常时期教师应急培训，录制了《非常时期的心理调适》《非常时期的学校应急管理》《在磨难中奋进》等6个专题的“非常时期应急培训”教学录像，录制了非常时期56门178学时的高中新课程培训远程教育课程，83个课题48个学时的北京市中小学教师空中课堂培训课程。还开通了中小学空中课堂的网上答疑与热线电话，到2003年6月22日，共接到热线电话365个，网上点击开课时间表和培训资料等相关内容的达1733人次，浏览学习论坛的达3062人次，发放和回复帖子134条。

2004年7月12日，北京教育学院举行远郊区县农村初中文科骨干教师高级研修班开学典礼，全面启动“绿色耕耘行动计划”。10个远郊区县的150多名初中语文、政治、历史教师参加为期20天的封闭学习。“绿色耕耘行动计划”面向京郊远郊区县农村教师，特别是骨干教师，整合最优质的培训资源举办高质量、高水平的培训，切实提高京郊农村骨干教师专业化水平。培训在充分研究和实践反思的基础上逐渐形成了“集中培训—追踪指导—交流展示”的培训模式。“十五”期间7000多名中小学校长、教师接受了培训，涉及中小学语文、数学、外语、音乐、体育、美术、学校管理等15个学科18个区县一线教师和教育管理者。

2006年4月3日，北京教育学院举行“春风化雨”校长教师培训行动启动仪式，3个试点班同时开学，培训东城、西城、朝阳、海淀、丰台区中小学，特别是列入初中建设工程重点校的32所城区初中校的校长40人、教师80人，以提高其管理能力和教学水平。“春风化雨”培训行动以北京市城区重点建设初中校长、教师为主要培训对象，以“提高学校教育教学质量为核心的学校改进”为主题，以提升师德水平、学科素养和教育教学实践与研究能力为重点，计划利用5年时间，对400名正职校长和5000名教师进行180学时的市级专项培训。2006年，共开设校长、政治、语文、外语、物理、历史、数学、地理、体育、美术10个学科24个班，培训学员917人，结业903人。

2007年，北京教育学院启动实施“十一五”教师继续教育规划。“十一五”时期教师继续教育继续实行市、区县、学校三级管理和三级培训。北京市中小学中等职业学校教师培训中心（挂靠在北京教育学院）协助市教委组织落实全市教师继续教育相关计划，对培训项目进行业务统筹管理；逐步建立并完善教师培训电子学籍和学习档案，建立全市教师动态资源库；对培训资源进行统筹管理，建立教师培训专家库和课程资源库；承担北京地区教师培训教材征集、评选和推广工作；负责建立北京市中小学教师培训专家指导委员会，成立培训专家组，统筹协调培训专家队伍。

2007年起，北京教育学院继续大规模、高质量实施“绿色耕耘”“春风化雨”“市级骨干”“培训者培训”“班主任培训”“心理健康教育教师培训”“信息技术”“普通高中新课程改革”“迎奥运”等教师继续教育培训项目。年内根据北京市中小学教师“十一五”继续教育重点培训任务的要求，新一轮“春风化雨”教师培训达到957人，市级学科带头人及骨干教师培训905人，高中课程改革干部培训9期，培训干部1600人，各类培训面授教师总人数9197人次。

2007年5月，北京教育学院启动北京市“十一五”期间第一期名校长工作室项目。该项目通过聘请高端专家、采取开放性活动模式、重视工作的生成性等手段，研究学校推进素质教育和教育现代化过程中的重点、难点问题，搭建优秀校长集中研究的平台，为名校长群体的形成创造条件。项目第一期共设立5个名校长工作室，聘请陶西平、刘彭芝、高玉琛、李烈、吴国通等5位专家或名校长为工作室的导师。来自北京市各区县的27名优秀校长作为首批研究员分别进入各工作室，在专家和教育学院教授的指导下，共同研究学校推进素质教育和教育现代化过程中的一些重点、难点问题。该项目为期两年，总工作时间为70个工作日。

2008年3月14日，北京教育学院举办“绿色耕耘”京郊农村中小学学科骨干教师再提高培训开班，北京市11个远郊区县240名中小学语文、数学骨干教师参加共180学时的培训。培训将学员组成一个个学习联合体，以解决教科研实践问题为引领，在专家指导下开展自主研修，以各区县为研修单位，与学院指导教师、外聘专家、区县指导教师共同研讨，完成理论学习、实践培训、成果交流三个阶段的培训任务。举办“农村教育烛光行动”培训者研修班。该培训与民盟中央合作举办，来自陕西、新疆、贵州等10个省、直辖市、自治区农村的49名初中语文、数学、外语骨干教师和教育培训管理干部，围绕新课程推进与教学改革，教师专业发展与教研、培训、创新进行了学习、研讨以及参观考察。同年，学院继续开展迎奥运阳光体育运动体育教师全员培训，来自北京市中小学校的5000余名体育教师接受了培训。

2009年4月10日，北京教育学院举办为期1年的北京市2009年中小学骨干班主任培训班，18个区县的180名中小学骨干班主任参加培训，共200学时。2009年，教育学院全年岗位培训和继续教育结业学员共18670人，参加短期汉语学习留学生共510人。2010年2月28日至12月8日，教育学院承办2010年北京市高中新课程教师专项培训。包括为期6个月180学时的高中新课程通用技术教师专项培训；为期6个月120学时的高中新课程语文、政治、数学专业培训；为期 3 个月 80 学时的高中理科新课程实验教学培训，共培训教师 397 人。2010 年，教育学院全年岗位培训和继续教育结业学员共 18927 人，参加短期汉语学习留学生共 683 人。

第二节　北京教育科学研究院

20 世纪 90 年代北京市建立市、区两级教育教学研究体系。市级教育教研机构包括北京市教育局教学研究部、北京市教育发展研究中心、北京市教育科学研究所、北京市成人教育科学研究部所、北京市成人教育教学研究中心、北京市高等教育研究所等。区县一级主要是在区县教育局下设教育科学研究室，其中大部分区县教科研室设在教师进修学校，丰台、通州等区县设在教育学院分院，海淀区独立设置教育科学研究所。

1996 年 1 月，市委、市政府宣布，在成立北京市教育委员会的同时组建北京教育科学研究院（以下简称“教科院”），目的是“为加强对教育科学、教学研究的领导和管理，提高北京教育综合研究的能力和北京教育科学研究的总体水平，为北京市教育决策和管理提供依据”。教科院的职能是：“通过开展教育决策研究、教育实践研究和教育理论研究，为政府教育行政决策及学校管理提供服务，为提高学校教育教学质量提供服务。”1996 年 2 月 15 日，教科院在前门西大街 109 号大院挂牌成立。办公地址分别为西长安街 7 号院、劲松 811 楼、北四环 95 号院、前门西大街 109 号七层、四川饭店部分房间（租用）。总占地面积 14450 平方米，建筑面积 22603 平方米。1998 年，租用四川饭店人员迁至天峰宾馆。2009 年 7 月，西长安街 7 号院人员迁至南礼士路头条 3 号北楼和中核宾馆。2011 年，租用中核宾馆人员迁至真武饭店，基教研中心、教师研究中心迁至首都体育学院高德写字楼。是年，确定北京电子科技职业学院翠微路校区（翠微路 4 号院）为教科院新址办公区。

北京教育科学研究院在原“一办三局”下设的教育发展研究中心、教学研究部、教育科学研究所、职教中心、高等教育研究所、成人教育科学研究部所、成人教育教学研究中心、《教育丛书》办公室、北京市教材编审部等单位基础上合并组建。1996 年 10 月，北京市编办批复教科院内设机构 18 个。其中，党政机构 9 个：党委办公室（挂纪检监察、工会牌子）、组织部（挂老干部牌子）、院长办公室、人事处、财务基建处、合作交流处（挂培训中心牌子）、科教研管理处（与市科研规划领导小组办公室合署办公）、行政处、产业管理办公室。科学、教学研究及辅助机构9个：教育发展研究中心、基础教育教学研究中心、基础教育科学研究所、高等教育科学研究所（挂高等学校领导干部培训中心牌子）、职业教育科学研究所（挂职业教育教学研究中心牌子）、成人教育科学研究所（挂成人教学研究中心牌子）、教育信息中心、《北京教育丛书》编委会办公室、教材编审部。挂靠单位5个：北京教育志编纂委员会办公室、北京市教育学会、北京市高等教育学会、北京市成人教育学会、北京市职业技术教育学会。批复文件同时规定："该院为相当正局级全额拨款事业单位，业务归口北京市教育委员会。"

至2010年，北京教育科学研究院设置业务机构15个，行政处室10个，挂靠单位4个。在职职工336人，包括高级专业技术职务142人、中级105人；具有本科以上学历294人，包括博士26人、硕士118人；享受国务院政府特殊津贴专家5人、全国模范教师2人、全国优秀教师3人、北京市人民教师1人、北京市优秀青年知识分子2人、北京市特级教师11人、北京市优秀教师6人。

一、研究方向

服务教育决策。以教育中长期发展战略与热点、难点问题研究为重点，开展综合性、前瞻性研究，承担来自市委、市政府、市委教育工委、市教委、市政府督导室、市委组织部、市发改委和市财政局等党政部门委托的研究项目，形成一批对北京教育发展有影响的政策咨询报告。

支持教育实践。以素质教育为核心，促进学生、教师的全面发展，促进学校的特色发展，逐渐成为各级各类学校建设与发展的研究中心与咨询服务基地。

开展专业指导。持续开展教学视导工作，开展对各区县教研机构领导、学科教研员、新任职教研员、班主任、乡镇成人学校干部教师及职业学校各类教师的培训。组织全市基础教育教师教学基本功、基本技能竞赛与展示活动。总结推广先进教学、教改经验，评选优秀教学设计，开展中小学教师研究课展示和交流活动，推进名师、名校长和名园长发展工程的实施。进行教育质量监测，全面建立并不断升级各类教育教学质量测评体系。

持续深化建设课程教材体系。承担国家课程北京版教材、地方教材、教学辅助材料的编写、审查、管理工作。研究修订国家中小学各学科教学大纲，参加北京市21世纪中小学学科《课程标准》的研制工作。组织编写北京市九年义务教育教材，承担北京市中小学各学科补充教材、乡土教材、实验教材，以及辅助教学材料等的编写任务。

开展学术研究。“九五”期间，承担各级各类研究课题共计76项，其中全国教育科学规划课题8项、北京市哲学社会科学课题2项、北京市教育规划课题38项、教育部委托课题4项、市教委指令课题8项、市教委招标课题16项。“十五”期间，承担各级各类研究课题共142项，其中国家级课题2项、全国教育科学规划课题25项、北京市哲学社会科学规划课题7项、北京市教育科学规划课题41项、两委委托课题67项。“十一五”期间，共承担518项研究任务，其中国家级课题2项、全国教育科学规划课题7项、北京市哲学社会科学“十五”规划课题6项、北京市教育科学规划课题61项、财政专项257项、招标立项的两委委托研究课题27项、市政府及两委委托的研究任务158项。建院以来，共获得全国教育科学研究成果优秀成果奖11项、高等学校科学研究优秀成果奖1项、北京哲学社会科学优秀成果奖18项、北京市教育科学研究优秀成果奖25项、国家级教学成果奖5项、北京市基础教育教学成果奖41项、北京市高等教育教学成果奖2项、北京市职业教育教学成果奖1项、教育部基础教育课程改革教学研究成果奖7项。

二、北京市教育科研规划管理

1983年年初，北京市教育科学规划领导小组成立，领导小组办公室设在北京市教育科学研究所。1996年北京教科院成立后，北京市教育科学规划领导小组重组，领导小组办公室设在教科院，主要职责是组织规划实施、管理重点课题、组织学术交流、组织科研培训，组织成果评奖，推广科研成果等。

北京市教育科学规划课题研究的组织实施按国家五年计划周期进行。分别于1996年、2001年、2006年、2011年发布四个北京市教育科学规划纲要。“九五”期间，规划纲要按五年一次立项方式实施。“十五”期间，规划纲要按五年三次立项实施。从“十一五”开始实施每年一次立项。1996年至2010年，共接受全市6981项教育规划课题申报，经过专家评审共计1648项课题立项。

三、学术活动

建院以来，派出因公团组238个，计1000余人次，覆盖30多个国家和地区，与相关教育部门、学术机构建立合作关系，就教育改革与发展、教育科研、基础教育、职业教育、成人教育、高等教育、国际教育研究、人力资源管理与开发、应用信息技术教学等方面进行专项考察。先后主办和承办各类国际会议、国际学术研讨会40余场。接待国（境）外来访团组54个，涉及20多个来访机构，共计百余人次，覆盖 20 多个国家和地区，与相关教育部门、学术机构建立合作关系。举办 6 届北京可持续发展教育国际论坛、五届北京素质教育研讨会，邀请市委教育工委、市教委领导，国内外知名专家学者来院作专题学术报告百余场。与中国教育科学研究院等合作，参与对方组织的学术活动。先后与北京师范大学、国家教育发展研究中心联合举办北京教育论坛。

四、教育信息服务

编辑出版公开刊物《教育科学研究》《班主任》，编印内部刊物《北京教学研究》。《教育科学研究》入选全国中文核心期刊，出刊 249 期。《班主任》强化选题，质量保持稳定，出刊 277 期。相继编发《教育快报》《两委学习参考》《普教信息参考》《教育信息参考》《教育文摘》《教育研究参考资料》等信息资料。建成北京教育科研网（暨院网）、中国义务教育科研网、北京教育发展与政策研究资源库、首都义务教育科研资源库、数字图书馆、网络数据库。

1985 年，北京市教育科学研究所创办《班主任》杂志，初与光明日报出版社合作，以丛刊形式出版。1986 年改由北京市教育科学研究所独立经营，成为公开发行的双月刊。2000 年改为月刊。16 开，国内统一刊号 CN11-1125/G4，国际标准刊号 ISSN1002-560X，邮发代号 82-799。1996—2000 年、2000—2004 年入选全国中文核心期刊。2005 年纳入教科院期刊部管理。《班主任》主要开设理论与实践、全国优秀班主任讲坛、工作笔谈、班级发展与管理、学生教育与转化、心理健康教育、班队活动、家校合作、队伍建设等栏目。

《教育科学研究》杂志前身为北京市教育科学研究所筹备组于 1982 年创办的《教育科学研究资料》，双月刊，系内部发行的学术刊物。1990 年，《教育研究资料》更名为《教育科学研究》，赵朴初题写刊名。1996 年 2 月，创办《北京教育科学研究院学刊》季刊。1998 年 8 月，《北京教育科学研究院学刊》与《教育科学研究》合并，以《教育科学研究》名义出版，双月刊。2000 年 9 月，经新闻出版署和北京市新闻出版局批准，北京广播电视大学主办的《电大学刊 · 经济版》与《教育科学研究》合并，更名为《教育科学研究》，由教科院、北京广播电视大学联合主办。《教育科学研究》英文名称 Educational Science Research，大 16 开，国内统一刊号 CN11-4573/D，国际标准刊号 ISSN 1009-718X，邮发代号 2-769。2005 年 5 月，《教育科学研究》纳入教科院期刊部管理。2008—2009 年度，《教育科学研究》杂志入选“CSSCI 来源期刊”，2008 年入选“全国中文核心期刊”“CSSCI 来源期刊（扩展版）”。《教育科学研究》以立足北京、面向全国，为教育改革和发展服务，为提高教育教学质量服务，为繁荣教育科学服务为办刊宗旨。服务对象为教育研究人员、有研究兴趣的一线教师、教学研究人员、教育行政管理人员。开设专题、理论探索、决策参考、热点与冰点、管理与评价、调查与实验、课程与教学、德育与心理、比较与借鉴、教师教育、学校科研、名著导读、三分钟教育学、信息互联等栏目。

第三节　北京教育考试院

1996 年 3 月 13 日，市编委批复同意成立北京教育考试院。北京教育考试院在原“一办三局”下属的市考试招生管理研究中心、市高校招生办公室、市高等教育自学考试办公室、市成人教育考试办公室等考试考务机构基础上合并组建，隶属于北京市教育委员会，为市财政拨款的正局级事业单位。北京教育考试院主要职能是全市教育考试考务、招生以及考试的指导服务工作，同时对教育考试、招生工作进行科学研究。

1996 年 10 月 29 日，市编办核定北京教育考试院编制。北京教育考试院内设机构 13 个，其中党政机构 5 个（院长办公室、党委办公室、人事保卫处、财务基建处、机关行政事务管理处），业务处室 8 个（北京市中等学校招生委员会办公室、北京市高等学校招生委员会办公室、成人教育招生办公室、北京市高等教育自学考试委员会办公室、社会考试办公室、命题信息一处、命题信息二处、北京市教育委员会出国留学工作办公室），事业编制 195 人。北京教育考试院附属单位 3 个（北京市高校招生服务中心、北京市成人教育考试指导中心、北京高等学校教育科技发展中心）。北京市中等学校招生委员会办公室、北京市高等学校招生委员会办公室、北京市高等教育自学考试委员会办公室、北京市教育委员会出国留学工作办公室对内为北京教育考试院机关业务处室，对外为独立的事业法人。2003 年 4 月 3 日，市编办批复上述 4 个办公室改为北京教育考试院的内设机构，不具有独立法人资格。

1998 年 11 月 9 日，市教委与北京教育考试院签订《教育行政处罚委托书》，授权考试院以市教委名义行使涉及教育考试管理的有关教育行政处罚权。

2002 年 7 月 1 日，北京教育考试院网站（www.bjeea.edu.cn）正式开通。网站以考试院的业务内容为导向，建立了中考中招、高中会考、普通高考、研究生考试、成人高考、自学考试、社会考试、中外合作八个独立的频道；设置了政策要闻、招考快讯、重要提示、特色服务、招生考试研究、区县园地等栏目。

北京教育考试院每年组织各类考试约 200 次，有 200 余万名考生参加考试，35 万名考生被不同层次的学校所录取。举办的各类考试分为三类，即：与学历有关的教育类考试、面向社会的非学历证书类考试和中外合作类考试。考试院注重考试评价研究工作，每年考试结束后，组织专家对试卷进行评价研究，对考生水平和教学质量进行分析，出版相应评价分析报告。此外，考试院还与许多国家和地区的考试机构、研究机构建立了合作关系。多次派团赴德国、美国、英国、法国、加拿大、南非等国家以及香港等地区访问各地测评机构及院校；同时也接待了来自美国、英国、加拿大等国家以及澳门等地区的学术访问团。

2010 年，北京教育考试院设院（党委）办公室、人事保卫处、财务基建处、监察处、工会、科研办、考务与保密处、信息管理处、命题一处、命题二处、高级中等学校招生办公室、高等学校招生办公室、研究生招生办公室、成人教育招生办公室、高等教育自学考试办公室、社会考试办公室 16 个处室和北京市教育考试指导中心、北京高等学校教育科技发展中心、北京市教育考试招生服务中心、北京考试报社 4 个直属单位。

一、高级中等学校招生考试

1989 年 5 月 8 日，市政府决定成立北京市中等学校招生工作委员会，领导全市高中、职业高中、中专、技校的招生工作，审定招生计划，批准招生工作方案，决定招生工作改革等事项。委员会由主管副市长任主任委员，市教育行政部门、计划部门和劳动人事部门领导任副主任委员。委员会下设北京市中等学校招生办公室作为办事机构，负责统一命题、考试，制定录取原则、健康标准，审批新生录取费等。各区县设立区县中等学校招生办公室，根据市招生办公室要求，分别办理有关事宜。1996 年北京教育考试院成立后，北京市中等学校招生委员会办公室同时成为北京教育考试院中等学校招生委员会办公室，同时，普通高中毕业会考管理和考务职能并入中等学校招生委员会办公室。

1991 年，高级中等学校招生考试部分学科实行标准化试题，阅卷采用计算机和光学符号阅读器组成阅卷系统代替手工阅卷。机器阅卷包括政治、外语、化学三科中的全部标准化试题。同年，首次在高分段采用计算机录取，逐步实现录取工作的计算机化。

1997 年 1 月 19 日，“北京市中等学校招生远程通信网络”联网工作结束，建成了以北京市中等学校招生办公室为网络中心，各区县中等学校招生办公室为网络终端的远程通信系统。区县招办终端站通过拨号上网，可向市中招办传送考生数据和信息，市招办网络中心站可以直接调用终端站的数据和信息、传输信息。

1999 年 7 月 27 日至 8 月 5 日，北京市参加高级中等学校招生考试录取的学校全部实现计算机录取。计算机录取考生 81758 人，占招生总数的 85%。机录首次采用一批录取、录取名单一次成型的方法，将机录结果直接打印成“录取新生名单”。8 月 5 日，北京市高级中等学校招生通过计算机录取的考生的录取结果首次通过 160、168 声讯向社会公布，供考生家长查询，经统计，查询录取结果人数达 5.5 万人。

2000 年，北京市改革高级中等学校招生改革工作。继崇文、海淀、顺义、朝阳 4 个区进行中考中招改革之后，其他区县全部进入初级中学毕业考试、高级中等学校招生考试改革序列。建立主要由区县政府及其教育行政部门管理的高级中等学校招生制度。改革重点是把命题考试管理权下放到区县，跨区县招生的学校把指标分配到区县，各区县独自组织统一考试录取。秋季，本市 10 个区县将初中毕业考试与高级中等学校招生考试分开举行；有 11 个区县不再将政治课列入高级中等学校招生考试内容。

2003 年 8 月，北京教育考试院完成全市高级中等学校统一招生录取工作。该录取改变过去集中驻会组织模式，采用分期录取，分批审批方法，各学校按规定时间到达会场，在半天内完成录取工作。此前，全市高级中等学校招生录取采取录取大会方式，重点高中、中专、技校、职高、师范、职业技术定向培训分组参加录取。同年，北京教育考试院首次举办高级中等学校招生网络咨询活动。来自全市 86 所学校近 200 名工作人员参加活动，在线回答 42 万人次提问。

2005 年 6 月 1 日至 6 日，北京市高级中等学校招生报考工作首次采用网上报考方式进行，约有 16.4 万名初三学生上网填报升学志愿。

2008 年 6 月，北京市高级中等学校招生考试首次实行新课改后的全市统一课标卷，全市近 10 万名考生参加考试，考试科目为语文、数学、外语、物理、化学和体育。文化课科目采取全市统一命题，分区县组考、评卷的方式进行。

2010 年 6 月 24—26 日，2010 年北京市高级中等学校招生文化课考试采用全市统一命题、统一考试、分区县网上评卷的方式进行。考试科目为语文（120 分）、数学（120 分）、外语（120 分）、物理（100 分）、化学（80 分）共计 5 个科目，考试时间分别为语文 150 分钟，数学、外语、物理 120 分钟，化学 100 分钟。全市共设考点 204 个，考场 3204 个，考生 93616 人参加考试。

二、普通高等学校招生考试

1977 年恢复高考后，北京市成立高等学校招生委员会成立，下设办公室，各区县亦相继成立高等学校招生委员会及招生办公室。根据 1987 年 4 月国家教育委员会印发的《普通高等学校招生暂行条例》，招生委员会在人民政府和上一级招生委员会的双重领导下负责本地区招生工作。

1990 年，北京市高等学校招生委员会领导全市普通高等学校和科研机构的研究生招生，普通高等学校和中等专业学校（招收高中毕业生部分）的招生，普通高等学校的成人教育招生，部分高校的第二学士学位生的招生。委员会下设北京市高等学校招生委员会办公室，作为委员会的常设办事机构。1996 年北京教育考试院成立后，北京市高等学校招生委员会办公室，同时成为北京教育考试院高等学校招生办公室（简称市高招办）。1997 年起，北京地区普通高校的成人高等教育和独立设置成人高等学校的招生工作由北京教育考试院成人教育招生办公室统一管理。2006 年 8 月 16 日，经市编办批准北京教育考试院设立研究生招生办公室，统一管理研究生招生工作。此后，市高招办主要负责全市高等学校招生的日常管理工作。2009 年 2 月 22 日，依据《北京市人民政府关于精简与规范市政府议事协调机构和临时机构的通知》，北京市高等学校招生委员会和北京市高等教育自学考试委员会合并为北京市招生考试委员会。

1990 年，北京市高等学校招生实行普通高等学校全国统一招生考试，科目按照文、理倾向分为两大类设置。文科类考试科目为语文、数学、外语、政治、历史；理科类考试科目为语文、数学、外语、物理、化学。

2000 年 1 月，根据教育部安排，北京市进行春季招生试点，实行一年两次高考。2001 年，增加内蒙古地区招生。至 2005 年，春季高考连续举行。2006 年北京停止春季高考试点。

2002 年春季招生开始，北京市普通高等学校招生考试实施“3+X”科目设置方案。“3”指语文、数学、外语三科，“X”指由高等学校根据本校特点和专业要求所确定的选择性考试科目，分“文科综合”和“理科综合”。2002 年起，北京实行语文、数学、外语三科单独命题，不再使用全国统一试卷。2004 年，文科综合、理科综合实行单独命题。

2003 年，普通高等学校招生统一考试时间由每年 7 月 7 日、8 日，改为每年 6 月 7 日、8 日。

2010 年，北京市实施普通高等学校招生改革。改革后普通高等院校招生录取分为包括高水平大学的自主选拔录取、统一考试招生录取两类。自主选拔录取将学生综合素质评价信息和会考成绩等作为高校自主选拔录取的参考依据。统一考试招生继续实行“3+文科/理科综合”的科目设置。

三、成人教育招生考试

1986年开始，国家教委实行成人高等学校全国统一招生考试。北京市独立设置的成人高校招生工作由市成人教育局下设的北京市成人教育考试办公室负责管理，普通高校的干部专修、函授、夜大学招生工作由市高教局下设的负责北京市高等学校招生委员会办公室负责管理。

1992年，市成人教育局明确独立设置的成人高校成人中等专业学校招生工作管理办法。1992年起，北京地区各类成人高等学校、成人中等专业学校的招生工作，由北京市成人教育考试办公室统一负责招生工作的组织实施，各区县成人教育招生办公室按属地关系负责所辖区域内各类成人高等学校、成人中等专业学校招生工作的报名、考试等组织实施工作。市成人教育考试办公室主要职责是编制并公布招生专业目录，组织考生报名工作并负责审查考生的报名资格，组织考试、录取、身体健康状况检查，保护考生和招生工作人员的正当权益，查处违纪舞弊事件等。各区县成人教育招生办公室结合本区、县的实际情况制定报名、考试工作具体实施办法，组织各类成人高等学校、成人中等专业学校考生报名工作，组织考生考试，组织发放考生成绩。各类成人高等学校、成人中等专业学校配合区、县成人教育招生办公室做好考生的报名工作，向市成人教育考试办公室报送录取新生名单，经审批后向考生发放录取通知书，对录取的新生进行复查。

1996年12月，市教委、北京教育考试院决定对各类成人高等院校招生工作实行统一管理。1997年起，北京地区普通高校的成人高等教育和独立设置成人高等学校的招生工作由北京教育考试院成人教育招生办公室统一管理。统一管理工作由北京教育考试院成人教育招生办公室负责，各区县成人教育招生办公室负责本区县成人高考期间的报名、考试等工作的组织、实施。各区县高招办不再负责原来的成人高等教育招生。

2001年6月，成人高等院校招生试行计算机网上录取。各成人高校通过局域网完成录取任务，海淀、大兴和顺义3个区在报名阶段试行电子摄像方式采集考生图像。

2003年3月8日，北京教育考试院举办首次成人高校招生计算机网络咨询活动。该活动利用考试院信息网，向考生宣传招生政策，解答考生问题。来自全市 415876 人次点击咨询网页，5000 人次参与电话声讯咨询，共解答考生问题 1740 个。

2004 年 6 月 16 日，考试院调整成人高校第二专业专科教育招生办法的通知。报考成人高校第二专业专科学历教育考生，需参加成人高等学校招生全国统一入学考试，录取人数纳入招生学校招生计划总数。

2010 年 10 月 16—17 日，北京市成人高校招生全国统一考试举行。共设 19 个考区，156 个考点，3837 个考场，102426 人参加考试。

四、高等教育自学考试

1981 年，北京市在全国首先实施高等教育自学考试制度。1991 年，北京高等教育自学考试由北京市高等教育自学考试委员会领导。其主要的任务是：颁布考试专业和专业考试计划，确定并聘请主考高等学校；组织考试；颁发单科合格证书和毕业证书。北京市高等教育自学考试委员会由主管副市长任主任委员，市教育行政部门、计划部门和劳动人事部门领导任副主任委员。委员会下设北京市高等教育自学考试办公室（简称自考办），负责日常工作，归市成人教育局管理。区县高等教育自学考试在区县政府领导下负责本区县自学考试工作。区县自考委主任由区县主管教育的区县长担任，副主任由教委（教育局）主管主任（局长）担任，区县公安、纪检、监察、人事、劳动等部门的负责人（未成立教委的区县还应包括区县政府文教办、成人教育局的负责人）担任委员。其主要职责是负责本地区自学考试实施的领导、组织、管理，处理考试期间发生的题，指导本地区的社会助学活动。

1991 年，自考办办公楼建成。楼内设生物化学、药理学、病理生理学 3 个实验室，以及教材服务部、咨询服务台。自考办大楼内还设立了印刷车间，有关自学考试的试题、制卷、印刷均在楼内进行。

1993 年，北京市首先开始了“高等教育学历文凭考试”。“高等教育学历文凭考试”是高等教育自学考试委员会对尚不具备独立颁发国家承认学历文凭的民办高校的一种学历认证考试。当年 9 月，15 所民办高等学校 15 个专业 6 门课程的 13052 名考生，以及北京电大基础班 13000 多名学员参加考试。2004 年，教育部发文取消高等教育学历文凭考试，各试点民办学校于 2005 年起停止招生，国家和各省统考课程于 2007 年后停止。2008 年 3 月 26 日至 28 日，自考办完成高等教育学历文凭考试毕业审定工作。该审定共有 42 所民办高校 2167 名考生申报毕业，涉及专业 25 个。其中，2135 人通过毕业复审。至此，北京市高等教育学历文凭考试顺利完成。

1997 年 12 月 17 日，全国高等教育自学考试指导委员会北京命题中心在考试院成立。该中心职责是进行自学考试全国统一命题、区域命题及有关方面的科研工作。

1997 年，自考办开设高等职业技术教育物业管理、餐饮管理、机电一体化、文秘、市场营销、计算机 6 个专业，将高职教育引入自学考试。1999 年 2 月 1—3 日，高等教育自学考试高等职业技术教育考试在全市首次开考。共举办 6 个专业 14 门课程考试。全市 24 个办学单位 1335 名考生报考 4300 科次。东城、朝阳、海淀 3 个考区设立 150 个考场。发现违纪考生 15 人，违纪率 3.58‰。

1999 年 1 月，北京市高等教育自学考试小学教育专业首批 781 人获毕业证书。八月 1 日，《北京自学考试报》正式改为《北京教育报 · 考试招生专刊》对开大版发行。

2000 年 1 月 8 日，首次举办中英合作自学考试。首批开考商务管理、金融管理两个专业，有 970 名考生报名参加 1930 科次考试。

2002 年 10 月 14 日，考试院网站正式启动北京市高等教育自学考试毕业证书服务查询系统。该系统是考试院首次推出的以数据库作为后台支撑的网上查询服务系统。系统可采用通过输入毕业证编号、居民身份证号、军官证号、准考证号四种查询方法中的任意一种，查到相应毕业证书信息，证书模板从颜色到格式与正式毕业证书一致。

2005 年 1 月 5 日，受北京地铁运营有限公司委托，北京市高等教育自学考试开设地铁电动客车技术专业（专科），地铁供用电技术专业（专科）。采取“订单式”培养模式。这是自学考试首次尝试为行业培养人才。

2010 年，北京市共完成高等教育自学考试 28 次。共有 39.2 万人次报考 99.1 万科次，注册新生 4.8 万人。本年开设专业总计 112 个，其中，专科专业 61 个、本科专业 51 个，含“双证书”专业 19 个。全年开考课程总计 983 门。全年共评阅试卷 57.9 万份。毕业生 10691 人，其中，本科毕业生 4174 人、专科毕业生 6517 人，3413 人获取学士学位。

五、社会考试

1992 年，为适应申办奥运会和经济建设的需要，市政府号召全市各行各业学习外语。市高等教育自学考试办公室组织统一外语中级水平考试，合格者发给中级外语合格证书，并每月发给 5 元至 10 元外语奖金。1995 年以后，北京市外语中级水平考试逐年萎缩。

1994 年 5 月，北京市成人教育局承办国家教委考试中心举办的全国计算机等级考试。市成教局是北京地区举办全国计算机等级考试承办机构，对国家教委考试中心负责。其主要职责是负责北京地区全国计算机等级考试的宣传、推广和组织实施工作，审批和管理北京地区全国计算机等级考试的中心考点和培训点，审核北京地区考生的合格证书组织实施笔试和上机考试。经市成教局批准、并在国家教委考试中心备案的中心考点，接受北京市成人教育局管理，并对其负责，按照考点职责范围，完成本考点考试工作。

1996 年，北京教育考试院成立后，北京市外语中级水平考试和北京地区全国计算机等级考试管理工作改由北京教育考试院负责。

1997 年，北京地区全国计算机等级考试参考人数急剧增长，全年共有 129677 人参加计算机等级考试，比上年增加 72871 人，增长 128.3%；全年有 70800 人取得合格证书。1997 年，北京北京教育考试院承办全国英语等级证书一级（B）考试。同年，经国家考试中心授权，承办推广实施剑桥少儿英语学习系统，有 28 所学校开办培训班，学生近万名，8 月 2 日组织北京地区第一次考试。经国家汉语水平考试委员会批准，在北京教育考试院设立中国汉语水平考试考点。

1998 年 2 月，北京教育考试院社会考试办公室成立。该办公室是北京教育考试院非学历教育考试职能部门。主要任务是面向社会，举办、承办北京地区各级各类非学历教育证书考试。当年承担全国计算机等级考试、全国计算机应用技术证书考试（NIT）、全国公共英语等级考试（BET–S）、剑桥少儿英语考试（CYLET）、中国汉语水平考试（HSK）5 项考试任务。

1999 年 11 月 29 日，教育部考试中心批准教育考试院为北京地区全国少儿计算机考试（少儿 NIT）承办机构。考试院社会考试办公室具体负责该考试项目管理工作。至年底，考试院批准首都师范大学等 12 家单位为中心培训考试点，批准中心培训考试点下属 25 家单位为培训考试点。

2005 年，北京教育考试院举办 20 次 9 个项目社会考试。9 个项目是全国计算机等级考试、全国计算机应用技术证书考试、全国少儿计算机考试、创新能力水平等级证书考试、全国计算机数字图形图像应用技术等级证书、全国英语等级考试、剑桥少儿英语考试、北京市英语口语等级证书考试、剑桥办公管理国际证书考试，报考总人数 378987 人次。

2007 年，北京教育考试院举办 6 次北京奥组委面向社会招聘工作人员考试组考工作。受北京奥组委委托，考试指导中心承担英语（含口试）、法语、综合知识考试命题、制卷、组考、阅卷等工作。全市 4359 人次报名参加考试，组织命题 18 套，制卷 10480 份，评阅试卷 3338 份，发放成绩 3338 份。

2010 年，北京教育考试院举办 18 次 7 项社会考试，报考 204643 人次，阅卷 194231 份，并取得相应证书。其中，中国书画等级考试报考 1331 人，全国计算机等级考试报考 123918 人，剑桥少儿英语考试报考 37869 人，北京英语水平考试报考 9081 人，全国计算机应用技术证书考试报考 6326 人，北京英语口语证书考试报考 22840 人，全国青少年计算机考试报考 3278 人。此外，北京教育考试院共完成 27 个社会委托考试项目的考务组织管理工作，包括 123 次考试，涉及 39 个科目，总计 822256 人 / 科次参加考试。

第四节　北京教育音像报刊总社

1996 年 11 月，北京教育音像报刊总社正式成立。音像报刊总社原北京市教育局的《北京教育》杂志、《学前教育》杂志、《北京教育报》、北京普教音像出版社，隶属于原北京成人教育局的《北京成人教育》杂志、《中国成人教育信息报》，隶属于原北京市高教局的北京高教音像出版社和隶属于原市委教育工委的《北京高等教育》杂志、《高教研究》杂志为基本班底合并组建，是北京市委教育工委、北京市教委直管副局级事业单位，是北京教育系统主要新闻出版宣传机构。主要职责为贯彻落实国家和北京市教育、宣传和新闻出版工作的方针政策及工作部署；利用自身教育音像报刊传媒资源，服务首都教育中心工作，促进首都教育事业改革与发展；利用自身教育传媒优势，围绕首都教育中心工作，策划组织教育宣传活动，宣传首都教育改革发展成果，传播推广先进的教育经验，搭建教育工作者交流平台；负责总社主管主办音像报刊出版物依法合规出版，不断提高出版物质量，不断提高服务教育的水平。

音像报刊总社成立之初内设机构分别为《北京高等教育》编辑部、《北京成人教育》编辑部、《北京教育》编辑部、《北京教育报》编辑部、《中国成人教育信息报》编辑部、《北京高教研究》编辑部、《学前教育》编辑部、北京普教音像出版社、北京高教音像出版社和总社办公室、党委办公室、人事处、财务处、行政后勤处。

1998 年 11 月，《北京高等教育》杂志、《北京高教研究》杂志合并，以《北京高等教育》名义出版。2002 年 1 月，《北京高等教育》调整为《北京教育》，由内部资料转变为公开发行刊物。

2000 年 1 月，《北京教育报》由内部报纸转为公开发行；《中国成人教育信息报》因国家报刊调整，根据教育部要求，划转到中国教育报刊社。

2001 年 1 月，《北京教育报》更名为《现代教育报》。

2002 年 4 月，《北京市成人教育》正式更名为《中小学信息技术教育》，新编国内统一刊号 CN11–4860/G4。

2007 年 9 月，《现代教育报 · 北京高中新课程专刊》创刊发行，10 月，《现代教育报 · 大学生周刊》创刊发行，2008 年 3 月，《现代教育报 · 北京教育督导月刊》创刊发行。

2009 年 1 月 1 日起，经新闻出版总署批准，《健康咨询报》划转音像报刊总社主管主办。

2010 年 6 月，《法治与校园》杂志创刊。该杂志由音像报刊总社编辑，市教委、北京教育系统法制宣传教育领导小组办公室主办，免费向全市中小学生发放。

2010 年，音像报刊总社下辖《现代教育报》、《健康咨询报》、《学前教育》杂志、《北京教育》杂志、《中小学信息技术教育》杂志、北京高教音像出版社、北京普教电子音像出版社。所属独立事业法人单位 4 个，内设部门 7 个，所属企业 5 个，《中国教育报》北京记者站挂靠总社。在岗职工 178 人，具有高级专业技术职务 27 人。全年共发行报刊 700 万份（册），出版发行音像出版物 120 种 160 万盘（碟），电子出版物 120 余种。全年共有 31 篇作品 37 人次获得教育部年度优秀教育新闻奖等各类奖项，1 人获得“北京市高校育人标兵”称号，《学前教育》杂志获得“中华人民共和国成立 60 周年中国家庭教育知识传播激励计划优秀传媒奖”等。

音像报刊总社所属音像刊报中，《学前教育》为新闻出版总署“双效”期刊，北京市社科类一级期刊刊；《北京教育》为北京市社科类一级期刊；《中小学信息技术教育》为北京市社科类一级期刊，是中国教育学会中小学信息技术教育专业委员会指定会刊；《现代教育报》日渐成为国内教育行业的主流媒体；《健康咨询报》是全国唯一以信函无偿咨询为特色的卫生科普报；北京高教电子音像社以《走遍美国》蜚声国内，在国内音像出版界具有一定规模实力和影响力。

第五节　北京市教育技术设备中心

北京市教育技术设备中心成立于1960年，原名北京市教育局教学仪器供应社。1974年更名为北京市教育局教学仪器组。1979年4月，更名为北京市教育局教学仪器站。12月更名为教学仪器公司。1989年，更名为北京市教育局教育技术装备部。1997年，经北京市机构编制办公室批准，原北京市教育局教育技术装备部与原北京市高教局北京市高等学校仪器设备公司合并，成立北京市教育技术设备中心。主要负责北京市中小学校实验室（专用教室）和教学仪器设备的建设、配备、管理、质量检测及技术咨询服务。

1991年，制定下发多个规范性标准文件，完成全市中小学实验室普查，并在全市建立健全了教育装备机构；完善全市教育系统专用仪器设备的订货购入、质量检测、技术咨询、工程维修等服务体系；采取整体推进、分步验收的方法，完成了全市中小学实验教学普及工作检查、评估、验收工作。1998年12月，北京市在全国率先普及实验教学。

2004年，全市办学条件标准化建设进入新阶段，全市学校专用教室、教学设备、音体美器材和图书资料基本达到新颁国家标准。2006年以来，为全市520所初中、1136所小学更新了课桌椅，配置了计算机教室、理化生实验室和科学教室，装备了图书和音体美器材等。着眼装备管理改革，提升服务教学水平。研制的中小学办学条件管理系统在全市1700多所中小学使用；开通了市级数字图书馆，配备正版电子图书达89738种1013456册；2006年11月，启动实施连续3年的实验教师培训工作，覆盖了全市所有郊区县学校和城区的小学，提高了实验教师的操作技能和实验教学水平。

在2006年全国第六届优秀自制教具评选和展览会上，全市获7个一等奖、10个二等奖、8个三等奖；在2009年全国第七届优秀自制教具评选中，获9个一等奖、6个二等奖、3个三等奖；10名教师获“全国自制教具能手”称号，北京市多次获得团体总分前三名。

2007年，执行市教委新农村建设折子工程教学仪器政府采购项目招标工作，预算资金达605.85万元。2008年，完成1.07亿元信息化设备采购，共为学校配置学生用计算机8000台、教师用计算机3000台，多媒体教室2500套。协助市教委完成2007年的延续项目“折子工程”，负责5029万元教学仪器设备的采购。协助市教委为农村寄宿制学校配置生活用车140辆。

2010年，依托北京教育学院、首都师范大学对全市5500多名实验室教学人员与管理人员进行了新仪器新设备使用技能培训；举办市区（县）两级教育装备部门领导及专门人员参加的培训班5期，培训教育装备工作骨干210多名；发动全系统人员结合工作开展创新学习研究活动，先后研究新课题9个，编写各类规范和标准7种，每年发表研讨文章百余篇。

2010年，北京市教育技术设备中心建筑面积3144.6平方米，包括教学仪器标准展示厅300平方米、库房700平方米。在职职工33人。设有采购管理科、技术管理科、实验室管理科。

第六节　北京教育网络和信息中心

北京教育网络和信息中心成立于2001年3月14日，由原北京教育科学研究院教育信息中心与北京电化教育馆合并而成，为市教委直属单位。主要工作是：根据全市教育信息化建设的整体规划，实施对全市教育系统的教育信息网络建设、远程教学、网上学习的规划、设计和指导；面向全市教育系统开展现代教育技术的研究、宣传、指导和推进工作；承担全市教育系统的网络建设和教育教学信息资源库群建设的组织、实施和管理工作；承担北京教育信息网的建设、管理和维护工作；承担全市教育系统教育软件开发管理中心的具体业务工作；承担全市教育系统专、兼职教育技术工作者的业务培训工作等。

2001年至2010年，北京教育网络和信息中心组织实施10届北京中小学师生电脑作品评选活动，年均收到学生作品600余件，并推荐百余件作品参加全国评选。

从2001年起，组织实施“校校通”工程。至2004年在全国率先实现了市、区县、学校三层网络结构，建成主干万兆光纤、覆盖全市教育单位的省市级教育专用网络——北京教育信息网。

2003年春，建设“空中课堂”，并在“非典”期间支撑“空中课堂”在中国教育电视台和北京电视台同时播出，被北京市委、市政府授予“首都防治非典型肺炎工作先进集体”的光荣称号。

2003年5月6日，北京教育资源网开通。该网络以教育资源管理和交流为中心，为中小学师生提供教育教学资源信息，开展网络化学习平台类门户网站。网址：www.res.bjedu.gov.cn

2006年，建立比较完整、规范的学生基本数据库，为全市中小学生发放学生卡，以 CMIS 系统和学生卡为核心，开展小升初、普通高中入学资格的认定、电子学籍档案、注册、信息转移等工作。同时建成一个完整规范的教师基础信息库。

至 2010 年，北京教育网络和信息中心为北京市委教育工委、北京市教委及教育系统各相关单位提供优质信息技术服务，为教委门户网站、综合管理平台、文件传输平台等电子政务系统平稳运行提供技术，支持技术支持受理率 100%。积极开展市级教育信息化建设和管理工作，联合公安机关开展教育行业信息系统安全等级保护工作，配合市经信委完成教育系统信息化项目技术评审工作。全面推进教育信息化基础设施建设工作，搭建高标准、全覆盖的数字化教育环境。组织开展数字校园实验校建设工程、“市属高校特色资源”建设工作、北京市中小学社会大课堂平台建设和数字博物馆建设。开展交流合作，实施远程教育。组织“北京—澳门学生互联网交流计划”，戴尔“互联创未来”，微软“携手助学”——创新教师培训等系列项目在北京的实施。并建设“网上学习平台”，提供网上课程培训、在线技术支持、网上专家咨询和远程教学服务。

2010 年，北京教育网络和信息中心设资源运营部和学生卡管理部等 9 个部门。有职工 104 人，其中，在职 51 人，包括高级专业技术职务 13 人、中级 29 人。

第七节 北京教育新闻中心

2008 年 7 月，北京教育新闻中心正式运行。该中心是市教委直属事业单位，在市委教育工委、市教委领导下，自主组织策划实施教育系统新闻宣传工作。同时，该中心还承担指导高校和区县教育部门新闻中心工作的任务。

2008 年 12 月 1 日，教育新闻中心联合 11 家媒体共同开展 2008 年“首都十大年度教育新闻人物”评选活动。该评选采取网络和邮寄等投票方式，评出教育新闻人物 10 人、特别荣誉奖 2 人。2007 年 3 月，北京教育新闻中心在正式成立之前，即组织 2006 年首都十大教育新闻评选。评选活动共收到信函选票 9 万余张，网络投票 5 万余条。12 月，联合北京教育新闻中心、《北京日报》、北京人民广播电台、北京电视台、《北京晚报》、《大学生周刊》、千龙新闻网、新浪网（教育频道）联合评选 2007 年“首都十大教育新闻”、“首都十大教育人物”。评选“首都十大年度教育新闻人物”。

2009 年 1 月，教育新闻中心创建北京教育舆情信息工作机制。该中心形成舆情信息工作规划制度、舆情信息日报制度、舆情信息专题及阶段分析和突发舆情应急响应制度，做到及时反映教育舆情动态、分析教育舆情走势。至年底，共编写教育舆情专报 229 期、“两会专题”教育舆情专报 10 余期，还根据不同时期的教育舆情热点和突发事件，编写专题舆情分析报告，将舆情分析与建言献策结合起来，使舆情分析工作全面、客观、及时、有效。

2009 年 6 月，教育新闻中心创办《首都教育》专刊。该专刊为 4 开本，8 个页面，每两周编印一期，面向市委教育工委、市教委机关、直属直管单位、各级各类学校发送。至年底，专刊共编印 13 期。

2009 年，教育新闻中心制作完成系列电视专题片《教育资讯》36 期。专题片以直观、生动的视频形式反映当月北京教育系统主要工作，记录首都教育发展实况。

2010 年 6 月 7 日，教育新闻中心与北广传媒集团合作制播的教育资讯节目《教育纵横》在北广传媒城市电视和移动电视正式开播。至年底，该节目共播出 26 期，每周一期，每期 5 分钟，上下午滚动播出。节目通过新闻、专题、动漫、宣传片等形式，分为教育新闻、魅力师生、小贴士和风向标 4 个板块，全面报道首都教育的方针政策、重大举措和突出成果，播报首都教育系统的重要活动。

2010 年 11 月 1 日，新闻中心与北京电视台青少节目中心联合推出的系列电视访谈节目《首都教育访谈录》首播。市委教育工委、市教委、市教育督导室领导，东城、西城、朝阳、海淀等 13 个区县的教育部门负责人，与记者、观众面对面畅谈首都教育发展成就和蓝图。

2010 年，北京教育新闻中心设有办公室、策划部、网络视频部，有工作人员 6 人，全部在编。全年与北京电视台合作制播教育访谈节目《非常向上》50 期，与北广传媒合作制播教育资讯节目《教育纵横》26 期；组织中央及市属媒体开展“首都义务教育均衡发展区县行”和“北京教育援藏工作纪实”专题采访报道；策划录制开学励志电视特别节目《明天开学了》和系列电视访谈节目《首都教育访谈录》；举办第五期教育系统新闻发言人培训班。

第八节　北京市教工休养院

1985 年 7 月，市委、市政府决定为教育办十件实事，其中之一即是“第七个五年计划期间建立一个教师疗养院”。疗养院主要任务为教育系统职工提供休养住所与相关服务、教育系统劳动模范、先进工作者 、教师休养住所提供与服务会议服务相关社会服务等。1986 年 9 月 11 日，北京市教工疗养院工程在平谷韩庄村东东老虎山东侧举行奠基典礼。教工疗养院隶属市教育局为处级单位。

1986 年 10 月 28 日，北京市教工疗养院改名为北京市教工休养院。1989 年 9 月，经过两年的努力，北京市教工休养院工程部分建成，完成建筑总面积 9400 平方米，其中 1 号、3 号客楼，计 3858 平方米，设休养床位 185 张。

1990 年 8 月 10 日，经市教育局批准，休养院中层机构设四科一室：即工程科、膳食科、房务科、财务科和办公室。科长、副科长暂设 9 人。1990 年 11 月 15 日，国家教委职业教育研究会成立大会在休养院举行，这是休养院首次接待国家部级、全国范围的会议。会期为 15—19 日，共 5 天，到会的各省市代表 110 人。

1990 年 4 月起，休养院每年 4 月至 10 月接待教职工休养。每期约接待休养人员 150 人，一周一期。1991 年接待中小学教师 3795 人休养。

1992 年 3 月，第二期工程动工，1994 年 7 月 19 日，二期工程的 2 号、4 号客楼和多功能厅投入使用，总投资为 550 万元，休养床位由原来的 185 张增至 450 张。

1995 年，市政府投资 280 万元，建成院内 18 亩水面的人工湖。4 月至 10 月，利用 300 张床位用于接待计划内的教师休养，共接待教师 3700 人。利用双休日和机动床位，接待计划外（自发组织、交床位费）休养教师 3200 人。利用机动床位和休养淡期（1 月至 3 月、11 月至 12 月）接待各种会议、培训班、旅游团体，创收 83 万元，完成市教育局下达的创收指标，减少了经费拨款。

1996 年市教委成立后，教工休养院划归市教委领导，当年共接待计划内休养教师 24 期，4454 人，共计 15725 人次。利用其他月份和每周双休日、接待计划内休养教师以外的机动床位（150 张左右），接待计划外休养教师、市教委各处室和社会其他部门的会议、培训班、旅游团体共 982 个，55600 多人次。全年该休养院床位利用率为 49.3%，完成创收 120 万元的指标。

1997 年 10 月，学术报告厅建成，建筑面积 2100 平方米，投资 150 万元。12 月 体训馆建成，建筑面积 3554.23 平方米，投资 850 万元。

1998 年 6 月 30 日，平谷县工商局颁发北京育新苑宾馆企业执照，北京市教工休养院完成向企业转型的重要一步。7 月 8 日，市教委批复同意北京市教工休养院设立育新苑宾馆。1999 年 11 月 2 日，育新苑宾馆被北京市旅游事业管理局评定为三星级宾馆。

2001 年 1 月，北京育新苑宾馆通过 ISO 9001 国际质量体系认证。4 月，四合院建成，建筑面积 1045.9 平方米。

2002 年 4 月 10 日，市委教工委、市教委 2002 年第 8 次书记主任会议研究，决定将北京教育旅行社、黄山北京市教育研究中心划归北京市教工休养院。4月13日至19日，教工休养院顺利完成黄山教研中心接管工作。

2003年4月27日，市政府指定北京市教工休养院为接待北京市医疗卫生单位医护人员疗养休整的定点单位。自4月27日开始接受任务历时两个月，完成了三批共计186名首都"非典"一线医护人员的休养接待任务。7月，教工休养院被北京防治非典型肺炎联合工作小组授予"首都防治非典型肺炎工作先进集体"荣誉称号。

2003年6月，会议中心建成，建筑面积1100平方米，投资100万元。

2006年12月15日，北京育新苑宾馆被全国旅游星级饭店评定委员会评为"金叶级绿色旅游饭店"。

2008年6月，育新苑宾馆通过ISO 14001环境管理体系认证。11月，荣获中国饭店协会授予的"中国饭店业优秀品牌企业"和"改革开放三十周年中国饭店业优秀品牌"的荣誉称号。

2009年2月16日，教工休养院被中华全国妇女联合会、全国妇女"巾帼建功"活动领导小组评为"巾帼文明岗"。

2009年12月底，教工休养院内新建的北京教育考试院阅卷基地正式落成。该基地于2009年年初开始筹划，6月1日开工建设，2009年12月18日成功举办了揭牌仪式，于2010年1月18日正式启用。该基地占地630平方米，建筑面积1890平方米，空间利用1700平方米，该建筑采用框架结构，总投资1300多万元。阅卷基地内配备600台计算机，可接待30～600人的计算机培训。

至2010年，教工休养院坚持"服务教育、服务教师"的办院宗旨，逐步打造出"清新雅致的优美环境、精美可口的特色餐饮、体贴入微的亲情服务"三大优势，累计接待休养教师70万余人次，受到了全市广大教职工和社会各界宾客的赞誉。先后获得了"首都旅游紫禁杯先进集体""首都文明单位标兵""服务质量提升年先进集体"等荣誉称号。

2010年，北京市教工休养院占地面积15万平方米，建筑面积3.8万平方米。固定资产总值1.2亿元，其中设备资产4921万元。客房240间，大中小餐厅15个，大中小歌厅11个，大中小规模会议室18个，能同时接待548人住宿和1000人就餐。绿化覆盖率达到65%以上，草地面积7.8万平方米，各种花卉、树木品种150余种，总数量达12500株。年内经营收入3500万元，比上年增长30.31%。客房出租率61.56%，比上年提高3个百分点。全年接待总人数115830人次，其中接待教师休养10301人次。

第九节　北京教育志编纂委员会办公室

1989 年至 1990 年，市成人教育局、市教育局、市高教局先后成立本系统的教育志编纂委员会及办公室。1994 年，市高教局成立中专志编委会办公室。1996 年 9 月，市教委成立北京教育志编纂委员会、北京教育年鉴编纂委员会，决定原市成人教育局、市教育局、市高教局的三个编纂委员会、四个办公室在完成既定任务后自行结束工作。北京教育志编纂委员会主任由市教委主任担任，委员由市教委主要处领导组成。编委会下设北京教育志编纂委员会办公室（简称教志办）。

1997 年 3 月 11 日，市编办批准成立北京教育志编纂委员会办公室。新成立的教志办由原市教育局教育志编委会办公室骨干人员和部分修志专家组成，为正处级全额拨款事业单位，挂靠在北京教育科学研究院，办公地点位于前门西大街 109 号。主要职责是组织《北京志・教育卷》和《北京教育年鉴》的编辑出版工作；编写《北京年鉴》和《中国教育年鉴》北京教育部分，指导北京教育系统的教育史志编纂工作，汇集每年教育资料等。教志办同时加挂北京教育年鉴编辑部牌子。2005 年 3 月，教志办变更为市教委直属事业单位。2009 年 6 月 6 日，教志办由西城区前门西大街 109 号迁入崇文区夕照寺街东玖大厦 B 座新址办公。2010 年 12 月 17 日，教志办官网“京教纵横网”开通运行。

2010 年，北京教育志编纂委员会办公室设有编辑一室、编辑二室和综合办公室，有教职工 16 人，其中，在编人员 11 人，包括高级专业技术职务 4 人、中级 3 人。

一、志书编修

20 世纪 80 年代末，市成人教育局、市教育局、市高教局先后启动第一轮北京地方志编修工作，承担《北京志・教育卷》(《基础教育志》《普通高等教育志》《职业教育志》《成人教育志》）四部志稿编修工作。

1998 年 3 月，《北京志・教育卷・成人教育志（送审稿）》完成。志稿除概述外，设行政管理、学历教育、非学历教育、理论研究 4 篇 15 章 50 节，共 38 万字。上限自 1904 年，下限至 1995 年，记述北京地区成人初等教育、成人中等教育、成人高等教育、扫除文盲、干部职工培训、农民实用技术教育、专业技术人员继续教育和社会力量办学各方面发展情况。

2001 年 9 月 20 日，北京普通中等专业教育志编委会召开《北京普通中等专业教育志稿》出版发布会。《北京普通中等专业教育志稿》上起1904年事业发端，下至1992年，系统记述北京中等专业教育发生、发展88年历程，全书14篇140万字。2004年7月28日，《北京志·教育卷·基础教育志》通过北京市地方志编纂委员会终审。志稿客观反映北京基础教育自事业发端至1990年发展轨迹。《基础教育志》编纂工作始于1990年，全市教育系统共218人参加修志工作，搜集整理资料2000万字，并分别于1998年和2003年由北京出版社出版《北京普通教育志稿》上、中、下3卷，共计327万字。

2004年9月28日出版《北京普通高等教育志（志稿）》。该志稿分上、中、下3卷，设有沿革、综览、重大历史事件、学校、人物和大事记6篇，收录历史图片32页130张。

2005年1月13日，市委教育工委、市教委召开教育系统第一轮修志工作总结表彰会。会议总结北京教育系统第一轮修志工作，表彰第一轮修志工作先进集体4个、先进个人96人。教育系统第一轮修志工作开始于1988年10月，结束于2004年10月，全市共有924人参加编写，搜集整理资料2000万字、1000幅图片，完成738.8万字志稿。

2005年2月，《北京志·教育卷·高等教育志》通过北京市地方志编纂委员会终审。全书分学校、教育教学、科学研究·对外交流、学生、教师职工、高等教育领导管理体制、基础设施与后勤保障、综览共八篇。《高等教育志》由北京高等教育志编纂委员会主持编纂。

2007年4月26日，市委教育工委、市教委召开北京教育系统第四次地方志工作会议。会议表彰地方志工作先进单位，提出教育系统第二轮修志规划，并宣布启动北京教育系统第二轮修志工作，开展《北京志·教育志》和《北京教育志》编修工作。

2010年，教志办组织召开两次第二轮修志《北京教育志稿资料收集篇目（征求意见稿）》研讨会。会议分别邀请史志专家和市教委机关处室行政负责人，研讨资料收集篇目，并形成修改意见。教志办根据修改意见完善志稿篇目，最终形成《〈北京教育志稿〉资料收集篇目》并上报北京市地方志办公室备案。篇目征求意见稿于2009年开始设计，历经篇目草稿编写、办公室内部和区县志鉴研讨会讨论以及调研一线教育单位和修志专家三个阶段形成。

二、年鉴编纂

1991年至1996年，市成人教育局、市教育局、市高教局逐年编写出版《北京成人教育年鉴》《北京市普通教育年鉴》《北京高等教育年鉴》。其中《北京市普通教育年鉴（1949—1991卷）》全面记述自1949年至1990年北京基础教育的发展历史。

1997年11月，市教委成立后的第一部年鉴《北京教育年鉴（1997）》出版。年鉴由北京教育年鉴编辑部主持编纂，除记述北京市属各教育部门情况外，对北京境域内中央部门所属各级各类教育也全面记述，总体上反映1996年北京教育事业全貌。全书分38个大类目，4272个条目，共计118万字。

2007年12月，教志办完成《北京教育年鉴1997—2006年全文检索数据库》，数据库涵盖《北京教育年鉴》10年全部内容，包括图片、表格、征文、附录等，收录文字1240万字，图片8556张。

2008年6—10月，教志办调研北京教育系统志鉴工作发展情况。结果显示，北京教育系统编纂教育年鉴的普通高校44所，占60个被调查学校的73.33%；编修教育志的普通高校22个，占60个被调查学校的36.67%，区县教委编纂教育年鉴的4个，占区县教委总数的21.05%，编修教育志6个，占区县教育总数的31.58%。

2010年12月17日，《北京教育年鉴（2010）》正式出版。该书为889毫米×1194毫米的大16开本，全书四色铜版纸印刷，文前配有32页彩色插页，文中配有彩色随文图片，共收录图片1100幅。全书共计150万字，收录条目4100条，设有20个一级目，全面记录北京教育系统2009年教育发展改革综合情况。同期，《北京教育年鉴》光盘版配套发行。

三、地方史志研究

1990年12月，市教育局教育志编委会办公室创办《北京教育志丛刊》，1993年更名为《北京教育史志丛刊》。为季刊，16开48页，主要刊登方志学理论、志稿探讨、史料辨析、工作经验交流等文章。1996年改为教志办主办。2010年4月30日，《北京教育史志丛刊》改版。改版后，刊物新增4页彩色插页，内文64页，设9个常设栏目、3个非常设栏目，版本由原来16开改为大16开本，彩页封面，每期总字数10万字。至2010年12月，共出版82期，收录文章1000余篇。

1998年3月，《北京市教育委员会文件选编（1996）》由航空工业出版社出版发行。文件选编由市教委办公室、教志办联合编辑、制作和发行，采用“分门别类”和“先级后类”编辑体例收录市教委年度重要文件。至2010年，文件选编逐年出版。

1997年10月，中国地方教育史志研究会秘书处从湖南省教委迁出，挂靠在北京市教委，并由教志办承担具体工作。同时，国家“九五”规划重点课题“中国地方教育史研究”开题。该课题是中国历史上第一次由中央政府教育行政部门规划并组织实施，第一次按行政区划在全国范围内大规模开展的地方教育史研究。其任务是要求各省、直辖市和自治区按照统一体例分别编写一部区域性的教育通史。课题由中国地方教育史志研究会主持，总课题组设在教志办，负责课题的筹划、组织工作，并承担该课题所属的子课题“北京教育史”的编写任务。

2000年5月10—13日，教志办举办《北京教育史》评议暨“中国地方教育史研究”第三次学术会议。会议肯定北京教育史研究水平，认为史稿在理论上能够坚持历史唯物主义，评论公允；资料全面翔实；在地方特色上能把握北京上升为首都基本历史发展线索，符合北京历史发展的实际。会议同意“北京教育史研究”修改后正式结题。2003年4月22日，中国地方教育史志研究会秘书处从教志办迁至中央教科所教育史研究室，行政挂靠中央教育科学研究所。当年“中国地方教育史研究”通过鉴定结题子课题17个。2011年12月20日，教志办编纂修订的《北京教育史》出版发行。全书共10章50万字，文前配彩色插页32页，收录图片124幅，随文图130余幅。该书系统总结、梳理远古至新中国成立前的北京教育发展史，填补北京教育地方史研究空白。

2008年12月，教志办和市档案局联合编纂的《北京教育档案文萃》出版发行。全书分上、中、下3卷，采用分门别类的编辑体例，设中小学、校外教育、农村教育等9个类目，共收录1949—1995年（市教委成立前夕）的档案资料500余份，内容以原市教育局、原市成人教育局的档案为主，包括市公安局和市卫生局等相关委办局的档案资料，与《北京市教育委员会文件选编》形成档案资料系列丛书，填补北京教育档案资料1949—1996年开发利用的空白。

2009年10月24日，“纪念新中国成立60周年——北京教育史料展”开幕。史料展由市教委主办、教志办承办，主要记录和展示北京教育发展轨迹、宣传新中国60年首都教育发展成就，内容分古代北京教育、近代北京教育和当代北京教育三部分，重点为当代北京教育。展览地点设在崇文区夕照寺街东玖大厦B座，展厅面积300平方米，布设展板52块、展柜69个，展出实物239件、图片430张，面向社会公众免费长期开放。

2009年10月，教志办编纂的《北京教育60年》由北京工艺美术出版社出版发行，全书分为《北京教育60年（1949—2009大事记）》和《北京教育60年

（1949—2009 图集）》两册。大事记收录 35 万字，以新中国成立以来北京教育发展为记述范围，分阶段编写 1949 年至 2009 年北京教育大事年表；图集收录图片 660 幅，重点体现新中国成立 60 年来北京教育事业发展的历程。

第十节　校外教育资源单位

一、北京学生活动管理中心

北京学生活动管理中心（北京市少年宫、北京市青少年科技馆）是综合性的校外教育机构，隶属于北京市教育委员会。北京市少年宫成立于 1956 年 1 月 1 日，北京市青少年科学技术馆成立于 1957 年 5 月 26 日。2000 年 7 月 3 日，北京市少年宫、北京市青少年科技馆合并，成立北京学生活动管理中心（简称活动中心）。活动中心为市教委直属全额拨款事业单位，编制 163 人，主要负责组织北京市大中小学生各类大型活动，承担全市体育、艺术、科技等竞赛和会演的组织工作，组团参加全国、国际性的体育竞赛和艺术交流活动。

1992 年 6 月 1 日，北京市少年宫被国家教委、文化部、全国总工会、共青团中央、全国妇联和中国科协联合评为少年儿童校外教育先进集体。2000 年 8 月 2 日，活动中心与门头沟区教委联合建立北京市中小学生素质教育基地。基地位于门头沟雁翅地区，设有农作物种植采摘、军事体能训练、野外食宿生存、科普活动等区域。2003 年 4 月 10 日，活动中心组建北京金鹏科技报告团，特聘请北京市数十名著名特级科技辅导员及社会各界知名专家、学者担任讲师，常年为全市中小学生及教师举办主题为“探究性学习、创造性操作”的系列科普知识讲座。2004 年 5 月 31 日，中共中央总书记胡锦涛同志视察活动中心（北京市少年宫），与少年儿童一起欢度“六一”儿童节。2005 年 1 月 27 日，北京市少年宫、北京市青少年科技馆入选由中央精神文明办、教育部和科技部等 6 家单位联合评选的全国青少年校外活动示范基地。2005 年 2 月，活动中心被中央文明办、教育部、科技部、共青团中央、全国妇联、中国科协授予“全国青少年校外活动示范基地”。2008 年承担北京市教育系统师生参加北京奥运会、残奥会开闭幕式文艺演出组织工作。

北京市少年宫通过大型活动、教育活动和开放活动，每年组织几十万名青少年儿童进行参观、报告、演讲、夏令营及各类型的会演和比赛，为北京市中小学培养了大批科技、体育、艺术等活动的骨干和积极分子。20 年来，接待了 60 余个国家、地区青少年、国际友人的参观、交流和访问。舞蹈、合唱、独唱、管乐、民乐、京剧、书法、绘画、篮球、足球、乒乓球、国际象棋等团队学员代表中国少年儿童出访美国、瑞士、荷兰等14个国家及中国台湾、香港、澳门地区，被誉为“和平友谊的小天使”。多年来，从少年宫走出了许多享誉全国的著名艺术家、演员、科学家、体育运动健将，如乒乓球世界冠军的庄则栋、围棋名将张文东、机器人专家余达太，参与我国七颗人造卫星的设计者汪纪亮，文艺界著名的瞿弦和、张筠英夫妇，姜昆、侯耀文、濮存昕、蔡国庆、屠洪刚、祝新运等，画家王庸、王明明，书法家苏士澍等。

2007年10月13日，新的活动中心在龙潭湖畔破土动工，计划于2011年年底完工。

2010年，北京学生活动管理中心（北京市少年宫、北京市青少年科技馆）占地面积5万平方米、建筑面积1.5万平方米。教职工138人，包括特级教师1人、高级教师31人。聘请兼职教师80人。设有文艺、科技、体育、学科类等培训项目57个，兴趣小组500个，有8000名学员。组织北京市青少年儿童进行参观、报告、讲座、演讲、座谈、夏令营及各类型的会演、比赛、国际交流和娱乐活动，年人数300万人次。全年参加各类型国际、国内比赛，获国际奖和全国金奖、银奖、铜奖以及北京市第一名的学员400人次。全年接待境外来宾10批300人。

二、北京教学植物园

北京教学植物园原名北京市龙潭植物园，成立于1956年，1963年2月更名为北京教学植物园。教学植物园是国内唯一一所由省级教育行政部门投资建立，专为中小学教学服务的植物园，为北京市教育委员会直属的教学机构。主要职能为：发挥植物园作用，为中小学校劳动、自然、劳动技术、生物及其他相关学科进行直观教学提供基地；繁育并供应有关相关学科教学实验用的动植物材料，为相关学科教学改革及青少年科技活动提供支持；配合有关部门，进行有关学科教师业务培训；为学校的绿化美化提供技术咨询、设计、施工等方面的服务；充分发挥资源优势，为学校和社会提供服务。

1993年至2006年期间，北京教学植物园先后举办了“青少年一日冬令营”“植物与环境保护”“认识生命，亲近自然——走进绿色植物王国”等中小学生爱科学月活动，以及“三节三周”主题科普游园活动（“五一”“六一”“十一”），累计有13万余名中小学生和家长参与。其中“三节三周”活动被评为“首都青少年环境保护奖”优秀项目。1998年12月18日，北京市青少年科普教育基地在北京教学植物园正式挂牌。1999年11月，被中国科学技术协会命名为“全国科普教育基地”。同时，承担部分学校学生来园上劳技课的任务，开设盆栽植物技术、粘贴艺术、平菇栽培等7项课程；先后出版《粘贴画的制作》《蔬菜栽培》《绿化庭院美化家庭》等6本教材，供全市18个区县部分中学劳动技术课教学使用；编写出版《中学生物实验技术》一书，用于生物实验教师培训班教学使用；承担教师继续教育工作，与市、区教育行政部门或教研部门合作，先后开设10余门课程，对中学生物实验教师、生物教师、劳技教师、小学自然课、劳动课教师、职业高中花卉专业教师、幼儿教师进行岗位培训；每年按教学进度需要繁育实验材料，为全市中小学服务。

2005年6月1日，北京教学植物园举办北京市“植物与健康科普节”开幕式暨青少年生态道德教育基地和生态环境科普活动基地挂牌仪式，成为首家“北京生态道德教育基地”。

2006年10月1日，北京绿色科技俱乐部在北京教学植物园成立。俱乐部以北京教学植物园为基地，中国科学院老科学家科技辅导团为依托，将积极探索培养青少年对绿色科学的兴趣和爱好，增强创新精神和实践能力，引导并树立科学思想和科学态度的新形式、新机制。俱乐部将每年吸收积极开展绿色科技教育的学校为会员校，然后从会员校中招收会员，组织会员听科普讲座，科技名著导读，体验科学考察，开展小科研课题，举办专题学生论坛等多种形式开展绿色科技活动。

2000—2010年，编写《北京教学植物园现场教学参考资料》《北京教学植物园科普系列丛书——参观自导手册》等6册园本教材及学生活动方案；开展多种教师和学生业务培训；为学校提供生物、劳技、科学等课堂教学实验、实习材料，年均服务师生15万余人（次）；教师辅导的中小学生小课题研究项目多次获国际专项奖、全国竞赛奖、市级竞赛奖。

2010年北京教学植物园被评为全国科普工作先进集体、北京市优秀科普教育基地。年内，该园在编教职工61人，其中，有中专以上学历32人（研究生10人、本科生12人、大专生8人、中专生2人），教师及其他专业技术人员29人（副高8人、中级12人、初级9人）。全园规划用地11.65万平方米，建筑面积9127.31平方米，含温室面积4408.63平方米。

三、金鹏科技团

1998 年 6 月 23 日，北京金鹏科技团成立。北京金鹏科技团是北京市中小学开展科技教育的组织，在中小学科技教育工作中起引领和示范作用，是向国内外展示首都中小学科技教育水平及成果的重要窗口：组织全市中小学和校外教育单位中有较高科技水平的学生参加科技活动，提高他们的创新意识和动手能力，培养他们的科学精神和科学方法，使广大青少年科技爱好者创作出高质量、高水平的作品和成果，进一步推进素质教育，为祖国科技事业发展和社会主义现代化建设培养更多、更好的人才。

金鹏科技团下设十个分团：第一分团，北京市青少年科技馆；第二分团，东城区青少年科技馆；第三分团，西城区青少年科技馆；第四分团，宣武区青少年科技馆；第五分团，朝阳区青少年活动中心；第六分团，丰台区东高地青少年科技馆；第七分团，北京景山学校；第八分团，崇文区九十中学；第九分团，中国科大附属中学；第十分团，怀柔县庙城中学。

科技团实行总团和分团两级管理的体制，总团与分团是业务指导关系。总团设置名誉团长、团长、秘书处和专家指导委员会。秘书处设在市教委。分团接受所在区县教委、教育局领导。日常工作由承办单位负责。

2005 年 9 月 21 日至 12 月 27 日，市教委和市学生活动管理中心联合完成对金鹏科技团重新认证。此次认证按照每区县直属校外教育机构 1 个，25% 的科技示范中小学确定认定名额。经检查科技教育理念、示范辐射能力、可持续发展和成绩突出 4 个方面检查，并经专家论证、市教委办公会讨论通过，28 个单位通过认证。

北京金鹏科技团名单（2005 年）

北京市第一六六中学	北京市第四中学
北京市第五中学	北京市第一六一中学
北京景山学校	北京市第八中学
北京市第二中学	西城区华嘉小学
东城区东四九条小学	北京汇文中学
东城区青少年科技馆	崇文区青少年科技馆
北京师范大学附属实验中学	北京市第十五中学

宣武区青少年科技馆	北京大学附属小学
北京市第八十中学	北京市第十八中学
北京市陈经纶中学	丰台区东高地青少年科技馆
北京市中关村中学	怀柔区第一中学
中国人民大学附属中学	平谷区黄松峪中学
北京市第一零一中学	顺义区牛栏山第一中学
海淀区中关村第一小学	北京学生活动管理中心

2006 年 4 月 7 日，市教委印发《北京金鹏科技团管理办法（试行）》，对金鹏科技团的组织机构、分团的申报与认定，工作职责与内容、团旗与团徽、奖励与处分做出了明确的规定。新的管理办法明确金鹏科技团管理体制，北京金鹏科技团在市教委领导下开展工作，增设工作指导委员会，工作指导委员会下设办公室，设在北京学生活动管理中心。北京市中小学科技教育示范学校和隶属市、区县教委的校外教育机构可申报金鹏科技团分团，经市教委批准后被认定。分团每 3 年重新评审一次。

2010 年 11 月 21 日，市教委召开北京金鹏科技团经验交流现场会。会议听取北京大学附属小学、北京市中关村中学校长介绍学校科技教育工作开展情况及承办金鹏团工作经验集中交流科技教育经验及未来发展，展示科技教育成果；观摩中关村中学无线电测向队周年庆典等科技活动及“纸模型承重”的决赛展示。各区县教委领导，全市 33 所金鹏科技团学校、97 所科技示范校主管科技的校长、负责人和教师参加交流会。

2011 年 4 月，市教委开展北京金鹏科技团评审验收工作，织专家评审组验收原金鹏科技团，评审新申报的金鹏科技团。经过评审新认定 16 个金鹏科技团。至此，北京市共有 44 个金鹏科技团。

四、金帆艺术团

北京市金帆艺术团成立于 1986 年，由 11 个分团 600 名学生组成，为国内校园中出现的首支高水平、大规模、成体系的学生艺术团体。多年来，在党和政府的关心支持下，在社会各界艺术家们的精心呵护下，现已成为有十几个艺术门类，64 个艺术分团和近万名团员的大型综合学生艺术团体，承办学校涉及全市 60 多所中小学和校外教育机构。

1998 年，市教委重新调整认定北京中学生金帆艺术团。新认定的金帆艺术团承办单位在北京市艺术传统项目学校范围内产生，分别由 30 所中学承担，每校承办一个分团。1999 年 3 月 30 日，在区县申报基础上，市教委批准北京一〇一中学等 33 所学校为金帆艺术团的承办学校，承办 35 个金帆艺术团。

北京中学生金帆艺术团承办学校（1999 年）

东城区

1. 金帆舞蹈二团北京第二中学
2. 金帆管弦乐二团北京市第二十二中学
3. 金帆民乐五团北京市第二十七中学
4. 金帆管乐三团北京市一六六中学
5. 金帆合唱四团北京市一七一中学

西城区

6. 金帆管乐九团北京市二龙路中学
7. 金帆民乐二团北京市第三十五中学
8. 金帆合唱三团北京市第五十六中学
9. 金帆女子管乐团北京丰盛中学

崇文区

10. 金帆小型声乐队北京市第五十中学
11. 金帆舞蹈四团北京崇文门中学

宣武区

12. 金帆民乐六团北京回民学校
13. 金帆管乐二团北京育才学校

朝阳区

14. 金帆管弦乐一团北京市日坛中学
15. 钢鼓乐团北京市日坛中学
16. 金帆合唱五团北京市和平街一中

海淀区

17. 金帆管乐八团北京育英学校
18. 金帆管弦乐三团人民大学附属中学
19. 金帆管乐五团北京市立新学校
20. 金帆管乐七团中国科大附中
21. 金帆管弦乐二团北京市十一学校
22. 金帆合唱二团北京市十一学校
23. 金帆民乐四团北京市第十九中学
24. 金帆交响乐团北京市一〇一中学
25. 金帆管乐一团北京市八一中学
26. 金帆合唱一团北方交大附中
27. 金帆乐仪团理工大学附中
28. 金帆管乐六团北京大学附中

丰台区

29. 金帆管乐十团北京市丰台二中
30. 金帆民乐一团北京市第十二中学

石景山区

31. 金帆舞蹈一团北京市第九中学

顺义区

32. 金帆管乐十一团顺义杨镇一中

门头沟区

33. 金帆舞蹈三团新桥路中学

延庆县

34. 金帆管乐四团延庆中学

昌平县

35. 金帆民乐三团昌平二中

2003 年，北京市调整金帆艺术团的管理和运行体制，并重新开展重新认定工作。2004 年 11 月 17 日，完成学生金帆艺术团重新认定。此次认定打破以往中学承办特点，吸纳艺术教育水平高的中小学和校外教育单位申报，侧重评估承办单位艺术教育工作和艺术团管理工作、活动条件、活动成果等，来自全市 89 所学校（单位）申请参加评估，有 63 所学校（64 个团）当选。其中，合唱团承办校 13 所、舞蹈团 7 所、民族乐团 12 所、管乐团 20 所、交响乐团 8 所，手风琴乐团、京昆艺术团、曲艺团和舞美团各 1 所。

北京市学生金帆艺术团承办学校（2004 年）

合唱团承办学校

1. 北京市东城区灯市口小学
2. 北京市西城区展览路第一小学
3. 北京市海淀区实验小学
4. 北京市海淀区中关村第三小学
5. 北京市第一七一中学
6. 北京市第五十六中学
7. 北京市第四中学
8. 北京市第八中学
9. 北京汇文中学
10. 北京市和平街第一中学
11. 北京市第八十中学
12. 北方交通大学附属中学
13. 北京市十一学校

舞蹈团承办学校

14. 北京市崇文区光明小学
15. 北京小学
16. 北京市第二中学
17. 北京市第六十五中学
18. 北京市第九中学
19. 北京市门头沟区新桥路中学
20. 北京市丰台区少年宫

民族乐团承办学校

21. 北京市西城区青龙桥小学
22. 北京市朝阳区安慧里中心小学
23. 北京市海淀区翠微小学
24. 北京市海淀区万泉小学
25. 北京市丰台区丰台第五小学
26. 北京市延庆县第一小学
27. 北京市第二十七中学
28. 北京市第三十五中学
29. 北京市回民学校
30. 北京市第十九中学
31. 北京市第十二中学
32. 北京市昌平区第二中学

管乐团承办学校

33. 北京市西城区进步小学
34. 北京第一实验小学
35. 北京市朝阳区安华里第一小学
36. 北京市海淀区五一小学
37. 中国农业科学院附属小学
38. 北京市丰台区丰台第一小学
39. 北京市顺义区光明小学
40. 北京市第一六六中学

41. 北京市育才学校
42. 北京市第六十六中学
43. 北京市立新学校
44. 北京市中关村中学
45. 北京市八一中学
46. 北京市育英学校
47. 北京大学附属中学
48. 北京理工大学附属中学
49. 北京市丰台区丰台第二中学
50. 北京市顺义区杨镇第一中学
51. 北京市延庆县第一中学
52. 北京市少年宫

交响乐团承办学校

53. 北京市海淀区中关村第二小学
54. 北京市第二十二中学
55. 北京市东直门中学
56. 北京市日坛中学
57. 中国人民大学附属中学
58. 北京市第一零一中学
59. 北京市十一学校
60. 北京市东城区少年宫

手风琴乐团承办学校

61. 北京市崇文区少年宫

京昆艺术团承办学校

62. 北京市第十五中学分校

曲艺团承办学校

63. 北京市第三中学

舞美团承办学校

64. 北京市第五十中学

2005 年 5 月 23 日，市教委颁发《北京市学生金帆艺术团管理办法（暂行）》。管理办法明确金帆艺术团由市教委领导，下设秘书处、专家指导委员会、专业指导委员会，秘书处设在北京学生活动管理中心。金帆艺术团承办单位在本市中小学艺术传统校、校外教育机构的艺术教育工作成绩突出的单位中选拔，每三年申报并复检一次。金帆艺术团规范称谓为（学校全称）金帆（项目）团。各分团积极参加北京市学生艺术节、全国中小学生艺展演等艺术实践活动，国内、国际学生艺术交流活动，以及社会公益性演出活动，不得参加商业性演出，严禁占用学生上课时间参加各种社会性演出。

2008 年 4 月 1 日，市教委管理办法对金帆艺术团“每三年申报并复检一次”的规定开展验收，经过验收及评审认定，原有承办学校 51 所为合格，8 所为不合格，新申办的学校 10 所被评为合格。最终，北京市东城区灯市口小学等 61 所学校为北京市学生金帆艺术团承办学校，6 所原金帆艺术团承办学校限期整改，整改后仍不合格撤销其承办资格。

北京市学生金帆艺术团承办学校（2008年）

东城区

北京市东城区灯市口小学金帆合唱团
北京市东城区史家小学金帆舞蹈团
北京市东城区分司厅小学金帆话剧团
北京市东直门中学金帆交响乐团
北京市第一七一中学金帆合唱团
北京市第二中学金帆舞蹈团、金帆管乐团
北京市第六十五中学金帆舞蹈团
北京市第二十七中学金帆民族乐团
北京市第一六六中学金帆管乐团、金帆话剧团
北京市第二十二中学金帆交响乐团
北京市第五中学金帆民族乐团

西城区

北京第二实验小学金帆合唱团
北京市西城区展览路第一小学金帆合唱团
北京市西城区青龙桥小学金帆民族乐团
北京市西城区进步小学金帆管乐团
北京市第四中学金帆合唱团
北京市第三十五中学金帆民族乐团
北京市第八中学金帆交响乐团
北京市第三中学金帆曲艺团
北京师范大学附属实验中学金帆舞蹈团

崇文区

北京市崇文区光明小学金帆舞蹈团
北京汇文中学金帆合唱团

宣武区

北京小学金帆舞蹈团
北京第一实验小学金帆管乐团
北京市回民学校金帆民族乐团
北京育才学校金帆管乐团
北京市第十五中学分校金帆京剧团

朝阳区

北京市朝阳区芳草地小学金帆民族乐团
北京市朝阳区劲松第四小学金帆舞蹈团
北京市朝阳区安慧里中心小学金帆民族乐团
北京市朝阳区安华里第一小学金帆管乐团
北京市第八十中学金帆管乐团
北京市日坛中学金帆交响乐团

海淀区

北京大学附属小学金帆京剧团
北京市海淀区西颐小学金帆京剧团
清华大学附属中学金帆民族乐团
北京市海淀区实验小学金帆合唱团
北京市海淀区中关村第三小学金帆合唱团
北京市海淀区翠微小学金帆民族乐团
北京市海淀区万泉小学金帆民族乐团
北京市海淀区五一小学金帆管乐团
中国农业科学院附属小学金帆管乐团
北京市海淀区中关村第二小学金帆交响

乐团

北方交通大学附属中学金帆合唱团

北京市十一学校金帆合唱团、金帆交响乐团

北京市第十九中学金帆民族乐团

北京市八一中学金帆管乐团

北京市中关村中学金帆管乐团

北京市立新学校金帆管乐团

北京市育英学校金帆管乐团

北京大学附属中学金帆管乐团

北京理工大学附属中学金帆管乐团

北京市第一零一中学金帆交响乐团

中国人民大学附属中学金帆交响乐团、金帆合唱团

丰台区

北京市丰台区第五小学金帆民族乐团

北京市丰台区第一小学金帆管乐团

北京市第十二中学金帆民族乐团

北京市丰台区第二中学金帆管乐团

石景山区

北京市第九中学金帆舞蹈团

顺义区

北京市顺义区光明小学金帆管乐团

延庆县

北京市延庆县第一小学金帆民族乐团

限期整改学校

北京市第六十六中学金帆管乐团

北京市和平街第一中学金帆合唱团

北京市门头沟区新桥路中学金帆舞蹈团

北京市昌平区第二中学金帆民族乐团

北京市顺义区杨镇第一中学金帆管乐团

北京市延庆县第一中学金帆管乐团

五、社会大课堂

2006年，东城区在全区推出“蓝天工程”，区内众多的社会文化场所面向全区中小学生免费或优惠开放，由此拉开了北京市中小学生社会大课堂建设的序幕。

2008年7月，市委教育工委、市教委在总结东城区实施“蓝天工程”等经验的基础上，提出了建设北京市中小学生社会大课堂（以下简称“社会大课堂”）的任务。社会大课堂是指教育行政部门联合本市各有关部门以及行业管理机构，整合利用北京丰富的人文、自然资源，以爱国主义教育基地、公益性文化设施、科研院所、企业、农村、社区等社会活动场所以及有条件的高等院校、校外教育机构、普通中小学和中等职业学校等教育系统的资源，通过提供免费或优惠的场所条件，安全的活动环境，适合学生特点、与学校课程结合的活动内容，搭建学

校教育与社会教育、学生校园生活与社会生活相连接的桥梁和平台。社会大课堂建设采取市、区县和学校合力建设，市级统筹，区县管理，学校实施的方式。为此，市教委、市政府教育督导室印发《关于做好北京市中小学生社会大课堂建设筹备工作的通知》《北京市中小学生社会大课堂资源管理办法（试行）》《北京市中小学生社会大课堂信息系统平台运行与管理办法（试行）》《北京市中小学生社会大课堂课程教学活动资源开发与利用要求（试行）》。由市教委德育处牵头，成立了委内 7 个部门、中心组成大课堂工作团队，在北京市学生活动管理中心设立了北京市中小学生大课堂管理办公室，全市相继成立了 19 个区县（含燕山）中小学生社会大课堂管理办公室。

2008 年 8 月 26 日，中共北京市委宣传部、首都精神文明建设委员会、中共北京市教工委、北京市教委等 12 各部门联合印发《北京市中小学生社会大课堂建设方案》，公布了首批社会大课堂资源单位名单。9 月 1 日，北京市中小学生社会大课堂建设启动。首批 481 家资源单位开始向学生开放，其中社会资源单位占 64%，教育系统内部资源占 36%，遍布全市 18 个区县，涵盖社会、经济、文化各个方面，主要包括爱国主义教育基地、公益性文化设施等场所，以及工厂、农村、社区等实践性强的社会资源，部分高等院校、高中示范校、国家级职业学校、校外教育机构等教育系统内部资源均被被列入首批开放资源之内。同时，推出 44 个社会大课堂课程教学实验基地和百节活动案例，出版《北京市中小学生社会大课堂指南》。开通了北京市中小学生社会大课堂网站，发布社会大课堂活动和管理信息，各区县也建立了社会大课堂门户网站。

2010 年 5 月 14 日，市教委协调组织国家大剧院等 10 家社会大课堂资源单位与延庆、密云等 7 个远郊区县及海淀区签订协议，联合启动“牵手计划”。该计划主要在远郊区县农村山区学校和城区打工子弟学校实施，2010 年先行在房山、平谷、密云和延庆 4 个区县以及海淀区部分打工子弟学校进行试点。“牵手计划”是保障社会大课堂公共文化教育资源向农村山区、弱势群体倾斜的重要举措之一，为农村山区学校和城区打工子弟学校学生走进城市社会大课堂创造机会和条件。10 家资源单位将推出三项措施服务农村山区学校和打工子弟学校学生：一是送展下乡进校，开展大篷车进校园、红色资源进大山等巡展活动；二是增加免费接待名额，服务项目实行最大限度优惠；三是推出适合农村山区学校和打工子弟学校学生的实践课程，区县根据教育教学计划需要和学生年龄特点等实际情况，引导学校择时、优先走进上述协作资源单位。

2010 年 12 月 21 日，市教委、市人力社保局决定授予北京古观象台等 80 个单位“北京市校外教育（中小学生社会大课堂建设）先进集体”称号，授予北京市第六十五中学李嫄等 80 人“北京市校外教育（中小学生社会大课堂建设）先进个人”称号。

第十一节　教育团体

一、北京市教育学会

北京市教育学会成立于 1980 年 3 月 25 日，是具有独立法人资格的群众性教育学术团体。业务主管单位北京市教育委员会。学会宗旨是以邓小平理论和“三个代表”重要思想为指导，认真落实科学发展观，全面贯彻党的教育方针，团结和组织首都基础教育工作者，开展教育科学理论与实际问题的研究与应用。

自 1991 年起，结合教育改革和发展中的重点热点问题为中心议题，召开 5 届学术年会。在“九五”“十五”“十一五”期间，共审批立项课题 392 项，全部按时结题；“十二五”批准立项课题 935 项。近年来，开展“智慧教师”和“京研杯”优秀教育科研论文评选活动，收到征文 63183 篇，评出一等奖 4539 篇。1995 年至 2005 年期间，与北京市三友家具公司合作设立“三友杯”山区优秀教育成果奖，共召开 8 届成果表彰会，32 位中小学教师和 41 个集体获教学成果获奖。同时，承担市哲学社会科学规划“八五”“九五”“十五”“十一五”重点项目“发展形象思维的理论研究与教学实验”“学习中思维的全面协调和可持续发展”研究，取得初步成果，出版专著和成果丛书 25 部。1998 年，与天津、上海、重庆建立 4 个直辖市教育学会协作关系。2005 年，完成市教委委托的“关于北京市初中外语实验校（班）实验情况调查报告”“北京市中小学外语教育现状与对策调查研究报告”两项专题调研。2006 年至 2012 年，受市教委委托，承担“普通高中新课程资源开发及教材建设项目”“北京市义务教育阶段农村地区学生学习困难问题研究”“北京市幼儿园、小学科学启蒙教育实验工程”等 14 个科研项目。2008 年，受市政府委托承担“来京务工就业人员随迁子女接受义务教育的现状与对策研究”课题，为市委、市政府决策提供翔实的资料及制定政策提供理论依据。

2000 年至 2010 年，先后主办并召开第四届中美教育研讨会（2000 年）、第七届“海峡两岸暨港澳地区教育学术研讨会”（2001 年）、中美社区教育研讨会（2003 年）、弘扬民族精神研讨会（2004 年）、海峡两岸和谐教育研讨会（2005

年）、“北京市信息化与课堂教学方式改革研讨会”（2009 年）、“第二届中欧基础教育课程发展会议”（2010 年）等大型会议。

2010 年，北京市教育学会设办公室、会刊报刊编辑部、学术委员会。有常务理事 21 人、理事 137 人，学术委员 43 人。下设 19 个区县教育学会和 59 个学科专业研究会，共有会员 6.8 万人。

二、北京市高等教育学会

北京市高等教育学会成立于 1981 年 4 月，原名北京市高等教育研究会，1983 年 12 月更名为北京市高等教育学会。1996 年 2 月北京市高等教育局撤销，业务主管单位改为北京市教育委员会。北京市高等教育学会是北京地区高等学校和北京市高等教育行政管理部门联合发起成立，从事高等教育科学研究的群众性学术团体，具有非营利性社会团体法人资格。

自 1991 年以来，已举办过 7 次优秀高等教育科学研究成果评选、表彰活动，共有 908 项成果获奖，其中一等奖 75 项、二等奖 183 项、三等奖 337 项、四等奖或成果奖 313 项。推荐优秀成果参评中国高等教育学会举办的 7 次优秀成果评选活动，共有 49 项成果获奖，其中一等奖 15 项、二等奖 12 项、三等奖 14 项、成果奖 8 项。1992 年至 2010 年，围绕各个时期高等教育改革与发展的重大理论问题和实践问题，积极进行研究和探索，广泛开展学术交流。先后单独或联合举办了 19 个大、中型理论活动。承担并组织各级各类“八五”“九五”“十五”“十一五”规划重点课题的研究。连续三届（1993—1998 年、1999—2003 年、2004—2007 年）荣获北京市社科联先进学会荣誉称号。

从 2005 年开始，连续多年承担北京市高等学校教育教学改革立项的申报评审组织工作，对各高等学校申报的项目进行资格初审，并在市教委领导下组织专家组对通过初审的项目进行评议，最后经市教委审定批准立项。2005 年至 2008 年，共有 982 项被批准立项，其中有 12 个项目为北京市高等学校教育教学改革立项经费重点资助项目，606 个项目为经费资助项目，364 个项目为经费自筹项目。

2010 年，北京市高等教育学会有团体会员单位 99 个，其中，普通高等学校 69 所、高职院校 14 所、民办高职院校 12 所、教育管理科研院所 4 个；下属研究会 62 个。

三、北京市成人教育学会

北京市成人教育学会 1981 年 11 月 14 日成立，原名北京市成人教育研究会，1984 年 4 月 13 日改称北京市成人教育学会。业务主管单位北京市教育委员会。学会由全市各类成人教育团体和成人教育工作者自愿组成的群众性、学术团体，是非营利性社会组织。学会分设机构包括继续教育、远程教育等 15 个工作委员会。主要任务是对各类成人教育团体和成人教育工作者进行业务指导；推动和组织市成人教育学术研究交流与合作；促进和加强成人教育学术团体、科学研究与实际工作部门之间的联系与协作；普及成人教育科学知识，推进终身教育体系、终身学习制度和学习型社会的建设；开展成人教育咨询服务推进成人教育科学研究成果的转化。

四、北京市职业技术教育学会

北京市职业技术教育学会 1993 年 6 月 10 日成立，业务主管单位北京市教育委员会。学会是由北京市职业院校组成的北京市群众性职业技术教育学术团体，由从事职业技术教育科学研究与实践的社会组织、企事业单位和个人自愿组成的非盈利性社会组织。宗旨是以马列主义、毛泽东思想、邓小平理论、“三个代表”重要思想、科学发展观和习近平新时代中国特色社会主义思想为指导，坚持党的路线，遵守宪法、法律、法规和国家政策，遵守社会道德风尚，全面贯彻国家的教育方针，尊重职业技术教育规律，团结、组织北京市热心从事职业技术教育事业的工作者，遵循“百花齐放，百家争鸣”的方针，开展学术活动，研究职业技术教育的理论和实际问题，繁荣社会主义职业技术教育科学，为推进职业技术教育的改革与发展，实现社会主义现代化建设服务。学会设有 31 个专业委员会、学科研究会等分支机构。

五、北京民办教育协会

北京民办教育协会成立于 2004 年 3 月 24 日在北京市民政局登记成立，业务主管单位北京市教育委员会。协会是以北京地区民办学校、民办教育中介组织及其他民办教育机构为主体，以促进民办教育发展为目的，自愿组成的、实行行业服务和自律管理的行业协会组织。协会业务范围包括制订本市民办教育行规行约，研究探索本市民办教育发展自律制度；研究探讨民办教育的发展现状和趋势，指导各类民办教育机构的研究、交流活动；探索民办教育发展规律，开展民办教育的业务培训、信息咨询、技术支持和其他服。设有基础教育分会和农民工子女教育分会 2 个分支机构，团体会员单位 570 个。

从 2005 年起，连续 6 年发起“诚信办学，自律公约”活动，组织多所民办高校共同签署《北京民办高校招生诚信公约》，公开承诺诚信招生，规划办学，多次被中央电视台等数十家主流新闻媒体报道。2006年，民协会与中国扶贫开发协会共同组织发起“中国民办院校教育扶贫工程”；自2006年起，受市教委委托开展五轮北京市民办高等教育机构办法状况评估工作，推动民办高等教育健康有序发展；连续5年在招生季开展“北京优秀民办高校统一公示”活动，发布教育消费指导及风险提示类信息，正面引导考生；连续举办五届“北京民办教育园丁奖”评选活动。从2007年起，连续4年承担民办高等教育机构招生简章和广告备案的初审工作，规范招生秩序，杜绝虚假招生宣传。2008年，与中国民办教育协会共同发起旨在帮助汶川灾区重建学校的“祥云行动”以及举办“北京民办高校大学生创业设计大赛”，提高大学生的学习能力、策划能力、组织能力和实践能力。

同时，组织团体会员和相关单位申报并立项10个资助课题，10个规划课题。并且承担“北京民办高校退出机制研究”“北京市民办高校安全稳定现状、问题及对策研究”“民办中小学教师退休待遇同公办”等课题研究。开展北京民办教育发展情况的调研工作，为制定《国家中长期教育改革和发展规划纲要》提供翔实的一手资料。

2010年，北京民办教育协会有团体会员单位570个，基础教育分会和农民工子女教育分会2个分支机构。2010年，协会被北京市社会建设工作领导小组认定为“北京市枢纽型社会组织”。

六、北京市学前儿童保教工作者协会

北京市学前儿童保教工作者协会于1985年9月成立，是经北京市民政局核准登记，由市教委主管的社会团体。协会宗旨是通过学术交流、专业培训、科普宣传、咨询服务等活动，向社会广泛宣传儿童早期教育的重要性和新观念；普及科学育儿知识；提高广大保教工作者的专业水平、职业道德和社会地位。自2001年以来，协会先后举办各种座谈会、报告会、研讨会、交流会、成果汇报会，各种教学观摩活动共计30多场次，参与人数达4100人次；组织会员及会员单位参观、考察学习及交流16次，610人次参与。于2003年、2010年分别举办“幼儿园亲子教育研讨会”、“ 两岸三地张雪门教育思想研讨会”等学术会议。从2003年开始，开办一系列的幼教、育婴师、早教、园长等培训活动，培训人数达6858人次。同时结合实际，在通州、密云等8个区县郊区开展送教下乡活动，培养了大批的幼儿骨干教师和早教师资力量。2004年9月，举办幼儿创意拼图

大赛颁奖活动，有60所幼儿园5000名儿童参加，评出一等奖1名；二等奖10名；三等奖50名；21所园获组织奖。2006年8月，召开中国儿童发展心理健康工程北京课题组开题会，15所幼儿园作为课题试点园。2007年6月，在北京幼师体育馆举办“幼儿园自制玩教具展览”，展出全市各区县推荐的300余件作品，约5000名幼儿教师、园长前来参观学习，参与优秀作品评选。11月，组团代表北京市参加全国自制玩教具展评（共20件作品参展），获团体总分第一名。2008年6月，召开幼儿园五大领域教育成果集展示会，成果由芳草出版社出版，全国公开发行。2010年5月，举办幼儿美术作品展示、表彰活动，展出作品2086幅，104所幼儿园参加，35所园获组织奖，评选出特等奖40幅、一等奖200幅。2010年，北京市学前儿童保教工作者协会单位会员268个，个人会员176人。理事61人。

七、北京老教育工作者总会

1998年9月15日，北京老教育工作者协会正式成立。协会由原北京高等学校老教育工作者协会、北京市老教育工作者协会、北京市离退休老教育工作者协会、北京老成人教育工作者协会合并而成，下设高教工作委员会、普教工作委员会、成教工作委员会，分别负责所属协会、分会的联系和管理工作。2008年12月26日，北京市老教育工作者协会第三次会员代表大会决定，北京市老教育工作者协会更名为北京老教育工作者协会总会，所属高校分会更名为高校协会。2010年11月2日，经市民政局批准正式更名。2010年，北京老教育工作者总会有团体会员单位43个，比上年增加1个；共有会员98122人，比上年增加8632人。会刊《老教育工作者之友》。

八、北京市联合国教科文组织协会

北京市联合国教科文组织协会（BJUNESCO）1986年成立，是经中国联合国教科文组织全国委员会批准，在北京市民政局登记注册的社会团体。协会是由基层联合国教科文组织俱乐部组成的社会群众团体，协会的宗旨是支持、宣传和实现联合国教科文组织对和平的伟大理想。推动教育面向未来、面向世界、面向现代化。推动教育与社会的联系及国际交流与合作。协会本着“多一个角度”“多一块阵地”“多一条渠道”“多一份效益”“多一份参与”“多一份影响”的原则开展工作，多次派代表参加联合国教科文组织的国际会议和论坛，多次承办联合国教科文组织的地区性会议及活动，围绕联合国教科文组织确定的“主题年”、“主题日”，组织系列活动。

九、北京校外教育协会

北京校外教育协会成立于2006年5月10日。协会是在北京市民政局登记注册的社会团体，业务主管单位市北京市教育委员会。协会旨在团结北京地区青少年学生活动场所、校外教育单位及关心青少年活动组织，推动校外教育事业健康持续发展。业务范围包括开展青少年学生校外教育活动及培训，总结推广经验、学术交流，信息咨询和技术服务，教育研究，国内外的交流与合作。

十、北京高校国防教育协会

北京高校国防教育协会是市教委主管，经北京市民政局登记的社会团体。协会1994年3月31日由市高教局发起成立的，旨在团结、组织、协调北京高校军训试点院校开展经常性的国防教育活动。协会发挥协会优势，在加强校际联系、开展学术研究、国防体育和一系列活动中开展系列活动。先后组织军训优秀论文评选、定向越野比赛、国防知识演讲、举办国防教育月、评审国防教育基地等活动。2010年，北京高校国防教育协会有高校会员单位66个，相关企业会员单位14个。理事80人。

十一、北京教学仪器设备协会

北京教学仪器设备协会1996年12月1日在市民政局登记成立，是市教委主管的社会团体，宗旨是为教育服务，联合生产、经营、管理、研究教学仪器设备行业单位，发挥行业管理作用。协会章程共七章二十八条。协会成立以来面向全市教学仪器设备行业，开展行业管理、质量评估、学术交流、成果推广、展览展示、国际合作、书刊编辑、专业培训、咨询服务。1999年，协会组织鉴定6种教学仪器设备新产品，准予生产。2005年3月，协会组织参加中国教学仪器设备行业协会召开2005年度推荐产品工作会，北京6家企业的9个产品入围推荐产品。2008年至2010年，协会与北京高教学会技术物资研究会连续举办3次北京地区教育装备展示会，展示信息技术、计算机产品、仪器设备、行政办公家具、图书软件和体育器材等设备和器材，并举办采购信息交流会、北京高校仪器设备采购座谈会等。2009年3月26日，协会在北京市教委与什邡市人民政府（北京—什邡学校）对口支援与合作签字仪式上，向什邡市教育局捐赠66万元的教学设备。2010年1月，协会推荐5家企业11种产品入选2010年中国教学仪器设备行业推荐产品。图书软件和体育器材共 6 大类产品。2010 年，北京教学仪器设备协会有会员单位 140 个。

十二、北京市民族教育学会

北京市民族教育学会前身名为北京市教育学会民族教育研究会，北京市教育学会直属的二级学会，成立于 1989 年。2009 年 7 月 3 日经北京市民政局批准正式更名北京市民族教育学会，成为独立法人的社会团体。

2010 年，学会设置两个分支机构：北京市民族教育学会民族教育研究分会、北京市民族教育学会内地民族班研究分会；五个办事机构：教育科研及民族艺术教育部、培训部、中学部、小学部、办公室；一所培训学校：北京市西城区首都民族教育培训学校（2010 年 6 月 1 日经西城区社会团体管理办公室审批、在西城区民政局登记的，具有独立非企业法人资格的民办非学历教育培训机构）。

2010 年，民族教育学会从业人员总计 17 人。设会长 1 人，副会长 4 人，秘书长 1 人（兼），副秘书长 7 人，监事长 1 人，办公室主任 1 人，工作人员 3 人。其中：全职 9 人（离退休人员 8 人，借调 1 人），兼职 8 人（负责人 7 人，工作人员 1 人）。业务范围包括：开展群众性少数民族教育的调查研究、教育科研和学术交流活动；推动少数民族教育的教育改革，推广先进成果；把民族团结教育工作作为本会的经常性核心工作；大力组织少数民族教育的各类培训活动；开展少数民族教育的业务、政策、法律咨询和评价活动；为政府有关部门对少数民族教育决策提供科学分析、信息反馈和意见建议；组织少数民族教育的国际交往；编辑刊物，组织论文评选，开展表彰活动。会员拥有大学、中学、小学、特殊教育学校、民族幼儿园等 120 个会员单位及来自于市、区县民委、教委、民族学校（包括从事民族教育研究的科研人员）、民族乡镇、民族单位的 190 名个人会员，共计 310 个会员。

第二篇
教育督导

DIER PIAN
JIAOYU DUDAO

第一章　督导制度

1986 年 9 月北京市恢复教育督导工作以来，先后在中小学和学龄前教育领域、中等教育领域、民办教育领域建立督导制度。1999 年 1 月，市政府以第 21 号政府令的形式发布《北京市教育督导规定》，规定教育督导范围、形式、职能、机构、人员等方面内容，为全面实施教育督导提供制度基础，建立有北京特色的教育督导制度基本框架。至 2010 年，北京教育督导工作“督政与督学并重”，学前教育、基础教育、高等教育、职业与成人教育全面覆盖。

第一节　中小学幼儿园督学制度

1986 年 9 月 17 日，市政府印发《北京市人民政府关于试行中小学和学龄前教育督学制度的决定》，决定自 1986 年 9 月起，在全市试行中小学和学龄前教育督学制度。市、区、县教育局设立督学机构，对下级教育行政部门和中小学、幼儿园的工作行使督导权。督学机构受同级教育局和上级督学机构的领导。督学机构设置督学，由市、区、县教育局提名，同级人民政府任命，颁发证书。

督学的主要任务：对下级教育部门和中小学、幼儿贯彻执行教育工作方针、政策、法律、法规、规章情况，教育、教学工作质量，人事、经费、校舍、设备等行政管理工作，上级督学机构交办事项进行视察、监督和指导；对下级教育行政部门和中小学、幼儿园的工作进行评价；对教育工作中的重大问题进行调查研究，提出加强或改进教育工作的意见和建议；对教师、干部的聘任、任免、表彰、奖励批评、处分提出意见；市和区（县）教育局督学可分别对区（县）政府和乡政府领导教育工作的情况提出批评与建议。督学执行任务中可以向教育行政部门、督学机构提出督导报告，也可以就教育工作中存在的问题向被视察、监督和指导的单位发出“督学通知书”，提出批评、意见和建议。

1986 年 11 月，市教育局依据《北京市人民政府关于试行中小学和学龄前教育督学制度的决定》成立督学室，至 1990 年，全市 18 个区县和燕山办事处教育局全部建立督学室。

第二节　职业教育督导工作规定

1994 年 8 月 22 日，市委、市政府召开中华人民共和国成立以来首次北京中等专业工作会议，会议提出当前着重抓好的主要工作，其中，第二项工作即“建立督导制度，明确管理职责”。会议印发《关于建立北京市中等专业教育督导制度的意见》和《北京市中等专业教育督导暂行规定》讨论稿。文件提出，教育督导的任务包含督政与督学两部分。督政负责督导各中等专业学校的业务主管部门和教育行政部门对中等专业教育的管理及执行政策、法规的情况；督学即对中等专业学校的工作进行监督、检查、评估、指导。当前着重做好督学工作。

1998 年 8 月 18 日，市教委、市政府教育督导室联合颁发《北京市职业高中督导评估工作指导纲要》。该纲要适用于各类职业高中（含区县办的招收初中毕业生的成人中专）。督导评估内容包括办学方向、办学条件（领导班子、师资队伍、实习场地、必要的设施器材、图书馆、教育经费等）、教育教学（德育工作、教学工作、教学实习、教育科研、校园文化）、办学质量与效益。其中，督导评估重点主要是学校办学方向、“两支队伍”建设、学校管理、教育质量和效益。职业高中督导评估以区县负责为主。各区县结合实际制定本区县职业高中督导评估方案和指标体系，以学校自评为基础，建立健全自评与督导评估相结合的职业教育督导评估制度。学校每年结合年度工作总结进行一次自评，建立自我评估、自我完善、自我调控、自我约束机制。区县教育督导部门会同教育行政部门每 3 年左右对所辖区域职业高中分别进行一轮综合督导评估。该纲要自 1999 年 1 月 1 日起施行。自此，北京市每 3 年开展一轮职业高中综合督导评估。同日，市教委、市政府教育督导室联合颁布《北京中等专业学校督导工作暂行规定》。中专学校督导范围是北京市各委办局总公司、各区县企业事业单位、社会团体及个人举办的中专学校。督导的主要内容是：贯彻执行党和国家教育方针、政策、法律、法规及北京市地方性政策、法规的情况；执行国家和北京市有关部门关于中专学校工作条例、管理制度的情况；学校领导班子建设；学校办学条件；学校管理、教育教学质量及办学效益；教育教学改革；师资队伍建设；产学研结合情况；学生培养规格及全面素质的情况；生源开发、毕业生就业及用人单位反馈情况等。中专学校督导工作由市教育督导室具体负责，分为综合督导、专项督导、随访督导三种形式，其中，综合督导评估 4 年至 5 年为一轮。

第三节　北京市教育督导规定

1999 年 1 月 14 日，市政府以第 21 号政府令的形式发布《北京市教育督导规定》(以下简称《教育督导规定》)。《教育督导规定》明确教育督导的性质、对象、任务、督导机构设置、督学职责、督导实施方法等内容。自此，北京市依据《教育督导规定》开展中等及中等以下各级各类教育督导。

教育督导是政府依法对本辖区内的教育工作进行监督、检查、评估、指导。范围是本市行政区域内的中等及中等以下各级各类教育及其有关工作。对象包括：下级人民政府及其教育行政部门；本级人民政府的有关部门；中等及中等以下各级各类学校（包括幼儿园、普通中小学、职业高级中学、中等专业学校、技工学校、中等及中等以下成人学校和社会力量举办的学校及其教育机构）。

市和区、县人民政府设立教育督导室，代表本级人民政府主管本行政区域内的教育督导工作，并接受上级教育督导机构的指导。教育督导室主任、副主任由本级人民政府任免。

教育督导的基本形式分为综合督导、专项督导和经常性检查。教育督导室和督学，有权采取下列方式对被督导单位进行督导：听取情况汇报；查阅有关文件、档案、资料；参加有关会议和教育、教学活动；召开有关人员参加的座谈会，进行个别访问、调查问卷、测试；现场调查。

教育督导室和督学在督导活动中依法行使下列职权：对被督导单位及其主要领导干部的工作提出奖惩建议；对被督导单位违反国家有关教育法律、法规、方针、政策的行为提出处理建议；发现危及师生人身安全，侵犯师生合法权益，扰乱正常教学秩序等紧急情况，责成主管单位予以制止，并提出处理建议；直接向本级人民政府和上级人民政府及其教育行政部门、教育督导机构反映情况。被督导单位应当按照督导要求，进行自查自评，应当配合教育督导室和督学开展督导工作，对督导意见应当采取相应的改进措施，并按照规定将改进工作的情况书面报告教育督导室。被督导单位对督导意见有异议的，可以在收到《督导结果通知书》15 日内向发出《督导结果通知书》的教育督导室申请复查。教育督导室应当在 30 日内作出复查结论，并下达《督导复查结果通知书》。教育督导室应当定期向本级人民政府及其教育行政部门和上级教育督导机构报告督导情况，提出改进教育工作的意见和建议。教育督导室应当建立督导结果的通报制度。经本级人民政府同意，督导结果可以向社会公布。《教育督导规定》自1999年3月1日起施行。

1999年3月22日，教育部办公厅向全国转发《北京市教育督导规定》。4月28日，市教委、市政府教育督导室联合印发《关于实施北京市教育督导规定的意见》，北京市各区县采取措施落实相关规定。

2000年7月，市教育督导室制定《督导工作行为规范》《教育督导工作程序》《督查督办工作制度》《信息工作管理办法》，完善教育督导制度。

2002年8月30日，市政府建立市、区县两级教育督导结果通报制度。通报主要内容包括：市、区县两级政府有关部门贯彻教育法律法规、方针政策执行情况的督导结果；全面实施素质教育情况综合督导或专项督导结果等。通报采取会议、新闻媒体网络等形式，自2003年起实施。

2008年3月，市教育督导室制定《教育督导工作经费管理规定（试行）》，明确教育督导工作经费保障，加强教育督导工作经费过程管理，提高教育督导工作经费使用效益等项目科学预算、规范使用、加强监管等方面内容。

第二章　督导机构与队伍

1986 年 11 月，北京市教育局设立督学机构，名称为市教育局督学室，对外称市政府督学室。1995 年 12 月，北京市改革教育管理体制，撤销“三局一办”。1996 年 5 月，北京市人民政府教育督导室正式成立，成为市教委代管机构，负责中等和中等以下各级各类教育的督导工作。1999 年 1 月《北京市教育督导规定》颁布后，对市教育督导室的职责做了新的规定。2000 年 6 月，市教育督导室完成内设机构改革，原一、二、三处改设为普教处、职成处、综合处，并明确了各自的职责。调整后，市教育督导室行政编制由 11 人增至 16 人。督学机构设置督学、兼职督学，并聘任督学顾问、特约教育督导员。截至 2010 年 6 月，北京市督学和特约教育督导员为 668 人（区、县 540 人）；其中专职督学 128 人（区、县 112 人），兼职督学 475 人（区、县 375 人），特约教育督导员 65 人（区、县 53 人）。

第一节　督导机构

1986 年 9 月，市政府决定在市、区县教育局设立督学机构，对下级教育行政部门和中小学、幼儿园的工作行使督导权。督学机构受同级教育局和上级督学机构的领导。督学机构设置督学，由市、区（县）教育局提名，同级政府任命，颁发证书。

1986 年 11 月，市教育局督学室成立。市教育局督学室职责：对区县人民政府教育工作以宏观督导为主，既督导区县人民政府的教育工作和区县教育行政部门的工作，也直接或与区县督学室联合督导部分乡镇的教育工作和学校、幼儿园的工作，其中以督导区县人民政府的教育工作为侧重点；负责制定各类督导评价方案或指导性意见；指导区县督学室工作，总结推广各区县督导工作经验；组织培训全市督学人员；组织开展对教育督导的科学研究。督学室编制 10 人，主任由市教育局局长兼任，副主任由副局级干部担任，督学由处或副处级干部担任。

督学每人负责 2 ~ 3 个区县的督导工作。

1989 年 9 月，市机构编制委员会办公室批准区、县督学机构编制。区（县）教育局设立督学室，对外称区、县人民政府督学室。主任由区（县）教育局局长兼任，并配 1 名区、县属副局级干部担任专职副主任。督学由副科级以上的干部担任。全市各区（县）督学室增配事业编制 110 人。人员从教育系统中调剂，经费由区、县财政解决。

表 2-2-1　　1990 年区、县教育局督学室编制分配表

区县	编制人数（人）	区县	编制人数（人）
东城区	7	房山区	6
西城区	7	通县	6
崇文区	7	顺义县	6
宣武区	7	大兴县	6
朝阳区	8	昌平县	6
海淀区	8	密云县	5
丰台区	7	平谷县	5
石景山区	4	怀柔县	5
门头沟区	5	延庆县	5
合计	110		

至 1990 年，全市 18 个区（县）和燕山办事处全部建立督学室。市教育局督学室有督学 8 人，工作人员 2 人，下设城近郊区督导组、远郊区县督导组和行政组。

1991 年至 1995 年北京市教育局督学室领导名单

主　任：陶西平（1986 年 9 月—1993 年 12 月）
　　　　陶春辉（1993 年 12 月—1995 年 12 月）
副主任：刘铁岭（1987 年 10 月—1994 年 8 月）
　　　　徐俊德（1985 年 9 月—1991 年 11 月）
　　　　高同福（1991 年 11 月—1995 年 2 月）
　　　　高玉琛（1994 年 8 月—1995 年 12 月）

1995 年 12 月，北京市改革教育管理体制，撤销“三局一办”。1996 年 2 月 15 日，北京市人民政府教育督导室挂牌揭幕。5 月 27 日，北京市人民政府

教育督导室正式成立。市教育督导室为市教委代管机构，负责中等和中等以下各级各类教育的督导工作。其主要职责是：负责统筹规划、组织领导全市的教育督导工作，指导区县开展教育督导工作，起草有关教育督导的法规、规章，制定有关教育督导的指导性文件。对区县政府及其教育行政部门和有关部门贯彻执行教育法律、法规和方针、政策，履行职责的情况，进行监督、检查、评估、指导。对学校及其他教育机构的办学方向、教育教学质量进行督导评估。对教育工作重大问题进行调查研究，向市政府报告工作、反映情况，提出建议。市教育督导室行政编制 17 名，其中：主任 1 名，由市教委主任兼任（不占督导室编制）；副主任 4 名，为副局级，其中 1 名为常务副主任；另设正副处级督学及工作人员，并可根据工作需要聘请兼职督学。市教育督导室下设一处、二处、三处 3 个处室。

1999 年 1 月《北京市教育督导规定》规定市教育督导室履行下列职责：统筹规划、组织实施全市的教育督导工作，指导区、县开展教育督导工作；对本市贯彻执行有关教育的法律、法规、规章和方针、政策的情况实施督导；对有关的市级行政部门和区、县人民政府及其教育行政部门领导、管理教育工作的情况实施督导；依据分工对中等及中等以下各级各类学校的办学方向、教育质量实施督导；对区、县教育督导室的工作进行指导；会同教育行政部门组织协调全市教育评估工作；对教育工作中的重大问题进行调查研究，向市人民政府及其教育行政部门报告和反映情况，提出建议；培训市和区、县督学；组织信息交流，开展教育督导的科学研究。履行市人民政府授予的其他职责。

区、县人民政府教育督导室履行下列职责：组织实施本区、县的教育督导工作；对本区、县贯彻执行有关教育的法律、法规、规章和方针、政策的情况实施督导；对本区、县有关行政部门、乡镇人民政府领导、管理教育工作的情况实施督导；依据分工对中等及中等以下各级各类学校的办学方向、教育质量实施督导；会同教育行政部门组织协调本区、县教育评估工作；对本区、县教育工作中的重大问题进行调查研究，向区、县人民政府及其教育行政部门报告和反映情况，提出建议；组织督学进修，开展教育督导的科学研究；履行区、县人民政府授予的其他职责。

1999 年 4 月 28 日，市教委、市教育督导室《关于实施北京市教育督导规定的意见》规定：区县教育督导机构是代表本级人民政府行使教育督导职能的专门机构，统一名称为“×××区（县）人民政府教育督导室”。区县教育督导室主任、副主任分别由区县属局级、副局级干部担任，由区县政府任免；督学由科级以上干部担任，由政府颁发证书。以后，各区县依据各自教育管理体制调整进程，陆续将区县教育局督学室改设为区县人民政府教育督导室。

2000 年 6 月，市教育督导室完成内设机构改革，原一、二、三处改设为普教处、职成处、综合处。

2002 年 8 月 15 日，市政府办公厅转发市教育督导室《关于加强和改进教育督导工作意见》。文件明确，教育督导室是政府行使教育督导职能的专门机构，在本级政府领导下开展教育督导工作。其人事、财务、装备等工作由本级教育行政部门代管。有关督导工作事项由督导室主任办公会议或全体会议决定，并向教育行政部门通报。本级政府研究教育工作的重要会议和教育行政部门召开的有关教育工作的会议应有教育督导室主要负责人参加。督学应参加有关教育工作的会议。教育督导室人员编制、领导职数在市、区县教育行政部门内单列。坚持督政与督学相结合的教育督导制度。坚持督政为重，督学为本，加强调查研究、专项督导和随访检查，加强对教育评价工作的统筹协调。

2010 年 6 月 30 日，北京市机构编制委员会办公室批准市教育督导室核增行政编制 4 人，调整后，市教育督导室行政编制由 11 人增至 16 人，内设机构为综合处、督导一处、督导二处。

北京市人民政府教育督导室领导名单

主　　任：徐锡安（1995 年 12 月—1998 年 3 月）
（1999 年 5 月—2001 年 12 月）
袁贵仁（1998 年 3 月—1999 年 5 月）
耿学超（2002 年 3 月—2006 年 2 月）
刘利民（2006 年 2 月—2007 年 11 月）
线联平（2007 年 11 月—2010 年 12 月）
常务副主任：高玉琛（1995 年 12 月—2001 年 5 月）
谢幼琅（2001 年 6 月—2002 年 3 月）
副 主 任：文教亨（1995 年 12 月—1998 年 10 月）
章家祥（1995 年 12 月—2000 年 4 月）
谢幼琅（1995 年 12 月—2001 年 6 月）
刘　莉（1995 年 12 月—2010 年 12 月）
佟志衷（2001 年 5 月—2003 年 4 月）

董柏林（2003 年 6 月 –2005 年 11 月）
李　壑（2003 年 6 月—2010 年 12 月）
陈　宏（正局级，2005 年 7 月—2009 年 3 月）
关国珍（2009 年 6 月—2010 年 12 月）

第二节　督导队伍

一、督学

1986 年 9 月北京市试行中小学和学龄前教育督学制度，督学机构设置督学，由市、区、县教育局提名，同级人民政府任命，颁发证书。督学的主要任务是对视察、监督和指导下级教育部门和教育机构执行教育工作方针、政策、法律、法规情况、教育教学工作质量、行政管理工作和对下级教育行政部门和教育机构的工作进行评价，对教育工作中的重大问题进行调查研究等。

督学在执行任务中可以向教育行政部门、督学机构提出督导报告，也可以就教育工作中存在的问题向被视察、监督和指导的单位发出“督学通知书”，提出批评、意见和建议。督学根据督导工作的需要，有权要求被视察、监督和指导单位的有关人员就有关事项如实汇报或协助工作；有权参加各种教学活动（包括课外活动）和有关会议；有权召集座谈会或调阅有关文件、档案、资料、簿册等；有权对教师和干部的工作进行考核。各级政府、教育行政部门和学校、幼儿园均要积极支持督学的工作，为他们提供必要的工作条件，如实反映情况；对督学提出的批评、意见和建议要认真研究解决或答复。任何人不得阻碍督学正常行使督导职权，不得对督学打击报复。

督学应具备的条件：①忠诚社会主义教育事业，有一定的理论和政策水平，熟悉有关政策、法律、法规和规章；②受过高等教育或具有同等学力，从事教育工作 10 年以上，有较丰富的教育工作经验和较强的独立工作能力；③实事求是，坚持原则，遵纪守法，作风正派，有一定威望；④身体健康，能够胜任督导工作。

1986 年市教育局成立督学室，编制 10 人，督学由处或副处级干部担任。督学每人负责 2 至 3 个区、县的督导工作。1989 年市教育局督学室首次聘任兼职督学，兼职督学具有与专职督学同等的职权。

表 2-2-2　　北京市教育局督学室督学责任分工（1990 年）

姓名	区县工作	学校教育分类	课题研究工作
闫长文	昌平、顺义、延庆	财政问题	乡（镇）教育工作评价
翁向新	东城、崇文、海淀	职业高中教育	城区近郊区教育宏观管理经验
朴荣亭	房山、大兴、通县	中师教育	区（县）教育工作评价方案
宋宝璋	怀柔、密云、平谷		义务教育督导评价
刘任同	西城、宣武、朝阳、石景山	小学、幼儿教育	学校综合督导评价
田文生	丰台、门头沟	中学教育	

表 2-2-3　　北京市教育局督学室兼职督学（1989—1990 年）

姓名	原职务	督学职务
曹丽姗	四十四中党支部书记	兼职督学
黄慕慈	一三六中党支部书记	兼职督学
饶　宜	三十九中校长	兼职督学
崔先鹤	一三二中党支部书记	兼职督学
刘　光	市督学	1988 年退休，1990 年任兼职督学
张思齐	复外一小校长	兼职督学
王韵生	一五九中副校长	兼职督学
陈荣臻	新鲜胡同小学校长	兼职督学
梁寅超	门头沟区教育局干部	兼职督学
张希鹏	第二幼儿师范校长	兼职督学

1996 年 2 月 15 日，市教育督导室首批聘任 10 名专职督学，分别是朴荣亭、田文生、陈兴江、李长禄、师其鹄、徐绍忠、李淑英、晨阳、马进、刘士龙。5 月 27 日，北京市机构编制委员会批复成立北京市人民政府教育督导室，同意教育督导室根据工作需要聘请兼职督学，并再次明确兼职督学具有与专职督学同等的职权。12 月 27 日，市教育督导室聘任首批兼职督学 28 人。

表 2-2-4　　1996 年北京市人民政府教育督导室首批兼职督学

姓名	原职务
方军燕	北京十二中校长
葛守熙	北京第一师范校长
孟广烈	北京朝阳区师范校长
孙熙崑	北京教育局校外办主任
孙国梁	北京宏庙小学校长
朱正威	北京师大附中校长
刘洁章	北京朝阳区教育局副局长

续表 2-2-4

姓名	原职务
林　慈	北京教育学院党委书记
阮燕君	北京东城区德育教研室主任
陈景仁	北京朝阳区第一进校校长
王天信	通县政府督学室副主任
杨思斌	房山区教育局副局长
宋静华	门头沟区师范学校校长
暴长起	通县成教局局长
孙金兰	北京教育局职教办副主任
庆　敏	北京信息管理学校副校长
闫长文	市教育局督学室督学
刘任同	市教育局督学室督学
刘常新	北京市第一轻工业学校校长
顾寿林	北京市农业学校教研督导室主任
时　泓	北京铁路电气化学校专业科主任
李长贵	大兴县一职高校长
朱兆勇	北京高教局副局级督学
罗凤乔	北京无线电工业学校党委书记
刘国锡	北京无线电工业学校教研督导室主任
李定铭	首都铁路卫生学校副校长
胡雪晴	北京汽车工业学校副校长
刘克楠	北京卫生学校副校长

1998 年 12 月，市教育督导室制定《关于聘请兼职督学的规定》，规定兼职督学的基本条件，要求具有高级职称，担任过副处级以上职务，年龄在 65 岁以下，有较高的教学管理或专业理论水平，有较强的分析能力和学做能力。兼职督学选聘程序，首先由区县教育督导室或市专职督学推荐，然后由市教育督导室主任办公会对被推荐人进行审批，最终对聘请的兼职督学，由市教育督导室颁发兼职督学证书。兼职督学的任期为 3 年，具有与专职督学同等的职权。市教育督导室每届聘请的兼职督学总数不超过 30 人。

1999 年 1 月 14 日，《北京市教育督导规定》首次以法规的形式规定，督学由本级人民政府颁发督学证书。并就督学性质、任职条件、任免权限、职权做出明确规定。教育督导室和督学，有权采取下列方式对被督导单位进行督导：听取情况汇报；查阅有关文件、档案、资料；参加有关会议和教育、教学活动；召开有关人员参加的座谈会，进行个别访问、调查问卷、测试；

现场调查。教育督导室和督学在督导活动中依法行使下列职权：对被督导单位及其主要领导干部的工作提出奖惩建议；对被督导单位违反国家有关教育法律、法规、方针、政策的行为提出处理建议；发现危及师生人身安全，侵犯师生合法权益，扰乱正常教学秩序等紧急情况，责成主管单位予以制止，并提出处理建议；直接向本级人民政府和上级人民政府及其教育行政部门、教育督导机构反映情况。

2008年2月修订1998年版《关于聘请兼职督学的规定》，规定兼职督学任期由3年调整为2年。

2008年2月29日，市教育督导室制定《兼职督学工作补贴发放办法（试行）》，明确兼职督学工作补贴发放范围、发放标准、工作量计算方法、经费来源等方面内容。2009年5月，修订《兼职督学工作补贴发放办法》，提高督学参加督导工作的补贴标准，进一步完善兼职督学激励机制。

二、督学顾问和特约教育督导员

1989年市教育局督学室首次聘任同时，聘请周正、王金翰、黄乃昆3名离退休老局长担任督学顾问，为督导工作提供咨询和指导。此后，聘请离退休老局长任督学顾问为督学室传统。2003年，市教育督导室聘任10名督学顾问。2009年5月11日，市教育督导室聘请新一届督学顾问12人。

1990年12月22日，市教育局聘请10名民主党派和无党派人士为北京市特约教育督导员，由市督学室负责组织特约督导员开展教育督导工作。这是北京市为发挥民主党派和无党派人士参政、议政作用为教育办十件实事之一。自此，市督学室建立特约教育督导员制度。市特约教育督导员一般邀请民主党派、无党派人士或社会知名人士担任，参与市政府和市教育局重要活动，参与市教育工作会议主报告（讨论稿）的修改工作，参与年度重点督导活动，反馈民情民意。特约督导员任期2年。至2010年，市教育督导室（教育局）先后聘请了7届特约教育督导员，共计82人，并每年召开特约教育督导员工作总结会或座谈会。督导员在教育工作中参政、议政，参与有关教育政策法规的研究，参与教育法律、法规检查等重大活动，对区县教育工作、学校工作进行督导，对教育的热点问题进行调研，向市政府、市教育行政部门提出意见和建议，共同推动北京教育事业的发展。

第三节　督导人员培训

北京市恢复教育督导制度以来，不断组织培训加强督导队伍培训。培训主要形式有督导人员培训班、督学研习班、教育理论系列讲座、督学培训讲座、兼职督学培训会、暑期督学培训会、专职督学轮训等，内容涉及政治理论、教育法律、法规和教育管理、教育督导、教育评估等。1992 年至 2010 年，市教育督导室定期或不定期组织举办各种教育督导人员培训班、督学研习班、教育理论系列讲座等培训共计 64 次，培训市、区（县）专兼职督学及学校督导工作人员近 5000 人次。

自 1999 年开始，市教育督导室和国外相关教育机构开展培训合作。1999 年与英国商业与技术教育委员会（BTEC）开展国际合作项目，制定试行 BTEC 课程审核与质量控制的实施方案，12 名督学参加英国专家的培训。11 月初，英国爱德思国家职业学历与学术考试机构（EDEXCEL）派专家在北京对督学人员进行商业与技术委员会（BTEC）课程教学质量监控培训。2003 年与新加坡信威技术有限公司联合举办教育质量监控培训班，针对学校教学质量监控问题开展专题培训。2007 年 5 月，与英国剑桥教育集团合作开展督导培训，培训活动分讲解、观摩和研讨三个阶段进行，市、区（县）两级督学和特约教育督导员等 210 人参加学习。

同时开展各种专项督导培训。2006 年 9 月举办初中建设工程督导培训班；2008 年 9 月举办高中课程改革督导培训，12 月举办北京市职业教育督学培训；2009 年 3 月举办义务教育均衡发展状况专项督导培训。

2009 年，市教育督导室建立督学轮训制度，对市、区县两级专职督学开展全员轮训。全员轮训按照督学通识培训与专题培训相结合，新任督学上岗培训与在职督学继续教育相结合，督学行政部门与专业培训机构相结合的“三结合”原则，创新督学培训机制，完善督学培训体系，丰富督学培训内容，切实提高督学培训实效。2009 年 7 月 6—10 日和 10 月 14—16 日，市教育督导室完成第一期专职督学轮训工作。2010 年完成第二期专职督学轮训。

2010 年 9 月，市教育督导室建立“北京市督学大讲堂”制度。督学大讲堂与和北京教育学院联合举办，旨在借助北京教育学院高水平的教育培训资源和专业经验，组织开展“大视野、高水平、专门化”的督学培训活动，着力促进督学的专业发展。督学大讲堂围绕教育发展的重点、难点，不定期地邀请遍邀高校、科研院所的专家学者，教育立法与行政管理部门领导、决策者，教育教学专家与教育管理专家为督学讲课，汇集出版“大讲堂演讲报告集”和心得随感、研讨或微博反馈汇集，丰富督学研修资源。2010 年内，“北京市督学大讲堂”举办活动两次。

第三章　教育法律法规执行情况检查

自 1987 年起，北京市人大与市政府教育督导部门建立教育法律法规执法检查制度，要求各区县政府及市属有关委、办、局、总公司（企业集团）依法自查、边查边改认真落实教育执法责任。1988 年 9 月，市政府文教办、市教育局依据《中华人民共和国义务教育法》和《北京市实施〈中华人民共和国义务教育法〉办法》，规定市督学室对各区（县）义务教育实施情况进行督导检查，并明确要求今后要形成制度，每年督导检查一次。由此，北京市教育督导部门在全国首先提出了“督政”概念。1997 年，教育法律法规执行情况检查首次将职业教育和专业技术人员继续教育纳入重点。此后，北京市教育法律法规执行情况检查工作由《中华人民共和国义务教育法》《中华人民共和国教师法》执行情况监督检查，改进为教育法律法规执行情况全覆盖。督导检查采取有关委办局、区县政府自查与市教育执法检查组实地抽查相结合的方式进行。相关部门形成自查报告并报送市教育督导室。市教育执法检查组审阅自查报告，进行实地抽查，并向被抽查的单位反馈督导检查意见。最后，根据自查和市教育执法检查组实地抽查的结果，形成“北京市执行法律法规情况的督导检查报告”，报送市政府及其有关部门。

第一节 《中华人民共和国义务教育法》实施情况检查

自 1987 年以来，市教育局督学室在市人大、市政府领导下，会同有关部门，每年对各区县实施《中华人民共和国义务教育法》情况进行一次集中检查。检查项目包括义务教育的领导，适龄儿童、少年接受 9 年义务教育情况，义务教育经费，义务教育师资，九年制义务教育实施规划的制订与落实，义务教育是否全面贯彻国家的教育方针并把德育摆在首位。经督导检查，1987 年城区（包括近郊城市地区和远郊县城地区）达到《中华人民共和国义务教育法》实施标准。

1988年9月10日，市政府文教办、市教育局建立郊区农村义务教育法实施情况检查制度。自10月起，市政府对各区（县）贯彻执行《中华人民共和国义务教育法》和《北京市实施〈中华人民共和国义务教育法〉办法》进行重点检查，每年检查一次。市教育局督学室具体负责检查督导各区（县）义务教育实施情况。

1991年起，北京市义务教育法实施情况检查由市人大常委会领导进行。1991年5月20日，市人大常委会办公厅、市政府办公厅印发《关于贯彻执行全国人大常委会委员长会议决定，认真开展〈义务教育法〉实施情况检查的通知》，决定开展《中华人民共和国义务教育法》检查工作，成立北京市《中华人民共和国义务教育法》检查工作领导小组。领导小组设在市教育局，市教育局督学室负责处理日常工作。

1991年，北京市《中华人民共和国义务教育法》贯彻实施情况检查重点内容包括落实九年制义务教育规划、提高教育质量、加强队伍建设、保证教育经费、制止学生流失、内部管理体制改革6项。5—10月，市教育局督学室完成《中华人民共和国义务教育法》执行情况自查，并接受全国人大检查组的检查。10月24日，全国人大常委会检查组就《中华人民共和国义务教育法》检查工作与市人大、市政府交换意见，认为北京市5年来实施《中华人民共和国义务教育法》是坚决、全面、得力、富有成效的，工作走在全国前列。

1992年《中华人民共和国义务教育法》执行情况检查与中小学德育工作有关法规、文件落实情况督导检查结合进行。12月，市教育局督学室完成全市18个区县（含1个办事处）检查，抽查59个街道、乡镇和230所学校，向市政府呈报《关于我市贯彻落实〈义务教育法〉和中小学德育工作有关法规文件情况的报告》。检查结果表明，大兴、房山、门头沟、怀柔、密云5个区县初步实施九年义务教育，全市实施九年制义务教育地区人口覆盖率达99.4%。

1993年，“基本扫除青壮年文盲，基本实现普及九年制义务教育”（简称“两基”）的评估验收，纳入北京市《中华人民共和国义务教育法》执行情况检查工作。同时市教育局颁发《北京市关于区县普及九年义务教育评估验收的指标要求及说明》。5月，市教育局督学室对崇文区“两基”工作进行检查评估验收试点。9月中旬以后，市教育局督学室与有关部门组成市检查组，抽查18个区县的48个乡镇、329所中小学，确认全市各区县全部达到国家教委和市教育局规定的普及指标和要求。

第二节 《中华人民共和国义务教育法》《中华人民共和国教师法》执行情况检查

1994年,《中华人民共和国义务教育法》和《中华人民共和国教师法》(以下简称“两法”)执行情况检查工作结合进行。自此，北京市教育法律法规执行情况检查工作以《中华人民共和国义务教育法》《中华人民共和国教师法》执行情况监督检查为主。

1994年10月25日至11月18日，市教育局督学室、市人大教科委、市政府文教办等60余人组成市“两法”检查组，共分5组分别对各区县进行为期4天的检查，听取各区县实施《中华人民共和国义务教育法》和《中华人民共和国教师法》执行情况自查报告，重点检查1994届初中毕业生流动情况、中小学校公用经费投入执行情况以及教师的公费医疗等福利待遇情况。12月21日，市教育局督学室向市主管教育工作领导汇报全市“两法”检查结果，市领导对汇报中的重要问题当即责成专人解决：在年底前解决因对套改工资政策和计算方法理解不准确而出现的7个区中小学教师部分工资没有到位问题，解决教师公费医疗报销中的“白条”问题，调查报告新建小区中小学校舍建设的现状及应达到的标准。

1995年，北京市正式建立《中华人民共和国义务教育法》《中华人民共和国教师法》执行情况监督检查制度。4月2日，市人大常委会印发《关于贯彻〈教育法〉，建立〈义务教育法〉〈教师法〉及本市〈实施办法〉执行情况的监督检查制度和1995年检查工作安排的通知》，市人大、市政府决定对“两法”和本市实施办法的贯彻落实情况，建立和完善监督检查制度，在今后几年，坚持每年进行一次“两法”执行情况的检查。同时，成立由市人大常委会主管副主任、市政府主管副市长任正、副组长，市人大常委会教科委员会、市政府文教办、法制办、市教育督导机构主要领导为成员的领导小组。市“两法”检查工作领导小组办公室设在市教育局督学室，负责日常工作。4月27日，市政府办公厅印发《关于对有关教育法律法规执行情况建立检查制度的通知》，决定建立对有关教育法律、法规执行情况进行检查的制度。从1995年开始，每年在全市范围内进行一次执行教育法律、法规情况的检查。市政府成立由主管市长任组长，市政府文教办、法制办、市教育督导机构等部门主要领导人为成员的北京市教育法律法规检查工作领导小组。领导小组办公室设在市教育局督学室。

1995年5—11月，市教育局督学室完成1995年《中华人民共和国义务教育法》《中华人民共和国教师法》执行情况监督检查工作。5至9月，区县政府和市有关委办局进行自查，自查期间，市教育局督学室随访开展调研。10月10日至11月2日，市教育局督学室和市检查组检查各区县自查情况和“两法”施行情况，共抽查25个乡镇、46所中学、48所小学和9个居民住宅小区。同时，检查市卫生局、市地税局、市建委、市规划局、市财政局执行“两法”情况，重点是重点小区建设和危旧房改造中学校配套设施建设，以及依法行政确保对教育的投入。

1996年，《中华人民共和国义务教育法》《中华人民共和国教师法》执行情况监督检查工作重点：①“九五”教育发展规划制定和启动情况，按规划提高“两基”水平情况；②教育经费实现“两个增长”情况，落实普教事业公用经费标准情况；③解决教师住房、保障教师公费医疗情况；④德育工作情况；⑤制止中小学乱收费情况；以及市属各委、办、局、总公司（企业集团）贯彻市委、市政府《关于进一步落实教育优先发展战略地位，高标准实施〈纲要〉的决定》中提出的“六个优先”“五项制度”的落实情况；完善执法配套规章和行政措施情况。检查工作自4月26日起，10月31日结束。先由各区县政府和市属委、办、局、总公司（企业集团）自查，而后市检查组深入到18个区县、9个市属局（总公司）、109所中小学和17所中专、技校、31个乡镇进行实地检查。12月4日，市检查组向北京市教育法律法规检查工作领导小组报告1996年度全市实施教育法律法规检查情况，并形成29份回复意见。

第三节　教育法律法规全面检查

1997年，教育法律法规执行情况检查首次将职业教育和专业技术人员继续教育纳入重点。自此，北京市教育法律法规执行情况检查工作由《中华人民共和国义务教育法》《中华人民共和国教师法》执行情况监督检查，改进为教育法律法规执行情况全覆盖。督导检查采取有关委办局、区县政府自查与市教育执法检查组实地抽查相结合的方式进行。相关部门形成自查报告并报送市教育督导室。市教育执法检查组审阅自查报告，进行实地抽查，并向被抽查的单位反馈督导检查意见。最后，根据自查和市教育执法检查组实地抽查的结果，形成《北京市执行法律法规情况的督导检查报告》，报送市政府及其有关部门。

1998—1999年，检查重点是普及九年义务教育巩固提高情况。2000年以后，重点是依法保障教育经费增长和区县政府、行业集团（总公司）贯彻执行《北京市实施〈职业教育法〉办法》有关条款情况。2003 年增加普通教育事业公用经费新定额标准执行情况检查。2006 年以后并依据结合教育工作实际，增加山区中小学建设、中等职业教育布局结构调整、农村基础教育发展、初中建设工程等年度重点工作督导检查。

2007 年，市政府办公厅转发市教委等部门关于进一步加强和改进教育督导和教育评价工作若干意见，要求健全教育督导检查制度。规定教育督导机构每年组织一次对本级政府有关部门、下级政府及其有关部门执行教育法律法规情况和贯彻市委、市政府教育决策情况督导检查；各级政府每届组织一次对下级政府教育工作综合督导评价。各区县政府要做好每年一次自评工作，有关部门要配合教育督导部门的执法检查和专项督导。每年自评报告应于次年 4 月底前报市政府教育督导室。

2008 年，北京市教育法律法规执行情况检查改进组织形式，由市人大常委会、市教育督导室联合检查，改为市教育督导室督导检查。检查对象由区县人大常委会、政府，市政府有关委、办、局，改为检查区县政府、有关行业公司。督导检查组由市专、兼职督学，市政府特约教育督导员以及财政局、人事局、市教委等有关委办局特邀人员组成。督导检查采取有关委办局、区县政府自查与市教育执法检查组实地抽查相结合的方式进行。根据自查和实地抽查的结果，市教育执法检查组完成“北京市执行法律法规情况的督导检查报告”，报送市政府及有关部门，并由市政府教育督导室对外发布。

2010 年，教育法律法规执法检查将区县政府新建、改建居民区配套设置学校的情况作为检查重点，并且整理出了五项督导检查要点：其一，新建、改建居民区教育配套设施建设应当纳入教育设施专项规划；其二，新建、改建居民区教育配套设施建设标准应当符合北京市发改委、教委、规委、国土、住建等八个部门颁布的北京市办学条件标准；其三，新建、改建居民区教育配套设施建设应当与居民区的建设同步进行；其四，新建、改建居民区教育配套设施建设用地应当依法划拨；其五，新建、改建居民区教育配套设施建设所需资金应当由政府予以保障。

表 2-3-1　　1997 年至 2010 年北京市教育法律法规检查重点内容

年度	检查重点内容	抽查单位
1997	①本市建立教育经费监测制度的情况，各区县政府实行教育经费预算单列，事权财权相统一的情况；② 1997 年完成教师住宅建设计划情况，城近郊区解决教师中人均在 5 平方米以下住房困难户的情况；③实施素质教育年度阶段性目标落实情况；④《中华人民共和国职业教育法》第六条贯彻实施情况；⑤《北京市专业技术人员继续教育规定》第六条贯彻实施情况；⑥ 1996 年教育执法检查中提出的问题解决情况	18 个区县和和 8 个市属局、总公司
1998	①各级政府贯彻本市《实施〈中华人民共和国义务教育法〉办法》第二条规定，普及九年义务教育巩固提高情况；②各级政府教育经费支出按照事权和财权相统一的原则，在财政预算中单独列项情况；③学习宣传《北京市实施〈中华人民共和国职业教育法〉办法》及职责分解情况；④按照《北京市专业技术人员继续教育规定》，制定执法责任和实施情况；⑤ 1997 年教育法律法规检查中提出问题的改进情况	15 个区县、8 个市属局总公司（企业集团）
1999	①巩固九年义务教育普及成果、加强山区中小学建设工作情况；②推进职业教育改革的情况；③高等职业教育发展规划及实施情况；④结合审议市政府关于“认真贯彻职教法，推动职业教育发展”议案办理情况；⑤市高等职业教育发展的规划及实施情况。同时开展职业教育执法检查	12 个区县，5 个市属局、总公司（企业集团）
2000	①区县政府 1999 年教育经费支出占财政支出比例提高情况；②教育经费实现“三个增长”情况；③本年教育经费预算制订情况；④巩固提高普及九年义务教育工作；⑤加强山区中小学建设工作情况；⑤中等职业学校布局结构调整情况	12 个区县、3 个市属局
2001	①区县政府 2000 年教育经费支出占财政支出比例情况；②教育经费“三个增长”情况；③本年度教育经费预算制定情况；④义务教育阶段学校改善办学条件情况；⑤山区中小学建设计划目标完成情况；⑥中等职业教育布局结构调整情况	12 个区县和市政府 1 个委办局
2002	①区县政府 2000 年教育经费支出占财政支出比例情况；②教育经费“三个增长”情况；③农村中小学教师工资由区县财政发放情况和落实普通教育事业公用经费定额标准情况；④山区中小学建设完成情况	6 个区县和两个市属总公司
2003	①区县政府 2002 年教育经费支出占财政支出总额比例情况；②教育经费“三个增长”落实情况；③普通教育事业公用经费新定额标准执行情况；④本年度教育经费预算制订情况；⑤落实市政府人大议案办理报告加快农村基础教育发展工作情况；⑥市有关部门及其所属企业依法提取和使用职业教育经费情况	6 个区县、3 个市属总公司
2004	①市、区县政府 2003 年教育支出占财政支出总额比例情况；②教育经费“三个增长”落实情况、③普通教育事业公用经费新定额标准执行情况；④教育费附加的拨付管理及使用情况；⑤ 2004 年度教育经费预算制订情况；⑥落实市政府人大议案办理报告加快农村基础教育发展第二年工作进展情况；⑦城近郊区办学困难初中校改造情况；⑧市有关部门及其所属企业依法提取和使用职业教育经费情况	7 个区县和 3 个企业集团
2005	①市和区县 2004 年实际执行和 2005 年预算依法保证教育经费增长情况；②加快农村基础教育发展三年规划目标完成情况；③实施职业教育规划，促进职业教育发展情况	抽查通州、怀柔、门头沟、昌平 4 个区加快农村基础教育发展情况；抽查西城、顺义、门头沟等 3 个区职业教育情况
2006	①市、区县 2005 年实际执行和 2006 年预算依法保障教育经费增长情况；②教育费附加征收、拨付、使用情况；③实施初中建设工程情况；④区县制订“十一五”教育发展规划和职业教育发展规划情况	抽查密云、海淀、房山和宣武 4 个区县义务教育情况，检查怀柔区职业教育工作

续表 2-3-1

年度	检查重点内容	抽查单位
2007	①市和区县 2006 年实际执行和 2007 年预算依法保障教育经费增长情况，②落实义务教育经费全额纳入财政保障范围和促进义务教育均衡发展实施初中建设工程情况；③市财政、教育主管部门建立农村义务教育经费分担机制、在财政预算中将义务教育经费单列和规范义务教育财政转移支付情况；④区县政府落实“十一五”职业教育发展规划、开展农民培训、建设实训基地和落实教育费附加 30% 用于职业教育情况	7 个区县
2008	区县政府贯彻执行《中华人民共和国教师法》《中华人民共和国义务教育法》关于建立和完善教育经费保障机制的情况；区县政府贯彻执行《中华人民共和国义务教育法》关于加强干部教师队伍培训和均衡配置的情况；区县政府和行业集团（总公司）贯彻执行《中华人民共和国职业教育法》《北京市实施〈中华人民共和国职业教育法〉办法》有关条款的情况；检查 2007 年教育执法检查中存在问题的改进情况	6 个区县和北京电子控股有限责任公司
2009	①区县政府将教育费附加交由教育行政部门统筹管理及资金使用情况；②对义务教育经费的审计监督制度建立和执行情况；③维护学校周边秩序工作情况；④履行职业教育职责的情况	平谷区、昌平区、石景山
2010	《北京市实施〈中华人民共和国职业教育法〉办法》第八、第九条应履行的职责；区县政府新建、改建居民区配套设置学校的情况：新建、改建居民区需要设置学校的，是否纳入教育设施专项规划；学校建设是否符合办学条件标准，是否与居民区的建设同步进行；区县政府对所需建设用地依法划拨情况和对所需资金的保障情况，学校建设是否由区县政府负责组织实施等情况	北京金隅集团有限责任公司、北京公共交通控股（集团）有限公司；朝阳区、通州区、怀柔区

第四章　综合督导

1991 年至 2010 年，北京教育督导机构依据北京教育发展阶段特点，分别开展普及九年义务教育和扫除青壮年文盲（以下简称“两基”）评估验收、中小学教育质量综合督导评价、全面实施素质教育综合督导评价、工读学校办学情况综合督导检查、中等职业学校综合督导评估等综合督导工作。综合督导是教育督导工作的主要形式，是教育督导机构有计划地对一个地区、一个部门或者一所学校的教育工作进行全面系统的督导。综合督导结束后向被督导单位下达督导意见书，监督被督导单位在规定期限内进行整改，必要时对整改情况进行回访或者复查；向同级人民政府和上级教育督导机构报告督导结果，必要时将督导结果向社会或者有关部门公布。根据督导评价情况，适时组织经验交流会或现场会。

第一节　“两基”评估验收

1987 年起，北京市每年 9—12 月开展全市性义务教育实施情况综合督导。检查项目包括义务教育的领导、适龄儿童少年接受 9 年义务教育情况、义务教育经费、义务教育师资、九年制义务教育实施规划的制定与落实、义务教育是否全面贯彻国家的教育方针并把德育摆在首位。经督导检查，1987 年城区（包括近郊城市地区和远郊县城地区）达到《中华人民共和国义务教育法》实施标准。

1993 年 4 月 20 日，市人大常委会办公厅、市政府办公厅决定将“基本扫除青壮年文盲，基本实现普及九年制义务教育”的评估验收纳入全市《中华人民共和国义务教育法》执行情况和巩固扫盲成果的检查工作。“两基”检查验收工作由市、区县两级政府负责，市、区县人大常委会依法进行监督。全市成立“两基”检查评估验收工作领导小组，下设办公室，设在市教育局督学室。市人大常委会办公厅、市政府办公厅同时颁发《北京市关于区县普及九年义务教育评估验收的指标要求及说明》《北京市对区县扫除青壮年文盲单位检查评估的指标要求》。

区县普及九年义务教育评估验收指标包括普及程度、师资水平、办学条件、教育经费、教育质量五个方面指标要求。其中普及程度指标要求，小学入学率99%以上，初中入学率99%以上，残疾儿童少年入学率85%以上；小学生辍学率1%以下，初中生辍学率城区1%以下，近郊区2%以下，远郊区3%以下。15周岁人口中文盲率1%以下；15周岁人口中初等教育完成率98%以上，17周岁人口中初级中等教育完成率95%以上。

区县扫除青壮年文盲单位检查评估指标要求包括扫除青壮年文盲的评估标准和办学的指标要求两大类。其中，扫除青壮年文盲的评估标准为：1949年10月1日后出生的年满15周岁以上人口中的非文盲人数，在农村达到95%以上，在企业、事业单位和城镇达到98%以上。办学条件指标要求为：县、乡建立了成人教育管理机构，按国家和省级规定配备了专兼职人员；乡（镇）、村农民文化技术学校或教学点按规定配备了专兼职干部、教师，具备了基本的教学设施，有计划地对农民开展教育和培训；认真落实国务院和国家教委及北京市有关扫盲和农民教育经费的规定。

1993年5月，市教育局督学室对崇文区“两基”工作进行检查评估验收试点。9月中旬以后，与有关部门组成市检查组，抽查18个区县的48个乡镇、329所中小学，确认全市各区县全部达到国家教委和市教育局规定的普及指标和要求。10月30日，国家教委公布对北京市普及九年义务教育和扫除青壮年文盲评估验收工作的抽查结果，18个区县“两基”基本普及九年义务教育，基本扫除了青壮年文盲。北京市成为全国率先提前实现“两基”的直辖市。12月22日，市人大、市政府召开北京市“两基”检查验收总结大会，授予18个区县为“普及九年义务教育扫除青壮年文盲区（县）”。

1994年10月24日，市教育局印发《北京市关于巩固普及九年制义务教育成果提高教学质量和办学效益的标准（试行）》，该标准是监督检查各区县实施义务教育工作及履行职责情况的重要依据，也是每年教育法律法规执行情况检查的标准之一。和1988年使用的原标准相比，新的涵盖面明显扩大，各项标准均有提高。

其中，关于普及程度标准，小学、初中入学率由99%以上，修改为除依法被批准免于入学或者延缓入学的以外，都能入学；残疾儿童少年入学率由85%以上，改为城近郊区、远郊区县分别在95%、90%以上。小学生辍学率由1%以下，改为0.1%以下；初中生辍学率由城区1%以下、近郊区2%以下、远郊区3%以下，改为城区、近郊区、郊区县初中在校生年辍学率分别在0.8%、1%、2%

以下。15 周岁人口中初等教育完成率 98%以上，改为 99.5% 以上；17 周岁人口中初级中等教育完成率由 95%以上，改为城区、近郊区、郊区县分别在 98. 6%、98. 3%、97. 7% 以上。15 周岁人口中文盲率由 1% 以下，改为 0.3% 以下。

关于教育质量的标准，要求大力加强基础薄弱学校工作，办好每一所中小学，并使各校办出特色，提高义务教育整体水平。分多种方式改造基础薄弱中小学，到 2000 年，各区县有 30% 以上的中小学达到普通中学（小学）教育质量综合评价的优等标准。

关于教师水平标准，要求小学、初中专任教师均能达到《中华人民共和国教师法》规定的任职要求，取得教师资格。1994 年起，新补充的小学、初中专任教师均具备合格学历。到 2000 年，所有小学、初中专任教师均达到合格学历要求。

关于教育经费标准，规定各级政府建立财政拨款为主，多种渠道筹措教育经费的体制。市、区县财政用于中小学教育事业费的增长比例，高于财政经常性收入的增长比例，并使按在校学生人数平均的教育事业费及其公用部分实际上逐年增长。从 1995 年起，各区县财政核定年度普教事业经费预算中的公用经费，达到《北京市普通教育事业公用经费定额标准》的要求。教师工资及相关福利待遇的资金拨付到位、不拖不欠。在城乡均按本市规定足额征收城市教育费附加和农村教育事业费附加。

关于办学条件的标准，规定小学、初中学校的设置，满足适龄儿童、少年就近入学的需要。在小学、初中在校生高峰期间，确保中小学校不出现二部制。各区县中小学的校舍、教学设备、教学仪器、图书资料等在均能达到本市规定的基本标准的基础上，使其中 40% 和 10% 的中小学，在办学条件的主要项目上分别达到本市制定的一般标准和较高标准。中小学校舍出现的危房，当年得到修缮。

关于办学效益的标准，规定提高教育经费的使用效益，合理规划教育事业规模，调整教育结构和学校布局，避免结构性浪费。从不同地区、不同类型的中小学实际出发，逐步使教师每周授课时数达到本市规定的教师工作定额要求。

1995 年 1 月 16 日，国家教委公布首批普及九年义务教育和扫除青壮年文盲县（市、区）名单，北京市 18 个区县全部在列。

1996 年 9 月 5 日至 14 日，市教育督导室组织两个检查组，实地检查东城、西城、海淀、顺义、昌平、密云 6 个区县申报全国“两基”工作先进区县情况。经市评委会审议，推荐海淀区、顺义县参加为全国“两基”工作先进区县评选。11 月，海淀区、顺义县被国家教委评为 1996 年全国“两基”工作先进区县。

2001年6月11日，在全国基础教育工作会上，北京市获推进“两基”成就奖。海淀区、顺义区2个区获全国“两基”工作先进地区奖，市人大常委会教育科技委员会、西城区教育局、房山区十渡镇、北京市财政局、北京市发展计划委员会、北京市教育委员会6个单位获得全国“两基”工作先进单位称号，16人获得全国“两基”工作先进个人奖。

2001年全国“两基”工作先进个人（北京地区）

常　晔　东城区和平里中学春蕾班班主任
王文福　宣武区培智中心学校原校长
胡红星　西城区副区长
张进增　门头沟区副区长
刘铁岭　市教育局督学室原副主任
崔树毅　崇文区教委主任
傅　庚　房山区教育局原局长
薄家景　密云县成人教育局原局长
张万钧　怀柔县教育局计财科副科长
沈柏骏　朝阳区黑庄户乡人大主任
王春兰　丰台区花乡乡长
蔡　村　北京跳里拾瑞驰服装服饰有限公司董事长
赵文英　中国运载火箭技术研究院处长
李福成　北京市燕京啤酒集团董事长、总经理、党委书记
黄飞立　中央音乐学院教授
吴素芳　市财政局教科文处处长

第二节　中小学教育质量综合督导评价

1984年，市教育局着手普通教育评价科学研究的准备工作，1986年组织市教科所、市教育局有关处（室）和督学室与部分区、县的教育行政、教育科研部门合作，提出了评价方案，并到部分中、小学进行了试点和研讨。在此基础上，制定了《北京市普通中学教育质量综合评价试行意见》和《北京市小学教育质量综合评价试行意见》，包含《学校工作质量综合评价方案》和《学生质量综合评

价方案》。1988 年，北京市建立中小学教育质量综合督导制度，中学、小学每学年进行一次自我评价，区县教育局督学室会同有关部门每 3 年对本区县的中学、小学进行一轮综合督导评价。

1991 年 6 月，市教科所在《北京市普通中学教育质量综合评价试行意见》和《北京市小学教育质量综合评价试行意见》基础上，修订完成《北京市中小学教育质量综合评价方案》，包含《学校工作质量综合评价方案》和《学生质量综合评价方案》，其中《学校工作质量综合评价方案》包括供学校自我评价和领导部门检查督导的两套评价标准。至 1992 年年底，14 个区县的教育督导和教育行政部门使用这套方案对 848 所中小学校进行了学校工作质量综合评价。

1993 年 2 月 27 日，市教育局印发《北京市普通中学教育质量综合评价方案（试行）》和《北京市小学教育质量综合评价方案（试行）》，从 1993 年起在全市中小学校建立每学年自我评价和三年至五年一轮督导评价相结合的学校评价制度。新的教育质量综合评价方案采用定性和定量相结合方法，增设评价等级标准和权重量表，从办学方向和目标、领导班子和制度建设、教师和职工队伍建设、各项工作管理、学生质量、办学效益六个方面（一级指标）评价中小学学校教育质量，同时，中学和小学综合评价指标体系分别包括 19 项二级指标，评价要素 36 项，附加指标 2 项。评价等级分为优、良、及格、不及格四级。学校每学年结合诊断性评价、形成性评价和总结性评价做出学校自我评价，教育督导部门和教育行政部门定期对学校进行督导评价。

至 1993 年 10 月底，全市 1014 所中小学进行了综合督导评价；12 个区县依据市颁《评价方案》制定了具体实施办法或修订、制定了本区县的评价方案，并在部分中小学进行了教育质量综合评价试点；有 5 个区建立了中小学自我评价制度，完成了 1992—1993 学年度学校教育质量自我评价工作。

1994 年 6 月 28 日，市教育局印发《北京市中小学校教育质量自我评价工作程序（试行）》。至 12 月底，全市有 12 个区县和燕山办事处建立学校自评制度，5 个区县召开了学校自我评价经验交流会或研讨会，有 14 个区县和燕山办事处对中小学校开展了综合督导评价，撰写 45 篇学校自我评价和督导评价的科研论文。10 月，市教育局督学室对开展自我评价和接受过督导评价的部分中小学校校长进行问卷调查。结果表明，通过学校开展自我评价，效果明显的占 66.5%，效果一般的占 32. 1%，效果不明显的占 1. 4%。通过接受督导评价，学校工作有明显变化的占 50.3%，有变化的占 49.3%，变化不大的占 0.4%。1994 年 12 月 28 日，市教育局督学室印发《北京市中小学校教育质量综合督导评价工作程序（试行）》。

1996 年 6—9 月，市教育督导室对全市各区县开展学校督导评价工作进展情况进行调查，收到区县调查报告 19 份，实地参加 7 所学校的督导评价活动。调查结果表明，全市 21 个区县（单位），有 18 个区县开展中小学校每年一次的自我评价；有 17 个区县由区县督学室牵头，开展对中小学校的综合督导评价。其中，东城、大兴、西城、燕山已完成对辖区内中小学一轮以上的综合督导评价。学校督导评价工作开展较好的区县有 6 个，占 31.6%；一般的区县有 11 个，占 57.9%；较差的有 2 个，占 10.5%。从全市学校自我评价和督导评价取得的效果分析，截至 6 月底，本市有 1703 所学校开展每年一次的自我评价，通过建立自我评价制度，学校工作有明显变化的 739 所，占 43%；学校工作有一定变化的 918 所，占 54%。全市被督导评价的学校 1013 所，通过督导评价，学校工作有明显变化的 499 所，占 49.3%；学校工作有一定变化的 498 所，占 49.2%。调查结果还表明，本市学校督导评价工作现状，仍不能适应教育改革的需要，部分教育行政和学校领导干部对学校评价工作重视不够；需进一步处理好督导评价和行政评价，学校自我评价和学校管理的关系；评价方案需进一步修订。

至 1998 年，全市有 1858 所中小学开展自我评价，占普通中小学（乡中心小学）的 95%，取得较好效果的 1055 所，占 57%。对 592 所中小学进行综合督导评价，占全市普通中小学（乡中心小学）的 32%，其中，取得较好效果的 347 所，占 59%。

第三节　全面实施素质教育综合督导评价

一、第一轮督导评价

1997 年 6 月 28 日，市政府办公厅转发市教委《关于进一步推进中小学素质教育的实施意见》，建立对区县政府和教育行政部门、中小学校实施素质教育的分级督导评价制度。同年 7 月，市教委修订 1993 年《北京市普通中学教育质量综合评价方案（试行）》和《北京市小学教育质量综合评价方案（试行）》，印发《北京市区县政府巩固“两基”，落实“两全”，全面实施素质教育评价方案（试行）》《北京市区县教委（教育局）全面贯彻教育方针，全面实施素质教育评价方案（试行）》和《北京市普通中学教育质量综合评价方案（试行）》（修订）、《北京市小学教育质量综合评价方案（试行）》（修订）（以下简称《三个评价方案》）。

素质教育综合督导评价制度体现北京市实施素质教育要求，明确区县政府、区县教委（教育局）、中小学校三个层次实施素质教育的各自职责和相互联系，构成区域性素质教育督导评价体系。区县政府、区县教委（教育局）和中小学校每年进行一次自我评价，每 2—3 年由市教育督导室、市教委对区县政府、区县教委（教育局），由区县政府教育督导室（督学室）、区县教委（教育局）对所辖中小学校，分别进行一轮终结性督导评价。

1998 年 3 月 6 日，市教委、市教育督导室印发《关于印发〈区县政府巩固“两基”落实“两全”全面实施素质教育评价方案（试行）〉等三个评价方案评价工作程序和评价细则的通知》，规定区县政府、教委（教育局）、中小学“自我评价”和“督导评价”的工作步骤和具体内容。市教育督导室负责督导评价区县政府、区县教委（教育局）实施素质教育工作，区县教育督导室督导评价普通中小学实施素质教育工作。至年底，全市 1858 所中小学开展自我评价，占普通中小学（乡中心小学）的 95%，取得较好效果的 1055 所，占 57%。对 592 所中小学进行综合督导评价，占全市普通中小学（乡中心小学）的 32%，其中，取得较好效果的 347 所，占 59%。

1998 年至 2000 年年底，市、区教育督导室在各区县和学校自我评价基础上，完成对 18 个区县政府、教委和完小以上的 3106 所中小学第一轮督导评价。

二、第二轮督导评价

2002 年 6 月 3 日，市教育督导室与市教委联合颁发《北京市区县政府、教委、普通中小学全面实施素质教育评价方案（修订，试行）》。新的“三个评价方案”评价指标体系坚持“区县政府、教委、中小学三位一体”，“基础教育、职业教育、成人教育三教统督”，“督政”与“督学”相结合。方案由规范性与发展性两部分指标组成，其中，发展性指标由被评价者自行制定三级指标和评价要素，体现“个性”要求。

2002 年至 2005 年年底，市、区县两级教育督导室完成 939 所学校（含民办学校）督导评价。至此，北京市用三年时间完成“规范性与发展性相结合”的区县政府、教委、普通中小学全面实施素质教育新一轮的督导评价工作。

三、第三轮督导评价

2008 年 4 月 11 日，市教委、市教育督导室修订 2002 年“三个评价方案”，印发《北京市区县政府、教委、中小学校、幼儿园全面实施素质教育评价方案》。修订内容包括：增加《北京市中等职业学校全面实施素质教育评价指标体系》和

《北京市幼儿园全面实施素质教育评价指标体系》，全面实施素质教育综合督导评价范围扩展到中等职业学校和幼儿园；将《北京市区县教委教育行政管理工作评价指标体系》设置于《北京市区县政府教育工作评价指标体系》之中，减少指标体系交叉和重复评价；增加教育优先、义务教育优质均衡发展、高中课改、建设学习型城市等新内容；将规范性评价指标与发展性评价指标结合，全面评价实施素质教育工作。

2008年“三个评价方案”规定，区县政府、教委、学校运用诊断性、形成性和终结性评价进行自我评价，在自评基础上，市教育督导室会同市教委每五年对区县政府、教委进行一次综合督导评价，区县政府教育督导室会同区县教委每三年至四年对学校进行一轮综合督导评价。自我评价和督导评价均为定性与定量评价相结合，评价等级分为A、B、C、D四级，基本标准是：A.各项要求全面落实，成效显著；B.各项要求全面落实，成效较好；C.各项要求基本落实，成效一般；D.各项要求未全面落实，有缺项。普通中小学全面实施素质教育督导评价由区县政府教育督导室负责。依据《北京市普通中小学校全面实施素质教育评价指标体系》和本区县的实施细则，区县政府教育督导室会同区县教委，按照统一方案、统一领导、统一组织、统一实施的原则，在学校自评的基础上，每三年至四年对辖区内学校进行一轮综合督导评价。学校依据《北京市普通中小学校实施素质教育评价指标体系》和本区县实施细则，每年按照自我评价程序完成自我评价，写出专项自评报告，按时报送区县政府教育督导室。

中等职业学校综合督导评价由市教育督导室依据《北京市中等职业学校全面实施素质教育评价指标体系》，会同有关部门按照统一方案、统一领导、统一组织、统一实施的原则，在学校自评的基础上，每三年至四年对市管中等职业学校进行一轮综合督导评价。区县教育督导室依据《北京市中等职业学校全面实施素质教育评价指标体系》，结合实际研究制定本区县的实施细则，会同教委等相关部门，按照统一方案、统一领导、统一组织、统一实施的原则，在学校自评的基础上，每三年至四年对区管中等职业学校进行一轮综合督导评价。区县政府教育督导室组织对区管中等职业学校开展综合督导评价时，可以邀请市政府教育督导室参加。社会力量举办的中等职业学校根据隶属关系分别接受市、区县政府教育督导室的指导，完成自评工作，接受督导评价。全市各类中等职业学校每学年都要依据《北京市中等职业学校全面实施素质教育评价指标体系》进行自我评价。教育督导部门通过对督导评价信息的分析整理，并听取学校、行业、企业、用人单位及毕业生代表等意见，对学校全面实施素质教育、管理水平和发展绩效等做出综合性判断，形成教育督导评价意见，并向学校回复。评价指标体系三级指标分为 A、B、C、D 四个定性评价等级。

幼儿园全面实施素质教育综合督导评价由区县教育督导室依据《北京市幼儿园全面实施素质教育评价指标体系》，结合实际制定本区县实施细则。区县政府教育督导室会同区县教委，按照统一方案、统一领导、统一组织、统一实施的原则，在幼儿园自评的基础上，每三年至四年对辖区内幼儿园进行一轮综合督导评价。幼儿园综合运用诊断性、形成性和终结性评价，每年进行一次自我评价，完成全园整体自评报告，按规定时间报送区县政府教育督导室。定性评价等级分为 A、B、C、D 四个。

2009 年 10—12 月，市教育督导室完成第三轮区县政府全面实施素质教育情况综合督导。综合督导检查组由 40 名督学、10 名特约督导员以及部分委办局领导、市教委处室人员组成，分三组检查全市 18 个区县及燕山办事处全面实施素质教育情况。督导重点内容是 2006 年以来，区县政府根据《北京市区县政府、教委、中小学校、幼儿园全面实施素质教育评价方案（试行）》中“北京市区县政府教育工作评价指标体系”所列条目，落实和推进各项工作情况；2006 年以来，区县教委根据《北京市区县政府、教委、中小学校、幼儿园全面实施素质教育评价方案（试行）》中“北京市区县教委教育行政管理工作评价指标体系”所列条目，落实和推进各项工作情况。这是北京市教育督导史上第一次在同一时间内，对全市各区县政府、区县教委同时进行综合督导评价。综合督导检查组分别审阅 18 个区县（含燕山地区）自评报告，听取各区县政府和教委工作汇报，查阅相关材料，200 多次深入课堂，召开各种形式座谈会 228 个，并实地调研 152 个中小学、幼儿园、职高、校外机构和街道办事处。

至 2010 年 6 月，市政府教育督导室完成 18 个区县全面实施素质教育综合督导评价意见回复，形成《2009 年关于区县政府全面实施素质教育综合督导报告》，同年 10 月向社会公布。督导报告认为，在市委、市政府的领导下，市教委等各部门协同配合，共同推进全市素质教育的全面实施。从全市总体情况看，各级政府更加重视教育工作，政府各职能部门依法履行教育职责的意识逐步增强；保障素质教育实施的政策措施得到进一步落实，教育管理机制不断完善和创新；依法保证教育经费投入，推动各级各类教育协调发展，学校办学条件发生巨大变化，城乡教育差距显著缩小，义务教育均衡发展取得明显成效；素质教育理念更加清晰，教育教学质量稳步提高，人民群众对教育的满意程度逐年提高。其主要成绩一是教育优先发展地位得到确立，全面实施素质教育保障机制进一步完善；二是教育经费投入和使用更加规范，学校（园所）办学条件得到明显改善；三是干部教师队伍建设明显加强，两支队伍整体素质和专业化水平得到普遍提高；四是教育教学改革不断深化，教育教学质量稳步提高；五是布局调整和资源配置进一步优化，义务教育均衡发展取得明显效果；六是统筹协调力度不断加大，各级各类教育逐步走上协调发展轨道。

第四节　中等职业学校综合督导

一、成人中等专业学校评估

1991 年 12 月 16 日，市教委、市经委和市成教局联合印发《关于开展成人中等专业学校评估工作的通知》，决定从 1992 年开始对北京市各类成人中等专业学校开展评估工作，并成立由市政府文教办、市计委、市农林办、市级经委、市建委、市商委、市财政局、市成教局等单位领导组成的市成人中等专业学校评估工作领导小组。领导小组下设办公室，设在市成教局中教处。评估依据《北京市成人中等专业学校办学水平评估方案》进行，主要内容包括领导班子、师资队伍、学校管理、思想政治工作、学员学习水平、办学物质条件、办学效益 7 个一级指标和 34 个二级指标。评估结论分为合格、基本合格、不合格三种。该工作 1992 年 5 月开始评估试点，10 月全面推开，1993 年年底基本完成。

1997 年 7 月，市教委制定《1997 年北京市乡镇成人学校示范学校评审方案》，评估认定示范性乡镇成人学校。评审方案包括校园校貌、学校办学条件、教育教学、办学经费、计划制度文件资料、办学效益 6 个指标。经学校自查自评、评审小组评审、市教委审核，最终评审认定 13 所学校为北京市示范性乡镇成人学校。

1998 年 10 月，市教委制定《北京市乡镇成人学校示范学校复评指标体系》，对 1997 年评审的乡镇成人学校示范学校复评。指标体系包括组织领导、教师队伍、教学与管理、办学条件、改革与效益 5 个一级指标和 16 个二级指标，在学校自查基础上，组织专家评审。2000 年 12 月，市教委公布复评结果。其中，3 所学校被评为优秀，8 所学校被评为合格，2 所学校被评为基本合格。

2005 年 7 月，市教委重新颁布《北京市示范性乡（镇）成人文化技术学校办学条件基本标准》，重新评审认定市级示范性乡（镇）成人文化技术学校。2006 年 7 月，市教委颁布《北京市示范性乡（镇）成人学校评估细则》。评估细则包括政府领导与办学（10 分）、学校管理与培训（31 分）、硬件建设和办学环境、办学培训成效（29 分）、特色与创新（+20）5 个一级指标、15 个二级指标、31 个三级指标。经学校自查，专家评审，市教委审核，2008 年至 2009 年两批认定北京市示范性乡（镇）成人文化技术学校 39 所。

二、中等职业学校综合督导评估

1997 年 11 月，市教委、市教育督导室印发《北京市普通中等专业学校综合评估指标体系（试行）》。该指标体系含 8 个一级指标，37 个二级指标和附加奖励条件，是北京地区普通中专学校督导评估的依据，同时也是评选中专示范校、骨干校的依据。

1999 年 1 月 15 日，市教育督导室修订中等专业学校综合督导评估指标体系。其中，中专综合督导评估指标体系从 37 个二级条目修改为 38 个二级条目，增添和修改有关创业教育、人员效率、师生比例、学生质量考核、专业建设及改革加分等 8 个项目内容。10—12 月，综合督导评估 11 所中专学校。综合督导显示，各校能够重视综合督导评估，自评态度端正、自评情况实事求是。综合督导评估组由教育和行业专家共同组成。2000 年 6—7 月，综合督导评估首都铁路卫生学校等 10 所中专学校。结果显示，各学校按照督导规定，有计划、有步骤地自评，达到以评促建，以评促改，以评促发展的预期效果。2001 年 5—6 月和 11—12 月，分两次完成中国戏剧学院附中等 10 所中专学校综合督导。2002 年 6 月，联合市劳动和社会保障局综合督导评估北京市一轻技术学校和北京市服务管理学校。结果显示：在新专业开发、师资队伍建设、教学质量监控与评价方面 2 所技工学校存在不足，需要改进。9—12 月，综合督导评估北京市音乐舞蹈学校等 5 所中专校。结果显示，5 所学校普遍存在教学管理薄弱、教学方法和手段陈旧、缺乏教师职称评审渠道等问题。2003 年 11 月，综合督导评估北京铁路运输学校、北京市国际艺术学校 2 所学校。评估组听取学校工作汇报，查阅相关档案资料，提出改进工作的建议。

2008 年 4 月 11 日，市教委、市教育督导室，印发《北京市区县政府、教委、中小学校、幼儿园全面实施素质教育评价方案》，普通中等专业学校纳入全面实施素质教育督导评估范畴。2009 年，市教育督导室完成北京卫生学校等 10 所中专校全面实施素质教育的综合督导。并联合市人力社保局，首次开展技工学校综合督导评价工作，综合督导北京市工业技师学院等 5 所技工学校。2010 年，综合督导评价北京商业学校等 8 所中专学校；与市人劳保局合作，联合综合督导评价北京市飞机维修航空技校等 5 所技工学校。

2010 年 5 月 20 日，市教委转发《教育部、人力资源社会保障部关于加强中等职业学校校园文化建设意见的通知》，明确教育督导部门要把校园文化建设作为学校建设的重要内容，纳入中职学校综合督导评估体系。

第五节　工读学校综合督导检查

1999 年 11 月，市教委、市教育督导室印发《关于做好北京市工读学校办学情况综合督导检查工作的通知》，建立工读学校综合督导检查制度。督导检查内容包括办学方向、办学条件、学校管理、质量和效益 4 个方面 18 个要点。督导检查每两年或三年进行一次。在学校自查的基础上，市教委和市教育督导室督导检查。

2000 年 3 月和 5 月，市教育督导室和市教委综合督导检查海淀区工读学校和朝阳区工读学校。检查组肯定两校干部教师遵循工读教育规律、扎实工作、改革创新、无私奉献的精神及工作中取得的突出成绩，指出学校在办学方向、办学条件、教育教学工作上存在的问题，并提出建议。

2002 年 4 月 29 日，市教委员、市教育督导室、首都社会治安综合治理委员会办公室等部门印发《北京市工读教育工作暂行规定》。规定市、区县教育督导部门要把对工读学校的督导检查列入义务教育督导检查范围，根据本规定和相关法律法规，对区县政府依法领导、管理工读学校和工读学校的办学情况进行督导检查，保证工读教育事业的健康发展。

2002 年 12 月 4—6 日，市教育督导室、市教委督导检查门头沟区工读教育工作。检查组对该区教委加强工读教育工作领导、改善办学条件、加强工读预备生教育和管理、探索工读教育与职业教育相衔接的五年一贯制办学体制建设等方面给予肯定。检查组提出进一步探索工读教育规律，加强学校管理，加大经费投入，改善办学条件等建议。检查后，市教育督导室、市教委向区教委反馈督导结果。

2003 年 12 月 3—18 日，市教育督导室与市教委完成中小学法制教育和工读教育联合检查。该检查涉及丰台、西城两个区，采用听取汇报、查阅资料、召开座谈会、访谈、听课、问卷调查、实地查看方式，系统了解情况。结果显示，两个区中小学法制教育工作扎实有效，预防青少年违法犯罪工作机制健全，中学生违法犯罪率低于 0.5‰；工读学校办学条件较好，经费来源稳定，管理工作规范，严重不良行为学生教育、矫治、挽救工作取得成绩。至此，自 1999 年开始的全市工读教育（含 6 所工读学校）综合督导检查工作全部完成。

第五章　专项督导

1991—2010 年，北京教育督导部门围绕市政府确定的方针和教育工作的重点难点问题，组织一系列有针对性的专项督导。专项督导内容涉及重点工程、义务教育均衡发展、基础教育、学前教育、特殊教育、民办教育、教育收费、德育工作、体育卫生工作、科技教育、校外教育、安全教育、减轻学生过重课业负担、义务教育阶段入学工作等，进一步完善各类教育和学校管理，改进教学工作，提高管理水平和教育教学质量。

专项督导是就某一专项教育工作开展的督导检查，目的明确，针对性强。2000 年，市教育督导室制定教育督导工作程序。专项督导程序首先是准备阶段。督导人员要确定专项督导的目的、内容、要求，拟订专项督导工作计划（包括专项督导的范围、对象、采用的方式方法），编制督导提纲及必要的量表等，培训督导人员。工作计划报督导室有关领导审批，督导前半个月书面或口头通知被督导单位。其次是实施阶段。督导人员按专项督导提纲向被督导对象认真收集有关信息和资料，并进行综合分析，对被督导单位给予指导。最后是结果处理阶段。督导人员全面汇总收集的信息和资料，认真进行总结分析，撰写专项督导报告呈送市政府及有关部门和领导。必要时撰写专项督导结果通知，回复被督导单位。

第一节　重点工程督导检查

一、基础薄弱学校专项督导检查

1996 年 4 月，市政府办公厅印发《关于加强基础薄弱学校建设的通知》，提出“力争用三至五年时间使基础薄弱学校的办学条件得到明显改善，教育教学质量有较大提高”的目标。同年 5 月，市教委印发《北京市加强基础薄弱学校建设工作规划（草案）》《北京市加强基础薄弱学校建设工作管理办法（试行）》，提出加强基础薄弱学校建设建立健全教育行政部门、教研和教科研部门、教育督导部门对基础薄弱学校的全面视导和督导评价制度，重点指导学校的教育教学管理工作，深化教学改革，提高教学质量和效益；市、区教育督导室依据“北京市普通中学教育质量综合评价方案”，对基础薄弱学校实施督导评估，各区县教育督导室应在三年内对辖区内每所基础薄弱学校至少督导评估一次。

1998 年 4 月 23—30 日，市教育督导室联合市教委有关处室专项督导城近郊区基础薄弱学校建设工作。重点检查城近郊区政府和教育行政部门 1996 年与市政府和市教委签订的“加强基础薄弱学校建设责任书”落实情况及基础薄弱学校改变面貌情况。7 月 25 日，向市政府报告基础薄弱学校建设工作专项督导结果。1996 年各区确认的 105 所基础薄弱学校的面貌总体上发生显著变化，并开始得到社会认可。市教委制定的加强基础薄弱学校建设三年规划目标可望实现。到 2000 年年底，全市基础薄弱校建设已经完成，城近郊区基础薄弱初中校的面貌明显改观。

二、山区中小学建设工程督导检查

1998 年 9 月 8 日，市教委印发《北京市关于加强山区中小学建设工作的意见》，规定 1998 年 9 月起到 2001 年 8 月，经过 3 年努力，完成山区中小学建设工程。市教育督导室把山区中小学建设的工作完成情况作为对山区县教育督导的重点内容，加强检查监督。

1999 年 11 月 11—26 日，市教育督导室会同市教委有关处室对 7 个山区县加强山区中小学建设年度计划完成情况进行专项督导检查。7 个山区县各项指标均达到北京市高标准普及九年义务教育要求。

2000 年起，市教育督导室连续 3 年将山区中小学建设工作情况列为教育执法检查工作重点。2000 年检查结果表明山区中小学建设三年规划的第二年计划任务如期完成。2001 年 4—5 月，市教育督导室进入 12 个乡镇 15 所山区中小学开展专题调研，针对建设中的问题提出改进建议。7—8 月，市教育督导室再次进入山区 16 个乡镇，对建设任务重、工作难度大的 28 所学校重点随访，督促落实有关问题。检查结果表明山区中小学建设工程第三年任务圆满完成。2002 年执法检查结果表明，山区中小学建设巩固提高工作取得显著成绩，办学条件继续得到改善，仪器设备、图书资料得到较好利用，义务教育普及程度得到提升，教育质量进一步提高。

三、初中建设工程督导检查

2005年7月5日，市教育督导室与市教委联合印发《关于实施初中建设工程的意见》，决定从2005学年起，用5年左右时间实施“北京市初中建设工程”。市、区县教育督导部门将初中建设工程作为今后几年教育督导的重要内容。从2006—2008年，市教育督导室每年要对区县初中建设工程进行专项督导检查，采取随访督导、专项督导和复查验收相结合的办法，促进初中建设工程落在实处。

2006年5月16日至6月16日，市教育督导室随访各区县初中建设工程进展情况，重点了解初中建设工程规划、年度实施计划、经费投入、实施困难和问题，并征求工作建议。11月，专项督导检查东城、西城、崇文、石景山、丰台和朝阳6个区，召开18次座谈会，抽查12所重点建设初中学校。经过检查，初中建设工程进展显著，各区县和初中校均完成初中建设规划。

2007年10月24日至11月29日，市教育督导室会同市教委基教处、市条件装备部门对门头沟、昌平、顺义等6个区县初中建设工程年度实施情况进行专项督导检查。其中，召开区县教委座谈会12次、教师座谈会18次，抽查18所初中校，召开教师座谈会18次，100名教师参加座谈，听课40节，问卷调查700人。检查结果显示，各区县重视初中建设工程工作，统筹规划、整合教育资源，初中教育投入加大，学校管理规范，办学整体水平明显提高。

2008年10—12月，市教育督导室与市教委联合完成初中建设工程督导工作，检查宣武等6个区（县）和燕山地区初中建设专项经费使用情况。检查统计显示，7个区县（地区）年投入专项经费总计29.87亿元，主要用于初中学校硬件建设、办学条件达标和干部教师培训。

2009年4—5月，市教育督导室与市教委联合完成全市初中建设工程总结和督导验收工作。督导结果显示，本轮初中建设工程给学校带来巨大变化，有力推进初中教育的均衡发展。自2005年启动初中建设工程到2008年年底，全市调整撤并54所初中学校，初中建设学校由2005年的562所减少到2008年的509所。全市481所初中学校主要项目达到新颁办学条件标准，占纳入初中建设工程学校的95%。

2009年7月24日，在北京市暑期基础教育领导干部工作会暨初中建设工程总结大会上，市教育督导室联合市教委表彰初中建设工程先进集体100个，先进个人300人。

四、小学规范化建设工程督导检查

2007年10月，市教育督导室与市教委联合印发《关于实施小学规范化建设工程的意见》，决定自秋季开始，用5年左右时间实施“北京市小学规范化建设工程”。市、区县教育督导部门要将小学规范化建设工程作为今后几年教育督导的重要内容，纳入年度工作计划。区县教育督导部门按计划对区域内小学达标情况进行逐校验收，并定期评估。

2008年9月10日，市教育督导室印发《关于对区县实施小学规范化建设工程专项督导的通知》，2009年至2011年，每年下半年，对部分区县实施小学规范化建设工作的情况进行学年度督导检查。2009年、2010年小学规范化建设专项督导将结合素质教育综合督导一并进行。

2010年9月，市教育督导室与市教委联合印发《北京市区（县）小学规范化建设工程专项督导评价指标体系》。指标体系涉及组织领导、队伍建设、教育管理和学校布局及办学条件、经费投入与管理五大方面，共设定40个小学规范化建设评价要素。明确提出把学校心理健康咨询室的建设情况纳入督导范围，城镇小学校与农村校、城镇相对薄弱校交流，城镇优秀教师支援农村学校、城镇困难学校也都是督导的重点。市教委和市教育督导室据此分年度对区县实施小学规范化建设工程进行专项督导。

2011年4—5月，市教育督导室、市教委组成联合专项督导检查组，专项督导检查海淀区、丰台区、顺义区、房山区、门头沟区、密云县6个区县小学规范化建设工程实施情况。重点督导检查内容包括学校在办学条件主要项目上的达标情况、设施设备的使用情况及专项经费投入情况；完善内部管理，规范办学行为情况；干部教师队伍建设情况；教育教学改革、教育科研和提升教育质量的情况；学校特色建设情况。督导检查结果显示，小学规范化建设工程实施4年来，推进小学教育的优质均衡发展，提升全市小学教学质量和社会声誉。2008年至2010年，6个区县总计投入小学规范化建设专项经费34亿元。小学规范化建设专项经费投入，对推进办学条件达标，缩小城乡之间、学校之间办学差距，改变学校面貌，整体提高办学水平起到保障作用。

第二节　义务教育均衡发展督导检查

2008年4月，市教育督导室决定在2008—2012年，对各区县义务教育均衡发展状况进行专项督导评价。

2010 年 5 月，市教育督导室在建立全市均衡发展状况数据分析系统和信息平台基础上，通过综合差异系数和经济学领域的基尼系数，对全市义务教育均衡发展状况进行监测分析，形成了北京市义务教育均衡发展状况专项督导报告，并向社会公布。督导监测的地域范围为全市 18 个区县（包括燕山地区）；监测抽取的学校样本为 1638 所义务教育阶段的小学、初中、完全中学、九年一贯制学校、十二年一贯制学校；监测信息采集的时间范围为 2007—2008 年和 2008—2009 年两个学年度的数据。根据市政府办公厅颁布的《北京市义务教育均衡发展状况督导评价方案》，监测的主要内容是：经费保障、办学条件、干部教师配置和普及水平 4 项一级指标，涉及 27 项二级监测指标。督导报告通过对相关数据的统计分析，认为北京市近几年通过加大经费投入、改善办学条件、加强干部教师队伍建设等措施，有力地推进了义务教育的均衡发展，全市在主要教育资源配置方面已基本实现均衡发展。区域内义务教育经费保障实现基本均衡，城乡学校间的差距在显著减小，校际之间生均占用的教育资源发生明显变化，初步扭转了优质学校教育资源高于普通学校的局面。

2010 年 11 月，市教育督导室启动九年义务教育实施及均衡发展情况监测统计工作，经市统计局批准，自 2010 年开始，全市开展九年义务教育实施情况和均衡发展情况统一监测。2010 年统计结果表明，全市 2009—2010 学年度义务教育均衡状况监测 27 项指标中，属于均衡的指标为 11 项，比 2008—2009 学年度增加 2 项；属于比较均衡的指标为 10 项，比 2008—2009 学年度增加 2 项；属于不够均衡的指标为 1 项，比 2008—2009 学年度减少 1 项。

第三节　基础教育督导检查

一、“减负”专项督导检查

1992 年 9 月 4 日，市教育局转发国家教委《关于中小学教育工作两项督导检查的通知》，督导检查的重点是中小学德育工作有关法规、文件的落实情况和小学生课业负担过重的问题，并结合北京市实际要求推广快乐教育经验。

1993 年 4 月 14 日，市教育局转发国家教委《关于减轻义务教育阶段学生过重课业负担、全面提高教育质量的指示的通知》。市教育局规定自 1993 年起取消由区、县统一组织的小学毕业考试，改由小学自行命题进行毕业考试（农村地区小学由乡镇中心小学组织命题、考试）。1994 年 11 月，市教育局专项督导检查中小学生课业负担情况，督导检查调研西城、崇文两区，检查 10 所小学和 6 所中学，问卷调查 3132 人。在调查基础上，督导检查组完成督导检查报告，上报国家教育督导团和市教育局。

2000 年 1 月，市教育督导室印发《关于贯彻落实市教委〈关于转发教育部在小学减轻学生过重负担文件的紧急通知〉开展专项督导检查的通知》，要求区县政府要“建立和完善减轻学生过重负担的专项督导检查机制”，并对督导检查的范围、内容及工作安排作出明确规定。1 月 20 日至 2 月 17 日，市教育督导室开展 2 次专项督导“减负”工作。检查根据春节前后市长电话和市教委热线电话接到的举报，采取事先不通知的办法进行，对个别违规补课的学校责成区县教育行政部门严肃处理。综合两次专项督导检查的情况，向国家教育督导团办公室呈交“减负”工作专项督导检查报告。

2005 年 2 月 6 日和 17 日，市教育督导室、市教委联合检查中小学假期补课情况。该检查涉及顺义、朝阳、海淀、丰台、崇文和通州 6 个区共 17 所中小学校。重点检查学校补课内容、时间、人数、形式和收费等，并撰写《关于寒假期间中小学校集体补课情况及检查处理综述》报告。4—10 月，专题调研中小学学生课业负担现状，采取问卷调查、抽样入户调查、座谈等方式进行，共完成 1 个总报告 7 个分报告。结果显示，学生课业负担总体偏重。其成因复杂，有社会与家长因素、教育政策因素、学校与教师因素等。

二、基础教育改革与发展专项督导检查

2001 年 8 月 30 日，市教委、市教育督导室开展贯彻落实《国务院关于基础教育改革与发展的决定》督导检查。检查内容一是各区县贯彻落实全国基础教育工作会议精神、《国务院关于基础教育改革与发展的决定》的情况和工作安排；二是落实“以县为主”的农村义务教育管理体制工作进展情况，着重检查“一保二控三监管”（即保证教师工资发放，控制学校收费标准，坚决制止乱收费，加强对教师工资发放和教育收费情况的监管和检查，完善举报制度，接受群众监督）机制的建立情况；三是 2001 年农村中小学危房、危电改造资金筹措情况（渠道和数量）及危房、危电改造情况；四是依法控制初中学生辍学情况及妥善解决初中入学高峰问题的措施。检查采用上交自查报告和抽查两种方式。其中，自查涉及全市 18 个区县，抽查 7 个山区县。检查结果显示，“以县为主”的农村义务教育管理体制正在落实，远郊已有 5 个区县农村中小学教师工资由区县财政

统一发放，全市农村没有拖欠教师工资现象，中小学乱收费现象已经得到遏制。2001 年农村中小学危房改造工作已全部完成，未发生校舍安全事故；控制初中生辍学效果明显，初中入学高峰问题得到妥善解决。

三、加快农村基础教育发展工作情况专项督导检查

2002 年 10 月，在市十一届人大常委会第三十七次会议，林文漪副市长作《关于加快农村基础教育发展问题议案办理情况的报告》，提出进一步加强农村基础教育发展思路、主要目标和工作措施，承诺用 3 年左右时间使全市基础教育在完善管理体制、调整学校布局、改善办学条件、信息化建设、提高教师队伍素质和办学质量六个方面再上一个新台阶。

2003 年，在落实议案办理报告的第一年，市教育督导室和北京教育行政部门将落实议案办理与教育执法检查结合，专项检查加快农村基础教育发展工作。检查结果表明，市政府有关部门和 10 个远郊区县政府对农村基础教育给予高度重视。仅农村中小学采暖设施改造、半山区和平原地区办学条件困难校改造、100 个网络计算机教室配备 3 项，市、区县两级就投入资金 2.1864 亿元（其中市级投入 1.3278 亿元）。各区县政府均按照议案办理报告的要求，制订农村基础教育 3 年发展规划和分年度实施计划，并明确各部门责任。

2004 年、2005 年，加快农村基础教育发展工作议案落实情况检查继续结合教育执法检查进行。2004 年加快农村基础教育发展工作取得新进展，10 个远郊区县撤并农村中小学 86 所，113 所困难校已有 110 所完成改造，227 所寄宿制中小学配备医疗卫生设备和专兼职校医，配置计算机 37600 台；城近郊区 61 所办学困难初中学校有 44 所完成改造。2005 年检查情况显示，加快农村基础教育发展三年规划目标基本实现：3 年共撤并中小学 277 所，全部中小学取消明火取暖，完成 113 所困难校改造，配备 227 所寄宿制学校医疗卫生设备，补充 681 所学校体育器材，基建修缮 179.1 万平方米，购置教学设备 48.8 万件（套），新建校园网 563 个。小学、初中教师大专和本科以上 学历分别达到 75.6% 和 59.5%。

四、流动儿童少年接受义务教育专项督导检查

2002 年 7 月 2 日，市教育督导室联合市教委、市民政局、市公安局印发《关于贯彻落实北京市对流动人口中适龄儿童少年实施义务教育暂行办法的通知》，规定解决流动儿童少年入中小学接受九年义务教育工作，主要由各区县政府负责。对流动儿童少年实施九年义务教育，以公办中小学接收其入校借读为主。区

县政府教育督导室要将政府各有关部门和各学校对流动儿童少年实施九年义务教育的工作，纳入督导范围，列入工作计划，依法进行督导。

2003 年 9 月，市教育督导室完成流动儿童少年实施义务教育工作专项督导。该督导涉及朝阳、海淀、丰台、石景山、昌平和大兴 6 个区，以在京流动儿童少年接受义务教育情况，各区县整顿民办打工子弟学校工作情况为主要内容。结果显示，各区采用在公办中小学借读方法，解决大部分流动儿童少年就学问题，并且受到与本市儿童少年相同的教育。各区县在撤销部分办学条件不合格打工子弟学校的同时，都能妥善安置在校就读学生。检查发现，部分区县整顿打工子弟学校工作进展缓慢，存在对打工子弟学校管理体制不健全、少数领导对整顿工作认识不够和应该完善相关政策措施等问题。

2004 年 9 月，市教育督导室再次实施流动儿童少年义务教育专项督导检查。该检查主要涉及朝阳、海淀、丰台、石景山、昌平、大兴、通州和顺义 8 个区。以公办学校接收流动儿童少年入学任务完成情况、各区县政府及其职能部门落实有关职责情况及流动人口自办学校校车使用情况为主要检查内容。结果显示，全市公办中小学超额完成接收 20 万名适龄儿童少年入学任务，各职能部门职责基本落实，整顿流动人口自办打工子弟学校工作取得新进展，24 所学校经批准办学。

第四节　学前教育督导检查

1998 年 3 月 2 日，市教育督导室、市学前教育领导小组办公室印发《关于 1998 年进行学前教育“九五”规划中期督导检查的通知》，决定于 1998 年 5 月份对各区县学前教育“九五”规划目标完成情况进行中期督导检查。检查主要依据《幼儿园管理条例》，重点检查《幼儿园管理条例》第四条和第六条的执行情况。着重检查：区县一级学前教育领导管理机构是否健全，能否发挥统筹管理本辖区学前教育整体工作的作用；区县学前教育“九五”规划年度目标完成情况。

1998 年 5 月，市教育督导室、市学前教育领导小组办公室联合对各区县学前教育“九五”规划目标完成情况进行中期督导检查。检查以区县自查为主。检查组听取区县学前领导小组组长自查工作汇报，召开座谈会，对 17 个乡镇、3 个街道、49 所幼儿园和 13 个学前班进行检查。结果表明，18 个区县学前儿童入园率、幼儿教师任职资格合格率均比“八五”期间有所增长。其中，8 城区和顺义、昌平、平谷 3 区县 3 岁以上幼儿入园率达到或超过市平均水平，延庆、大兴和门头沟 3 区县实现一级一类幼儿园“零”的突破；平谷县提前实现 21 所乡中心园全部达标规划目标。检查结束后，向各区县发出关于学前教育“九五”规划中期督导检查结果的通知。

2003 年 10—11 月，市教育督导室依据教育部部署，组织全市各区县开展幼儿教育专项督导自查工作。区县自查工作据教育部《幼儿教育专项督导自查细则》精神，以督政为主，落实《国务院办公厅转发教育部等部门（单位）关于幼儿教育改革与发展指导意见的通知》，全面检查幼儿教育工作。在区县自查基础上，全市评价检查结合对区县政府、教委全面实施素质教育督导评价一并进行。11 月 28 日，市教育督导室向教育部报送《学前教育专项督导自查报告》。报告显示，截至 11 月 15 日，北京市拥有 0 ~ 6 岁儿童 41.8 万人，其中，3 岁以上 23.2 万人，3 岁以下 18.6 万人。在园儿童 21.4 万人，3 岁以上儿童入园率为 82.3%。全市共有幼儿园 1540 所，其中，城市 541 所，县镇 397 所，农村 602 所。2004 年 11 月 3—7 日，国家教育督导团检查北京学前教育工作。督导小组采用听取汇报、召开座谈会、查阅档案资料、发放调查表等形式，以幼儿园安全工作为重点，听取市政府学前教育事业工作汇报，并召开财政、人事、公安、规划、建设、卫生、妇联和劳动保障部门领导座谈会。督导团肯定北京学前教育管理体制、队伍建设和安全等 10 个方面工作，并提出工作建议。

第五节　民办教育督导检查

1999 年 6 月，根据《社会力量办学条例》《北京市民办中小学、幼儿园管理暂行规定》，市教育督导室专项督导北京市翔宇中学、私立汇才中学、北方中学和美亚学校 4 所民办校教育教学工作，经过综合分析，向 4 所学校下达专项督导结果。

2002 年 7 月，市教育督导室颁发《北京市民办中小学办学水平评估方案（试行）》。该方案分 3 部分计 10700 字，为民办中小学校进行自我评价和实施督导评价提供依据。

2004 年 12 月、2005 年 6 月及 12 月、2006 年 6—7 月，市教育督导室完成 3 次中专中外合作办学项目专项督导。督导涉及市化工学校、市电子工业学校和市二轻工业学校 3 所中专学校。督导结果显示，学校通过合作办学，在引进国外优质教育资源同时，注重把先进教育理念、教学模式注入教学中，有效提高学校整体教学水平，推动教学改革；学生英语和综合素质水平明显提高；学校整体教学水平、专业建设水平有所提高。

2007 年 12 月至 2008 年 1 月，市教育督导室依据教育部发布《民办高等学校办学管理若干规定》，完成全市 10 所民办普通高校专项督导检查。该检查会同北京教科院研究制订督导指标体系，检查内容涉及学校办学条件、组织与队伍、办学行为、资产与财务、内部管理和安全稳定等 7 个方面。专项督导检查逐校反馈督导意见，肯定学校发展优势和办学特色，以及存在问题，引导学校向规范化、优质化方向发展。2008 年 12 月，市教育督导室对民办普通高等学校贯彻执行教育部令第 25 号整改情况进行督导复查。复查内容包括两项：各校落实市政府教育督导室关于民办普通高校贯彻执行第 25 号令情况的督导意见书中整改建议的情况；各校按照教育部令第 25 号的要求，进一步加强建设，规范管理，提高质量的总体思路和主要举措。

2009 年 11—12 月，市教育督导室会同市教委依据《中华人民共和国民办教育促进法》《独立学院设置与管理办法》等法律法规、规章和规范性文件的规定，北京市独立学院办学状况开展专项督导。督导检查指标包括办学思想、办学条件、组织与运行、队伍建设、办学秩序与管理、资产与财务、安全与稳定七个一级指标。在学校自查基础上，督导组入校检查，听取学校法人代表自查汇报，分别召开干部座谈会、教师座谈会和学生座谈会，随堂听课，查阅相关材料，实地查看设施设备和校容校貌等。最后督导检查组根据对各独立学院的督导检查情况形成书面督导回复意见，反馈至各学院。2010 年 10 月，市教育督导室向社会发布督导报告。据 2009—2010 学年度的统计，北京市独立学院共有毕业生 3896 人、招生 5694 人、在校生 21388 人，分别占北京民办普通高校本专科学生的 17.68%、25.28% 和 28.51%，分别占全市普通高校本专科学生的 2.56%、3.58%、3.7%。独立学院的成立和发展，使北京民办普通本科高校由原来的 1 所增加到 6 所，北京民办普通高校从 10 所增加到 15 所，提高了北京民办普通高校的办学层级，扩大了本专科生就学人数，成为北京高等教育和民办普通高等教育的重要组成部分。

第六节　体育卫生工作督导检查

1996 年 12 月 17—18 日，市体委、市教委、市政府教育督导室联合组成市检查组，对海淀区、昌平县教育局（教委）、体委落实《中华人民共和国体育法》第十七条、第十八条、第十九条的情况，进行执法检查。市检查组听取海淀区教委、昌平县教育局主管领导对学校体育工作执法情况的汇报；检查了海淀区中科大附中、清河二小，昌平县南口中学、南口镇小学，查看体育课、课间操、课外体育活动情况。

1998 年 3 月 26 日，市教委印发《进一步加强和改善学校体育工作的意见》。规定各级教育行政部门要把学校体育工作，列为教育督导评估的内容之一，凡体育工作未达到规定要求的区、县和学校，不得评为教育先进单位。各区县教育行政部门和各级各类学校，每年要进行一次自查自评，找出存在问题，并提出具体解决办法。市教委、市教育督导室依据评估标准抽查和督导检查。

1998 年 7 月 10 日，市教委办公室转发教育部《普通中小学和中等职业学校落实〈学校体育工作条例〉检查评估细则》和《普通中小学和中等职业学校落实〈学校卫生工作条例〉检查评估细则》。明确将两个检查评估细则要点列入中小学督导评估方案，各区县教育行政部门贯彻落实两个条例的检查评估与实施中小学督导评估方案结合起来，统筹安排。

1999 年 6 月 22 日，市教委、市卫生局印发《关于进一步加强和改善学校卫生工作意见》。规定学校卫生工作列为教育督导评估、文明校园检查的内容之一。各区县教育行政部门和各级各类学校每年要进行一次自查自评，市教委和市教育督导室组织督导检查和抽查。凡学校卫生工作达不到规定要求的区县和学校，不得评为教育先进单位。

2001 年 2 月，市教委依据教育部要求，开展学校体育卫生艺术教育工作专项督导检查。检查重点一是执行体育、音乐、美术等有关教学计划、教学大纲和保证开课情况，二是有关场地器材配备情况，三是学校体育卫生艺术教育制度及有关安全措施落实情况。3 月至 8 月，全市各区县进行自查，市教育督导室和市教委有关处室到区县随访督导。12 月，专项督导石景山、大兴两区县学校体育、卫生和艺术教育工作，重点抽查 8 所中小学体育、卫生和艺术教育教学情况。

2005 年 10 月 9 日，市教委转发教育部《关于落实保证中小学生每天体育活动时间的意见》，规定建立督导、检查和工作评比制度。要求各级教育督导部门要将落实学生每天一小时体育活动工作，纳入对中小学校的综合督导内容及评估指标体系，加强督导检查。检查重点是：开齐并上好体育课。小学 1 ~ 2 年级每周为 4 课时，小学 3 ~ 6 年级和初中每周为 3 课时，高中每周为 2 课时。保证课外体育活动时间，凡没有体育课的当天，学校要组织学生参加一小时课外体育活动，课外体育活动时间应排进课表，形成制度。实行 25 ~ 30 分钟大课间体育活动制度。落实必要的物质保障，认真执行《中小学校体育场馆设施、器材配备目录》，购置必要的体育器材，建设、改善体育场地设施。加强组织管，把保证学生每天一小时体育活动的工作纳入学校教育、教学内容中。11月，国家教育督导团检查北京市中小学学校体育、卫生和艺术教育工作。在听取顺义区体育、卫生、艺术教育工作汇报后，国家督导团召开教师、学生座谈会，实地考察顺义区5所学校，对顺义区落实《学校体育工作条例》《学校卫生工作条例》《学校艺术教育工作规程》工作情况，体育场地、音美劳技专用教室建设以及相关教学器材配置情况，音体美教师和专兼职卫生医务人员队伍建设情况表示满意。

2006年3月，市教委印发《关于加强中小学体育工作确保学生每天一小时体育活动的通知》，规定将《学校体育工作条例》的贯彻执行情况纳入对区（县）教育行政部门和学校的综合督导评价内容，对学校贯彻实施《中华人民共和国体育法》的工作进行检查评估。同时要求各区县普遍开展每天一小时体育锻炼时间的检查活动。此后，2006年至2010年，市教育督导室连续开展专项督导，确保学生每天一小时体育活动情况专项督导检查。

2010年3月，市教委办公室转发教育部办公厅《关于做好中小学体育工作专项督导检查自查工作的通知》，要求各区县按照《中小学体育工作督导评估指标体系（试行）》各项指标开展自查。市教育督导室结合“体育一小时活动”专项督导，组织全市中小学生体质健康督导检查。

第七节　安全教育督导检查

2000年12月26—27日，在各区县自查基础上，市教育督导室抽查崇文区及4个山区县19所中小学安全工作。抽查重点是寄宿制学校。结果表明，各区县对中小学生安全工作比较重视，有健全的中小学安全工作领导机构和规章制度。

2001年4月3日，市教育督导室与市教委、市安委会办公室等委办印发《关于加强中小学生交通安全工作的通知》，要求各区县教育督导室要将学校交通安全的规章制度和责任制落实、交通安全宣传教育和管理、学生发生事故等情况列入教育督导内容。

2002年5月至10月，市教育督导室与市教委、市安委会办公室、市公安局以“文明伴您行”为主题，联合开展“小手拉大手，共学交通法”系列教育活动。活动内容包括各区县分别开展幼儿、小学生交通安全文艺会演，开展“小手拉大手，共学交通法”交通安全常识有奖答题，各交通支（大）队的交通安全辅导员协助学校开展多种形式的宣传教育活动等。

2002年11月，市教育督导室与市教委、市公安局、市安委会办公室联合印发《关于进一步加强“小黄帽路队制”工作的通知》，进一步提高对“小黄帽路队制”工作的认识，完善管理制度，落实管理责任。区县教育行政主管部门在机构改革后要明确一名“小黄帽路队制”视导员，负责对本区县小学开展此项工作的检查、指导和服务。视导员要尽职尽责，不断总结经验，提高工作水平并为两年一次的总结表彰做好基础性工作。区县教育督导部门要将学校开展“小黄帽路队制”工作纳入督导项目，落实学校管理责任。

2003年8月，市教育督导室与联合市教委、市公安局、市安委会办公室推广使用幼儿交通安全教材，从9月开始，以《幼儿交通安全教材》为基本内容，开展幼儿交通安全教育活动。

2005年11月14日，市教育督导室与市教委、市公安局、市安委会办公室联合表彰2004—2005年度8个“小黄帽路队制”活动先进区县、130所“小黄帽路队制”活动先进学校。自1989年开展“小黄帽路队制”活动以来，表彰每两年进行一次。

第六章　督导体系建设

1991年至2010年，北京教育督导部门依据年度工作重点和教育中心工作，利用随访督导和督导调研开展经常性督导。随访督导是采取随机方式方法进行的就某一方面内容的督导。专题督导调研工作是北京教育督导部门的一项经常性工作，北京教育督导部门围绕北京市教育事业改革发展的实际和中心工作，以及有关教育重点、热点、难点问题，开展多种工作专题调研，包括应用性政策研究和前瞻性战略研究，教育督导理论研究和评价体系设计等。

北京教育督导在实施过程中，把教育督导科研和信息宣传作为加强督学培训、提高督学素质的一项重要工作，通过教育督导研究会等团体组织开展一系列科学研究和培训交流。2006年，市教育督导室印发《关于加强教育督导科研工作的指导意见》，规范教育督导科研工作管理，鼓励和引导各区教育督导室开展教育督导调研和课题研究。同时，北京市教育督导保持开放状态，与国内各兄弟省市和其他国家地区进行沟通交流，举办国际国内教育督导专题研讨会，通过教育督导的理念、制度、方法、经验的交流等，促进督导队伍专业化水平提升。

第一节　随访督导

1991年3月，完成全市18个区县随访督导。督导检查内容包括市教育局“四落实、两纠正、一检查”落实情况、新高一教学计划的执行情况，重点检查教育收费情况。

1992年2—3月，随访督导18个区县，督导检查内容涉及区县落实市教育局工作会议和市第二届教育督导工作会议精神情况。是年内随访督导1611个单位。

1993年3月至6月，随访督导17个区县21个乡镇52所中学64所小学“两基”检查评估工作。

1994年9月至10月，随访督导8个区县及燕山办事处“两法”自查工作。

1995 年 5—11 月，配合教育执法检查，随访督导区县政府和市有关委办局自查工作。

1996 年 3 月，随访督导全市 18 个区县经费单独列情况。4 月 23 日，会同市文化局、北京艺术学校随访督导市艺术学校音乐分校，完成《对北京市艺术学校音乐分校随访督导报告》。

1997 年 1 — 8 月，随访督导 8 所中专学校。5 — 6 月，配合教育执法检查，随访督导 18 个区县自查工作进行随访督导。5 — 8 月，随访检查市属委办局（总公司）、各区县所属职业学校，走访 17 个委办局（总公司）、17 个区县的 30 多所学校。

1998 年 1—9 月，配合教育执法检查，随访督导市二商集团总公司、市交通局、市园林局、市机电控股集团总公司自查工作，随访督导 18 个区县执法自查情况和“三个评价方案”实施情况。随访围绕骨干示范校建设，改善学校办学条件，提高教育质量和效益，保证职业学校和职业培训机构教育资源不流失等问题，与 4 个局总公司座谈。协助部分区县解决区县评价方案与市评价方案统、区县政府自评机构、中小学评价安排和评价方案整体性等问题。4—5 月，随访督导市供销、商贸、经管、水利水电、交通、机械、一轻、无线电、化工、三警、电信等中专学校，了解学校综合督导评估自评进展，指导学校自评。5—6 月，随访督导没有职高骨干示范校的 5 区县。先后走访门头沟、通州、延庆职教中心校，房山第二职业高中、平谷第一职业高中，听取有关汇报，查看学校设施、教学设备、教学档案资料，了解在申办骨干示范校过程中存在的主要问题。针对经费投入缺口大、工程项目资金不到位、教学仪器设备及图书投入不足、学校管理工作亟待加强等问题，提出建设性意见。

1999 年 3—10 月，随访督导 15 所普通中专学校 20 余次。这 15 所学校均是中等职业学校骨干、示范校评选申请校。随访督导中，市教育督导室帮助学校，对照综合评估指标体系条目内涵标准，寻找差距，就如何整改分别与学校交换意见。指导学校明确努力方向，更新观念，处理好规模、效益与质量的关系；加速学校建设；建立师资激励机制，提高教育质量。5 月，配合教育执法检查，随访督导远郊 10 个区县和燕山办事处，重点检查教育执法的自查情况，1998 年市对区县教育执法检查提出建议的落实情况，《北京市教育督导规定》落实情况以及市“三个评价方案”落实情况。

2000 年 3—5 月，随访督导中等职业教育布局结构调整工作。听取朝阳、延庆、丰台、大兴 4 个区县职业教育工作进展情况汇报。到朝阳社区学院、延庆职业学校、丰台六中、大兴第五职业学校了解办学情况，查看学校设施。对区县加强职高综合督导、加强中等职业教育布局结构调整工作，提出意见和建议。

2001 年 7—8 月，随访督导山区中小学建设任务完成情况，重点走访 16 个山区乡镇 28 所中小学，市教育督导室就抓紧工程建设、加强学校管理等工作提出建议。

2003 年 11 月，随访督导北京铁路运输学校、北京市国际艺术学校，听取学校建设方面工作汇报，查阅相关档案资料，举办师生座谈会，并与学校交换意见，提出改进工作的建议。

2005 年 3—5 月，随访督导部分区县实施素质教育工作情况。涉及东城、宣武、崇文、朝阳、丰台、大兴、石景山、密云、平谷和延庆 10 个区县以及燕山办事处，共计 22 个乡镇街道办事处、146 所中小学幼儿园及职业高中、61 个教育机构，召开学校校长、教师、教科研人员 300 人座谈会 33 个，发放学生、校长、社会问卷 4696 份，听课 80 节，并向区县有关领导反馈调查结果。4—11 月，采取印发调查表和随访督导相结合形式完成 18 个区县教育费附加用于职业教育情况调研。结果显示，有些区县教育费附加拨付与使用缺乏统筹力度，影响区县职业教育的整体规划和有步骤地发展；区域经济发展不平衡、教育发展不平衡等造成职业学校在实习实训基地建设方面差异较大等问题。

2006 年 5 月 16 日至 6 月 16 日，随访督导各区县初中建设工程进展情况。采用听取汇报形式，重点了解初中建设工程规划、年度实施计划、经费投入、实施困难和问题，并征求工作建议。结果显示，根据区县 3 年规划统计，全市完成初中学校办学条件主要项目达标至少需要 40 亿元经费。

2010 年，完成顺义区社区学院和朝阳区社区学院随访督导。

第二节　专题督导调研

1991 年至 2010 年，市教育督导室先后开展了近百项专题调查研究，向市人民政府及其教育行政部门报告和反映情况，并提出建议。

1990 年，市教育督导室完成延庆县单人岗位调研，向市政府递交《关于延庆县山区小学布局情况的调查报告》。1995 年完成区县教育督导工作专题调研。

1999 年重点完成市经委系统划转院校基本情况调研。

2001 年至 2003 年重点调研山区中小学第三年度建设目标完成情况、山区寄宿制中小学管理状况、流动儿童少年实施义务教育工作情况。

2005 年 9—11 月，市教育督导室完成来京务工就业农民子女义务教育工作情况调研。结果显示，在京就学流动儿童少年共计 38 万人，其中 23.8 万人在公办中小学借读，公办学校接收学生数量比上年增加 2 万人；全市专门接收来京务工就业农民子女民办义务 教育学校 310 所，在校生 13.6 万人；其中批准办学 47 所，在校生 3.5 万人。

2006 年 12 月，市教育督导室完成流动人口自办学校清理整改情况调研。结果显示，9 月，在京就学流动儿童少年共 40 万人，其中，25 万人在公办中小学校借读，15 万人在各类民办中小学就读。流动人口自办学校 251 所，在校生 14.2 万人，其中，批准 63 所，在校生 5.1 万人；未批准 188 所，在校生 9.1 万人。本年清理整顿共撤销 73 所，分流学生 2.7 万人。海淀区在清理整顿中遇到较大阻力，工作暂停；大兴区只在 1 所学校遇阻，通过法院得到解决；其他区县工作顺利。

2008 年至 2010 年重点调研普通高中课改实验进展、中等职业学校职业培训情况、社区教育督导工作等。

表 2–6–1　　1991 年至 2010 年市教育督导室专题调查研究项目一览表

年份	调研项目
1990	延庆县单人岗位调研，向市政府递交《关于延庆县山区小学布局情况的调查报告》
1991	①区级督学室在教育宏观管理中的地位和作用；②房山区普教管理工作
1992	①大兴县普教宏观管理情况；②崇文区教育局及有关部门加强中小学德育工作和教职工思想政治工作情况
1993	①延庆、房山未达到义务教育标准的 6 个山区乡镇情况；② 13 个郊区县中小学代课教师；③密云县 8 个乡（镇）中小学校舍改建困难；④远郊区县人民教育基金情况
1995	①教育督导工作专题调研；②督学室建设调研；③教育经费落实调研；④学校管理状况调研；⑤民办学校管理工作状况调研；⑥二十一世纪实验学校建设调研等
1996	①中等职业教育 3 个问题；②全市义务教育阶段贫困生、特困生情况；③北京市阳光小学和北京市私立树人学园（基础教育部）；④中等职业学校经费问题；⑤通县教育经费落实情况
1997	①通县教育经费落实情况
1998	①中专与职业高中部分专业生均教育培养成本；②山区乡镇中小学教育；③ 1997—1998 学年度九年义务教育阶段贫困生特困生就学情况；④远郊区县教育经费执行情况；⑤新建小区依法建设配套教育设施情况
1999	①市经委系统划转院校；②城近郊区教育行政部门和中学计算机使用效益；③远郊区县边远乡镇教育经费投入；④职业教育管理体系
2000	①学生辍学留级情况；②在京流动儿童少年就学情况；③素质教育区域性改革实验；④中专管理体制；⑤城市乡村中小学生体质健康状况
2001	①中学假期补课问题；②山区中小学第三年度建设目标完成情况；③农村职业教育现状；④示范性高中提前招生试点工作情况；⑤中等职业学校 2001 级新生情况；⑥中小学教师职业道德建设情况；⑦丰台区清理整顿打工子弟学校情况；⑧社会力量举办的中小学校办学情况；⑨社会力量举办的中职学校和非学历培训机构情况

续表 2-6-1

年份	调研项目
2002	①市教育督导规定落实情况；②农村教育费附加和管理情况；③山区中小学教学仪器设备和图书使用情况；④山区寄宿制中小学管理状况；⑤中小学教师继续教育现状与对策；⑥在首都实现教育现代化工作中加强与改进教育督导工作
2003	①国有企业职工教育经费拨付使用与管理现状；②打工子弟学校防控“非典”情况；③流动儿童少年实施义务教育工作情况；④东城和门头沟两区教育经费情况；⑤区县职业教育经费情况；⑥中小学办学自主权；⑦关于北京市中小学教育社会评价
2004	①北京市实施高质量九年义务教育工作标准调研；②教育费附加用于职业教育情况；③远郊区县落实“以县为主”农村义务教育管理体制情况；④流动儿童少年实施义务教育工作情况；⑤职业学校提高教育质量的实验与研究
2005	①来京务工人员子女义务教育工作情况；②中小学生过重课业负担情况；③基础教育课程改革实验工作情况；④教师公费医疗情况；⑤残疾儿童少年接受义务教育情况；⑥职业学校提高教学质量实验与研究；⑦关于区县教育费附加 20% 用于职业教育情况
2006	①关于北京市流动人口自办学校整顿情况；②实施《北京市中小学校办学条件标准》达标情况；③新形势下北京市职业教育督导工作探索与研究；④北京市职业学校教育教学质量网络评价监测的研究；⑤民办中小学和来京务工农民子弟学校安全工作情况；⑥中职学校农民培训情况
2007	①小区教育配套设施情况；②城镇教师支援农村情况；③中小学实施素质教育情况；④郊区县开展农民教育培训情况；⑤职业教育校企合作问题；⑥职业院校德育工作；⑦部分国有企业集团职业教育情况
2008	①北京市职业教育贫困生资助问题；②北京市郊区县乡镇成人学校现状；③中等职业学校近两年政府投资使用情况；④普通高中课改实验；⑤义务教育阶段学生学业水平；⑥学生学习困难成因；⑦独立学院办学情况；⑧技能型人才需求规格；⑨教育督导工作状况
2009	①全市义务教育均衡发展素质状况；②中等职业学校开展职业培训情况；③社区教育督导工作；④中等职业学校体育工作调研
2010	①《全国中等职业教育督导评估方案》；②非本市户籍学生在中等职业学校就学情况；③中等职业学校推行职业资格证书制度情况；④中等职业学校“双师型”教师队伍建设情况

第三节　区县教育工作满意度调查

2009 年，配合区县政府、教委全面实施素质教育情况综合督导，市教育督导室首次开展对区县教育工作满意度的社会调查。调查从办人民满意教育的宗旨出发，促进教育督导评价从传统的教育内部评价向教育内部评价和社会评价相结合转变。市政府教育督导室协同市教科院基教所、市统计信息咨询中心研制北京市区县教育工作满意度评价指标体系、设计北京市区县教育工作满意度调查问卷，并按照科学的统计抽样方法，结合年度北京教育事业发展统计概况，制定北京市区县教育工作满意度调查方案。2009 年 11—12 月，对全市 18 个区县及燕山地区的学生家长进行随机抽样问卷调查，共发放并回收有效问卷 10500 份。此次调查的对象覆盖了普通中小学、幼儿园和中等职业学校的部分学生及其家长；调查内容围绕办学硬件、教学管理、教育教学活动（特别包括德育、体育、美育等工作）、师资水平、学生发展水平、教育环境等，设计了 24 道选择式问题和

1道开放式问题。市教育督导室委托北京市统计局信息咨询中心，进入到上万个家庭，直接获取学生和学生家长对教育工作的满意度信息。综合对各区县教育工作满意度调查情况，全市总体满意度为79. 64分（最高为100分，75分以上为比较满意），其中，11个区县教育工作满意度在全市平均满意度之上；满意度达到80分以上的工作有9项，满意度在80分以下75分以上的工作有6项；在75分以下的工作有4项。对规范性教学管理行为的调查反映，90.9%家长认为学校没有体罚或变相体罚，93.2%的家长认为学校寒暑假没有组织学生集体补课或提前上新课，84.8%的家长认为学校收费规范。

2010年11月，市教育督导室再次组织走进全市16个区县及燕山地区11600户家庭，开展区县教育工作群众满意度入户调查。本年入户调查样本数由上年的10500户增加到11600户，问卷内容也结合时下群众最为关心的教育热点、难点问题，在保持基本内容延续性的基础上做进一步补充完善。社会调查的结果及分析报告分送各区县政府，供各区县加强和改进教育工作时参考。

第四节　科研与信息宣传

一、规划编制

2004年，市教育督导室启动2006—2010年北京市教育督导工作规划编制工作。2007年，印发《北京市“十一五”时期教育督导工作规划》。该规划根据《北京市国民经济和社会发展第十一个五年规划纲要》、首都教育大会精神和《北京市“十一五”时期教育发展规划》编制。

规划认为，北京教育督导工作自20世纪80年代中期恢复和重建以来，经过从“七五”到“十五”时期的建设和发展，在近20年的时间中，通过大力开展依法督政，始终坚持督学为本，不断探索教育督导制度建设，积极加强教育督导队伍建设，有效实施“三教”统督，全面提高教育督导工作水平等方面的基础性建设，有力地配合了首都教育改革发展的总体工作。教育督导工作取得的主要成绩和经验包括：初步构建了相对独立的教育督导体制；探索建立了具有本市特色的督政与督学相结合的教育督导工作模式；始终坚持依法督导，不断推进教育督导制度建设；教育督导工作逐步实现规范化。

到2010年，北京教育督导工作的奋斗目标是：经过几年的努力，使得教育督导工作在体制完善、机制建设和队伍建设几个方面都有显著进展，服务首都教育改革和发展的能力有明显提高，推进教育质量提高和推动教育工作水平提高的保障和促进作用有明显增强，基本建立起能适应首都教育现代化需要的具有时代特征、首都特色的现代教育督导体系。

根据“十一五”期间的总体工作目标和思路，北京教育督导工作从2006年开始分阶段完成的主要工作任务包括：

1. 教育督导制度建设任务。加快教育督导地方立法进程，完善教育督导制度体系。

2. 督政工作任务。根据国家教育法律法规的有关规定，进一步落实本市各级政府及其职能部门、社会有关方面履行教育法律法规和贯彻实施国家教育方针的责任。继续督促全市各有关方面落实北京市教育大会确定的各项任务。落实国务院有关对县级政府教育工作情况实施综合督导评价的文件精神。在认真总结以往对区县政府实施素质教育综合督评工作的基础上，研究制定新的对区县政府教育工作综合评价方案，提出对区县政府教育工作进行督导评价的实施意见和对乡镇政府教育工作督导评价的指导性意见。积极探索同级督政工作，研究建立对市和区县政府职能部门履行法律法规赋予的教育工作职责和落实市委、市政府教育工作决策情况实施监督、促进的工作机制。

3. 督学工作任务。研究制定现代化条件下义务教育教育教学质量评价和义务教育均衡发展状况评价方案，促进全市义务教育均衡发展。建立义务教育阶段教育教学质量信息库和义务教育均衡发展信息库，筹备建立义务教育信息监测系统。加强对中等及中等以下实施普通教育的各类教育机构的督导评价工作。积极开展对职业类学校的督导评价工作，从2006年开始，探索开展对高等职业学校的督导评价工作。结合教育职能部门的重点工作，对中等和中等以下各级各类教育学校的德育、体育、美育等项工作制定督导评价工作方案，开展专项督导评价工作。积极配合推进社区教育发展，研究制定社区教育工作评价方案，并组织、指导督导评价工作。

4. 调查研究工作任务。进一步做好对教育的重点、热点、难点问题的调查研究。开展每年一次在全市范围内调查人民群众对教育工作的反映和意见，向有关领导和部门提出建议。

二、学术团体

1993年4月28日，北京市教育学会普通教育评价研究会（以下简称市教育评价研究会）成立。会议选举第一届理事会成员49人，常务理事19人，陶西平任名誉理事长，刘铁岭任理事长。

1994 年 8 月 18—19 日，市教育评价研究会召开北京市教育评价学术研讨会暨北京市普通教育评价研究会首届年会。会议征集论文 77 篇、教育评价论文集 1 部、教师评价专著 1 本。研究会全体会员，部分教育行政部门和中小学干部约 300 人参加会议。

1997 年 9 月 24 日，市教育评价研究会召开第二届会员代表大会暨学术年会。宣布普通教育评价研究会更名为北京市教育学会教育评价与督导研究会（以下简称市教育督导研究会），通过新的章程，选举产生新的第二届理事会理事长，聘请陶西平为名誉理事长。

1998 年 12 月 24 日，市教育督导研究会召开小学、初中学生素质评价研讨会，研讨小学、初中学生素质评价内容、方法及存在问题。40 名理事参加会议。

1999 年 4 月 28 日，市教育督导研究会召开中小学督导评价专题研讨会。会议主题是发挥学校自我评价和督导评价功能，提高评价实效，促进素质教育实施。与会的中小学校长和市、区县督学分别从学校自我评价和督导评价的不同角度，探讨评价功能和提高评价实效性等问题。崇文、西城、怀柔、大兴、石景山督导室与和平街一中、回民学校、延庆西屯中心小学交流学校通过自评和督评，促进素质教育实践经验。

1999 年 12 月，市教育督导研究会召开第三届学术年会，研究会理事、会员代表共 180 人参加会议。同月，市教育督导研究会编写的《素质教育评价的实践与研究》由北京工业大学出版社出版。该书汇编 15 年来北京市教育评价发展各个阶段的部分科研论文和实践经验，涉及教育评价理论、评价方法技术、各类评价的应用与实践等方面内容，共计 28 万字。

2002 年 3 月 21 日，市教育督导研究会召开第三次会员代表大会暨第四届学术交流会。会议推举产生第三届理事会，同时召开第四届理事会年会。会议颁发优秀科研成果奖，56 篇论文获奖。

2005 年 10 月 9 日，市教育督导研究会召开第五届学术年会，会议以“发展性评价的研究与实践”为主题，表彰优秀论文作者 137 人。会议听取崇文区光明小学、门头沟区育新中学关于教育督导与评价学术论文撰写经验介绍。

三、科研课题成果

国家级课题成果

1991 年，市教育督学室组建农村乡镇教育督导评价制度科研课题组，对乡镇政府管理教育的理论，乡镇政府的管理职责，乡镇自我评价与督导评价的程序、方法等进行系统研究，1995 年科研课题组结题，课题报告《北京市农村乡镇教育督导评价制度研究》获国家“八五”重点课题“深化基础教育管理体制改革研究”子课题“农村基础教育管理体制改革研究”一等奖，市教育局督学室获组织奖。通县、丰台、房山、密云、海淀、昌平等区县论文获三等奖，密云县政府获课题实验组织奖。

2000 年，市教育督导室和市中专教育研究会联合申报《中等职业教育教学质量控制与评价的研究》项目，经教育部组织评审，列入“面向 21 世纪职业教育课程改革和教材建设规划”首批研究与开发项目。课题组组织全市职业教育督导、行政、教研、科研、行业专家、重点职业学校校长等 20 余人，通力合作，在 11 所中专和职业高中校进行项目研究试点实验，高质量完成项目研究。课题组完成《中等职业教育教学质量控制与评价的研究》研究报告、《中等职业教育教学质量控制与评价指标体系》及参考附表、《中等职业教育教学质量控制与评价指标体系》软盘和光盘、北京市部分中等专业学校和职业高级中学评估试点实验报告。11 所学校利用《中等职业教育教学质量控制与评价指标体系》进行评价试点，取得显著成果，普遍认为指标体系对学校有良好的导向作用，引导学校建立完善教学质量控制机制，提高教学质量和效益。2001 年，北京教育督导室《中等职业教育教学质量控制与评价的研究》研究报告获得教育部二等奖。

2002 年，市教育督导室承担全国教育科学“十五”规划国家级课题“关于建立有利于中小学素质教育实施的监督机制与教育督导制度”3 个子课题研究，分别是“建立有利于实施素质教育的监督机制与教育督导制度理论框架”“学校实施素质教育监督机制与教育督导制度”“学校实施素质教育发展水平的教育督导与评价制度”。市教育督导室和西城、宣武、通州、朝阳、海淀、崇文、东城、房山 8 个区县教育督导室和 15 所实验学校参加研究。经过 3 年研究，2006 年完成课题，课题成果被评为国家课题成果一等奖。

2007 年，市教育督导室承担的国家“十一五”课题“教育督导职能理论与实践研究”结题。

2008 年 8 月，市教育督导室受教育部督导办委托，承担“全国中等职业教育督导评价研究”。研究主要采用文献研究、授权评价、典型区域实验研究等方法，共组织五次职业院校、市区两级政府、职教专家等各个层面研讨会和座谈会，形成《全国中等职业教育督导评价指标体系及实施细则（讨论稿Ⅱ）》《全国中等职业教育督导评价研究政策文件关键词梳理》《全国中等职业教育督导评价研究政策文件解读》《全国中等职业教育督导评价研究政策文件汇编》《全国中等职业教育督导评价研究文献综述》《各国教育督导制度综述》等阶段性研究成果。

市级课题成果

1996年，市教育督导室“建立首都农村乡镇教育工作督导评估的制度与理论”研究获北京市“八五”教育科研重点课题三等奖。

1999年12月，市教育督导室承担的课题“北京市职业教育管理体系研究”结题。该课题包括“关于构建北京市职教管理体系基本框架的探讨”“关于北京市职业教育地方立法现状和建议”“北京市农村职业教育管理体系现状及对策研究”和“北京市社会力量办学现状的调研”4个子课题，分别从全市职教管理体系的构建、加强对农村职业教育的管理和社会力量办学的管理以及运用法律手段保证管理的有序运行等不同侧面进行调查分析，对存在问题和今后如何构建关系理顺、职责分明、高效运转、依法治教的管理体系等职业教育热点问题提出建议。同年，北京市教育科学“九五”规划重点课题“完善教育督导制度的研究”结题。

2004年11月，市教育督导室承担的课题“中等职业教育教学质量发展性评价的研究”课题结题。该课题包含《中等职业学校专业、教师、学生发展性评价方案》和《中等职业学校专业、教师、学生发展性评价指标体系》两部分，是市委教育工委、市教委调研项目，2004年立项。

2007年5月，市教育督导室委托北师大基础教育研究院开展“北京市义务教育教育教学质量督导评价实施方案研究”，7月结题。

2010年5月，市教育督导室实施“普通高中多样化发展与现代督导制度建设研究”。课题组开展北京市普通高中学校办学特色的现状调查、普通高中学校建设与发展的经验与特点分析及学校多样化发展中的问题与困难分析，并进行中外比较，最终形成研究报告和高中教育督导建议方案。至年底，课题完成2万字的研究总报告和15万字的区县分报告，同时整理出专家学者讲稿近5万字，初步形成北京市开展普通高中教育督导初步思路和基本框架。

四、信息宣传

1990年3月，市教育局督学室创办《北京督导通讯》内部刊物。刊物以“沟通信息、报道成果、理论建设、推进督导工作”为宗旨，设工作指导、报告选登、经验交流等10余个栏目。每年4期，每期约10万字。

1995年，经北京市新闻出版局批准，从1995年第三期（总第25期）起，《北京督导通讯》更名为《教育督导》，仍为季刊。更名后，刊物由市教育局督学室、中国教育学会教育督导研究会（国家二级学会）合办，《教育督导》作为该会会刊，委托市教育局督学室主办，在编委会领导下负责编辑管理工作，柳斌、陶西平、陈德珍、顾明远、江铭任顾问。1996 年 4 月，《教育督导》编辑部制定内部管理规定。该规定包括三审要求、三校要求、责任分工、奖励办法、发行邮寄等 5 项内容。1997 年《教育督导》改为双月刊。2012 年 1 月《教育督导》停止出刊。

从 1996 年开始，市教育局督学室在编辑《教育督导》同时，编发《教育督导信息》（内部交流）。2001 年，《教育督导信息》改名为《北京教育督导动态》。

2009 年 3 月 26 日，市教育督导室与现代教育报社合作创办的《北京教育督导月刊》首期出版。《北京教育督导月刊》主要收录市教育督导事业新闻宣传和信息，每月一次在《现代教育报・校长周刊》以专刊的形式推出，年内出版 10 期。

2009 年 5 月 11 日，北京市教育督导室网站开通。网站是向社会展示北京教育督导工作的重要窗口，也是北京市教育督导工作与国外以及国内其他兄弟省市交流平台，为教育督导工作战线的学习交流园地，同时向社会公众搭建一个参与教育督导、表达社情民意的平台。网站创设有“新闻动态”“政务公开”“区县督导”“社情民意”等栏目。网址 http://www.bjjydd.gov.cn。

第五节　合作交流

一、区域交流合作

1997 年 7 月 14—16 日，市教育督导室组织首次京津沪三市教育督导学术交流会。该研讨会交流教育督导工作的新进展，研究教育工作的指导思想。会议认为，“两基”工作完成之后，教育督导室应当进一步抓好依法治教，落实教育法律法规，巩固“两基”成果，不断完善教育督导制度。抓住构建督导评估机制，抓好教育督导评价，规范中小学办学行为，进一步拓宽教育督导工作领域，开创教育督导工作新局面。三市教育督导室的领导和督学出席会议。此后，三市教育督导学术交流会每年召开一次，在三地轮流举行。

2001 年，京津沪三市教育督导学术交流会更名为京津沪渝教育督导学术交流会。6 月 5 至 8 日，市教育督导室组织召开京津沪渝第五届教育督导学术交流会，来自国家教育督导团、4 个直辖市教育督导室领导 21 人参加会议。会议交流和探讨建立实施素质教育保障机制问题，提出建立实施素质教育保障机制工作框架；教育督导应强化对决策影响，加强对教育重大问题调研；建立有效的督政机制，建立对党政主要领导干部抓素质教育情况的考核评价制度等措施。

2010年8月20—21日，市教育督导室承办“环渤海地区教育督导联盟第四届年会暨教育督导论坛”。会议以“教育督导创新与学校内涵发展”为主题，交流督导创新、体制机制建设、人才培养和促进学校内涵发展的经验和成绩。来自环渤海地区辽宁、河北、山东、山西、北京、天津和内蒙古教育督导人员，以及北京部分学校代表参加会议。环渤海地区教育督导联盟成立于2007年12月，由天津市北辰区政府教育督导室发起，环渤海四省二市一区（辽宁、河北、山东、山西、北京、天津和内蒙古）教育督导室共同组建而成。

二、国际合作交流

1998年11月3日，市政府教育督导室与英国爱德思国家职业学历与学术考试机构（EDEXCEL）在市教委举行教育合作项目意向书签字仪式。经市政府批准，北京无线电工业学校、北京一轻工业学校、北京市商贸学校和英国商业与技术教育委员会合作，在电工电子、计算机应用、市场营销3个专业中试行英方职业学历课程（EDEXCEL）教学，为期6年。英方委托市教育督导室负责合作项目学校质量监控工作。审核项目学校学生课业抽样，会议总结报告，职员、学生和内部审核员面试工作及学校内部审核制度等。

2000年，继续推广英国商业技术（BTEC）课程教学模式，增加北京市仪器仪表工业学校和北京市计算机工业学校为试点中专校。

2001年6—11月，市教育督导室完成年度英国商业技术（BTEC）课程班教学质量监控。监控工作涉及北京市计算机工业学校等4所学校，完成专家组意见反馈。监控结果显示，全市英国商业技术课程班教学管理、教学质量均有所提高。年内英国商业技术（BTEC）课程教学质量监控取得阶段性成果。北京一轻工业学校、北京无线电工业学校、北京商贸学校的149名毕业生获得英国爱德克斯国际教育基金会（Edexcel）证书及学历总监索克罗夫·保罗颁发的职业资格证书；学生综合能力强，并受到用人单位的欢迎。

2002年4月，市教育督导室与新加坡信威技术有限公司签订合作协议。根据协议，新加坡信威技术有限公司与北京艺术设计学院、北京信息职业技术学院、北京二轻工业学校、北京市化工学校、北京市电子工业学校合作办学，市教育督导室负责教育质量监控。2003年1月13—14日，与新加坡信威技术有限公司联合举办教育质量监控培训班，针对合作项目学校教学质量监控问题，开展专题培训。

2009 年 6 月 14 日，市教育督导室举办 2009 年北京教育督导评价国际论坛。论坛是第六届北京国际教育博览会的一部分，也是市教育督导室和市教委第一次组织的有关教育督导和教育评价领域的国际论坛。论坛主题是“21 世纪教育督导的改革与创新”，来自英国、法国、德国等国家和地区以及 20 个内地省份教育督导官员、督学和专家 150 人参加活动。北京教育督导评价国际论坛的成功举办，是教育督导史上的一次盛会，展示了中国的教育督导工作及北京的教育督导成果，交流了国内外、市内外教育督导工作的最新信息，同时打造北京教育督导名片，也锻炼了一支熟悉教育督导国际合作与交流的干部队伍。

2010 年 6 月 19—20 日，市教育督导室举办“北京 2010 年教育督导评价国际论坛”在北京工大建国饭店召开。论坛与教育部国家教育督导团办公室联合主办，来自英国、法国、荷兰、美国、新加坡、新西兰、澳大利亚 7 个国家，国内 20 余个省市的教育督导官员、高校学者、校长共 200 人参加活动。论坛以“质量·创新·发展”为主题，就学校教育质量的内涵和标准，学校教育质量督导评价的指标和技术，各国或地区学校教育质量督导评价的实践和经验进行交流探讨。论坛对深化督导理念、推动学校教育质量督导评价的科学标准或指标体系、建立科学有效的学校教育质量督导评价工作机制和方式，提升学校教育质量、促进首都教育的内涵发展具有重要意义。本届论坛是市教育督导室举办的第二届国际论坛，也是第七届北京国际教育博览会论坛活动之一。

第三篇
专　记

DISAN PIAN
ZHUANJI

22 万首都师生参加共和国 50 周年庆典

中共中央、国务院发布《关于对参加首都中华人民共和国成立 50 周年庆祝活动筹备和组织工作的单位和人员给予表彰的通报》，指出“10 月 1 日的群众游行队伍，阵容宏大，情绪饱满，斗志昂扬，活泼有序，充分反映了新中国成立 50 年来特别是改革开放 20 年来在毛泽东、邓小平、江泽民同志为核心的党的三代中央领导集体的领导下发生的翻天覆地的变化，体现了中国政治稳定、经济发展、民族团结、社会进步和国际地位日益提高的大好形势，表现了全国各族人民奋发向上、满怀豪情迈向新世纪的精神风貌”。这是党中央、国务院对首都国庆活动的充分肯定和热情赞扬。

在近 10 个月时间的筹备工作中，北京各有关高等院校、中专、中学认真履行职责，讲政治，顾大局，守纪律，听指挥，组织严密，指挥有序，出色地完成了指挥部交给的各项任务，为国庆活动的圆满成功作出了显著成绩。

在庆祝活动中，首都教育系统在国庆活动中承担了光荣而艰巨的任务。在这次海内外给予极高评价的国庆庆典中，24 万首都群众游行队伍给世人留下深刻印象。这其中有来自首都教育战线的 22 万名师生，涉及北京 64 所高校、24 所中专校、390 所中小学，承担了科技先导、星星火炬等 10 个游行方阵、广场背景组字和国庆联欢晚会等各项任务。由市委教育工委、市教委牵头的国庆第六指挥部承担了群众游行、联欢晚会的双重任务，涉及 64 所高校、24 所中专、10 所中学和 3 个区教育局。在群众游行中，共承担了 5 个游行方队和 7 部彩车的设计、制作、人员组织任务。游行方队包括：科技先导方队、科技方队、教育方队、江泽民同志画像方队、标语方队。突出体现建国 50 年来中国科技、教育事业所取得的伟大成就，以及党的第三代领导集体继往开来的历史使命和治国方针。活动涉及 59 所高校，2.3 万名师生。在联欢晚会中，承担了广场联欢高校区 1 万余名联欢群众的组织及集体舞训练工作，承担了中心表演区 5 个方阵的演出、背景表演、标兵组织任务，涉及 1.4 万名师生。

国庆第六指挥部于1999年1月18日正式成立，下设办公室、游行组、晚会组、彩车组、安全保卫组和后勤保障组6个职能部门，办公地点设在首都师范大学。指挥部根据国庆50周年群众游行和联欢晚会总体方案要求，于2月制订了群众游行和联欢晚会各种组织实施方案。3月25日市委教育工委、市教委召开了国庆工作动员大会，全面部署了各校承担的国庆工作任务。4至5月间，各校建立大队—中队—小队3级组织指挥系统，并进一步细化方案，完成了任务的分解。5月，各校进入以学校为单位的队列基础训练阶段，重点进行基本动作训练，掌握步幅、步速，及横排面整齐。6月，进入以分指挥部为单位的方阵合成训练阶段。通过在北京昌平阳坊的方队合练，初次进行了各校队伍的集结、站位、大排面整齐，以及配乐、口号、动作协同等项训练，各级指挥系统也得到了演练。同期，联欢晚会工作进入排练阶段。8月中旬至9月底，训练进入第二阶段的方阵合练、彩排阶段，通过8月19日、8月20日朝阳公园的合练，基本解决了80人横排面问题。各方阵的指挥系统更加成熟。进入游行队伍总体合练后，通过8月28日、9月10日、9月22日3次长安街合练，找出了队伍在集结、汇合、行进、疏散及标语车等各个环节上容易出现的问题，并逐一得到解决，为“十一”当天群众游行的顺利进行打下坚实的基础。同期，联欢晚会集体舞训练工作在各校普遍展开，各联欢小区进行了合练，第六指挥部还组织了一次4个小区的大合练。中心表演区各板块参加了总指组织的2次合练及在天安门广场举行的彩排，取得了宝贵的经验，形成了“爱国、奉献、团结、协作”的国庆精神。

一、广泛开展深入细致的思想政治工作，并使之贯穿于国庆活动的始终

全市国庆动员大会后，市委教育工委、市教委随即召开了国庆工作动员大会。会上，对各校思想发动工作提出具体要求。各校接到任务后，迅速行动起来，通过各种形式在学校进行国庆宣传、教育和思想发动。主要有以下几个特点：①领导重视，动员工作有声势。各校普遍召开了全体参加国庆活动人员的动员大会、誓师大会，校长、书记亲自作动员，学生代表发倡议、表决心，许多学校还举行了授旗仪式、责任书签字仪式。②宣传发动工作同日常思想教育相结合。各校抓住五四运动80周年，大学生艺术节等有利契机，通过主题班会，主题团日，报告会，座谈会，演讲比赛等多种形式，深化学生对国庆活动重要意义的认识，许多学校还通过评选训练标兵、流动红旗竞赛等方式，激发学生参加训练的热情。③宣传教育工作的针对性强。针对学生们学习任务重，考试压力大，怕训练时间多影响学习的顾虑，各校在合理安排训练时间的基础上，通过深入细

致的思想工作，帮助学生正确处理学习与训练的关系，有些学校还专门为英语考级的学生安排了辅导班。④把思想发动工作，贯穿到训练工作的全过程。训练工作每进入一个新的阶段，各校都及时对前一段的训练工作进行评比总结，同时针对下一阶段任务提出要求，在思想上进行再动员。

由于思想发动工作广泛深入，学生们参加国庆活动的热情很高，报名踊跃，对完成国庆任务重要意义的认识也有了很大提高。以美国为首的北约，悍然轰炸中国驻南联盟大使馆的野蛮行径，极大地激发了大学生的爱国热情。各校及时把学生们的这种爱国热情引导到搞好国庆游行的训练中，取得了非常好的效果。许多同学表示，“我们不仅要出色完成训练任务，而且一定要走出中国人不屈的精神风貌，走出共和国不可战胜的国威”。

二、加强组织机构建设，建立高效灵便、运转有序的指挥系统，确保工作任务的层层落实

市委教育工委、市教委十分重视各级组织机构建设，把它作为完成各项国庆任务的重要保证，为此建立了由第六指挥部、分指挥部、大队、中队和小队组成五级组织机构，每级均明确了各自的工作职权、任务和目标要求，形成一级抓一级、一级促一级的工作局面。在工作中，我们注重发挥自上而下五级指挥系统的作用，注重调动基层单位的积极性，强调发挥分指挥部的作用，有意识地培养和锻炼整个指挥系统的贯通能力和组织能力。第六指挥部努力为分指积极主动地开展工作创造条件。每周召开分指挥部例会，传达总指指示精神，了解各分指工作进度，布置指挥部工作任务，解决工作中遇到的问题。抓整体推动的同时，指挥部注重对学校工作的抽查和指导，全面了解和督促学校的训练工作。在每一工作阶段均选择一些学校进行实地检查，采取抓两头带中间的工作方法促进训练工作的开展。对于工作进展较快、各项任务完成较好的学校，指挥部注意及时挖掘、总结经验，以工作简报形式向各分指进行推广；对于工作开展相对不利的学校，除平时加紧督促外，第六指挥部还专门召集了这些学校的领导开会，重点督促，帮助他们解决实际问题。

在最后的合练及彩排阶段，第六指挥部指挥系统成功地完成了从筹备体制到现场指挥运行体制的转换，并继续坚持合理分工、岗位明确、职责落实的原则，从第六指挥部指挥到各大队长、各线线长、车长、小队长，层层责任落实，一级抓一级、一级促一级。

在整个国庆活动筹备过程中，各级指挥系统经受住了考验，发挥出了应有的

作用。特别是在晚会准备过程中，由于各种原因，第六指挥部所承担的任务始终在不断变化，根据总指要求，调整任务方案和指挥方案，以及联欢人员大幅度变化达 10 余次之多，给工作的开展造成了相当的难度。但由于指挥系统畅通有效，新的方案和安排随时可以得到落实，保障了各项任务的圆满完成。

三、重视工作研讨，科学安排训练，及时解决工作中出现的矛盾和问题，有条不紊地开展各项工作

指挥部接到国庆工作任务后，对各项国庆活动及训练的规律进行了深入的研究，强调工作计划的重要性。在开展每项工作前，都作出详尽、周密的计划，不仅提高了工作效率，避免各种不确定因素的干扰，也为各分指及各校积极落实总指要求提供了良好的条件。总指训练计划下达后，指挥部结合高校师生的特点，制订了第六指挥部非常周密细致的训练方案。实践证明，我们的训练方案科学合理，效果明显。训练工作展开后，指挥部非常重视研究训练规律，并且做到及时发现问题、解决训练中出现的问题，如队伍横排面不齐问题、队容设计问题、标语车问题，确保了游行任务的圆满完成。

四、克服困难，出色完成了彩车的设计、制作、组织与运行保障工作

第六指挥部共负责 7 部彩车。指挥部彩车组的同志们克服了人员少、任务重和情况复杂等各种困难，圆满完成了任务。为了准确表达主题、拓宽设计思路，1999 年 1 月，同志们搜集了大量资料，请教了有关专家学者，经过多次设计、修改与评选，7 部彩车设计方案全部顺利通过了总指专家评审委员会的审定。其中有的方案获得了专家委员会的一致赞同，无任何修改意见。7 月彩车制作全面开始。为了保证新购买车辆的良好性能，指挥部彩车组的同志们亲自带车，冒着酷暑在周边郊区县进行车辆磨合，行程几千公里，达到了总指对车辆的技术要求。彩车进入方庄制作现场后，第六指挥部成立了现场施工指挥小组和消防安保小组，并与各承担单位签订了安全责任保证书，责任到人。在艺术和安全技术综合验收中，第六指挥部的 7 部彩车全部达标合格。从彩车演练、连排，到彩排、预演，一直到国庆游行和广场展示，7 部彩车经过多次移动和运行没有出现任何问题，做到了万无一失。彩车的顺利运行，还要归功于驾驶员们的出色发挥。他们工作量远远超过了预计量，他们突出的技术发挥和严格的纪律素养得到了各界的好评。推车保障人员都是中专学生，他们默默无闻的辛苦和努力为保障彩车顺利运行做出了贡献。彩车表演人员也在各有关院校和单位的认真组织下，克服了

许多困难，顺利地完成了彩车表演任务。

五、从稳定大局出发，以讲政治的高度，做好安全保卫工作，严格政审，加强防范，确保了国庆活动的万无一失

在整个国庆活动中，我们始终高度重视安全保卫工作，由总指挥亲自分管。在筹备工作初期、训练各阶段、每次合练和“十一”前，多次召开会议，研究安保方案，确保了整个国庆活动的顺利圆满。指挥部根据总指的要求和高校的实际情况，研究制订了《第六指挥部安全保卫工作方案》和《第六指挥部安全保卫工作方案》。同时，根据群众游行和联欢晚会每一阶段的工作要求，制订了安保工作计划和工作流程，重点做好两方面工作：第一、严格做好人员政审工作。在市公安局和市国家安全局的大力配合下，对参加国庆游行活动和晚会活动的 3.6 万人，逐人进行了严格细致的初审和复审，先后有 10 名不符合条件的人员（包括一名游行活动的分指挥）被审查出来，并及时进行了撤换。同时，我们还将政审工作贯穿整个国庆活动的始终，与公安、安全局和学校保卫部门密切配合，加强信息沟通，根据不同阶段的敌情和社情，制定不同阶段的政审工作重点，严把参加国庆活动人员政治素质关，确保所有参加活动的人员不出问题。第二、严格安检。第六指挥部是这次庆祝活动中安检工作任务最重的指挥部之一。在市公安局和总指安保处的关心支持下，第六指挥部从总指挥、常务副总指挥到执行指挥都亲自抓安检工作，多次在各种会议上进行强调：一是加强对参加国庆活动人员的安全教育工作，制订了《国庆第六指挥部游行人员须知》，对于在游行活动中可能出现的各种安全问题给出解决的办法。对参加游行活动的安保负责人进行培训，要求各学校对所有参加游行活动的人员进行活动安全和人身安全的教育，加强安全防范意识。二是第六指挥部与各校的党政主要负责人和安保负责人签订了安检责任书，提出目标，严格措施，强调责任。三是严格证件的发放和管理，总计发出各种证件 2000 余张，没有出现任何问题。四是积极与市公安交通管理局联系，保证游行合练现场的交通疏导。这些措施保证了第六指挥部的游行和晚会活动安全顺利进行，没有出现任何问题。

六、勤俭办事，注重实效，加强后勤保障工作，确保各项工作任务的顺利完成

指挥部按照“周到、有序、节俭、保质”的原则加强后勤保障，先后制订了《第六指挥部财务管理规定》《第六指挥部设备管理规定》等规章制度，保证了各项管理工作做到有章可循。在安排国庆活动有关物资的制作、采购方面，根据国庆游行和联欢晚会的需要，按照政府购物要求进行了各项物资的制作采购，包括：游行使用的民族服装 4526 套，花束、纱巾、国旗等共 3.5 万件手持物。制作联欢晚会新疆服装 420 套，红旗、花束、纱巾、鼓共 2.5 万件。指导学校制作采购游行服装 1.7 万套。为了保证各类物资的质量，对直接经手采购的物品进行了生产厂家的资质认定和生产条件的考察，签订了规范的合同书，进行了生产监制和成品的验收。在经费使用方面本着“勤俭办国庆”的原则，做好财务管理工作。同时，积极争取各项经费，编制经费预算，严格管理各种经费的支出，使各项经费得到了合理使用。

七、加强信息和新闻宣传工作，努力为领导和学校提供服务

指挥部非常重视信息工作，及时下发《关于加强国庆信息上报工作的通知》。信息工作以编发简报为主要手段，在传达上级工作要求，反馈学校工作状况的过程中发挥了应有的作用，并有效推动了指挥系统各方面工作的发展。据统计，共上报信息 80 余篇。指挥部还非常重视新闻宣传工作，筹备工作期间，共接待记者 65 人次，接待新闻单位 27 个，协助国庆筹委会成功举办两次境外记者新闻发布会，受到有关领导的好评。

国庆活动圆满结束以后，我们进行了认真的总结。虽然同志们感觉很累、很疲劳，但觉得收获也很多。一是这次国庆任务的出色完成，主要归功于中央、市委、市政府的正确领导和高度重视，归功于全体参加人员的顽强拼搏和默默奉献，归功于各方面的大力支持和团结协作；二是国庆活动中所表现出来的爱国奉献精神，充分展示首都广大师生良好的精神风貌；三是国庆活动使大家受到了一次终生难忘的、生动的爱国主义、集体主义、社会主义教育。

（本文作者：尹栋年　时任中共北京市委教育工委副书记、市教委副主任　作于 1999 年）

市委教育工委市教委机关机构改革工作完成

2000年6月14日，市委教育工委、市教委召开人员定岗分流动员大会，两委机构改革全面启动。在广大干部群众的积极参与下，经过16天的紧张工作，两委机构改革人员定岗分流工作基本完成。

一、精简机构，理顺关系

这次机构改革，根据“精简、统一和效能”的原则，对职能重叠或相近的机构实行合并或合署办公，对不具备行政管理职能的处（室）整建制剥离，改为事业编制，尽可能对各方面的工作实行归口管理。通过调整，两委部、处（室）机构数由41个（含2个代管机构）减为28个（含1个代管机构），精简幅度为31.71%。

为推进政事分开，理顺政事关系，将辅助性、技术性、服务性的工作，从政府职能中分离出来，交给事业单位或中介组织。此次机构改革，没有简单把“事”分离给事业单位，而是从事业单位的改革发展长远考虑，综合考察规划事业单位建制。对原有相关事业单位进行调整组建，新成立北京教育网络和信息中心、北京教育对外交流服务中心、北京教育综合服务中心、北京学生活动管理中心、北京市教育系统人才交流服务中心5个单位。其中有3个为全额拨款事业单位，2个为差额拨款事业单位，在兼顾事业单位改革发展大局的同时，有效解决人员分流，有37人“人随事走”，从机关到直属事业单位工作。

二、科学定编、定岗，实行竞争上岗和双向选择优化人员配置

科学定编、定岗，明确岗位职责。改革后两委机关总编制为228人（原有编制390人），精简幅度为41.54%。其中教委机关总编制为171人（原有编制320人），扣除老干部处编制4人，精简幅度为45.89%；工委机关编制为57人（原有编制70人），扣除老干部处编制3人，精简幅度为19.4%。

1. 处级领导干部实行竞争上岗

为了逐步建立竞争机制，两委机构改革领导小组决定在处级领导干部中实行竞争上岗，共推出处级领导岗位 68 个，其中正处级领导岗位 28 个，副处级领导岗位 36 个，督学岗位 4 个，面向两委机关干部公开招聘。两委机关干部共有 120 人报名参加竞争，其中竞争正处级领导岗位的 36 人，竞争副处级领导岗位的 84 人。经过资格审查、答辩、民主测评、组织考核、公示等程序，最后经过市委教育工委委员会议决定任命 64 人为处级领导干部，其中正处职（主任）27 人（空缺 1 人），副处职（主任）、督学 37 人（空缺 3 人）。

竞争上岗，促进处级领导干部思想观念的转变。尤为喜人的是，竞争机制的建立，使一批在干部人事部门视野之外的优秀中青年干部脱颖而出，走上领导岗位。其中，2 人从主任科员破格晋升为副处长；15 人从助理调研员晋升为副处长；2 人从助理调研员改任督学；5 人从副处长（含 3 名正处级副处长）晋升为正处长。同时处级领导干部在年龄结构、学历结构等方面也发生了很大变化。

此次机构改革后新任正处长（主任）共 27 人，平均年龄 46.5 岁，比改革前降低了 4.2 岁。51 至 60 岁的 9 人，占 33.33%；41 至 50 岁的 15 人，占 55.56%；31 至 40 岁的 3 人，占 11.11%。副处长（主任）共 37 人，平均年龄 42.2 岁，比改革前降低了 7 岁。51 至 60 岁的 9 人，占 24.32%；41 至 50 岁的 13 人，占 35.14%；31 至 40 岁 14 人，占 37.84%；30 岁以下的 1 人，占 2.7%。

表 3-1-1　改革前后正副处长年龄结构对比统计表　单位：人

		合计	年龄结构							
			30 岁以下	%	31 ~ 40 岁	%	41 ~ 50 岁	%	51 ~ 60 岁	%
改革后	处　长	27			3	11.11	15	55.56	9	33.33
	副处长	37	1	2.7	14	37.84	13	35.14	9	24.32
改革前	处　长	32			2	6.25	14	43.75	16	50
	副处长	49			9	18.4	17	34.7	23	46.9

机构改革后，新任正副处长（主任）学历层次有很大变化，正处长（主任）大学本科以上学历 23 人，占 85.18%，比改革前增长 13.3%。其中博士研究生 1 人，占 3.7%；硕士研究生 3 人，占 11.11%；大学本科 19 人，占 70.37%。大专 3 人，占 11.11%；中专 1 人，占 3.7%。副处长（主任）大学本科以上学历的 31 人，占 83.78%，比改革前增长 14.39%。其中硕士研究生 5 人，占 13.51%；大学本科 26 人，占 70.27%。大专 5 人，占 13.51%；中专 1 名，占 2.7%。

表 3-1-2　改革前后正副处长学历结构对比统计表　单位：人

		合计	学历									
			博士	%	硕士	%	大学	%	大专	%	中专	%
改革后	处　长	27	1	3.7	3	11.11	19	70.37	3	11.11	1	3.7
	副处长	37			5	13.51	26	70.27	5	13.51	1	2.7
改革前	处　长	32			3	9.38	20	62.5	7	21.88	2	6.25
	副处长	49	1	2.04	3	6.12	31	63.27	13	26.53	1	2.04

2. 处级及其以下非领导职务人员实行双向选择

两委机构改革领导小组决定，在处级及其以下非领导职务人员中实行双向选择，公布重新核定的部、处、室编制和职能，由全体干部根据个人情况自愿报名。此次需定岗 137 个非领导职位，共有 182 人报名。各处根据工作需要，个人志愿，与本人的德才条件以及群众意见，提出各处定岗人员建议名单。机构改革领导小组在考虑双向选择意愿的同时，从两委整体工作需要出发，确定处级及其以下非领导职位定岗人员 139 人（含副处长 3 人，因无适当人选空缺 1 人）。双向选择，使两委机关干部打破“铁饭碗”的传统观念，增强危机感和竞争意识，促进机关干部思想观念从“只求无过”到“优胜劣汰”的转变，行动上从“要我干”到“我要干”的转变，大大提高工作的积极性。

表 3-1-3　改革前后处级及其以下非领导职务人员年龄结构对比统计表　单位：人

		合计	年龄结构							
			30 岁以下	%	31 ~ 40 岁	%	41 ~ 50 岁	%	51 ~ 60 岁	%
改革后	处　级	41			9	21.95	21	51.22	11	26.83
	科以下	98	25	25.5	58	59.18	12	12.24	3	3.06
改革前	处　级	100			16	16	36	36	48	48
	科以下	139	34	24.5	78	56.12	24	17.27	3	2.16

表 3-1-4　改革前后处级及其以下非领导职务人员学历结构对比统计表　单位：人

		合计	学历									
			博士	%	硕士	%	大学	%	大专	%	中专	%
改革后	处　级	41					27	65.85	14	34.15		
	科以下	98			12	12.24	67	68.37	16	16.33	3	3.06
改革前	处　级	100			2	2	57	57	32	32	9	9
	科以下	139			13	9.35	87	62.59	34	24.46	5	3.6

三、积极实行轮岗制度

1. 处级领导干部积极实行轮岗

按照国家公务员制度的管理要求，根据机构改革的需要，两委在精简机构的同时，经过调研、分析、酝酿及个人志愿，经市委教育工委委员会议研究决定，9名正副处级领导干部轮岗交流。其中正处长（主任）6人；副处长（主任）3人（含1人提拔交流）。从工委到教委2名正处长，1名副处长；从教委到工委2名正处长，1名副处长。

2. 处级及其以下非领导职务人员实行轮岗

此次机构改革共有34人在两委内轮岗交流。其中从工委到教委的为2人；从教委到工委的有3人。

四、扎扎实实推进合署办公

两委合署办公的目标是：有利于加强党建和思想政治工作、有利于转变政府职能、有利于精兵简政、有利于人力资源的优化配置。为实现这些目标，这次机构改革对两委原有组织结构进行改造。首先是合理设置职能处室，对两委职能处室统一考虑，进行重组。其次是合理构建管理体系，构建两委的决策体系，包括两委领导办公会议、工委委员会议、教委主任办公会，分别决策相应事项。还建立执行体系，对党政领导班子统一分工，以适应新的运行体制管理方式的要求。

改革从以下3个方面入手，建立运转灵活、务实高效的工作运行机制。一是调整综合处室的内部分工和工作流程，使之适应面对党政两个系统的工作需要；二是清理两委处室业务项目，减少工作上的交叉重复和中间环节；三是结合政务公开，提高具体办事效率。

（本文作者：李明　时任中共北京市委教工委副书记　作于2000年年底）

圆满完成大运会各项工作

2001 年 8 月 22 日至 9 月 1 日，北京成功举办第 21 届世界大学生运动会。共有来自 168 个国家 7000 名运动员参加比赛。中国代表团获得金牌 54 枚、银牌 25 枚、铜牌 24 枚，取得骄人成绩。

本届大运会是新世纪的第一个世界大学生运动会，也是中国首次承办的世界综合性大型运动会。大运会的成功举办，凝聚着北京教育系统各级领导、教职员工和大、中、小学生的辛劳与汗水。

一、以主人翁的姿态勇挑重担，积极参加大运会的各项工作

本届大运会，北京教育系统承担组织大、中、小学生参加开幕式、闭幕式和文化节等大型表演活动；组织大学生志愿者、组织高校体育教师、管理人员参加大运会的裁判和其他服务保障工作；为运动员提供训练、比赛场馆并参与部分竞赛工作。北京教育系统共有 140 多所大中小学、职高和中专师生 6 万多人直接参与大运会的相关工作。52 所北京高校近 4 万名师生参加大运会志愿者服务工作，占全部志愿者 95% 以上，包括担任各国代表团、国际大体联和各国官员陪同翻译，为各主要部门和比赛场馆、大运村提供志愿人员和各比赛场地啦啦队、固定观众等。11 所高校的 25 个比赛场馆承担 300 余场大运会的训练和比赛任务，占全部训练和比赛任务的 50%；20 所高校近 2000 名学生承担 8 个文化广场和文化节闭幕式的全部演出任务；70 多所大、中、小学以及中专、职高的师生近 1.2 万人参加大运会开幕式、闭幕式的大型文体表演，表演人数约占总表演人数的 70%；近千名高校体育教师和管理人员参加裁判和其他赛事组织工作。

在工作中，广大师生以忘我的工作精神，科学严谨的工作作风，真诚自律的合作态度，快捷有效的工作效率，出色地完成大运会组委会交给的任务，为大运会的成功举办做出重要贡献，并得到国际大体联、国家领导人和大运会组委会的一致好评。

二、精心组织，措施到位，高质量地完成大运会的各项任务

市委教育工委、市教委、各高等学校和区县教育行政部门为实现市委、市政府把2001年世界大学生运动会办成有史以来最好的一届大运会的承诺，采取各种措施，动员全市教育系统的师生员工积极投入到大运会工作之中，齐心协力地办好大运会。

（一）各级领导高度重视，各有关方面积极配合，为圆满完成任务提供组织保障

在市委、市政府召开大运会工作动员大会之后，市委教育工委、市教委召开全市教育系统领导干部会议。要求全市各级各类学校领导要树立全局观念，高度重视，做好大运会组委会交给的各项工作。要保证时间和精力，投入必要的人力、物力和财力，确保大运会各项工作的顺利进行。

市委常委、市委教育工委书记、市教委主任徐锡安要求全市教育系统的各级领导要认清形势，把握机遇，当好东道主，办好大运会。要周密组织，认真落实各项任务。各高校和有关区县要做好所承担的场馆提供、大型活动组织、志愿者动员等项工作。要明确岗位责任，确保各项工作万无一失，力争圆满完成各项任务。要加强宣传，美化校园环境，营造大运会良好的氛围。要加强领导，严格要求，在大运会工作中身体力行“三个代表”重要思想。

承担大运会任务的高校都成立以学校党政主要领导为组长，有学生工作、保卫、后勤和宣传等有关部门领导参加的领导小组，多次召开学校中层以上干部会议，动员、部署和检查有关大运会的工作。市委教育工委、市教委还专门成立大运会高校校园安全保卫工作指挥部。在大运会前，对承担大运会比赛、训练和各项活动的北京高校场馆进行全面检查。大运会开始后，每天到学校检查工作，听取学校安全保卫工作情况汇报，加强沟通、协调和配合，发现问题及时纠正。这期间各校保卫干部停止休假，全部上岗值班。

为使承担大运会比赛、训练场馆的11所北京高校达到大运会的要求，各校对这些场馆全部进行维修和改扩建；停止一切与大运会无关的施工；对校园环境进行综合整治，拆除违章建筑，绿化美化校园。11所高校在校园环境整治方面的投入达到1000多万元。

有关区县教育行政部门也都成立大运会工作领导小组，统一领导和协调本地区师生参加大运会的工作。西城区27所中小学3000多师生承担大运会开幕式的大型文体表演任务。为此，各校成立相应的组织领导机构，并设立训练组、后勤

组、宣传教育组，积极开展工作。在大运会组委会经费不足的情况下，为确保开幕式节目排练工作的顺利进行，西城区教育局及承担大运会任务的学校累计投入180多万元。

崇文区4所小学600多名学生承担大运会开幕式、闭幕式上的表演任务。区教委主任亲自为师生做动员，每次合练领导们都亲临现场。朝阳区12所中小学、职业高中近3000名师生承担大运会开幕式、闭幕式和大运村餐厅及客房服务的任务。区政府成立专门的领导小组，主管副区长为组长，区教委两名领导为副组长，对所承担的大运会任务全面部署、统筹安排。

在做好各项组织工作的同时，市教委要求有关区县及学校尽全力合理安排好学生学习和训练，注意关心学生的身体健康，同时做好学生及家长的思想工作，争取社会各方面更多地理解和支持。

北京四中为使合练顺利进行，经常是数名校领导带队参加合练，同时还有一名领导在学校接待等候学生的家长，并为家长安排好休息场所。铁二中学生赵盛娟的父亲患肝癌已到晚期，为支持孩子坚持大运会节目的排练，她的母亲承担起全部护理事务，直到孩子父亲去世，孩子赵盛娟没有因此耽误过一次训练。

昌平职业学校承担大运会优秀礼仪引导员的选拔、培训、住宿等任务，区政府投入100多万元对校园进行整修，对设施进行改造，为大运会礼仪引导员创造良好的生活、训练环境。

领导重视，组织得力，积极动员，广泛参与，社会理解，各方支持，是完成任务的重要保证。

（二）开展系列活动，创建文明校园，为大运会营造良好氛围

为加强对大运会的宣传工作，营造良好的氛围，市委教育工委、市教委与大运会新闻宣传部、大型活动部等单位在各高校开展一系列的活动。北师大、化工大学、北方交大、北航、人大、北大、清华等高校分别承办北京高校“大运杯”足球、篮球、排球、乒乓球、游泳和田径等体育竞赛活动，并倡议在全市大学生中开展英语演讲比赛。各高校也结合实际开展大运会文化节等系列宣传教育活动。生动、活泼的宣传教育形式与丰富多彩的活动使大运会“友谊、博爱、公平、坚毅、正直、协作、奋发”的宗旨深入人心，增强大学生们“当好东道主，办好大运会”的主人翁责任感，提高他们的参与意识。

（三）刻苦训练，精益求精，高标准、高质量完成各项表演任务

2001年4月，大运会开幕式、闭幕式的任务相继下达。在大运会组委会和市区教育行政部门的领导下，各校师生开始紧张排练。5个多月的时间里，师生

们战酷暑烈日、斗风雨饥渴，克服种种困难，还有许多教师、学生放弃暑期的旅游和课外班的学习，感人事迹数不胜数。

东城区职业教育中心校 650 多名师生接受开幕式“敦煌飞天”的表演任务。训练中，因多次修改图案组合，每个学生的坐标点修改上百次。为完成一组图案的动作，学生们常常在烈日下一动不动地晒上 3 ~ 4 个小时。大家从无怨言，最终以美丽的画面展现在大运会的开幕式上。

在训练饮水供应不足的情况下，崇文区的小学生为保证训练顺利进行，每次自备饮用水坚持参加训练。

朝阳区经贸附中的教师李京兰，在父亲身患癌症、母亲已成植物人的困难中仍然承担起大运会训练任务的重担，从未因家庭的困境耽误过一次训练。在父亲病逝遗体告别的当天下午，她的身影就又出现在开幕式合练的会场上。

北京舞蹈学院 185 名学生负责主舞台的表演，他们在教师的严格要求下，以精湛的技艺、专业的表演积极投身到排练和演出当中。

中国人民公安大学 800 多名学生承担大运会标兵及安保任务，对体能要求较高，为使学生适应高强度的训练和服务任务的需要，学生们自觉地把原来每周一次的 5 公里跑，增加到两次。

伴着雨水、汗水和泪水，师生们克服重重困难，用青春的热情铸成大运会开幕式成功的丰碑。

（四）高素质的大学生志愿者，为大运会提供最好的志愿服务

在本届大运会上，北京高校 4 万名大学生志愿者向党和人民交上一份合格的答卷。

在大运会火炬传递活动中，跳动着富有青春活力的志愿者的身影；在大运村各项服务机构中，有志愿者忙碌地穿梭；在大运会的训练场、竞赛场及运动员观光的人流中，更可见志愿者汗流浃背地奔波。他们的身影无处不在，他们的笑脸情真意切，他们以辛勤的汗水，实践着北京人举办有史以来最好一次大运会的承诺。

语言是交流的工具，是友谊的桥梁。在本届大运会上，北京外国语大学的 600 多名师生运用 27 种娴熟的语言，以扎实勤奋的工作精神，为国际大体联官员、外国贵宾以及各国代表团，提供周到细致的服务。

许多在比赛场馆工作的大学生志愿者，不仅工作量大，而且工作时间长。决赛期间，他们每晚都将近 12 点下班，第二天清晨 7 点又要到岗，尽管休息时间不足，但在场内服务时依然精神抖擞，认真履行职责，帮助各国代表团解决困

难，受到一致好评。

高校师生组成的多支啦啦队，营造赛场文明、热烈的氛围。在许多赛场形成一道富有青春活力风景线。

朝阳区、海淀区、门头沟区职业高中的学生承担大运村客房服务的任务。男生每天要把100多公斤棉织品背到各楼层，女生每人一天要清理100多个卫生间，汗水湿透衣衫，消毒液浸伤双手，学生们甘当“无名英雄”的精神令人赞叹不已。

（五）绚丽多彩的文化活动，展现当代大学生健康向上的精神风貌

本届大运会期间，举办丰富多彩的文化活动。北京教育系统的大、中学生参与文化节的开、闭幕式，市区文化广场、中华民族园世界青年大联欢，大运村联欢等多项演出活动，他们精湛的技艺、悠扬的琴声、优美的舞姿、热情奔放的表演，给人们留下深刻的印象，充分展示北京学校艺术教育的成果，表现当代学生健康向上的精神风貌。

第21届大运会是矗立在新世纪的一个里程碑，她铭刻着北京人对世界大学生体育运动的贡献，浸透着北京教育系统师生辛勤汗水，他们无私奉献的精神将永载史册。

（本文作者：张建东　时任北京市教育委员会副主任　作于2001年年底）

万众一心　众志成城
打赢防控“非典”首都校园保卫战

2003年春天，一种传染性极强、尚未被人类认识的非典型肺炎（SARS）病毒，突然袭击北京。北京教育系统因拥有300万教育人口以及人员密集、流动性大、接触面广等特点，成为防控“非典”斗争的主战场之一。3月21日，北京出现第一例学生“非典”病例，4月22日达到最高峰，当日报告新增病例达到40例。截至6月30日，北京教育系统累计报告包括学生、教工以及退休教工“非典”确诊病例、疑似病例和在医院医学观察病例共549人，涉及各级各类学校290所。其中，累计报告“非典”确诊病例260例，累计治愈出院241例，死亡18例（其中学生4人）。

一、切实加强领导，为打赢校园保卫战提供坚强保证

快速反应，紧急动员，切实加强思想和政治领导

3月24日，市委、市政府召开第一次防控“非典”工作会议。当天下午，市委教育工委、市教委召开紧急会议研究部署教育系统防控工作。各高校党委、各区县教育部门、各直属单位都在第一时间召开领导班子会议，传达市委、市政府和“两委”工作部署，研究落实方案和措施。

主要领导亲自挂帅，迅速建立和完善领导指挥体系

4月8日，全市教育系统防控“非典”工作领导小组成立，领导小组下设办公室，组成值班组、信息组、后勤保障组、普通高校工作组、民办高校工作组、基础教育工作组、职业教育工作组、中外合作办学工作组以及隔离基地工作组、东方大学城工作组，邀请临床医学、公共卫生学、传染病学、流行病学、心理学等方面学者组成专家咨询组。各区县、各高校、各直属单位也迅速建立健全防控工作机构，全系统共有108个单位建立防控工作领导机构。

果断决策，周密部署

防控“非典”期间，“两委”先后就高校实行“三不”和校园封闭式管理、教学方式“两个调整”、开设“空中课堂”、如期高考、毕业生返校等事项及时提出决策建议，报请教育部和市委、市政府，迅速贯彻落实。防控“非典”期间，“两委”召开20次会议、印发50个文件，印发工作简报50期，及时总结推广基层防控斗争中最新工作经验和做法。

及时建立和完善应急工作机制

各高校、各区县在4月初普遍制订防控“非典”工作预案，在高考、学生返校、毕业生离校等工作中，执行预案并建立预案审批制度。严格执行信息报送制度。各高校、各区县、各直属单位实行每日向市教育系统“非典”办和学校主管部门报告发病情况制度。市教育系统防控办公室建立全系统“非典”住院人员数据库，并将每天疫情情况汇总、统计成册，及时报送教育部和主管市领导。三个月来，报送防控“非典”工作专报300期20万字。各高校、各区县、各直属单位向市教育系统“非典”办报送信息2000期。同时，坚持24小时值班制度，确保工作联络畅通。

严格督察，狠抓措施的贯彻落实

“两委”成立督察队，以教育纪工委、监察室为主，配备专门的办公地点和设备，深入学校专项督察。不少高校还重申校规校纪，同时制订和公布防控“非典”期间临时制度和纪律。

二、群防群控，坚决打赢首都校园保卫战

紧急应对遭遇战，迅速形成全员参战的战斗格局

3月21日，北京中医药大学出现第一例大学生“非典”病例；4月6日，朝阳区三里屯中心小学出现第一例小学生“非典”病例；4月15日，北京大学出现第一例教师“非典”疑似病例；4月9至20日，中央财经大学、北方交通大学相继出现群发病例，防控“非典”遭遇战全面打响。

4月16日，“两委”印发《关于预防控制“非典型肺炎”在教育系统蔓延的意见》，部署教育系统总体防控工作。各学校纷纷发出“防大疫、打硬仗、送瘟神”等号召，利用校园网、闭路电视、广播、报刊、黑板报等形式，宣传防控非典型肺炎知识，发放宣传材料550万份。各单位采取多种形式培训医务人员和广大师生；普遍实行定期消毒制度，大力改善环境卫生条件。通州就投资150万元，为中小学校紧急加装洗手设施584处，增加洗手池769个，加装、更新水

龙头5000个，新做上下水管道16000米。防控“非典”期间，教育系统共购置、发放口罩、防护服、手套等防护用品350万件，购买药皂、消毒液等消毒用品360万件（桶），投入资金总计1.8亿元。

各单位全面实行体温监测报告制度，建立学生个人健康档案，及时隔离有症状的人员及密切接触者；发现“非典”或疑似病人立即报告所在区县疾病预防控制中心，并紧急联系“120绿色通道”送人指定医院。防控“非典”期间，教育系统采取隔离措施的学校167所。各学校为师生员工及校园工地民工免费发放体温计200万支，购买测温仪4000台。

在4月中下旬疫情上升时期，市委教育工委、市教委根据形势及时请示、果断决策，建立北京大兴魏善庄高校军训基地临时医学隔离观察场所。4月22至29日，完成选址、设计、选材和施工建成2200平方米、136间彩塑钢板简易房屋，增加300人应急接待能力。大兴隔离基地自建立以来，先后完成470名师生和教育部、大兴区等方面人员隔离观察任务。

4月初，“两委”决定将在各医院实习的6000名学生立即从急诊科、呼吸科转到其他科室，紧急协调将高考学生体检工作移至区保健所、学校、区考试中心等地，决定将高校学生献血工作推迟到秋季。决定将成人高考、研究生复试、高校艺术类和外语类招生面试、中考等工作推迟。果断做出教师不停教、学生不停学、师生不离京（不离校）和调整教学方式、调整学生学习方式的决定。

3月31日，市教委利用开通的首都教育热线，及时了解收集学生、家长和社会各方面对教育系统防控工作的意见、建议和要求，解答学生、家长和社会各方面热点问题。截至6月24日，首都教育热线每天保证12小时人工服务，共接听电话2万余人次。

周密部署，建立和完善群防群控体系

4月22日，经教育系统防控“非典”工作专家组论证，市委教育工委、市教委请示市委、市政府后，采取全市中小学从4月24日起停止集中授课的措施。

各中小学校“校自为战”，一面通过调整教师教学方式和学生学习方式；一面通过电话、网络指导学生的防控“非典”工作。

4月25日，“两委”召开高校领导干部会议，印发《关于进一步加强高等学校防控非典型肺炎工作的通知》，决定对高校实行严格封闭式管理。

北京城近郊11个区县共有358所打工子弟学校和100411名在校学生。“两委”全面加强打工子弟学校防控“非典”工作管理，要求统一领导、统一部署和统一要求，强化属地管理。防控期间，石景山区向打工子弟学校发放价值7万元消毒液和口罩；朝阳区向每名打工子弟学校学生发放体温计；丰台区将 3339 名流动少年儿童安置到 25 所公办学校。

经过近半个多月奋战，从 5 月 5 日起，教育系统发病人数开始下降，疫情得到控制。

全力打赢攻坚战，努力为实现“两手抓”奠定坚实基础

5 月 9 日，在胡锦涛总书记对北京防控“非典”工作做出重要指示后，各区县、各学校迅速学习胡锦涛总书记重要指示精神，按照“思想到位、组织到位、措施到位、检查到位”总体要求，确定无疫情学校保持“零”指标，有过疫情学校要确保不再出现新发病例，尚有疫情学校采取严密防控措施，彻底切断传染源，确保 5 月底实现疫情稳定下降工作目标。

“两委”在听取专家意见后决定，从 5 月 22 日至月底，全市高三应届毕业生、远郊区县中小学生、全市幼儿园幼儿陆续返校（园）。学生返校前，教职工完成 10 天体温监测；学生返校时，学校设专人在校门口测量学生体温，验收学生假期情况证明。复课后，每天定时消毒，建立复课学生健康档案，印发学生健康登卡，坚持每日健康监测和体温报告制度。采取小班教学，控制人员密度，各中小学按照每班不低于 2 个标准为学生安装洗手水龙头。经过细致工作，几十万名先返校中小学生，没有出现一例“非典”感染病例。

“两委”抽调人员，组成东方大学城和大运村学生公寓防控“非典”工作指挥部，制订驻地防控“非典”工作预案，实行员工晨检制度。同时，对机关和直属单位办公场所定期消毒，停止召开大型会议，坚持体温报告制度。整个防控期间，东方大学城和大运村公寓以“两委”机关、直属单位没有出现一例感染。

“两委”成立教育系统的督察队，制定 31 项检查标准，分别督察教育系统“非典”疫情重点区域隔离防护情况、校园封闭式管理情况和中小学停课、复课情况一旦发现问题及时纠正、现场解决。截至 6 月 20 日，察分队集中检查中央财经大学、北方交通大学、大兴离基地等 50 所学校和单位封闭式管理情况，检查所学校 68 处建筑工地施工现场的防控情况，检查个区中小学返校复课情况，检查学校 50 万平方米地空间防控情况。

乘势而上打好总决战，夺取阶段性胜利

为尽量降低考生密集度，全市考点由 90 个增加 213 个，考场由原来的 3200 个增加到 4829 个，每考考生人数由原来 30 人调整为 20 人。同时，将高考填志愿工作调整到考试成绩公布之后，取消招生咨询会暂停全市统一组织的外语专业口语考试。检测考生工作人员健康状况，安排 280 辆高考专用车，设置隔考点、

隔离考场和备用考点、备用考场，对考试和评开始前的试卷进行消毒。6月7日至8日，在卫生、公安交管、交通、宣传、城建、市政、城管等部门以及电力通讯、新闻单位和社会各界大力支持下，全市高考顺举行，94000名考生、2万多名工作人员没有发生一感染。

"两委"决定从6月1日组织离校高校应届毕业分期分批返校。各高校制订返校工作预案，建立"分管理，分层负责"组织体系，责任到人。在离校学生查、建立健康档案、通知学生返校、机场车站接待、设置健康观察区、完善医疗卫生设施和生活保障等环节上完成大量细致工作。到6月18日，离校的20万名大学毕业生顺利返校，没有发生一例毕业生感染和疫情传播。

为做好特殊时期应届毕业生离校工作，"两委"和各高校实行五项制度，即：健康观察制度、离校登记制度、乘坐交通工具登记制度、回函报告制度、防控"非典"责任衔接制度，确保毕业生毕业离校工作简便高效、安全有序。

6月初，为确保学生安全复课，各区县成立复课领导小组，复课前，逐一审查学校的复课方案，与各校签订复课工作责任书，明确职责、责任到人。到6月30日，全市中小学全部实现返校学习，120万名中小学生没有发生一例感染。

规范高校发热筛选门诊。市教委、市卫生局要求在被批准为北京市社区卫生服务中心的28所高校医院中，具备条件的可以设立发热筛选门诊；不具备设立发热筛选门诊条件的负责对体温超过37.2℃或有呼吸系统症状的患者及时转送到定点医院就诊治疗，并为所有的普通高校确定一一对应的定点联系医院。

首都校园保卫战取得喜人战绩，全市4607所学校中，4362所学校未发生疫情，无疫情学校达到94.68%，师生身体健康和生命安全得到切实保障。

三、开辟首都校园保卫战第二条战线，把"非典"疫情对教育事业造成的损失降到最低点

"非典"疫情使40万名中小学毕业生、11.2万名大学毕业生毕业活动受到干扰；备受家长、社会关注的各级各类教育考试、招生以及毕业生就业工作成为社会热点。

创造性开辟"空中课堂"，确保停课不停学

4月24日，全市中小学生停止集中到校上课的第一天，市教委启动"课堂在线"网络教学，景山学校、五中、人大附中等9所名校优质教育网络资源，也面向全市中小学生无偿开放。5月6日，市教委与中国教育电视台、北京电视台、北京人民广播电台合作的电视教学、广播教学开始运转。5月14日、5月21日，

全市职业教育“空中课堂”、学前教育“空中课堂”相继开通。5月26日，当城八区、通州区的中小学生因为疫情影响，不能像郊区县学生一样重返校园学习时，“空中课堂”及时调整教学内容，按照学科教学计划开展以电视教学为主的同步教学活动。6月7日，新课程教师教育“空中课堂”开通。

为保证“空中课堂”的运行，市教委投入1000多万元，增容北京教育信息网络功能，组织238名以特级教师和市、区骨干教师为主的授课教师队伍，参与“空中课堂”远程教学，共计录播1078节课，播出电视教学节目43120分钟。参加在线答疑的教师平均每天5000多人次，在线回答153万个问题，北京教育信息网的日均点击率1200万次，最高达到2000万次。

“空中课堂”，为非常时期北京市180万名中小学生、学前儿童，搭建学会学习、学会生活的虚拟新课堂，学生和家长对电视、电台、课堂在线的满意率分别为84%、83%、80%。

不让一个学生失学于“空中课堂”

5月26日，中小学“空中课堂”同步教学开播后，发现全市有18.4%的小学生、5.9%的中学生不能收看“空中课堂”教学节目。针对这种情况，区县、学校纷纷为家庭困难学生借用甚至赠送计算机、电视或免费安装有线电视线路，组织小范围学生集中收看。同时，刻录“空中课堂”教学光盘324万张，编印“空中课堂”同步教学讲义、练习资料上百万册。干部教师还开展巡回讲课、送课上门、送课下乡等活动。

不让一个学生的正常升学受到影响

2003年，北京考试招生工作面临首次实行高考时间提前一个月、初中毕业生人数进入峰顶年、小学毕业生免试就近升初中办法仍处于不断完善之中的3项困难。

自4月下旬，市教委组织专题问卷调查、多方面座谈会，经过反复论证，提出原则上如期举行高考建议。

各级党委、政府部门、考点学校都建立考试招生指挥部，统一协调指挥。高考期间，全市共派出10支监督队伍，向20个考区派驻巡视员。

针对中小学生暂停集中到校学习的实际，适当调整中考中招和“小升初”工作安排。一是调整工作时间。小学毕业生升入初中延后到小学毕业生开始返校，中考统一招生考试时间、填报志愿时间顺延两周，提前招生学校的专业加试、职业技能测试工作从5月推迟到7月。二是调整有关考试科目和考试组织形式。全市统一招生文化课考试科目由原来的语文、数学、外语、物理、化学五科，原则上调整为语文、数学、外语三科；每天只在上午安排一场考试；原则上暂停统一招生中的“面试”、“加试”；文艺、体育、科技传统项目学校特长生的全市统一测试，改由招生学校自主测试。三是调整提前招生学校录取程序和招收文艺、体育、科技传统项目特长生学校录取程序，尽量减少人群集中和流动的次数。

让每一个学生在非常时期的学习和生活更加充实

疫情初期，不论学生是否在校，各学校都建立教师与学生每日报告联系制度，主动联系学生，帮助他们自主学习、调整心态、保护自己、关心他人。各高校及时调整教学安排，任课教师调整教学进度和学习方式，鼓励和帮助学生通过网络学习、小组研讨等途径，提高自主学习和科学研究能力。

随着疫情逐步趋缓，市委教育工委、市教委制订工作预案，分期、分批地组织各级学生返校。5 月 22 日，高三学生返校进行考前复习，5 月 26 日开始，远郊 9 个区县（地区）中小学生陆续返校，怀柔区率先在 5 月 30 日实现中小学全部返校。5 月底，幼儿园开始恢复收托服务。6 月初，组织已离校的毕业生返校。6 月 9 日，城八区和通州区、大兴区的小学、初中毕业年级返校学习。6 月 16 日，高二学生提前返校。6 月 30 日，全市中小学全面实现返校学习。

让每一个高校毕业生在特殊时期顺利实现就业

2003 年是北京普通高等学校扩招本科学生毕业的第一年，高校毕业生就业形势严峻。全年选拔到乡镇工作的高校毕业生达到 1000 人，比往年增加 400 人；组建 1000 人的大学毕业生基层志愿服务团；党政机关录用公务员、事业单位新增岗位缺额人员主要面向应届高校毕业生；为高校毕业生提供创业小额贷款和担保。到 6 月底，高校毕业生签约率已达到 70%。

四、和衷共济，共渡难关，积极为防控“非典”斗争做贡献

发挥科技和智力优势，为科学防控做贡献

在自然科学方面。清华大学多次召开防控“非典”科技攻关会议，设立 300 万元防控“非典”科技攻关专项基金，完成医用垃圾焚烧炉、红外测温仪、非典型肺炎（SARS）病毒检测生物芯片等国家急需的科技成果和产品。北京大学拨款 100 万元，在医学部建立病毒培养和分离安全性实验室；基因诊断研究中心研制出非典型肺炎（SARS）早期诊断试剂盒，已在第三军医大学、解放军 302 总医院试用。中国农业大学成立从事人类、动物和农作物重大病毒病害研究的病毒学研究中心。北京中医药大学自筹 100 万元设立防控“非典”基金，成立中医药防控“非典”医疗服务与临床研究中心，探索中西医结合防治“非典”的方法和

措施。北京科技大学采用纳米晶氧化物涂层电极制备技术，研究开发成功便携式家用含氯消毒液发生器、隔离服排汗降温装备。北京工业大学将临床效果明显的复方精致胶囊投入防控“非典”斗争，获得全国防控“非典”指挥部科技攻关组同意，承担调配防控“非典”病毒药物筛选任务，并与日本、加拿大等国合作开展疫苗研制工作。

在社会科学方面。北京大学编发《“非典”与人文社会科学论文专辑》，收录北大人文学科领域防控“非典”研究成果。清华大学成立“非典与艾滋病防治课题项目协调小组”，组织校内一批社会科学领域专家，从公共管理、法律、新闻传播等领域开展研究，将“SARS 危机管理研究”“重大流行病信息披露与新闻报道研究”“关于‘非典’的经济与社会影响的预测研究”等课题，列入学校“‘非典’科技攻关项目”。

北京教育系统在防控“非典”期间共完成科研成果 193 项，国家级 58 项、市级 31 项；发表科研论文、报告及学术文章 1500 篇。

发挥心理学科优势，加强人文关怀，应对“非典”危机

北京大学心理和精神卫生学教师从专业角度，撰写大量通俗易懂科普文章，通过媒体发表，产生积极影响。学校心理学系面向社会开通“‘非典’心理援助热线”。北京师范大学成立“心理应急干预中心”，每天有上百人次打电话咨询。

高校医务工作者前仆后继，义无反顾，奋勇投身防控“非典”第一线

北京高校有 8 家附属医院。截至 4 月 24 日，北京大学 3 家附属医院承担收治全市四分之一“非典”确诊病例任务。“选择了从医，就选择了奉献”，北大附属人民医院医务工作者丁秀兰、王晶以身殉职，用生命实践自己的誓言。在 4 月下旬“非典”疫情肆虐的日子里，人民医院先后有 90 多名医护人员被感染，一批倒下去，又一批后继者义无反顾冲上去，前仆后继。应市政府要求，北大医学部、北京中医药大学、首都医科大学等高校先后抽调 34 名专家，到各区县疾病控制中心、流调队工作。

振奋精神，鼓舞士气，积极支持一线医护人员

中央音乐学院向北京红十字会及宣武医院捐赠 1200 套“减压系列”音乐治疗光盘；中国音乐学院向中日友好医院等医疗部门捐赠由该校师生创作、演出的歌颂医务人员的 CD 光盘；中央美术学院向市委宣传部和定点医院捐赠近万张宣传招贴画和艺术作品。5 月 13 日，市委教育工委、市教委机关向首都医务界捐款 50 万元，并向他们正在中小学读书的子女每人捐赠一套“空中课堂”教学光盘，价值 150 万元。北京数千名小学生把亲手绘成的图画装进“爱心包”，送给

一线的医护人员。全市许多中小学校向从事医务工作的学生家长发出慰问信，许多教师主动担负起“辅导学习、照顾生活”的双重任务，甚至把孩子接到自己家中。

5月初，经市委、市政府批准，北京市教工休养院成为接待防控“非典”一线医护人员隔离休养的定点宾馆，教工休养院全体工作人员以高度的责任感接待一线医护人员、高校医务人员共3批，186人轮换休养，确保服务人员不出现一例感染。

五、充分发挥党组织的政治核心和宣传思想工作优势，为校园保卫战提供强有力的组织保证、思想保证和舆论支持

面对严峻形势，各基层党委高度重视，及时整合力量和调整建制，将党支部建到隔离区、建到第一线，做到哪里有学生，哪里就有党员干部的声音。

广大党员发扬大无畏精神，义无反顾地战斗在防控“非典”的各条战线。涌现出丁秀兰、王晶优秀代表，他们恪尽职守，冲锋在前，甚至献出宝贵的生命。

面对“非典”疫情，北京教育系统党组织加强宣传工作，引导师生树立昂扬向上、积极乐观的精神。各电台、电视台、报刊等新闻媒体给予大力支持和配合，共发布教育系统防控“非典”文章和消息4000余篇（条），《现代教育报》编辑出版特刊18期，发行百万份。

随着北京防控“非典”斗争取得阶段性重大胜利，北京教育系统校园保卫战也全面告捷。

（作者：何劲松　时任北京市教育委员会研究与法制工作处处长　作于2003年年底）

发挥优势　扎实工作　为成功举办奥运做贡献

2001年北京申奥成功以来，首都教育系统紧密围绕实现“新北京、新奥运”的战略构想，以“抓机遇、做贡献、促发展、留遗产”为指导方针，充分发挥教育系统优势，采取多种形式，积极主动地为举办一届有特色、高水平的奥运会服务；通过奥林匹克教育与学校德育、体育、新课程改革和实践活动的有机结合，促进学校体育蓬勃开展，提高学生健康水平；深入开展“迎奥运、讲文明、树新风”活动，弘扬奥运精神，传播文明礼仪，使广大青少年学生在参与奥运、奉献奥运中身心和谐发展，为成功举办北京2008年奥运会营造了良好的人文氛围，形成了丰富的奥林匹克教育遗产。

一、高度重视，加强对首都教育系统奥运工作领导

奥运是中华民族的百年梦想，也是中国和首都展示经济社会发展的重要窗口。北京申奥成功以来，首都教育系统高度重视，加强领导，健全机制，形成两委统一领导、各级教育行政部门和各级各类学校积极参与、其他相关部门协调配合的工作机制。

一是加强组织领导，把奥运作为首要的政治任务来抓。由两委主要领导牵头，成立教育系统奥运工作领导机构，加强对教育系统奥运工作的统筹、协调和指导；建立专门的奥林匹克教育工作领导小组办公室和高校奥运办公室，指导和推动教育系统各单位建立奥运工作机构，加强人员配备和组织建设，保证全系统奥运工作的顺利开展。加强督促检查，把奥运工作列入年终考核内容，切实把各项工作落到实处。

二是加强宣传引导，把全市教育系统认识统一到为奥运做贡献上来。深入开展奥运精神教育，开展宣传讨论，明确奥运背景下北京教育发展与改革面临的机遇、挑战和对策，举办“奥林匹克教育论坛”、“北京奥林匹克教育国际论坛”等，进一步增强全市教育系统广大党政干部和教职员工服务奥运的意识，调动他

们参与奉献奥运的积极性。

三是加强宏观指导，保证奥运各项工作任务持续推进。两委根据市委、市政府和北京奥组委的有关精神，先后制定印发《北京市学校奥林匹克教育行动计划》《关于加强北京高校奥运工作的实施意见》《第29届奥运会期间北京高校安保工作总体运行方案》《2008年北京奥运会、残奥会期间首都高校“多维综合防控体系”建设方案》等一系列文件，明确教育系统各方面承担的职责，做到任务到位、责任到位、工作到位。

四是加强科学研究，提高教育系统奥运工作科学决策水平。两委发挥教育系统优势，与中国人民大学共建北京人文奥运研究基地，在首都体育学院设置“北京市奥林匹克学院”，与北京师范大学共建“北京市奥林匹克教育研究中心”，在北京市少年宫设立“北京市少年奥林匹克研究院”，成立“北京市奥林匹克教育专家指导委员会”，编制《2005—2008北京市奥林匹克教育研究课题指南》，制订《北京市奥林匹克教育课题管理办法》，推进北京大学、清华大学等多所高校深入开展国际奥委会、残奥会、北京奥组委、国家及各部委多项奥运课题，深入开展奥运工作科学研究，为奥运工作科学决策和工作运行提供智力支持。

二、发挥优势，为奥运成功举办提供组织保障

首都教育系统集中优势，充分利用各种教育资源和科研力量，加紧培养奥运工作专门人才和志愿服务队伍，推进奥运软环境建设和校内奥运场馆建设，为实践“绿色奥运、科技奥运、人文奥运”的理念，成功举办奥运提供坚强保障。

一是统筹部署奥运志愿服务工作。成立高校奥运志愿者服务总队，以场馆为单位，以各主责高校为核心成立各级赛会志愿者团队，建立一套行之有效的赛时组织运行机制，顺利遴选、培训、组织5万名奥运会赛会志愿者、3万名残奥会赛会志愿者、20万名城市社会志愿者；组织78名奥运培训专家参与奥运培训专家团，在20所高校成立“北京奥运培训基地”，承担全市重点培训任务，在12所高校建立“志愿者培训示范基地”，在志愿者培训中发挥示范带动作用；为20万名高校各类志愿者集中住宿和餐饮提供安全卫生保障和服务；圆满完成5万名大学生场馆志愿者交通服务，组织安排大客车610辆，往返于集中住宿地和奥运场馆之间，切实保障整个奥运志愿服务工作顺利运行。

二是做好奥运开闭幕式演出工作。成立北京教育系统奥运会、残奥会开闭幕式文艺表演工作领导小组，精心选拔40所大中小学及特教学校学生演员6000人分别参加奥运会和残奥会开闭幕式四个场次演出工作，21所高校179名学生担

任奥运会、残奥会开闭幕式引导员，专门划拨 3000 万元排练经费，用于学生演员排练场租、服装、食宿和交通等，及时调整排练学生相关教学工作，切实保障奥运开闭幕式学生演员精彩演出。

三是完成场馆团队建设和奥运村住宿服务工作。招募培训 22 所高校 5500 名师生组成奥运村住宿服务团队，为 1 个运动员村和 2 个媒体村（绿色家园媒体村、汇园公寓媒体村）的运动员、随队官员和媒体记者提供清洁、送水等住宿服务，以优质、文明、高效服务实现“零投诉”。完成北京大学、中国农业大学、北京航空航天大学、北京理工大学、北京科技大学、北京工业大学等 6 个比赛场馆和 15 个训练场馆建设修缮，组织成立校内场馆运行团队，发动广大师生员工为场馆顺利运行提供组织、物力、人力保障。

四是加强科技创安，顺利完成奥运期间学校“平安奥运”工作。组织高校师生 2 万人担任平安奥运志愿者，有效充实奥运期间校园安全防范力量，制订实施精细、严格的校园管理措施，设定三个防控级别，运行“维护首都高校稳定动态预警体系（DPUS）”，在奥运期间每日发布平安指数，对安全稳定形势进行研判和预警，实现奥运期间校内安全防控的“全方位、立体化、网格化、单元化”，为维护奥运期间教育系统内部的安全稳定提供坚实保障。

三、抓住机遇，深入开展奥林匹克教育工作

首都教育系统突出学校奥林匹克教育办学特色，加强学校德育和体育工作，促进学生全面发展，切实提高广大师生的奥运知识水平和健康素质。

一是利用主渠道，在各级各类学校中普遍开展奥林匹克教育。以 200 所“北京 2008 奥林匹克教育示范学校”单独开设“奥林匹克教育课”为示范，以编辑、出版、发放的《北京奥运会小学生读本》《北京奥运会中学生读本》等 5 种 7 本奥林匹克知识读本为基本教材，开发各级各类学校奥林匹克课程资源，实施各具特色的奥林匹克教育教学工作，把中小学生奥林匹克知识学习效果的考察列入学期学生评价手册，从 2006—2008 年间在中考和高考中适度反映奥林匹克教育的内容，在大学把奥林匹克教育与思想品德课结合起来，切实实现奥林匹克知识“进课堂、进教材、进学生头脑”。

二是积极创造条件，不断加强学校体育工作。组织各级各类学校积极整治操场，在“青少年奥运人才培养基地”学校兴建一批较高标准的、能够用于较高水平训练的体育场馆和设施，为广大师生提供良好的锻炼环境。由教育学院和首都体育学院牵头，对全市 6800 名体育教师进行全员培训，挖掘大量传统体育和游

戏项目，充实到学校体育课和体育活动中。从 2005 年开始深入开展“迎奥运奔向 2008”首都大学生健身长跑活动，在广大师生中积极推行“每天锻炼一小时，健康工作五十年，幸福生活一辈子”校园健身计划，成功举办“迎奥运”2006 年北京市中学生田径运动会和首都高校第四十四届学生田径运动会等群众体育竞赛活动，大力提高广大师生的身体素质和体育锻炼水平。

三是发挥高校优势，深入开展奥运专门人才培养。根据北京 2008 年奥运会对外语人才的需求和北京实际，从 2005 年开始，北京市每年都保证 38 个语种全面足额招生，并注重运用最新汉语教学研究成果，协助北京奥组委开展国际志愿者的汉语水平培训工作。充分发挥北京地区体育院校、综合性大学作用，选拔培养一批优秀运动员、教练员、裁判员和专项技术服务人员，为残疾人奥运会培养一批残疾人运动员。针对奥运工作中对餐饮、保健、文秘等具体需求，充分利用中等职业教育资源，培训培养一支数量充足、质量合格的专业化学生志愿服务队伍。

四是活跃第二课堂，积极组织奥林匹克教育校园文化活动。几年来，举办数百万人次参与的全市性的学生奥林匹克知识竞赛、奥运英语演讲比赛、“我心中的奥运”绘画比赛以及各种体育比赛、艺术比赛等，调动广大青少年学生了解奥运、参与奥运、体验奥运积极性，在以奥林匹克精神认识自我、学会尊重、珍视生命、保护环境等方面取得良好效果。

五是发挥辐射作用，向海内外广泛传播北京奥运理念。深入开展“奥林匹克教育同心结交流活动”，分别与 199 个国家和地区取得联系、与 183 个国家和地区开展实质性的交往和交流活动、与 161 个国家和地区的相应学校结为姊妹校关系，是目前奥林匹克教育史上最大规模的教育及学生的交流活动；“同心结”学校参加奥运会 204 个国家和代表团、残奥会 148 个国家和地区代表团欢迎仪式，演唱“同心结”歌曲受到各国和地区运动员欢迎，得到奥运村村长陈至立同志的高度评价。积极参与 2007 年国际奥委会奥林匹克博物馆牵头组织北京、洛桑两个城市中学生开展“体育在我的城市”的中学生 DV 比赛，增进与国际奥委会及洛桑中学的交流；开展“青春奥运微笑北京”迎奥运巡回演出活动，在北京高校、郊区县、国内四省市和海外巡回会演达 20 场，观众共达 38000 人次，展示中国人民参与奥运的历程和北京奥运的理念，让广大青少年学生在参与奥运交流活动过程中实现奥林匹克知识的教育和自我教育。

四、营造氛围，深入推进“迎奥运、讲文明、树新风”活动

首都教育系统以文明礼仪教育和奥运知识教育为着力点，深入开展“迎奥运、讲文明、树新风”主题教育活动，从中华民族传统文化和奥林匹克文化的结合中挖掘教育资源，以“情系奥运，文明礼仪伴我行”为主题，深入开展奥运宣传教育活动。

一是深入开展文明礼仪教育活动。制定《“情系奥运，文明礼仪伴我行”主题教育实践活动方案（2005—2008 年）》，从 2005 年起，每年选择一个专题和重点内容作为突破口，以“礼仪、礼貌、礼节教育，培养学生良好的文明礼仪习惯”为重点内容，以“唱响国歌、遵守规则、志愿服务”为突破口；使“唱响国歌”等十个文明行为成为中小学生自觉行动；2007 年以“和谐先锋文明示范”为主题，在朝阳公园组织上万名大中小学师生举办“迎奥运、讲文明、树新风”活动推进大会，在首都教育系统唱响“迎接奥运从讲文明做起、参与奥运从身边做起、奉献奥运从现在做起”的主旋律；组织开展“寻找身边的榜样”主题教育活动，发动学生；以“迎接奥运盛典共建绿色网络树立文明新风”为主题，于 2007 年组织召开“首都大学生网络文明行为论坛”，推进构建和谐、文明高校校园网络。

二是大力开展奥运社会实践活动。以“微笑北京、和谐先锋”为主题，组织 600 个高校学生党支部与京郊农村党支部共建开展红色“1+1”活动，组织 1000 个“首都大学生志愿奥运宣讲实践团”40 万名志愿者开展“彩虹辅导员在校园”“微笑使者进社区”活动等 12 个项目活动，推进大学生进中小学、进社区、进农村、进企业、进工地等，通过多种途径宣讲奥运知识；以“北京邀请、世界祝福”为主题，发动北京高校 4 万名留学生将北京奥运的邀请带到世界各地，并将世界人民的祝福带回北京；深入开展“奥运知识带回家、家乡祝福送北京”、“携手西部共享奥运”宣讲活动，将奥运知识传播到四个京外比赛城市、西部 15 个地区和高校学生家乡，实现奥运宣传实践活动覆盖北京、辐射全国，走向世界的目标。

三是广泛开展奥运文化艺术活动。每年举办北京学校奥林匹克文化节活动，全市共有 20 所大中小学校参加管乐、管弦乐、民乐、京剧、合唱、舞蹈等专场演出，两万名中外各界人士观看演出；组织奥运文化和民族艺术进校园活动，在全市 18 个区县、70 多所高校、2264 所中小学校举办 4500 场演出，共有 130 万名各级各类学生观看。开展“同样的青春，同样的梦想”——奥运冠军校园行活

动、“青春在五环旗上飞扬”大学生献礼奥运文艺演出、“最美的微笑”奥运志愿者风采摄影展等系列活动，展示了首都大学生服务奥运、奉献奥运的精神风貌和青春激情。举办首都大学生创意文化节，开展“青春奥运”首都博士生系列学术论坛、“创意大巴进校园”各类创意作品征集等活动，引导学生为创意和服务。

四是积极开展奥运文明观赛活动。建立市区（县）两级高效运转的学生观赛组织领导机构及管理机制，组织48万名师生文明观看奥运赛事，组织10所学校圆满完成教育部、北京奥组委下达30个省市（自治区）的6000名中小学生代表观赛接待任务，引导广大师生担当文明啦啦队，使广大师生充分体验和感受一届有特色、高水平奥运会，受到一次深刻、生动奥林匹克教育。

总结几年来的奥运工作，首都教育系统发挥教育优势，集中力量，扎实推进，取得较好的工作效果。主要的经验有以下几点：

充分发挥北京教育资源优势，积极主动地为成功举办一届有特色、高水平的奥运会提供人才、科研和智力支持是首都教育系统奥运工作的立足点；

抓住举办2008年奥运会的历史性机遇，推进学校学科建设、人才培养和国际交流等，进一步提高学校的核心竞争力是首都教育系统奥运工作的重要收获；

以奥林匹克教育为载体，进一步加强青少年学生思想道德素质和思想政治教育工作，培养青少年学生的首都意识、国际视野、民族精神和国家观念，提高广大学生的综合素质是首都教育系统奥运工作的重要目的；

以奥运工作为基础进一步建立健全学校德育、智育、体育工作机制，将奥林匹克文化融入学校校园文化建设中，形成具有北京高校特色的奥林匹克遗产是首都教育系统奥运工作的长效考虑。

（作者：北京市教育委员会办公室　作于2008年年底）

一方有难　八方支援　众志成城　抗震救灾

——北京教育系统抗震救灾工作纪实

一、领导重视、科学部署，加强抗震救灾组织工作

地震发生后，市委教育工委、市教委高度重视支援四川地震灾区的抗震救灾工作，紧急行动，把支援救灾工作作为最紧迫的任务来抓。5月13日，市委教育工委、市教委就紧急印发了《关于做好教育系统师生员工参与抗震救灾相关工作的通知》，号召全市教育系统紧急行动起来，通过多种形式开展支援灾区抗震救灾工作，用实际行动向灾区献上一份爱心。6月2日，市委教育工委、市教委又紧急下发了《关于做好地震灾区中小学生来京借读和高校招生录取有关工作的通知》，号召全市中小学校积极接收地震灾区来京借读的中小学生，为他们来京借读提供方便；要求各高校切实做好地震灾区考生的录取工作和新生入学的资助工作；要求各区县教育行政部门和各高校统筹协调好支援灾区抗震救灾的各项工作。从而，保证了全市教育系统支援灾区抗震救灾工作有计划、有组织的全面深入开展。

根据教育部要求和对口支援什邡市教育系统灾后恢复重建工作的实际需要，7月2日，市委教育工委、市教委成立以北京市教委主任刘利民和北京市委教育工委副书记张建明任组长的对口支援什邡市教育系统灾后恢复重建工作领导小组，负责统筹领导全市教育系统对口支援什邡市教育系统灾后恢复重建工作，领导小组下设办公室，由专人负责。同时印发《关于做好教育系统对口支援四川地震灾区灾后恢复重建工作的通知》，通知要求北京教育系统做好以下工作：

第一，发挥教育系统人才、智力、科技等方面的优势，协助什邡市政府部门做好学校重建规划、合理布局和选址工作。第二，发挥职业教育的资源优势，成立对口支援什邡市职业教育恢复重建专家顾问团，协助当地制定职业学校重建规划。加强中等职业学校间的对口支援工作，通过对口招生、联合办学、为灾

区中职学生来京实习实训提供帮助等多种形式，支持灾区中等职业学校的恢复和重建。第三，发挥本市教育系统干部教师培训资源优势，根据什邡市教育系统需要，有针对性地开展干部和骨干教师培训工作，帮助提高受灾地区干部教师队伍的整体素质。开展对重灾区教师的精神抚慰活动。第四，根据什邡市教育系统的实际需要，安排优秀干部、教师到灾区学校支教，以缓解受灾学校恢复重建对干部教师需求的压力。第五，根据支援受援双方情况，酌情组织灾区教育教学管理干部来京挂职锻炼，为灾区培养高水平教育教学管理人才。第六，加强北京市和什邡市学校之间的联系，相互组织夏（冬）令营活动，鼓励两地学校建立"友好学校"关系，开展"手拉手"对口支援工作。第七，根据什邡市学校恢复重建需要，积极帮助解决课桌椅、教学仪器设备、图书资料等方面的困难，不断改善灾区学校的教育教学条件。第八，继续做好四川地震灾区在京和来京就读受灾学生的接收和资助工作，采取多种形式帮助灾区学生，保证他们不因经济困难而失学。

为统筹抗震救灾和对口支援工作，市委教育工委、市教委建立了对口支援和救灾信息报送机制。2008 年 10 月 28 日，北京市教委要求北京市各区县教委、各高等院校、各普通中等专业学校和各直管直属单位建立信息报送机制，及时收集、整理相关信息，经本单位主管领导审核后报市委教育工委、市教委对口支援领导小组办公室。各单位指定专人为信息员，专门负责对口支援信息报送工作，并为其开展信息工作提供方便和保障。报送内容包括国家部委、主管部门、区县政府的重要工作部署、要求以及贯彻落实情况；市委教育工委、市教委安排对口支援工作的落实情况；各单位捐赠款物的数据统计情况；对口支援工作的动态信息；重要的工作经验、问题和建议；以及对口支援内蒙古、西藏拉萨、新疆和田、湖北巴东等地的有关信息。

二、广泛开展各种形式的赈灾募捐，通过多种途径赶赴灾区展开救灾工作

四川地震灾害发生之后，全市教育系统积极开展捐款、捐物、献血等实质性支援灾区抗震救灾的活动，切实解决灾区人民的实际困难。截至 2008 年 7 月 20 日，我市教育系统捐款累计 2.22 亿元，其中，特殊党费 3455 万元，捐物折合人民币 593 万元；市教委还会同北京电视台、团市委和中国青基会举办了"《托起明天的太阳》——献给灾难过后第一个儿童节"大型募捐活动，共为地震灾区学校募集款物达 8000 万元，全部用于支援灾区学校的复课和重建；购买了 7 种型号 50 顶教学和生活帐篷（折合人民币 20 万元），紧急支援四川灾区学校；为灾

区学校募集 1 万册中小学教辅图书，作为灾区中小学生的“六一”儿童节礼物送至灾区。此外，首都各高校师生还积极踊跃为地震灾区献血，用以缓解灾区紧急救治伤员的需要。

根据抗震救灾的需要，北京市教育系统开展多种途径赶赴灾区开展救灾工作。高校充分发挥首都高校人才、智力和科技优势支援地震灾区的抗震救灾工作。部分高校充分发挥专业和学科的综合优势，全力完成国家交给的有关科研任务，组织专家、教授赶赴灾区，为抗震减灾提供人才和技术支持。清华大学配合四川省规划部门为临时灾民安置区制定技术方案，组织 20 名专家赴四川参与抗震救灾工作；北京工业大学组织多名地震工程专家，参与震后发展态势研究，为相关决策部门提供参考；首都师范大学利用科研成果绘制地震灾区遥感影像图，为国家减灾救灾工作提供决策支持，还组建灾后心理恢复治疗队赶赴四川地震灾区，为受灾师生的心理恢复和重建服务；北京大学、首都医科大学等高校的附属医院派遣多支抗震救灾医疗队紧急赶赴四川地震灾区，参加救治地震受伤的灾区人民；朝阳区教委为什邡市在京培训了 56 名心理辅导骨干教师，以返回四川地震灾区发挥作用。

市学会学前教育研究会组织了 6 位学前教师冒着余震的危险，赴地震灾区进行为期一个月的“幼儿园教师如何对灾后儿童进行心理安抚，减轻心理创伤”的培训。为灾区人民带去北京幼教工作者的问候和关爱，受到灾区人民的热烈欢迎。她们所在的支教团队——汶川地震应对政策行动组，荣获教育部颁发的“全国教育系统抗震救灾先进集体”光荣称号，也是北京地区教育系统唯一的获奖集体。

汶川大地震发生后，学前教育杂志社派遣编辑随行第一批北京幼儿教师支教团，对流动幼儿园在灾区的活动进行了跟踪采访和灾后幼教重建专题报道。2008 年 12 月 11 日，在中国期刊协会召开的“抗震救灾宣传报道先进期刊和先进个人表彰大会”上，《学前教育》等 106 种期刊获得“全国抗震救灾宣传报道先进期刊”荣誉称号。

2008 年 6 月 5 日，市委教育工委、市教委在首都师范大学举行了“彩虹 1+1——我们共同成长”爱心援助活动。市委教育工委常务副书记张建明、市委教育工委副书记王民忠、北京高校奥运办公室主任闫成等领导出席活动，北京各高校主管领导、爱心手机捐赠企业代表和申报参与结对援助活动的学生代表参加了活动。“彩虹 1+1——我们共同成长”爱心援助活动由市委教育工委、市教委联合四川省教育厅开展，通过向社会募集爱心手机和相应话费捐赠给灾区中小学生，号召首都高校大学生以班级为单位通过电话连线的方式定向联系，对持有爱心手机的灾区中小学生进行心理抚慰、学习辅导和生活援助。活动号召发出后，首都高校大学生积极响应，踊跃参加，有4263个班级报名参加结对援助活动，经过市委教育工委、市教委和四川省教育厅的协商，已确定首批500个班级与灾区学生的结对名单。

2008年5—10月，北京市各区县和北京地区高校广泛开展援助灾区行动。海淀区启动“情系灾区，心系伙伴——红领巾爱心传递行动”；西城区、延庆县部分学校接收四川地震灾区学生免费借读；顺义区、密云县开展“心系灾区，奉献爱心”“主题签名”“爱心捐赠”等主题教育活动；北京大学举行“同舟共济、众志成城、健康所系、性命相托”主题宣誓仪式；北京科技大学采取“扶痛，扶困，扶发展”等措施援灾济困，组织学生干部与家庭受灾严重的同学牵手结对；北京语言大学组织“同一个世界、同一份爱心——五洲四海赈灾活动”；北京交通大学、中国矿业大学（北京）、北京化工大学、北京林业大学等加强正面宣传引导和防震知识教育；北京邮电大学设立特别绿色通道，保证灾区新生顺利入学，并纳入学校专项赈灾资助体系；中国传媒大学举办“我和你们在一起”献爱心募捐大型公益晚会；北京航空航天大学踊跃交纳“特殊党费”，积极支援抗震救灾。制定受灾学生心理疏导方案，及时对灾区学生进行心理辅导和情感关怀；北京工商大学举行“真情传递、烛光祈祷”“积极为地震灾区捐款献血”等活动；首都医科大学附属医院派遣抗震救灾医疗队奔赴灾区；北京石油化工学院举办“爱在蓝光闪过之后”抗震救灾演出；北京城市学院选派志愿者赴中国红十字总会开展抗震救灾志愿服务，首批志愿者已到岗；北京市教育技术设备中心以北京教学仪器设备协会名义向会员单位倡议，9家会员单位捐赠现金和价值50万元的教学设备及文具等。

三、积极做好灾区生源地学生思想安抚、救助帮扶工作和来京就读受灾学生的资助、接收工作

灾情发生后，按照市委、市政府统一部署和要求，市委教育工委、市教委对在京高校家庭受灾学生情况进行了全面摸底和统计。北京高校共有家庭受灾学生近6000名，其中，四川籍学生4665名，其他省市学生1219名。许多学生与家人失去联系，家庭受灾较严重（指有人员伤亡、房屋倒塌等情况）的学生1335人。市教委投入300万元专项救助经费，对首都高校近6000名家庭受灾学生给予专项补助，为他们的学习和生活提供帮助，各高校也安排了相应的配套资金。

首都各高校也在最短的时间内全面摸排灾区生源地学生家庭受灾情况，通过谈心、座谈会等方式做好学生思想安抚工作。并采取了发放临时生活补贴、亲情电话卡、生活用品，以及优先安排勤工助学工作岗位等方式，积极做好家庭受灾学生的帮困工作。

为提升家庭受灾学生应对灾难的心理承受力，在市委教育工委的统一部署下，各高校采取有效措施，对受灾学生开展心理疏导工作。通过科学有序的心理疏导，家庭受灾学生的情绪和心理得到初步缓解，同学们情绪稳定，遇到问题能主动与辅导员和学校联系，学习和生活状态基本正常。

2008 年 5 月 25 日，北京市委教育工委、市教委成立高校川籍学生心理援助志愿服务队。组织北京高校心理咨询专业人员，对广大北京四川籍大学生开展心理知识培训，提高他们奔赴灾区后的心理适应能力和心理援助能力，发动这些学生利用暑期返乡，对周边群众开展心理援助工作。市教工委副书记张建明同志在讲话中强调，要把心理援助志愿服务灾区工作与高校心理素质教育工作紧密结合起来。一是要深入开展生命教育活动，充分利用灾害期间人们珍爱生命、顽强生存的各种事迹，引导广大师生树立珍视生命、关爱生命的重要理念；二是要大力加强北京高校家庭受灾学生心理疏导工作，采取解决心理问题与解决实际问题相结合的方式，切实缓解灾害引发的心理影响；三是要充分利用高校心理咨询专业力量，组织部分心理咨询专家对灾区高校心理咨询人员开展灾后心理援助培训，增强他们在当地开展心理援助的能力，同时加强对高校川籍学生心理援助志愿服务队的培训。

灾害发生后，北京市教委做好对来京就读受灾学生的资助和转移就学工作。对于四川等地灾区来京就读的中小学生，根据两委《关于做好地震灾区中小学生来京借读和高校招生录取有关工作的通知》要求，妥善予以安置，并免收借读费和学杂费，免费提供学习用品及教材，免费为学生安排体检；各区县教委出台了相关文件，形成了接收灾区学生就读和帮扶的相关工作机制。并努力解决灾区学生午餐、学习用品、课本等相关困难。截至 2008 年年底，全市已接收 2000 名四川等地受灾中小学生来京就读。同时，做好首都高校招收地震灾区高考学生的准备工作，各招生学校均按照 1∶4 的比例调整在川招生计划，其中 20% 的计划用于招收灾区招生，并进一步为四川等地灾区新生入学准备了“绿色通道”，确保灾区新生不会因家庭经济困难而失学。

首都高校及时调整灾区招生计划，市属高校优先录取符合条件的灾区高考学生。为灾区新生入学开辟“绿色通道”，将生源地为地震重灾区的普通高校全日制本专科在校 100% 纳入国家助学金资助范围（教育部财政部文件将资助面扩大至 70%），确保灾区新生不因家庭经济困难而失学。同时，努力做好灾区生源毕业生就业工作，截至 2008 年底，北京地区 1198 名灾区生源毕业生，已有 1156 名落实去向，落实率达 96.5%，高于整体就业率。

四、积极开展对口支援，支持什邡市灾后重建

在地震中，什邡市的灾情很重，860 平方公里面积中有 500 平方公里受灾，共毁损 40 所学校。根据中央和北京市政府统一部署，北京教育系统对什邡市提供多种形式的支援。

举办夏令营活动

2008 年 7 月 15 ~ 20 日，由北京市教育委员会、四川省什邡市教育局共同在北京为重灾区孩子们举办了主题为“同心迎奥运，携手创明天”什邡市中小学生北京夏令营活动。此项活动由北京学生活动管理中心承办。四川什邡市的 150 名师生们参加了活动。夏令营期间正值奥运会前夕，为期 6 天的夏令营生活，通过组织营员参观奥运体育场馆，使他们了解北京筹备奥运会的情况，感受绿色奥运、科技奥运、人文奥运的魅力；带领孩子们游览长城、颐和园、故宫等代表中国、代表北京的历史名胜，使营员深刻理解中华文化的博大精深；观看升国旗仪式，增强爱国情感；通过参观国家大剧院、中国科技馆、使全体营员感受现代化科技，激发营员立志学习，奋发向上的精神；以“一日北京校园生活”为主题的学校交流活动，使全体营员体验北京学校生活，增进两地学生的感情。组织 150 名什邡市受灾严重学校的师生在北京度过了一个欢乐愉快的暑假。奥运期间，还组织了奥运观赛夏令营，来自四川地震灾区的 60 名学生到北京亲身观看体验了北京 2008 年第 29 届奥运会。

选派干部支教

制订三年对口支援工作计划，再次组织开展向什邡市捐款和捐助棉衣被的活动。按照市委组织部要求，并根据什邡市教育工作需要，选派机关优秀干部到什邡市教育局挂职支教。按照市人力资源办的统一要求，根据什邡市教育恢复重建工作的需要，科学制订教育对口支援工作计划，拟定下一步工作方案。10 月份，机关积极组织开展向什邡市捐款和捐衣被活动，帮助灾区群众度过一个温暖的冬天，共捐款 22400 元，捐棉衣被 276 件（其中，棉被褥 47 件，棉大衣 59 件，毛衣裤 100 件，绒衣裤 70 件）。

市教委德育处沈柳莺作为北京市第一批对口支援四川地震灾区重建工作挂职

干部，自10月起赴四川任什邡市教育局副局长。

启动北京——什邡市中小学校“手拉手”对口支援工作

2008年11月12日，北京市委教育工委、市教委召开北京——什邡市中小学校“手拉手”对口支援工作启动会。会议就清华附中、人大附中、北师大附中与什邡市雍城中学、什邡中学和什邡市外国语学校的“手拉手”共建工作进行了具体的部署和安排。

开展什邡教育管理干部和骨干教师培训

北京市教育委员会做出计划，2009年开展首批什邡教育管理干部和骨干教师培训。什邡市教育干部教师赴京培训项目，是市教育局系统对口支援什邡市灾后恢复重建智力援助方案的项目之一，是北京市教育对口支援什邡市恢复重建工作的重要内容。培训期间，北京市将充分利用首都优势教育资源，借助北京市“名校长工作室”“农村教师研修工作站”等干部教师研修项目，通过专家讲座、学校实践、专题研讨等形式，帮助什邡市中小学干部教师切实提高教育教学与管理水平。为保障学员在京期间的学习与生活，在培训班配备“双班主任”，分别负责教育教学事务和生活管理工作，为参训干部教师提供良好的服务保障。至2010年，北京市将先后为什邡市培训200名教育管理干部和300名中小学骨干教师。按照《北京市对口支援什邡市灾后恢复重建智力援助方案》精神，结合北京、什邡两地教育工作实际，北京市将积极发挥首都教育的科技、智力和人才优势，从两地中小学结对共建、专家教师支教、建设远程教育培训平台和管理干部、教师培训等方面，努力为什邡市教育的灾后恢复重建提供支持。

五、在抗震救灾中，加强集体主义、爱国主义思想教育和科学防震工作

北京教育系统结合抗震救灾和“新北京，新奥运”在青少年学生中大力开展以弘扬民族精神为主题的爱国主义教育活动。全市18个区县教育行政部门组织中小学校广泛开展以“心系灾区，奉献爱心”为主题的系列教育活动。房山、丰台、顺义、宣武、延庆等区县中小学开展了为灾区学生“捐献一天零花钱”“关心帮助身边来自受灾地区同学”等活动。各高校紧紧围绕“一方有难、八方支援”和“万众一心、众志成城”的抗震救灾精神，利用抗震救灾中涌现出的英雄人物和感人事迹，及时组织募捐、宣誓、献血、签名和“同一个世界，同一份爱心”等主题教育活动。以上活动的开展，增强了广大青少年学生的民族自豪感和自信心，凝聚了力量，增进了团结，使广大学子对成功举办一届“有特色、高水平”的奥运会充满了信心。

6月13日，市委教育工委在北京工商大学举办“抗震救灾英模事迹首都高校专场报告会”，中央宣传部、中央组织部、解放军总政治部、中共四川省委联合组织的抗震救灾英模事迹报告团为首都高校1000名师生作专场报告。抗震救灾英模事迹报告团成员共6位，分别是四川省彭州市公安局政工监督室民警蒋敏、济南军区某步兵师师长杨剑、河北省唐山市迁安县太平庄村党支部书记李国华、四川省汶川县银杏乡沙坪关村党支部书记龙德强、二炮某工程团政委黄金坡、中央电视台主持人张泉灵等。

西城区首届法制教育宣传周活动举行。计划实施的法制教育宣传周活动，恰逢2008年5月12日四川汶川突发特大地震之后，全面实施《突发事件应对法》和《防震减灾法》以及《公共事业捐赠法》等都随抗震救灾进程不断进入广大中小学生关注事态发展的视野。这为学校提供不可错失的教育时机。

在抗震救灾中，北京市教育系统还加强了正面宣传引导和防震知识教育。各高校、中小学校普遍通过展板、网络、广播、短信平台、校园邮件系统等方式，向广大师生通报地震情况，介绍地震避险常识，及时做好宣传、教育和引导工作，防止谣传、误传引发学生恐慌情绪，切实维护学校思想稳定。目前，大中小学校的师生对地震及有关应急、自救知识和方法都有了系统的了解。

为及时消除学校校舍抗震安全隐患，切实提高本市各级各类学校校舍防震能力，确保广大师生生命安全。根据教育部、住房和城乡建设部《关于做好学校校舍抗震安全排查及有关事项的通知》精神和市防震抗震领导小组会议精神，北京市全面开展校舍抗震安全排查工作。迅速成立以主管市领导为组长，市教委、市建委、市规划委、市发展改革委和市财政局为主要成员单位的市级领导小组，及时制订并部署下达《北京地区学校校舍抗震安全排查工作实施方案》，对全市各级各类学校的教学楼、学生宿舍、食堂等建筑物及附属设施进行拉网式、全方位排查。根据排查情况，研究制订整改实施方案并将从2009年起逐步加以改造。

（作者：北京市教育委员会办公室　作于2008年年底）

附　录

FULU

1991年至2010年市委、市政府关于教育工作重要文件一览表

时间	文件
1993年11月19日	北京市人民政府印发关于五年内为城近郊区和远郊城镇地区中小学教职工建设八十万平方米住房实施意见的通知
1993年11月30日	中共北京市委北京市人民政府关于加快高等教育改革和发展若干问题的决定
1994年9月15日	北京市人民政府关于进一步落实教育优先发展战略地位高标准实施《纲要》的决定
1994年8月28日	中共北京市委北京市人民政府关于进一步改革发展成人教育的若干意见
1995年4月27日	北京市人民政府办公厅关于对有关教育法律法规执行情况建立检查制度的通知
1997年6月28日	北京市人民政府办公厅转发市教委关于进一步推进中小学素质教育实施意见的通知
1997年6月28日	北京市人民政府办公厅关于同意北京市十大教育工程实施意见的通知
1997年7月3日	北京市人民政府办公厅关于设立北京市人民政府教育督导室的通知
1999年12月2日	中共北京市委北京市人民政府关于深化教育改革全面推进素质教育的意见
1999年12月24日	北京市人民政府办公厅印发北京高等学校后勤社会化改革规划的通知
2000年4月3日	北京市人民政府办公厅关于认真做好国务院部门（单位）所属23所学校管理体制调整工作的通知
2000年4月5日	北京市人民政府批转市教委市经委关于调整市经委系统所属30所学校管理体制实施意见的通知
2000年11月24日	北京市人民政府办公厅转发市教委关于调整本市中等职业教育结构布局意见的通知
2001年8月22日	北京市人民政府贯彻国务院关于基础教育改革与发展决定的意见
2001年9月21日	北京市人民政府办公厅转发市教委关于调整中小学结构布局意见的通知
2002年8月15日	北京市人民政府办公厅转发市政府教育督导室关于加强和改进教育督导工作意见的通知
2004年7月7日	中共北京市委北京市人民政府关于实施首都教育发展战略率先基本实现教育现代化的决定
2006年4月4日	北京市人民政府关于大力发展职业教育的决定
2006年8月17日	中共北京市委办公厅北京市人民政府办公厅关于进一步加强和改进未成年人校外教育工作的意见

续表

时间	文件
2007 年 3 月 30 日	中共北京市委北京市人民政府关于大力推进首都学习型城市建设的决定
2007 年 5 月 25 日	北京市人民政府办公厅转发市教委等部门关于进一步加强和改进教育督导和教育评价工作若干意见的通知
2007 年 8 月 20 日	中共北京市委北京市人民政府关于进一步推进义务教育均衡发展的意见
2007 年 6 月 4 日	北京市人民政府办公厅转发市教委关于进一步深化中小学办学体制改革试点工作意见的通知
2008 年 4 月 7 日	北京市人民政府办公厅转发市教委、市政府教育督导室关于进一步完善对区县人民政府实施素质教育工作进行督导评估制度意见的通知
2008 年 4 月 8 日	中共北京市委北京市人民政府关于加强青少年体育增强青少年体质的实施意见
2008 年 11 月 3 日	北京市人民政府办公厅关于贯彻国务院做好免除城市义务教育阶段学生学杂费工作文件精神的意见
2010 年 3 月 11 日	北京市人民政府关于进一步深化基础教育改革提高教育质量和办学水平的意见

北京市“十一五”时期教育发展规划（摘要）

规划性质：2006年到2010年的“十一五”时期，是首都发展的重要战略机遇期。在实施“新北京、新奥运”战略构想、全面建设小康社会的进程中，教育发挥着全局性、先导性和基础性的重要作用。作为北京市国民经济和社会发展“十一五”规划的重要组成部分，编制好北京市“十一五”时期教育发展规划，既是市委、市政府优先发展首都教育的要求，同时也是各级政府依法履行工作职责、研究制定教育政策措施和编制教育年度计划的重要依据，更是全市教育系统未来五年共同奋斗的行动纲领。

编制依据：党中央、国务院对北京工作的一系列指示精神；全国教育事业第十一个五年规划；北京城市总体规划（2004 — 2020 年）；北京市国民经济和社会发展第十一个五年规划纲要；北京市教育大会精神。

规划期限：2006—2010年

第一部分　编制北京市“十一五”教育发展规划的背景（略）

第二部分　“十一五”期间的指导思想和发展目标

一、指导思想

以邓小平理论和“三个代表”重要思想为指导，以科学发展观统领各项工作，全面贯彻党的教育方针，落实科教兴国战略和人才强国战略，坚持教育优先发展，全力实施首都教育发展战略，把全面提升首都教育发展质量作为今后五年的中心任务。树立社会主义荣辱观，全面实施素质教育，不断深化教育教学改革，着力提升教育质量。办好每一所学校，关注每一个学生，进一步提高普及水平，着力推进义务教育均衡发展。高标准高质量发展基础教育，大力发展职业教育和培训，提高高等教育质量，加快学习型城市建设，着力调整教育结构。更新教育观念，改革教育体制，改进学校管理，提升教师素质，着力推进教育创新。努力办人民满意的教育，研究分析制约教育发展的深层次矛盾，着力破解重点难点热点问题。加强和改进教育管理，大力提高治教理校水平；加强教育与经济社会的紧密结合，大力提高教育的服务贡献能力，促进首都教育更快更好地发展，为建设创新型国家、创新型城市提供强大的人才支持和科技支撑，为国家和首都现代化建设做出更大贡献，为构建社会主义和谐社会首善之区奠定坚实基础，满足人民群众日益增长的接受教育的需求，率先基本实现首都教育现代化。

二、基本原则

——坚持内涵发展。教育发展既要保持适宜规模，更要注重优化结构，提高质量和效益。进一步提高公共财政对教育的保障程度，巩固和提高教育普及水平。继续推进素质教育，促进人的全面发展。继续深化体制改革，形成更具活力的办学环境和学校制度。大力优化教育结构，促进城乡之间、区域之间和各级各类教育协调发展，切实提高教育对经济社会发展的贡献。

——坚持人才强教。切实加强教师队伍建设，提高教师和管理队伍整体素质。发挥首都高层次人才密集优势，吸引优秀人才从事教育工作。加快教育人才制度创新，为优秀人才发展创造良好环境，促进各级各类学校不断提高办学水平。

——坚持资源统筹。大力提高教育资源配置效率，建立统筹协调不同隶属关系、行政区划、办学性质教育资源的新机制，整合集成中央和地方、城市和农村、学校和社会的各种教育资源，集中规划，综合利用，形成整体，形成服务首都、辐射全国的高水平教育体系。

——坚持开放创新。坚持教育“面向现代化、面向世界、面向未来”，在更高层次和更广泛领域开展合作与交流，广泛吸纳国内外先进经验、技术和资源，提高办学水平。推进教育理论、制度创新，增强自主创新能力，使首都教育成为创新型城市建设的重要力量和先进典范。

三、总体目标

到 2010 年首都教育改革发展的总体目标是，在全国率先基本实现教育现代化，努力办好让人民满意的教育。其标志为：基础教育高标准高质量均衡发展；职业教育特色更加突出；高等教育质量进一步提高；城乡教育差距显著缩小；教育供给服务能力、人才支持能力、知识贡献能力和国际竞争能力显著增强；初步构建起与社会主义市场经济和经济社会发展要求相适应的现代教育体制和体系，初步形成学习型城市。

四、具体目标

——全市居民受教育程度继续提高。6 岁及以上人口平均受教育年限达到 12 年。新增劳动力平均受教育年限达到 15 年左右，从业人员平均受教育年限超过 12 年。

——学前教育进一步普及。基本普及 0 ~ 3 岁婴幼儿早期教育，全面普及学前三年教育，满足学前儿童入园需求。早期教育服务得到较大发展，幼儿监护人接受教育指导率达到 90% 以上。全市 40% ~ 50%幼儿园达到一级标准。

——基础教育高标准高质量发展。全市义务教育学校城乡差距、校际差距显著缩小，义务教育入学率力争实现 100%。学生综合素质、健康素质明显提高。示范高中辐射能力进一步增强；高中阶段教育入学率力争实现 100%。

——农村教育得到切实加强。农村中小学办学条件进一步改善，所有学校全部达标。完成对农村教师的全员培训，农村教师学历全部达标，素质明显提高。完成农村劳动力转移培训 50 万人次。

——职业教育和培训大力发展。中初级技能人才培养质量进一步提高，高技能人才培养取得突破，紧缺技能人才培养基本满足需求。职前培训率达到 90% 以上，从业人员在职培训参与率达到 70% 以上。

——高等教育健康协调发展。普及水平进一步提高，高等教育毛入学率达到 60% 左右。稳定普通高等教育规模，保持在 70 万人左右，普通高考录取率保持在 70% 左右。高校人才培养质量、科学研究及创新水平、社会服务能力明显提高。多种形式的高等教育得到进一步发展。

——学习型城市初步形成。50% 以上的企业、社区和其他组织成为学习型组织。社区教育、企业教育广泛开展，成人培训参与率达到 50%。基本建成比较完善的现代国民教育体系和终身教育体系，初步形成全民学习教育制度；学习资源更加丰富，学习方式更趋灵活，学习制度更具弹性。

——教育投入得到切实保障。依法确保教育经费“三个增长”，预算内教育经费占财政支出的比例逐年提高，到 2010 年财政性教育经费占本市地区生产总值的比例达到 4%以上。教育财政体制进一步完善，教育经费使用效益增强。

——依法治教水平明显提高。地方教育立法取得新进展，制度建设进一步加强。依法行政全面推进，科学决策机制和教育行政监督机制更加健全。教育行政体制和学校内部管理体制改革进一步深化，政府、学校、社会的关系基本理顺，现代学校制度建设取得初步成效。

——教育系统党的建设进一步加强。党的先进性建设取得明显成效，学校精神文明建设取得新进展，师生思想道德素质显著提高。学校安全防范体系进一步完善，突发事件应急处置机制更加健全，校园及周边环境显著改善，各类影响稳定的矛盾和冲突得到有效化解，学校安全稳定局面得到持续巩固，和谐校园建设呈现新局面。

第三部分 “十一五”期间首都教育重点工作（略）

第四部分 “十一五”期间首都教育改革与发展的主要措施（略）

北京市教育委员会
北京市发展和改革委员会

北京市“十一五”时期教育发展规划监测评估报告（摘要）

“十一五”以来，我市教育系统在市委、市政府的高度重视和坚强领导下，在全社会的大力支持下，深入贯彻落实科学发展观，坚持教育优先发展，全面推进《北京市“十一五”时期教育发展规划》（以下简称《规划》）的落实。目前我市大部分教育事业发展指标已达到预定目标，各级各类教育健康稳定发展，教育体制改革迈出新的步伐，教育对社会的贡献力持续增强，教育保障机制更加完善，教育规模、结构、质量、效益协调发展的局面进一步形成，率先基本实现教育现代化的发展目标已经实现，教育系统对于全面实现“新北京新奥运”战略构想做出了巨大贡献。

一、主要事业发展目标基本实现

2006年以来，围绕率先基本实现教育现代化总体目标，我市全面推进教育优先发展科学发展，教育事业持续稳定发展，《规划》确定的主要事业发展目标基本实现。

教育普及水平全面达到《规划》预定目标。2009年学前三年毛入园率达到90.3%，0～3岁婴幼儿接受早期教育率为90%；小学净入学率为100%，初中毛入学率为112.2%，高中毛入学率超过98%，高等教育毛入学率达到59%，高考录取率为80%。

人口整体素质进一步提升。2009年每十万人口在校大学生数达6410人；新增劳动力平均受教育年限达到14年，6岁及以上人口平均受教育年限达10.99年左右，由于“十一五”以来我市常住人口规模持续大幅增加，给人口整体素质提高带来较大压力，这两项数量性指标要达到规划预定目标还有一定难度。

财政性教育投入持续增长。我市地方财政性教育经费由2005年的211.88亿元增长到2008年的383.31亿元，增长了81%，同期财政性教育经费占GDP比重也由3.08%提高到3.65%，但尚未达到“十一五”规划预定的4%以上的目标。

教育系统人力资源优势显著。截至2008年底，北京地区高校共有两院院士182人，占全国高校的1/3；国家杰出青年基金获得者189人，占全国高校的1/4；有长江学者377人，占全国高校的1/3；获得国家基础研究创新群体36个，占全国高校的1/3。

“十一五”时期北京教育事业发展主要指标

指标		2005年	2009年	“十一五”预定目标
教育普及	学前三年毛入园率	87.9%	90.3%	90%
	0～3岁婴幼儿接受早期教育率	80%（2007）	90%	85%
	小学净入学率	99.9%	100%	100%
	初中毛入学率	118.2%	112.2%	100%
	高中毛入学率	98%（2006）	＞98%	100%
	高等教育毛入学率	53.0%	59%	60%左右
	高考录取率	＞70%	80%	70%左右
人力资源	每十万人口在校大学生数	6580	6410	—
	6岁及以上人口平均受教育年限	10.7	10.99（2007）	12年
	新增劳动力平均受教育年限		14（2007）	15年左右
	从业人员平均受教育年限	11.5	—	12年
教育投入	财政性教育经费占GDP比重	3.08%	3.65%（2008）	≥4%

教育总体规模平稳增长。2009年我市教育总人口354.4万人，占常住人口（1755万人）的20.2%，比2005年增长了9.7%。从各级各类教育具体规模来看，学前教育呈现机构减少，在园幼儿显著增加的特征；中小学校呈现出机构减少、户籍在校生持续减少、非户籍在校生持续增加的特征；中等职业学校呈现出机构和在校生规模双减少的特征；普通高校在校生规模稳中有升，民办高等教育机构数有所增加，但在校生规模下降。

“十一五”时期北京教育规模统计

指标		2005年	2009年	增减数量	增减幅度
全市教育	教育人口总数（万人）	323.0	354.4	31.4	9.7%
	教职工数（万人）	31.5	33.0	1.5	4.8%
	各级各类学历教育在校学生（万人）	291.5	321.4	29.9	10.3%
学前教育	幼儿园（所）	1358	1253	–105	–7.7%
	在园幼儿（万人）	20.2	24.8	4.6	22.8%

续表

指标		2005 年	2009 年	增减数量	增减幅度
小学	学校数（所）	1403	1160	−243	−17.3%
	在校生（万人）	68.5	64.7	−3.8	−5.5%
	本市户籍学生（万人）	49.5	39.6	−9.9	−20.0%
	外省籍学生（万人）	19.1	25.1	6.0	31.4%
初中	学校数（所）	404	342	−62	−15.3%
	在校生（万人）	37.4	31.9	−5.5	−14.7%
	本市户籍学生（万人）	32.2	25.3	−6.9	−21.4%
	外省籍学生（万人）	5.2	6.6	1.4	26.9%
普通高中	学校数（所）	335	305	−30	−9.0%
	在校生（万人）	28.6	20.3	−8.3	−29.0%
	本市户籍学生（万人）	27.8	18.9	−8.9	−32.0%
	外省籍学生（万人）	0.85	1.4	0.6	64.7%
中等职业教育	学校数（所）	186	157	−29	−15.6%
	在校生（万人）	27.0	21.8	−5.2	−19.3%
	普通中专学校数（所）	52	36	−16	−30.8%
	普通中专在校生（万人）	11.6	7.5	−4.1	−35.3%
	成人中专学校数（所）	14	12	−2	−14.3%
	成人中专在校生（万人）	1.2	2.1	0.9	75.0%
	职业高中学校数（所）	75	66	−9	−12.0%
	职业高中在校生（万人）	8.1	6.6	−1.5	−18.5%
	技工学校数（所）	45	43	−2	−4.4%
	技工学校在校生（万人）	6.1	5.6	−0.5	−8.2%
普通高校	学校数（所）	79	88	9	11.4%
	在校生（万人）	67.8	75.8	8.0	11.8%
	部属高校（所）	36	36	0	0.0%
	部属高校（万人）	40.7	44.9	4.2	10.3%
	市属高校（所）	43	52	9	20.9%
	市属高校（万人）	27.1	30.9	3.8	14.0%
民办高等教育	机构数（所）	60	80	20	33.3%
	在校生（万人）	22.9	20.9	−2.0	−8.7%

说明：1. 2005 年的“教职工数”由全市各级普通学校的教职工数、成人高校的教职工数和民办的其他高等教育机构的教职工数相加得到，2005 年的“各级各类学历教育在校学生”由全市各级普通学校在校生、成人本专科在校生、网络本专科在校生、在职人员攻读博士硕士学位在校生、学历文凭考试在校生相加得到；

2.“普通高校在校生数”包括普通高校在校本专科生和在学研究生

二、各级各类教育取得长足进展

1. 学前教育普及水平大幅提升

学前教育普及率进一步提高。0 ~ 3 岁幼儿教育普及率显著提高。2006 年开始启动新生儿免费早期教育卡活动，0 ~ 3 岁幼儿可在早期教育示范基地接受免费教育，截至 2009 年年底全市早期教育示范基地达 280 个，2009 年 0 ~ 3 岁婴幼儿接受早期教育率达到 90%。学前三年教育全面普及。各级政府持续加大对学前教育的扶持力度，在满足本市户籍适龄幼儿入园需求的基础上，进一步将普及口径扩展为常住人口，针对外来人口增长造成学前教育资源不足的现状，2009 年市财政投入 3000 万元在全市幼儿园扩班 300 个，增加了近 1 万个学位。目前，我市已全面普及学前三年教育，毛入园率由 2005 年的 87.9% 提高到 2009 年的 90.3%。

农村学前教育获重点扶持。通过改善办园条件、培训师资、结对帮扶等手段促进农村学前教育发展。2008 年和 2009 年，市财政投入重点改善了 120 所乡镇中心园的办园条件。通过举办院长和教师的培训班，全面提高农村幼儿园的管理水平和保教水平。开展市级示范幼儿园与农村乡镇中心园“手拉手”活动，到 2009 年共形成 70 对“手拉手”姊妹园。区县政府不断加大对农村学前教育的保障力度。2008 年顺义区、房山区、大兴区将乡镇中心园纳入政府财政投入范围，昌平和通州等区县也将跟进，为农村学前教育可持续发展奠定了坚实的基础。

学前教育质量有所改善。我市通过完善幼儿园级类管理和强化园本教研活动，引导和推动学前教育质量的提升。尝试逐渐将全市幼儿园纳入级类管理，持续开展示范幼儿园的评审工作，截至 2009 年年底，市级示范幼儿园已达 70 所。积极推进园本教研制度建设，不断提高园所教科研水平，带动教育质量的提高。

2. 基础教育实现均衡与优质良性互促

义务教育均衡化成效渐显。（1）区域差距显著缩小。以小学规范化建设工程为平台，合理调整小学教育布局，优化教育资源配置，优先支持城区薄弱学校和农村完全小学实现办学条件达标，全面促进了小学教育均衡发展。以初中建设工程为抓手，重点支持纯初中校和农村校办学水平的提升，2005 年到 2008 年，全市初中建设工程共投入专项经费 107.3 亿，目前全市基本完成初中学校布局调整任务。全市初中学校和近半数小学已达新颁《北京市中小学办学条件标准》。干部教师队伍建设得到明显加强，教育教学质量稳步提高，学生和家长对初中教育满意度逐年提高。（2）城乡一体化进一步推进。实施农村义务教育工程，切实加大对农村义务教育的扶持。每年新增教育经费的70%用于农村教育；在山区新建、改建123所寄宿制中小学，山区小学由500所合并为357所；在11个远郊区县建设了24所名校分校，总投资13.6亿元；投入20亿元加强信息化建设，农村中学实现“班班通”，学生平均10人一台计算机，教师每人一台计算机；2008年，市财政投入专项资金为180校次农村寄宿制中小学改善后勤设施，并为140所农村寄宿制中小学配备生活用车；2009年重点改造了300所农村中小学2800间教师宿舍。市教委每年选派1000名城镇优秀教师和1000名大学毕业生到农村全职支教，选派一批优秀骨干教师、特级教师到农村兼职支教。坚持开展“城乡百对学校手拉手”活动，鼓励高校对口支援远郊区县中小学，推动名校到远郊区县办分校。通过调整学校布局、改善办学条件、加强信息化建设、培训教师等多种方式，明显缩小了城乡差距，加速了城乡教育一体化进程。

素质教育实现新突破。（1）义务教育新课程体系初步建立。以课程改革为切入点，通过设立专项、区域推进、专家引领、全程监控，现已初步形成符合素质教育要求、具有首都特色的义务教育新课程体系，素质教育理念贯穿义务教育全过程。（2）普通高中新课程改革深入推进。我市于2007年正式启动普通高中新课程改革。新课改以全面贯彻素质教育思想、全面提高教育质量为核心，在五个方面有所突破，即重建高中课程内容，构建科学合理的课程结构，建立学生自主选课的相关制度，建立新的高中课程评价体系，赋予学校课程自主权。目前，初步实现了课程设置、教材选用、教师培训、综合素质评价等目标。新高考方案现已正式颁布，标志着新课程改革进入了新阶段。（3）重视改善学生身体素质。要求学生“每天锻炼一小时”，广泛开展阳光体育运动并探索长效机制。将“国家学生体质健康标准”作为评价学生全面健康发展的重要指标，将体育测试成绩纳入市“三好学生”评选标准。不断提高学生体质健康在学生综合评价中的地位。（4）重视提高学生艺术素养。每年举办学生艺术节，为师生搭建艺术实践和审美体验的平台。继续组织开展高雅艺术进校园和民族艺术进校园活动，近百万大中小学生观赏到高水平艺术表演。2008年积极推进艺术课程改革，选择10个区县22所中小学开展京剧进课堂改革试点。通过开展丰富多彩、健康向上的艺术教育，提高了学生的综合素质。（5）拔尖创新人才培养试验顺利推进。2008年创建了北京青少年科技创新学院，启动翱翔计划，每年都将选拔一批高中生进入高校、科研院所实验室参与课题研究。通过“实现学员与大学实验室对接，让学员在科学家身边成长”，积极探索创新人才培养新模式。2008年确定了物理等五个研究领域，确立首批基地学校，向首批132名学员开放了14所高校36个国家重点实验室，目前首批学员已结业。

3. 职业教育的社会适应性不断增强

资源统筹不断加强。（1）整合资源组建职教集团，更好地为首都现代化建设服务。2009 年，我市在首都经济社会重点发展的行业和区域领域相继组建北京交通职教集团和昌平职教集团，这将积极促进职业教育与行业发展的紧密结合，促进中高等职教育相互衔接，职前教育职后培训相互沟通，为北京市的产业结构调整和市场需求培养更多的实用型人才。（2）继续推进职业学校布局调整。根据首都经济社会发展、技能型人才培养需求，通过规划和经费投入等调控手段，进一步加大资源重组、资产盘活的力度，推进全市中等职业学校结构布局调整，在保证教育资产不流失的前提下，使优质教育资源继续向重点学校集聚。2009 年中等职业学校数已由 2005 年的 186 所减少到 132 所，重点支持 73 所国家级和市级重点中职学校建设。（3）积极发展高等职业教育。组建新的北京电子科技学院，加快亦庄职教园区建设。批准筹建国航职业技术学院。成立北京体育高等职业学院。目前我市高职院校已达 23 所，重点建设了 6 所国家级高职示范校和 6 所市级高职示范校，形成了高职发展的骨干队伍。

教育教学改革持续深化。（1）专业结构布局调整初见成效。结合我市经济社会发展、区域功能定位和产业结构状况，围绕提高职业教育的社会服务能力，继续调整职业学校专业结构。电子信息、生物工程与新医药、光机电一体化、新材料、环保与资源综合利用等高新技术专业，以及现代服务与新兴第三产业专业成为发展重点，高污染、高耗能、劳动力密集产业的专业将逐渐被淘汰。（2）课程改革持续推进。采取校企合作共同开发职教课程、专业教学标准与职业资格标准相衔接的方式，积极探索构建“工作过程导向”的中等职业教育课程模式。截至 2009 年，已制定了 17 个专业的教学指导方案和核心课程标准，确立了 41 个课改实验项目。（3）积极探索人才培养新模式。探索多种方式促进中高职教育间的衔接沟通以及职业教育以就业为导向的人才培养模式。组织部分院校开展“3+2”中高等职业教育衔接沟通模式研究。在全市中等职业学校中开展“工学结合、半工半读”人才培养模式实验和“技能＋基础”成人中等学历教育模式的改革试点工作。推进高职产学结合和“双证书”教育试点，在部分高职院校实行“单免”试点。

实习实训基地建设取得实质性进展。实施北京市级示范性高等职业教育实训基地建设计划，研制评分指标体系评审市级示范性实训基地，在深化教育教学改革、创新人才培养模式、建设高水平师资队伍、提高社会服务能力和凝练办学特色等方面发挥了示范作用。实施“职业教育实训基地建设工程”，加强重点专业实训基地建设，确定了25个市级重点建设高职实训基地，仅2006年就安排预算近2亿元用于基地建设，重点提高了10个实训基地的装备水平。指导学校拓展实训基地教学服务功能，北京交通学校、昌平职业学校等学校建成一批集教学实习、生产实践、技能鉴定和经营服务于一体的实训基地。

4. 高等教育综合实力稳步提升

资源统筹力度持续加大。进一步统筹在京中央院校和地方院校资源，统筹首都各类高等教育资源。不断创新高校共建模式，大力推动在京中央高校与市属高校的合作共建，引导和支持22所高校签订结对共建协议。积极做好高校的调整合并、划转接收工作，2009年落实北京市化工学校和北京市医药器械学校并入北京联合大学的工作。对于新建院校，严格学校设置程序，2005—2009年市属高校新增9所，其中批准设立独立学院5所。继续推进良乡、沙河高教园区建设。继续推进学院路、中关村教学共同体建设，互开选修课程、跨校辅修专业，学院路教学共同体成立11年来，开设了涉及文学、艺术、体育、医学、自然科学等学科领域的校际公共选修课1200多门次，参加学习的学生已超过11万人次，通过教学资源共享，实现了校际间的学科优势互补。

高等教育质量全面提升。通过“本科教学质量与教学改革工程”提高本科教学质量。通过评选和建设精品课程、优秀教学团队和教学名师队伍，组织校外人才培养基地、实验教学示范中心、人才培养模式创新试验区建设等途径，不断巩固质量工程建设成果。以高等教育教学成果奖评选为抓手，进一步提高高等教育教学质量。2009年我市推荐的109项教学成果分获国家级教学成果特等奖和一、二等奖。认定北京燕山石油化工有限公司等59个京内外单位为高等学校市级校外人才培养基地，帮助学生实现从学习到就业的“零过渡”。通过“科学技术与研究生教育创新工程”提高研究生培养质量。制定实施研究生教育创新计划，鼓励和支持跨学科联合、产学研联合、国内外联合的培养模式。进一步扩大产学研联合和国内外联合研究生培养基地的建设，2008年遴选出20所高校承担产学研联合、国内外联合的研究生培养基地，积极探索高层次人才培养的新途径，全面推动研究生培养质量的提高。开展学科群建设，在为首都社会经济发展服务、整合研究资源为政府部门献计献策以及提高科研实力和人才培养质量等方面均取得可喜成绩。学科与专业结构调整步伐加快。为适应北京经济建设和社会发展的需要，全面提升高校办学层次、水平和特色，我市积极推进高校学科专业建设和结构调整，重点突出特色专业、新办专业与紧缺专业建设。发展新兴学科、边缘学科、交叉学科、应用学科及专业，重点支持十大高新技术类专业的建设。进一步优化人文社会科学学科专业结构，重视其与自然科学、技术科学的结合。加快培养急需的金融、贸易、法律等学科专业人才。目前我市共有 400 个专业被评为市级特色专业建设点。2008 年遴选设置了 347 个市重点学科和重点建设学科，突出了各校的办学特色。2010 年，我市开创性地开通高等学校特色专业建设平台和专业发展与预警平台，对北京地区高等学校构建合理的学科专业结构，形成主动适应经济结构战略性调整的专业建设新机制以及推进高等教育和基础教育之间的衔接都具有重要意义。高等教育质量保障体系建设不断完善。近年来，我市持续开展并不断完善高等学校教学质量定期评估制度和高等教育质量年报制度。每年编辑出版《北京高等学校质量报告》，自 2008 年开始编纂《北京高等职业教育发展年度报告》。2010 年开始建立北京高等学校继续教育质量年度报告制度，开发并不断完善北京高等学校继续教育状态数据库，建立北京高等学校继续教育信息共享机制。

高校科技创新能力明显增强。启动实施北京市高校工程中心建设，探索高校科技与经济结合的新机制。2009 年增设了约 20 个工程中心，主要涉及电子信息、节能环保、生物医药等领域，在动力电池及化学能源材料、轨道交通 CBTC 系统、中药质量控制技术、污染水体源控制与生态修复等方向上重点进行研究，各高校与北汽福田、北京建工集团、同仁堂药业集团等大型企业合作，为实现企业产业结构的优化升级提供技术服务，探索高校科技与经济结合的新机制。加强科研基地建设，提高自主创新能力。截至 2008 年底，北京高校有国家实验室 4 个，占全国高校的 36%；有国家重点实验室 39 个，占全国高校的 28%；有国家工程研究中心 9 个，占全国高校的 1/5。此外，还建设了 72 个北京市重点实验室和 24 个大学科技园，其中 13 家为国家级大学科技园。同时，积极为科研人员提供良好的科研条件，使重点科研基地真正起到科学研究中心、人才培养中心、学术交流中心的作用，走在本学科领域的学术前沿，在提高自主创新能力上实现新突破。实施高新技术产业化工程，构建北京高校科技创新体系。积极发挥大学科技园、北京市技术转移中心的作用，促进高校科研成果的转化和产业化，不断增强北京高等学校对首都经济建设和社会发展的服务能力。2007 年共支持 9 个技术转移中心建设项目、9 个大学科技园孵化孵育项目和 38 个发明专利实施转化项目。2009 年投入 3000 余万元共建经费支持中央在京高校科技成果转化。组织推荐了北京大学等 15 所高校参与中关村国家自主创新示范区股权激励改革试点，积极推进自主创新配套改革，构建北京高校科技创新体系。截至 2009 年底，北京地区高校共签订技术转让合同884项，总金额达7.74亿元。

高校毕业生就业工作顺利推进。（1）全力推进大学生就业指导和服务工作。为了做好高校毕业生就业工作，市教委2007年启动北京地区高校示范性就业中心建设工作，到2010年共评选出36个示范性就业中心。同时，大力加强毕业生就业工作信息化建设。建成了“北京高校毕业生就业管理平台”、“北京高校毕业生就业服务平台”、“北京高校毕业生就业短信平台”，强化了对毕业生就业工作的指导与服务。通过与各省（市、区）毕业生服务机构网站链接，提供各省（市、区）的就业政策、接收毕业生手续流程和联系方式，为高校和毕业生提供方便。2009年又投入专项经费加强北京高校毕业生就业指导中心建设，探索构建更加完善的高校毕业生就业工作体系。“十一五”期间，在毕业生总量逐年增加的情况下，北京高校毕业生就业率保持了较高水平，平均达93%以上，2010年全员初次就业率达到95.9%。（2）鼓励毕业生多种形式就业。继续实施“志愿服务西部计划”和“首都大学生基层志愿服务团”，积极配合有关部门落实选聘高校毕业生到社区、到农村基层工作、选聘优秀高校毕业生参与国家重大科研项目研究等政策措施，积极鼓励、引导毕业生到一线就业、到基层就业、到艰苦岗位就业，鼓励毕业生开展自主创业。2009年北京地区7297名毕业生到西部地区就业，17939名毕业生到基层就业。

5. 学习型城市建设初见成效

学习资源建设水平大幅提升。加强网络学习资源建设，充分利用现代信息技术手段开展终身学习服务。2007年建立了北京学习型城市网站，并不断完善网站学习资源，拓展学习服务功能，开发网上注册、学习成果评价、学习成果积累等功能。2009年共开发课程1100集，点击率达80万人次以上，为市民个性化学习提供有效服务。逐渐开放公共教育资源。市政府积极促进体育设施硬件达标的学校向社会开放，目前40%的中小学体育场馆以不同方式向社会开放；同时部分学校的图书馆等资源也在一定程度上向社会开放。

学习型组织建设深入推进。指导推动区县、行业、部门和单位开展学习型组织创建工作。举办“学习型组织理论与实践”培训班，对基层骨干分层次、分类别进行培训。组织专家深入区县和企事业单位宣传普及学习型组织和终身教育理论，指导基层结合区域和单位实际，有针对性地制定规划，开展学习活动。充分发挥评估的引导和促进作用，推动基层单位广泛开展创建实践，涌现出一批特色鲜明的先进典型。

市民终身学习积极性日益提高。终身学习载体不断丰富，形式灵活多样。大力开展“干部在线学习”、“国子监大讲堂”、“北京周末社区大讲堂”、“首都市民大讲堂”、“市直机关学习大讲堂”、“首都科学讲堂”、“益民书屋”等一系列活动，打造“首都市民学习品牌”。为促进市民参与终身学习，我市还积极探索学分银行制度建设，依托部分社区学院，开展市民终身学习成果认证试验。伴随着学习氛围的营造和学习条件的优化，市民的学习积极性不断提高，逐步由“要我学”向“我要学”转变。2008 年各区县、各行业部门共开展各类成人教育培训 780 万人次，有近 60% 的市民参加各类教育培训活动，为提高市民的科学文化素质、思想道德素质和就业创业技能做出贡献。

农村成人教育进一步加强。(1) 加强郊区农村成人教育基础设施建设。着力改善区县、乡（镇）、村三级成人教育基地办学条件，2008 年在 10 个郊区县重点支持 10 个农业实用技术实训基地建设工作。进一步完善区县、乡（镇）、村三级数字远程教育网络建设，充分利用信息技术手段，开展农民远程教育活动。为部分郊区县职业学校和乡镇成人学校配备了农民流动课堂车，开展送教下乡活动。目前全市共建成 45 所办学示范性乡镇和村成人学校。(2) 加大农村成人培训力度，为新农村建设和郊区现代化建设服务。实施新型农民培养行动计划，动员各中职学校和成人学校，开展实用技术和农村劳动力转移等各类教育培训，努力提高农民综合素质，2008 年共培训农民（含农村居民）40 万人次以上，包括农村劳动力转移与就业培训 4.5 万人，其中 1 万多人实现了转移就业。2009 年分别举办多期农村经济合作组织带头人培训班、农业科技致富带头人培训班和农村巧娘工作室带头人培训班，共有 5000 余农民接受了培训。有力地推进了首都郊区新农村建设。

6. 民族教育逐渐办出特色

我市高度重视民族教育工作，以民族团结教育工作为主线，以办好民族学校为重点，在政策和投入上不断增强对民族教育的扶持力度。一是优化资源配置，改善民族学校的办学条件，推进民族学校信息化建设；二是不断提高民族学校干部教师队伍整体素质；三是在各级各类学校中广泛开展民族团结教育；四是发挥北京地区资源优势，积极开展面向西部地区的教育合作与交流，办好内地西藏班（校）和内地新疆高中班。

通过举办民族学校校长高研班，开展北京市民族团结教育示范学校评选活动等努力，民族教育逐渐办出了特色。目前，已有通州潞河中学、北京农大附中等 6 所学校招收内地新疆高中班。2009 年，我市少数民族学校在校生已达 1718 人。

7. 特殊教育水平不断提高

我市通过加大政策倾斜和统筹力度，进一步建立健全支持保障体系，加强特教师资队伍建设等措施推动特殊教育事业发展。大幅度提高基础教育学段特殊教育学校生均公用经费标准，由原来的2200元提高到4500元。通过扶残助学送教上门等方式满足因重度残疾无法上学的学生接受义务教育的需求。在实施绩效工资的基础上给特教学校教师增设每人每月300元的岗位津贴。

我市特殊教育水平不断提高。目前，全市共有特教学校24所，其中高等特教学校1所，基础教育阶段特教学校23所，在校生3704名，另有5644名残疾学生在1109所普通中小学随班就读。特殊教育的入学率始终保持在全国领先水平。大力推进残疾幼儿随班就读工作，2006年投入2500万元为14所早期干预试点幼儿园和23所特殊教育学校配备教学和康复设备，使特殊需求儿童受教育水平不断提高。

8. 未成年人和大学生思想政治教育和校外教育取得新进展

未成年人德育工作扎实推进。我市坚实“育人为本，德育为先”，不断完善德育工作制度，充分发挥学校和课堂的主渠道作用，丰富和创新德育形式，推动未成年人德育工作扎实有效地开展。一是在中小学通过建章立制明确了校长是德育工作第一责任人，并要求学校党政工团、少先队形成育人合力，形成了德育管理体系和工作机制。把学校作为德育主阵地，把课堂作为主渠道，以基础教育课程改革为契机，加强德育与新课程改革的整合。充分挖掘各学科蕴含的德育资源，重视学生情感、态度、价值观的培养和发展，进一步丰富了课堂教育的育人内涵。二是配合课堂教育，以“学会做人、全面发展”为核心，以社会大课堂、“我爱我的祖国”、“文明礼仪伴我行”、“寻找青年榜样”、参与国庆六十周年游行表演等生动活泼的主题教育活动为载体，不断深化德育内涵、拓宽德育外延，学生的公民基本道德素养、文明习惯与礼仪素养、诚信素养等明显提高。

大学生思想政治工作不断创新。深化十七大精神“进课堂、进教材、进学生头脑”工作，实施首都大学生思想政治教育重点工程。积极搭建研究生思想政治教育工作平台，建立研究生实习实践与创新创业基地。对高校辅导员开展发展辅导、心理咨询等专业培训。2009年积极组织开展大学生国庆60周年志愿服务活动，首都师生的精神风貌得到社会各界一致好评。大学生心理健康教育不断加强。通过开设心理素质教育必修课程，努力把心理健康知识覆盖到每一名学生。加强心理专业教师队伍建设，完善心理危机应对工作体系。根据《北京高校学生心理素质教育工作建设和评估标准》对学校工作进行督查。每年举办首都大学生心理健康节，通过心理健康知识宣讲、校园心理情景剧展演、心理素质拓展定向越野赛等活动不断增强大学生心理素质。

校外教育健康发展。校外教育工作保障机制和管理机制不断完善。2008 年颁布实施《北京市校外教育机构工作规程》，将校外教育工作纳入各级政府督导体系，并首次聘请了校外教育督学。2009 年开始研究起草《北京市校外教育条例》，启动制定《北京市校外教育机构办学条件标准》。校外教育资源日益丰富，校内外教育衔接更加有效。目前我市共有 196 个校外教育协会会员单位，92 个公益性青少年校外活动基地，并积极推进北京市新少年宫的建设。此外，每年还坚持开展“阳光少年行动”、市学生校外艺术节等一系列主题活动，深受广大青少年学生欢迎。

三、体制改革稳步推进（略）

四、教育对社会的贡献力持续增强（略）

五、保障措施扎实到位（略）

六、总体评价

总体而言，“十一五”时期，首都教育事业继续保持健康稳定的发展势头，“规划”确定的发展目标和主要任务得到了较好的完成，教育普及程度进一步提高，各级各类教育全面发展；教育公平迈出了新的步伐，教育的普惠性更加显著；教育质量全面提升，素质教育不断得到加强；教育开放不断扩大，教育的国际影响力持续提高；教育投入保障水平大幅提升，各级各类学校的办学条件有了新的改善。总之，“十一五”时期首都教育规模、结构、质量、效益协调发展的局面进一步形成，教育系统对于全面实现“新北京、新奥运”战略构想做出了巨大贡献，率先基本实现教育现代化的发展目标已经实现。我市教育整体发展水平在全国继续保持领先地位的同时，在一系列国际可比的主要定量指标上，已超过中等发达国家的平均水平，部分指标已接近或达到发达国家平均水平。首都教育现代化事业已站在一个新的历史起点上。

2008 年北京教育事业发展若干指标的国际比较统计表

国家	学前教育毛入学率（%）	小学净入学率（%）	中学毛入学率（%）	高等教育毛入学率（%）	成人识字率（%）	小学生师比
中等发达国家	64	94	90	43	93.5	22
发达国家	79	95	100	69	98.98	16.4（OECD 平均）
北京	124	100	初中 112.2 普通高中 98	57	96.89	13.54

当然，也必须清醒地认识到，面对全面实现首都现代化和建设世界城市的新形势新要求，我市的教育在发展理念、教育质量和制度建设方面还不适应经济社会发展和人民群众的需要，与世界一流的现代化教育体系相比还存在明显差距，首都教育现代化建设还面临诸多挑战。面对新形势新要求，“十二五”时期首都教育必须全面贯彻全国教育工作会议精神，瞄准世界城市建设，优先发展教育，实施首都教育现代化战略，以提高教育质量、优化教育结构、促进教育公平为战略重点，全面提高首都教育现代化水平，全面推进“人文北京、科技北京、绿色北京”建设，努力在率先在全国实现教育现代化的进程中取得新进展。

（执笔人：周彤、雷虹、刘钧燕）

2010年北京市教育委员会保留的行政规范性文件一览表

序号	文件标题	文件号	颁布日期
1	关于转发教育部、财政部《关于各级各类学校公办教职工因工负伤致残抚恤问题的通知》的通知	高教人字（79）第14号、市教行字〔1979〕第233号、（79）财行字第799号	1979年11月2日
2	关于试行《北京市幼儿园各类人员工作职责（试行草案）》的通知	市教行字〔1979〕第264号	1979年12月23日
3	关于对各级各类公办教职工因工负伤致残医院作出诊断评定残废等级问题的通知	（80）京卫医字第431号、市教行字〔1980〕第217号、京高教人字（80）第40号	1980年10月3日
4	关于颁发《北京市中小学、幼儿园教职工请假试行办法》的通知	京教人字〔1983〕第17号	1983年7月25日
5	关于认定教师进修学校中师进修班毕业学员学历问题的通知	京教师字〔1986〕第6号	1986年5月20日
6	关于我市市立幼儿园、保育员在寒、暑假期间实行轮流休假制度的通知	京幼教字〔1987〕第5号	1987年7月1日
7	关于印发《关于对从事普教工作满三十年的教育工作者在退休后给予奖励的实施办法》的通知	京人工字（1987）第32号、京教人字〔1987〕第34号	1987年7月31日
8	关于颁发《北京市幼儿园教职工职业道德规范》的通知	京教幼字〔1987〕第9号	1987年9月21日
9	转发市政府侨务办、市高教局《转发〈关于归侨侨眷自费出国留学有关问题的补充通知〉的通知》的通知	京教人字〔1988〕第1号	1988年1月11日
10	对《关于从事普教工作满三十年的教育工作者在退休后给予奖励的实施办法》的修改意见的通知	京教人字〔1988〕第30号、京人工〔1988〕第36号	1988年6月24日
11	北京市中小学学生学籍管理办法	市教育局通告1990年第1号	1990年2月16日
12	转发国家教委《转发财政部、民政部〈关于全民所有制事业单位工作人员因公负伤致残抚恤问题的通知〉的通知》的通知	京教人字〔1990〕第1号	1990年2月9日
13	关于转发市高教局、劳动局、人事局《关于转发国家教育委员会、劳动部、人事部〈关于博士生和在职人员考取硕士生学习期间工龄计算问题的通知〉的通知》的通知	京教人字〔1990〕第12号	1990年4月28日

续表

序号	文件标题	文件号	颁布日期
14	关于《对〈关于对从事普教工作满三十年的教育工作者在退休后给予奖励的实施办法〉的修改意见的通知》的补充通知	京人退字〔1990〕第7号	1990年8月13日
15	关于提高特殊教育学校教职工和普通学校附设特教班专任教师补贴费标准的通知	京教人字〔1990〕第50号	1990年10月30日
16	关于印发《北京市小学学生学业成绩考核办法》的通知	京教小字〔1991〕2号	1991年3月11日
17	关于印发《北京市中学学生学业成绩考核管理办法》的通知	京教中字〔1991〕第5号	1991年3月6日
18	关于印发《北京市高等学校贯彻〈学校卫生工作条例〉实施办法（试行稿）》的通知	京高教体卫字〔1991〕第14号	1991年9月30日
19	关于转发国家教育委员会《关于全国教育系统进一步加强语言文字规范化工作的通知》的通知	京教办字〔1992〕1号	1992年1月16日
20	关于开展农村乡（镇）中心幼儿园达标验收工作的通知	京政文教〔1992〕16号	1992年4月16日
21	关于印发《北京市农村中学校舍规划面积定额（试行）》、《北京市农村小学校舍规划面积定额（试行）》的通知	京教财字〔1992〕第12号	1992年5月21日
22	关于调整市立幼儿园工作人员轮流休假时间的通知	京教幼字〔1992〕第5号	1992年6月27日
23	关于北京市普教系统进一步加强汉字规范化工作的通知	京语办〔1993〕7号	1993年5月14日
24	关于北京市中小学特级教师优诊医疗事宜的通知	京卫医字〔1993〕102号	1993年10月13日
25	关于印发《北京市中小学教师考核试行办法》的通知	京教人字〔1994〕第45号	1994年11月28日
26	关于转发国家语委、国家教委、广播电影电视部《关于开展普通话水平测试工作的决定》的通知	京语办〔1995〕2号	1995年6月20日
27	关于加强学前班管理工作的意见	京教学前〔1996〕002号	1996年4月1日
28	关于颁发《北京市幼儿园、托儿所办园、所条件标准（试行）》的通知	京教学前〔1996〕003号	1996年4月16日
29	关于高等学校系统申请科技成果鉴定有关问题的通知	京教研〔1996〕017号	1996年5月14日
30	关于在全市大中小学宣传贯彻首都市民文明公约和首都市民文明守则的几点意见	京教德〔1996〕005号	1996年5月13日
31	关于规范高等学校升降国旗制度的意见	京教德〔1996〕006号	1996年5月28日
32	关于教育部门向劳动部门办理非农业户口的中学毕（结）业生材料移交手续的通知	京教基〔1996〕074号	1996年9月9日
33	关于对北京市普通高等学校经济困难学生减免学杂费有关事项的通知	京教学〔1996〕060号	1996年11月20日
34	关于印发加强成人高等学校教学管理工作意见的通知	京教成〔1996〕083号	1996年12月20日

续表

序号	文件标题	文件号	颁布日期
35	关于印发北京市中小学校冬季采暖锅炉土暖气及介质炉安全运行管理工作要求（试行）的通知	京教勤〔1996〕044号	1996年12月24日
36	关于印发《北京市贯彻国家教委〈关于加强全国普通高等学校艺术教育的意见〉的实施意见》的通知	京教体美〔1997〕006号	1997年2月15日
37	关于转发《关于转发国家工商局〈关于规范企业名称和商标、广告用字的通知〉的通知》的通知	京语办〔1997〕5号	1997年2月18日
38	关于启用北京地区普通中等专业学校毕业证明书的通知	京教学〔1997〕010号	1997年2月28日
39	关于学前教育机构登记注册的通知	京教学前〔1997〕002号	1997年3月11日
40	关于印发中等职业学校实施健康教育意见的通知	京教职成〔1997〕10号	1997年3月30日
41	关于开展北京市教育事业统计工作质量评估的通知	京教计〔1997〕016号	1997年4月11日
42	关于规范管理北京市成人学历教育收费标准及有关问题的通知	京教成〔1997〕027号	1997年6月27日
43	关于印发《北京市关于外国留学生工作的若干规定》的通知	京教外〔1997〕022号	1997年9月19日
44	关于印发北京市实施小学管理规程意见（试行）的通知	京教基〔1997〕061号	1997年9月29日
45	关于印发北京市中小学教师继续教育工作"九五"计划和2010年规划的通知	京教师〔1997〕029号	1997年10月16日
46	关于印发北京市教育机构聘用外籍教师工作的若干规定的通知	京教外〔1997〕046号	1997年11月21日
47	关于北京地区普通高等院校接受社会资助经济困难学生有关问题的通知	京教学〔1997〕074号	1997年12月10日
48	关于印发北京市中外合作办学审批程序若干规定的通知	京教外〔1997〕052号	1997年12月24日
49	关于北京市实行国家社会力量办学许可证制度有关问题的通知	京教社〔1998〕002号	1998年3月2日
50	关于印发《进一步加强普通学校特殊教育班管理意见（试行）》的通知	京教基〔1998〕020号	1998年3月31日
51	关于印发《进一步加强民族中小学幼儿园工作意见》的通知	京教基〔1998〕021号	1998年4月12日
52	关于印发北京市进一步加强中小学科技教育工作意见的通知	京教艺字〔1998〕008号	1998年8月5日
53	关于对违反师范毕业生服务期制度者追缴专业奖学金和培养费若干问题的通知	京教财〔1998〕018号	1998年9月9日
54	关于印发北京地区学校食品卫生工作几点规定的通知	京教勤〔1998〕004号	1998年9月21日
55	关于印发加快北京市区县社区学院试点工作意见的通知	京教成〔1998〕051号	1998年11月5日

续表

序号	文件标题	文件号	颁布日期
56	关于印发《北京市教育系统分级处理群众上访办法（试行）》的通知	京教办〔1998〕054号	1998年12月23
57	关于印发《北京市属高等学校及市教委直属单位校办产业国有资产管理暂行办法》	京教产〔1999〕002号	1999年1月15日
58	关于印发北京地区高等学校基础课教学实验室评估实施细则的通知	京教备办〔1999〕002号	1999年1月19日
59	关于印发北京市建立初级中学毕业会考制度及改革高级中等学校招生考试制度意见的通知	京教基〔1999〕006号	1999年1月25日
60	关于规范我市基础教育办学体制改革试验工作的通知	京教基〔1999〕015号	1999年3月1日
61	关于印发北京市成人高等学校试行学分制意见的通知	京教成〔1999〕007号	1999年3月1日
62	关于印发示范性普通高中建设工作若干意见的通知	京教基〔1999〕017号	1999年3月2日
63	关于在成人高等学校开设邓小平理论概论课的通知	京教成〔1999〕012号	1999年3月12日
64	关于在京外籍中小学毕（结）业学生毕（结）业证书验印加盖公章的通知	京教外〔1999〕013号	1999年3月18日
65	关于印发实施《北京市教育督导规定意见》的通知	京教督〔1999〕001号	1999年4月28日
66	关于印发提高我市小学教师学历层次调整中等师范学校实施意见的通知	京教师〔1999〕005号	1999年5月31日
67	关于转发普通高等学校招收和培养香港特别行政区、澳门特别行政区及台湾学生暂行规定的通知	京教办〔1999〕039号	1999年7月5日
68	关于北京市试行按新的管理模式和运行机制举办高等职业技术教育的通知	京教计〔1999〕020号	1999年7月19日
69	关于印发加强成人高等教育课程建设意见的通知	京教成〔1999〕036号	1999年7月28日
70	关于印发北京市高等学校防火安全管理规定的通知	京教勤〔1999〕12号	1999年9月14日
71	关于试行北京市自费出国留学中介服务管理办法的通告	京教外〔1999〕068号	1999年11月2日
72	关于印发《北京市中小学接受外国学生管理工作的若干规定》的通知	京教外〔2000〕002号	2000年1月6日
73	关于印发北京市教育委员会进一步推进政务公开意见的通知	京教办〔2000〕003号	2000年1月14日
74	关于印发改革人事分配制度深化学校内部管理体制改革意见的通知	京教人〔2000〕001号	2000年1月19日
75	关于印发加强教师队伍建设的意见	京教师〔2000〕001号	2000年1月19日
76	关于做好中小学骨干教师国家级培训工作的通知	京教师办〔2000〕001号	2000年1月26日
77	关于印发高校幼儿园办园体制改革意见的通知	京教学前〔2000〕001号	2000年2月21日

续表

序号	文件标题	文件号	颁布日期
78	关于在北京市开展来华留学生人身意外伤害和住院医疗保险工作的通知	京教外〔2000〕009号	2000年3月9日
79	关于印发城近郊区中小学接收应届大中专毕业生实行聘用合同制意见的通知	京教人〔2000〕004号	2000年3月15日
80	关于印发北京地区普通高等学校学生勤工助学活动规定的通知	京教学〔2000〕024号	2000年3月27日
81	关于体制改革试点幼儿园及民办幼儿园收费问题的通知	京教财〔2000〕004号	2000年4月12日
82	关于印发北京市全日制中学小学职业高中学校校内机构设置及教职工编制标准试行意见的通知	京编办发〔2000〕2号	2000年5月9日
83	关于改革北京高校普通高等教育学历证书管理办法的通知	京教学〔2000〕037号	2000年5月31日
84	关于印发调整原部委所属院校人事工作会会议纪要的通知	京教人〔2000〕031号	2000年6月14日
85	关于北京市按新的管理体制和运行机制举办高等职业技术教育的补充通知	京教计〔2000〕042号	2000年6月2日
86	关于印发北京市托幼园所分级分类验收标准及细则的通知	京教学前〔2000〕005号	2000年6月21日
87	关于印发幼儿园办园体制改革试点工作意见的通知	京教学前〔2000〕003号	2000年6月22日
88	北京高校后勤实体与学校规范分离指导性标准（试行）	京后改办〔2000〕001号	2000年6月27日
89	关于下放和取消部分行政审批事项的通知	京教办〔2000〕021号	2000年7月10日
90	关于做好我市中小学骨干教师参加国家级骨干培训工作的通知	京教人〔2000〕035号	2000年7月24日
91	印发关于加强市教委直属事业单位管理工作的意见的通知	京教人〔2000〕053号	2000年10月16日
92	关于委托市教育系统人才交流服务中心代缴专业奖学金和培养费的通知	京教财〔2000〕031号	2000年10月23日
93	关于市经委系统中小学划转工作中离退休人员有关问题的通知	京教基〔2000〕083号	2000年11月2日
94	关于印发改革北京市中等职业学校招生学籍管理制度及毕业证书发放办法意见的通知	京教职成〔2000〕9号	2000年11月21日
95	关于印发北京市教育系统基建及修缮工程项目审计办法（试行）的通知	京教审〔2000〕015号	2000年11月24日
96	印发关于深化北京市属（市管）高等学校人事制度改革的实施意见的通知	京人发〔2000〕112号	2000年12月8日
97	关于印发北京市教委直属单位试行会计委派制暂行办法的通知	京教财〔2000〕058号	2000年12月15日
98	关于社会艺术考级有关问题的通知	京教体美〔2001〕1号	2001年1月2日
99	关于印发北京地区普通高等学校北京市级重点实验室认定管理办法的通知	京教研〔2001〕1号	2001年2月15日
100	关于印发北京市（市级）教育行政及事业单位国有资产管理有关规定的通知	京教财〔2001〕2号	2001年2月15日

续表

序号	文件标题	文件号	颁布日期
101	关于印发普通高中毕业会考改革意见的通知	京教基〔2001〕7号	2001年2月20日
102	关于在本市中等职业学校及成人院校中推广全国计算机应用技术证书考试的通知	京教职成〔2001〕8号	2001年3月5日
103	关于成人高等学校实行学分制有关问题的通知	京教高〔2001〕6号	2001年3月12日
104	关于印发北京普通高等学校美育大纲的通知	京教体美〔2001〕11号	2001年3月20日
105	关于印发北京市中小学美育大纲的通知	京教体美〔2001〕10号	2001年3月20日
106	关于对普通话水平等级证书管理办法（暂行）的通知	京普测〔2001〕1号	2001年3月22日
107	关于做好北京市优秀学生评选工作的通知	京教德〔2001〕4号	2001年3月23日
108	关于印发《加快北京市校办企业改革若干意见》的通知	京教办〔2001〕14号	2001年3月29日
109	关于印发推进中等职业学校课程体系整体改革试点工作实施意见的通知	京教职成〔2001〕15号	2001年4月12日
110	关于加强民办学校和教育机构安全管理的通知	京教社〔2001〕10号	2001年4月17日
111	关于调整规范中小学生课桌椅和黑板配置的通知	京教勤〔2001〕9号	2001年4月30日
112	关于印发北京市健康促进学校考核标准（试行）的通知	京教勤〔2001〕10号	2001年4月30日
113	关于加快北京市中等职业学校校园网络建设的通知	京教职成〔2001〕19号	2001年5月9日
114	关于印发《北京市实施〈教育部关于普通高等学校招生监察工作的暂行规定〉细则》的通知	京教监〔2001〕3号	2001年6月7日
115	关于印发对获取县级以上见义勇为荣誉称号人员在招生录取中给予照顾办法的通知	京教计〔2001〕56号	2001年6月14日
116	关于印发《北京市高等职业教育实训基地管理规程（试行）》和《北京市高等职业教育实训基地验收标准（试行）》的通知	京教高〔2001〕14号	2001年6月21日
117	关于进一步加强寄宿制幼儿园（班）管理的通知	京教学前〔2001〕4号	2001年6月22日
118	关于印发北京市贯彻《〈教师资格条例〉实施办法》的实施意见的通知	京教人〔2001〕24号	2001年7月5日
119	关于印发北京市现代化标志性中等职业学校基本标准的通知	京教职成〔2001〕29号	2001年7月10日
120	关于印发《市属教育机构经营性国有资产监管办法（试行）》的通知	京教办发〔2001〕15号	2001年7月31日
121	关于做好中小学教师工资统一发放工作的通知	京教财〔2001〕42号	2001年8月8日
122	关于加强中小学生预防接种管理工作的通知	京教勤〔2001〕16号	2001年8月23日
123	关于《教师资格证书》管理有关问题的通知	京教人〔2001〕28号	2001年9月19日
124	关于进一步加强高校庭院绿化整治工作的意见	京教勤〔2001〕18号	2001年9月4日

续表

序号	文件标题	文件号	颁布日期
125	关于改革北京地区普通高等学校学生转学、专科生（非高职）转本科报批程序的通知	京教学〔2001〕63 号	2001 年 9 月 8 日
126	关于印发三好学生、优秀学生干部和先进班集体评选办法的通知	京教德〔2001〕10 号	2001 年 10 月 26 日
127	关于迎奥运举办北京市英语口语等级证书培训及考试的通知	京教职成〔2001〕38 号	2001 年 11 月 11 日
128	关于印发《北京市“绿色学校”评价标准》和《北京市创建“绿色学校”暂行办法》的通知	京教德〔2001〕12 号	2001 年 11 月 14 日
129	关于托幼园所取暖期内继续加收保育费的通知	京教财〔2001〕83 号	2001 年 11 月 26 日
130	关于印发《北京市健康促进学校考核标准（大学部分）（试行）》的通知	京教勤〔2001〕24 号	2001 年 11 月 12 日
131	关于加强幼儿园班车安全管理的通知	京教学前〔2001〕6 号	2001 年 11 月 29 日
132	北京市教育委员会印发《北京大运村学生公寓管理办法（试行）》的通知	京教勤〔2001〕29 号	2001 年 12 月 5 日
133	关于印发《中等职业学校设置标准（试行）实施办法》的通知	京教计〔2001〕84 号	2001 年 12 月 14
134	关于印发《北京市教师资格认定体格检查工作实施细则》的通知	京教人〔2001〕49 号	2001 年 12 月 24
135	关于贯彻教育部加强高等学校本科教育工作提高教学质量若干意见的通知	京教高〔2002〕1 号	2002 年 1 月 4 日
136	关于印发《北京地区普通中等专业学校学生学籍管理办法》的通知	京教学〔2002〕1 号	2002 年 1 月 11 日
137	关于印发中等职业学校专业设置管理实施意见补充规定的通知	京教职成〔2002〕3 号	2002 年 2 月 4 日
138	关于印发加强北京地区艺术体育类高等学校外语教学工作若干意见（试行）的通知	京教高〔2002〕4 号	2002 年 2 月 6 日
139	关于印发加强北京高职高专教育教学工作提高教学质量若干意见的通知	京教高〔2002〕5 号	2002 年 2 月 6 日
140	关于普通高等学校港澳台学生修读政治课事项补充规定的通知	京教德〔2002〕5 号	2002 年 2 月 27 日
141	关于实施北京市特级教师行动计划的通知	京教人〔2002〕2 号	2002 年 2 月 27 日
142	关于印发北京市普通高中招生体检标准的通知	京教勤〔2002〕9 号	2002 年 2 月 28
143	关于印发北京市教师资格专家审查委员会组织办法的通知	京教人〔2002〕5 号	2002 年 3 月 5 日
144	关于加强北京市中小学校学生在校集体用餐管理保证食品卫生安全的通知	京教勤〔2002〕11 号	2002 年 3 月 8 日
145	关于加强中小学校内商店规范管理的通知	京教勤〔2002〕12 号	2002 年 3 月 19 日
146	关于进一步加强中等职业学校创业教育课教学工作的通知	京教职成〔2002〕8 号	2002 年 3 月 22 日
147	关于加快北京市属市管高校校园网建设意见的通知	京教研〔2002〕8 号	2002 年 4 月 1 日

续表

序号	文件标题	文件号	颁布日期
148	关于印发北京市中小学、中等职业学校、高等学校教师队伍建设“十五”计划的通知	京教人〔2002〕9号	2002年4月2日
149	关于委托北京市教育技术装备中心承担中小学教学设施设备调拨等管理工作的通知	京教基〔2002〕17号	2002年4月2日
150	关于加强办公学校教育资产管理的通知	京教财〔2002〕16号	2002年4月12日
151	关于北京市幼儿园、中小学、中等职业学校“十五”时期继续教育工作的意见	京教人〔2002〕12号	2002年4月22日
152	关于印发《北京市大学生公寓管理暂行办法》的通知	京教勤〔2002〕29号	2002年4月28日
153	关于印发《北京市工读教育工作暂行规定》的通知	京教德〔2002〕7号	2002年4月29日
154	关于印发《北京市中等职业教育教学成果奖励实施办法》的通知	京教职成〔2002〕15号	2002年5月9日
155	关于建立北京高校教学工作调研检查监督制度的通知	京教高〔2002〕13号	2002年5月10日
156	关于加强对北京市乡镇村成人文化技术学校检查的通知	京教职成〔2002〕18号	2002年5月14日
157	关于加强街道社区教育中心建设的通知	京教职成〔2002〕16号	2002年5月14日
158	关于印发北京市示范性社区教育中心建设标准的通知	京教职成〔2002〕17号	2002年5月14日
159	关于进一步加强北京高等学校高等教育自学考试社会助考管理工作的通知	京教高〔2002〕15号	2002年5月14日
160	关于印发北京市职业高级中学、职业中专、成人中等专业学校学生学籍管理办法的通知	京教职成〔2002〕19号	2002年5月18日
161	关于印发北京市教育委员会科技发展计划项目管理办法的通知	京教研〔2002〕13号	2002年5月20日
162	关于进一步加强北京市中等职业学校校园网建设工作的通知	京教职成〔2002〕22号	2002年5月23日
163	关于北京市高等学校教师“十五”时期培训工作的意见	京教人〔2002〕17号	2002年5月29日
164	关于全面部署、开展语言文字工作评估的通知	京教语〔2002〕1号	2002年5月31日
165	关于印发人文社会科学研究计划项目管理办法的通知	京教研〔2002〕15号	2002年6月6日
166	关于印发市属市管高校北京市重点实验室项目管理办法的通知	京教研〔2002〕16号	2002年6月6日
167	关于印发《北京高等学校高职高专专业设置管理办法》及《北京高等学校高职高专指导性专业目录》的通知	京教高〔2002〕21号	2002年6月11日
168	关于印发《北京市学位委员会工作办法》的通知	京教研〔2002〕21号	2002年6月21日
169	关于进一步做好2002年北京地区普通高等学校毕业生就业工作的通知	京教学〔2002〕11号	2002年6月24日

续表

序号	文件标题	文件号	颁布日期
170	关于在经济技术开发区内社会力量举办学前教育机构由所在地教委办理行政许可手续的通知	京教计〔2002〕66号	2002年6月28日
171	关于贯彻落实《北京市对流动人口中适龄儿童少年实施义务教育暂行办法》的通知	京教基〔2002〕31号	2002年7月2日
172	关于印发市属教育机构国有资产评估项目备案管理办法的通知	京教办〔2002〕19号	2002年7月9日
173	关于印发《北京市区县（市属委办局）实施〈一类城市语言文字工作评估标准（试行）〉细则》的通知	京语办〔2002〕5号	2002年7月22日
174	关于加强高校风味排档经营管理的通知	京教勤〔2002〕30号	2002年7月23日
175	关于印发北京市普通高中招生体检执行细则的通知	京教勤〔2002〕32号	2002年8月20日
176	关于加强中小学接收借读生管理的通知	京教基〔2002〕36号	2002年8月23日
177	关于加强基本建设财务管理的通知	京教建〔2002〕123号	2002年9月19日
178	关于印发《北京市幼儿园、中小学、中等职业学校教师“十五”时期继续教育工作的意见》配套文件的通知	京教人〔2002〕29号	2002年10月25日
179	关于印发《北京市民办高等学校收退费管理办法（试行）》的通知	京教高〔2002〕28号	2002年10月28日
180	印发《关于开展社区0～3岁婴幼儿早期教育意见》的通知	京教学前〔2002〕4号	2002年11月1日
181	关于贯彻落实第五次全国民族教育工作会议精神的意见	京教基〔2002〕35号	2002年11月1日
182	关于社会力量办学和中外合作办学单位聘请外籍专业人员交纳备用金的通知	京教外〔2002〕94号	2002年11月4日
183	关于印发《北京市培养体育后备人才试点中学暂行管理办法》的通知	京教体美〔2002〕26号	2002年11月7日
184	关于进一步加强北京市学生体育竞赛管理及竞赛纪律工作的通知	京教体美〔2002〕27号	2002年11月13日
185	关于进一步完善普通高中毕业会考方案的补充通知	京教基〔2002〕50号	2002年11月18日
186	关于远郊区县基础教育系统新接收实行聘用合同制管理的大中专毕业生有关问题的通知	京教人〔2002〕40号	2002年11月27日
187	关于下放部分高中阶段学校审批权限后办理机构编制审批及法人登记的通知	京教计〔2003〕8号	2003年1月10日
188	关于做好部分高中阶段学校设置审批权限下放后有关工作的通知	京教计〔2003〕11号	2003年1月21日
189	关于下放民办中等职业学校管理权限的通知	京教职成〔2003〕7号	2003年2月11日
190	关于下放中小学生赴境外夏（冬）令营等活动审批权限的通知	京教外〔2003〕12号	2003年2月18日
191	关于印发北京市民办高校教学管理规程的通知	京教高〔2003〕7号	2003年3月3日
192	关于规范普通高等学校定向就业招生工作的通知	京教计〔2003〕21号	2003年3月5日

续表

序号	文件标题	文件号	颁布日期
193	北京市教育委员会关于我市基础教育阶段听力残疾学生免外语听力测试的通知	京教基〔2003〕5号	2003年3月27日
194	关于北京地区高等教育毕业生就业有关问题的补充通知	京教学〔2003〕6号	2003年3月28日
195	关于印发《聘任特约审计员开展内部审计工作办法（修订）》的通知	京教审办〔2003〕2号	2003年4月3日
196	北京市教育委员会关于幼儿园、中小学接收来京投资、创业人员子女借读若干规定的通知	京教基〔2003〕8号	2003年4月18日
197	关于印发北京市教育委员会直属（管）单位校办企业管理办法的通知	京教办〔2003〕16号	2003年4月22日
198	关于印发北京市学生装管理办法的通知	京教办〔2003〕19号	2003年4月25日
199	北京市教育委员会关于印发北京市幼儿园、中小学、中等职业学校教师学科教学带头人、骨干教师选拔和管理暂行办法的通知	京教人〔2003〕15号	2003年5月12日
200	关于印发2003年北京市治理教育乱收费工作意见的通知	京教监〔2003〕1号	2003年5月14日
201	北京市教育委员会关于北京市高等学校教师和专业技术人员“十五”期间教育技术培训和考核工作的实施意见	京教人〔2003〕18号	2003年5月26日
202	转发教育部关于规范并加强普通高校以新的机制和模式试办独立学院管理的若干意见的通知	京教计〔2003〕56号	2003年5月27日
203	关于加强民办幼儿园质量管理的通知	京教学前〔2003〕5号	2003年6月6日
204	关于在体育艺术科技等活动中加强学生安全工作的通知	京教体美〔2003〕16号	2003年6月16日
205	关于加强中小学接收借读生管理的补充通知	京教基〔2003〕22号	2003年6月20日
206	关于印发北京地区高等学校精品课程建设工作实施意见的通知	京教高〔2003〕201号	2003年7月8日
207	关于推进中小学信息技术与学科教学整合的指导意见	京教基〔2003〕29号	2003年7月23日
208	北京市教育委员会关于实施《北京市属（市管）高等学校特聘教授岗位津贴实施办法》若干问题的意见	京教人〔2003〕24号	2003年7月28日
209	关于印发《幼儿园教育指导纲要（试行）》实施细则的通知	京教学前〔2003〕8号	2003年8月19日
210	关于进一步加强北京市示范幼儿园建设与管理的通知	京教学前〔2003〕12号	2003年10月21日
211	关于落实教育部加强依法治校工作若干意见有关事项的通知	京教策〔2003〕7号	2003年10月31日
212	北京市教育委员会、北京市人民政府教育督导室关于进一步规范中小学管理行为的通知	京教基〔2003〕42号	2003年12月16日
213	关于推广应用《北京市中小学办学条件管理系统》的通知	京教基〔2004〕1号	2004年1月6日
214	关于实施北京市中小学及幼儿园校方责任保险工作的通知	京教勤〔2004〕2号	2004年2月6日

续表

序号	文件标题	文件号	颁布日期
215	关于加强学校审批管理工作的通知	京教计〔2004〕8号	2004年2月10日
216	北京市教育委员会关于北京市贯彻《〈教师资格条例〉实施办法》的实施意见的补充通知	京教人〔2004〕6号	2004年2月14日
217	关于全面实施教师资格制度的通告	京教人〔2004〕9号	2004年2月27日
218	关于下放北京地区高等学校优秀毕业生审批权限的通知	京教学〔2004〕4号	2004年3月18日
219	关于印发开展收费审计工作指导意见的通知	京教审〔2004〕2号	2004年3月23日
220	关于建立区县普通话培训测试站的通知	京语办〔2004〕5号	2004年4月10日
221	关于规范幼儿园办学行为加强“兴趣班”管理的通知	京教学前〔2004〕3号	2004年4月22日
222	关于加强原郊区县寄宿制学校医务室建设的通知	京教体美〔2004〕15号	2004年4月22日
223	关于加强北京地区高等学校知识产权工作意见的通知	京教研〔2004〕4号	2004年4月24日
224	关于印发2004年北京市治理教育乱收费工作意见的通知	京教监〔2004〕2号	2004年4月26日
225	关于进一步加强语言文字管理工作的通知	京语办〔2004〕8号	2004年5月12日
226	关于加强中小学生卫生保健机构及学校医务室药品使用管理的通知	京教体美〔2004〕18号	2004年5月26日
227	关于做好民办园年度考核工作的通知	京教学前〔2004〕4号	2004年5月8日
228	北京市教育委员会关于印发《北京市实施教育部〈义务教育课程设置实验方案〉的课程计划（试行）》的通知	京教基〔2004〕13号	2004年6月10日
229	贯彻教育部关于现代远程教育试点学校网络教育毕业生就业工作有关问题意见的通知	京教学〔2004〕5号	2004年6月21日
230	北京市教育委员会关于印发《北京市普通中小学地方教材审定管理暂行办法》的通知	京教基〔2004〕16号	2004年6月29日
231	关于在我市中等职业学校举办成人学历教育有关问题的通知	京教职成〔2004〕23号	2004年7月20日
232	北京市进一步完善市属市管高等学校国家助学贷款工作的通知	京教财〔2004〕73号	2004年9月7日
233	关于九年义务教育阶段学生免交杂费的通知	京教财〔2002〕43号	2004年9月7日
234	关于颁布北京市中小学生守则（修订）、北京市小学生日常行为规范（修订）、北京市中学生日常行为规范（修订）的通知	京教德〔2004〕9号	2004年10月11日
235	关于印发《北京市普通话水平测试管理工作若干规定》的通知	京语办〔2004〕25号	2004年10月12日
236	关于印发《普通话水平测试工作规程细则》的通知	京语办〔2004〕27号	2004年10月12日
237	关于修订北京市示范幼儿园标准的通知	京教学前〔2004〕7号	2004年11月24日
238	关于进一步加强因公护照管理的通知	京教外办〔2004〕9号	2004年12月13日
239	关于安排来京华侨适龄子女接受义务教育的通知	京教基〔2004〕36号	2004年12月30日

续表

序号	文件标题	文件号	颁布日期
240	关于印发《普通高等学校北京市哲学社会科学研究基地建设项目管理办法（试行）》的通知	京教研〔2005〕3号	2005年2月28日
241	关于进一步加强中小学校和幼儿园安全技术防范工作的意见	京教勤〔2005〕3号	2005年3月10日
242	关于改革和加强中等职业学校文化基础课教学的通知	京教职成〔2005〕5号	2005年3月14日
243	关于印发《北京市建立义务教育教学质量年报制度的意见（试行）》的通知	京教基〔2005〕7号	2005年3月15日
244	关于做好安全套售套机选址和安全工作的通知	京教体美〔2005〕15号	2005年4月11日
245	关于印发《北京市中小学校办学条件管理系统应用管理办法（试行）》的通知	京教基〔2005〕11号	2005年4月14日
246	关于加强学校体育工作确保体育安全的通知	京教体美〔2005〕17号	2005年4月26日
247	关于开展创建规范教育收费示范区县活动的意见	京教监〔2005〕4号	2005年4月30日
248	关于印发2005年北京市治理教育乱收费工作意见的通知	京教监〔2005〕3号	2005年4月30日
249	关于切实加强北京市学校卫生工作的通知	京教体美〔2005〕14号	2005年4月7日
250	关于印发普通高等学校教育法制建设的意见	京教策〔2005〕5号	2005年6月2日
251	关于开展高等学校实验教学示范中心建设和评审工作的通知	京教高〔2005〕17号	2005年6月10日
252	北京市教育委员会关于印发北京市属市管高等学校人才强教计划实施意见的通知	京教人〔2005〕19号	2005年6月14日
253	北京市教育委员会关于做好2005年北京市属市管高等学校拔尖创新人才推选工作的通知	京教人〔2005〕20号	2005年6月15日
254	北京市教育委员会关于做好2005年北京市属市管高等学校学术创新团队推选工作的通知	京教人〔2005〕21号	2005年6月15日
255	关于印发北京地区成人高等教育学生学籍管理有关规定的通知	京教学〔2005〕2号	2005年6月20日
256	北京市教育委员会关于做好2005年北京市属市管高等学校中青年骨干教师评选工作的通知	京教人〔2005〕23号	2005年6月24日
257	北京市教育委员会、北京市人民政府教育督导室关于实施初中建设工程的意见	京教基〔2005〕16号	2005年7月5日
258	北京市教育委员会关于做好2005—2006年度城镇教师支援农村教育工作的通知	京教人〔2005〕27号	2005年7月11日
259	关于加强乡（镇）、村成人文化技术学校建设的意见	京教职成〔2005〕15号	2005年7月28日
260	关于印发《北京市提高基础教育教学质量项目申报与管理办法（试行）》的通知	京教基〔2005〕21号	2005年8月21日
261	北京市教育委员会关于印发北京市随班就读资源教室建设与管理的基本要求（试行）的通知	京教基〔2005〕24号	2005年8月31日
262	关于印发北京市教育系统内部审计工作实施办法的通知	京教审〔2005〕2号	2005年9月23日

续表

序号	文件标题	文件号	颁布日期
263	关于加强流动人口自办学校管理工作的通知	京教基〔2005〕27号	2005年9月29日
264	关于印发《规范教育收费示范（达标）区县评价办法（试行）》的通知	京教监〔2005〕7号	2005年9月30日
265	转发教育部学校学生司关于贯彻实施《普通高等学校学生管理规定》有关工作文件的通知	京教学〔2005〕6号	2005年9月6日
266	关于《北京地区成人高等教育学生学籍管理有关规定》的补充意见	京教学〔2005〕7号	2005年9月6日
267	北京市教育委员会、北京市人事局关于印发北京市属市管高等学校教师职务聘任制实施意见（试行）的通知	京教人〔2005〕32号	2005年9月8日
268	关于促进北京市技术转移中心建设和发展搭建北京工业发展智力支撑平台的意见	京教研〔2005〕6号	2005年10月19日
269	关于印发北京市中小学办学条件标准的通知	京教策〔2005〕8号	2005年12月1日
270	关于加强我市外国留学生 外国学生管理和突发案（事）件应急处置基础工作的通知	京政外发〔2006〕2号	2006年1月4日
271	北京市教育委员会转发北京市人事局关于贯彻执行《事业单位公开招聘人员暂行规定》的通知	京教人〔2006〕3号	2006年1月23日
272	北京市教育委员会关于发布《教师资格认定工作有关问题》的通知	京教人〔2006〕4号	2006年3月1日
273	关于积极发展、规范管理高校科技产业的意见	京教办〔2006〕6号	2006年3月8日
274	关于做好学生IC卡月票发行工作的通知	京教勤〔2006〕5号	2006年3月20日
275	关于加强我市文教专家管理工作的通知	京教外〔2006〕7号	2006年3月21日
276	关于加强高等学校语言文字规范化建设的通知	京教语〔2006〕1号	2006年3月22日
277	关于加强农村地区中小学音乐美术教学条件建设的通知	京教体美〔2006〕8号	2006年3月26日
278	北京市教育委员会关于在全市小学教师中开展教师英语口语能力培训的通知	京教人〔2006〕11号	2006年4月25日
279	关于取消附设学前班的通知	京教学前〔2006〕1号	2006年4月4日
280	关于建设节约型学校的实施意见	京教勤〔2006〕8号	2006年4月7日
281	关于印发《初中学生综合素质评价方案（试行）》的通知	京教基〔2006〕9号	2006年5月21日
282	关于印发2006年北京市治理教育乱收费工作意见的通知	京教监〔2006〕2号	2006年5月22日
283	关于颁发《北京市学生金帆艺术团管理办法（暂行）》的通知	京教体美〔2005〕18号	2006年5月23日
284	关于调整内地新疆高中班学生定额经费标准的通知	京教财〔2006〕14号	2006年6月15日
285	关于印发贯彻落实国务院第135次常务会议精神加强和改进高等学校招生管理工作意见的通知	京教计〔2006〕34号	2006年6月21日

续表

序号	文件标题	文件号	颁布日期
286	关于进一步落实义务教育新课程计划的若干意见	京教基〔2006〕12 号	2006 年 6 月 28 日
287	关于调整北京市中学生科技特长生政策的通知	京教体美〔2006〕25 号	2006 年 6 月 30 日
288	关于加强幼儿园装修管理工作的通知	京教学前〔2006〕7 号	2006 年 8 月 4 日
289	关于进一步完善义务教育阶段“两免一补”政策的通知	京教财〔2006〕21 号	2006 年 8 月 23 日
290	关于规范北京市教育系统行政事业性垫付资金结算行为的通知	京教财〔2006〕24 号	2006 年 8 月 31 日
291	关于印发北京市基础教育课程改革实验工程实施方案（义务教育阶段 2006–2010 年）的通知	京教基〔2006〕20 号	2006 年 9 月 12 日
292	关于在我市中等职业学校开展“技能 + 基础”成人学历教育教学模式改革试点工作的通知	京教职成〔2006〕25 号	2006 年 10 月 31 日
293	关于印发北京市职业教育督导评估工作指导意见的通知	京督导〔2006〕24 号	2006 年 12 月 7 日
294	关于印发《北京市中小学校办学条件标准细则（试行）》的通知	京教基〔2006〕26 号	2006 年 12 月 19 日
295	关于规范民办学校办学行为若干问题的通知	京教计〔2006〕64 号	2006 年 12 月 30 日
296	关于建立民办学校办学情况年度报告制度的通知	京教计〔2006〕65 号	2006 年 12 月 30
297	北京市教育委员会关于北京市中小学教师“十一五”时期继续教育工作的意见	京教人〔2007〕1 号	2007 年 1 月 8 日
298	关于清理整顿违法违规办学行为加强民办学校规范管理工作的通知	京教计〔2007〕1 号	2007 年 1 月 17 日
299	关于普通高校学生学籍管理工作中若干问题的通知	京教学〔1996〕009 号	2007 年 1 月 18 日
300	关于进一步加强教育法制建设的意见	京教策〔2007〕1 号	2007 年 1 月 19 日
301	关于做好高校家庭经济特别困难学生饮用水、洗澡、电话费用专项补贴工作的通知	京教勤〔2007〕4 号	2007 年 2 月 7 日
302	关于印发北京市基础教育校舍维修改造专项资金管理暂行办法的通知	京教财〔2007〕5 号	2007 年 2 月 7 日
303	北京市教委、北京市民政局关于加强中小学接受借读生管理的补充通知	京教基〔2007〕2 号	2007 年 2 月 16 日
304	北京市教育委员会关于转发教育部关于印发盲校义务教育课程设置实验方案等文件的通知	京教基〔2007〕3 号	2007 年 2 月 27 日
305	关于印发北京市教育系统内部审计重大事项报告制度的通知	京教审〔2007〕1 号	2007 年 3 月 8 日
306	关于使用初中毕（结）业生登记表的补充通知	京教基〔2007〕4 号	2007 年 3 月 12 日
307	关于印发《北京市属高等学校科学研究项目管理办法（暂行）》的通知	京教研〔2007〕4 号	2007 年 4 月 6 日
308	关于印发 2007 年北京市治理教育乱收费工作意见的通知	京教监〔2007〕1 号	2007 年 4 月 24 日

续表

序号	文件标题	文件号	颁布日期
309	关于做好 2007—2010 年北京市高等学校实验教学示范中心建设和评审工作的通知	京教高〔2007〕3 号	2007 年 5 月 18 日
310	关于促进北京地区普通高等学校发明专利实施与转化工作的意见	京教研〔2007〕5 号	2007 年 6 月 11 日
311	关于北京市中小学校办学条件标准的实施意见	京教基〔2007〕25 号	2007 年 6 月 22 日
312	关于印发《北京市中小学学生卡管理暂行办法》的通知	京教基〔2007〕17 号	2007 年 6 月 27 日
313	北京市教育委员会关于印发《北京市普通高中课程改革实验工作方案（试行）》的通知	京教基〔2007〕16 号	2007 年 7 月 2 日
314	关于印发“十一五”时期北京市区县教师培训基地建设标准的通知	京教人〔2007〕16 号	2007 年 7 月 6 日
315	关于印发北京市中小学班主任工作管理规程的通知	京教德〔2007〕4 号	2007 年 7 月 10 日
316	关于建立北京市学前教育教师培训工作室的通知	京教学前〔2007〕1 号	2007 年 7 月 20 日
317	关于印发《北京市民办非学历教育培训机构设置管理规定》的通知	京教计〔2007〕27 号	2007 年 7 月 23 日
318	关于印发北京市中等职业学校主要专业实训基地装备标准的通知	京教职成〔2007〕8 号	2007 年 8 月 1 日
319	关于进一步做好小黄帽路队制工作的通知	京教勤〔2007〕14 号	2007 年 8 月 16 日
320	关于加强改进本市教育事业统计工作的意见	京教计〔2007〕28 号	2007 年 8 月 17 日
321	关于开展北京市教育事业统计工作质量评估的通知	京教人〔2007〕28 号	2007 年 8 月 17 日
322	关于印发《北京市中等职业教育政府奖学金制度暂行办法》的通知	京教财〔2007〕34 号	2007 年 8 月 29 日
323	关于进一步完善义务教育阶段“两免一补”政策的通知	京教财〔2007〕33 号	2007 年 9 月 4 日
324	关于开展优秀教学团队建设工作的通知	京教高〔2007〕10 号	2007 年 9 月 5 日
325	关于印发《北京市属普通本科高校及高等职业学校国家奖学金、国家励志奖学金和北京市国家助学金管理实施办法》的通知	京教财〔2007〕32 号	2007 年 9 月 10 日
326	关于普通高中新课程会考制度改革的意见（试行）	京教基〔2007〕35 号	2007 年 9 月 25 日
327	关于加强留学回国人员科技活动项目择优资助经费管理的通知	京教人〔2007〕25 号	2007 年 10 月 17 日
328	关于继续做好中小学校和幼儿园安全技术防范工程建设工作的意见	京教勤〔2007〕24 号	2007 年 10 月 21 日
329	北京市教育委员会北京市人民政府教育督导室关于实施小学规范化建设工程的意见	京教基〔2007〕38 号	2007 年 10 月 8 日
330	关于印发北京市外国留学生奖学金管理暂行办法的通知	京教外〔2007〕11 号	2007 年 11 月 15 日
331	北京市教育委员会北京市民族事务委员会关于印发《北京市民族团结教育示范学校评选办法（试行）》的通知	京教基〔2007〕40 号	2007 年 11 月 27 日

续表

序号	文件标题	文件号	颁布日期
332	转发关于机关事业单位做好签订聘用劳动合同工作有关问题文件和通知	京教人〔2007〕26号	2007年12月14日
333	关于加强北京市教育系统高层次人才队伍建设的实施意见（试行）	京教人〔2007〕27号	2007年12月17日
334	北京市教育委员会关于印发北京市中小学可持续发展教育指导纲要（试行）的通知	京教基〔2007〕41号	2007年12月26日
335	北京市教育委员会北京市财政局关于印发北京高等学校市级教育教学改革项目管理办法（试行）和北京高等学校图书资源建设项目管理办法（试行）的通知	京教高〔2007〕15号	2007年12月27日
336	关于做好实施学生公交IC卡办理和使用补充规定相关工作的通知	京教勤〔2007〕30号	2007年12月27日
337	北京市教育委员会关于印发北京市普通高中通用技术（必修）教学设备配置标准（试行）的通知	京教基〔2008〕1号	2008年1月18日
338	北京市教育委员会关于普通高中通用技术课程的实施意见	京教基〔2008〕3号	2008年1月24日
339	北京市教育委员会关于深化校办企业管理体制改革促进校办产业健康持续发展的意见	京教办〔2008〕4号	2008年3月19日
340	北京市教育委员会关于实施高中课程改革后学生留级、转学（借读）等学业管理问题的通知	京教基〔2008〕7号	2008年3月9日
341	北京市教育委员会 北京市财政局关于做好农村地区公办义务教育学校教科书免费提供及部分学科教科书循环使用工作的通知	京教财〔2008〕8号	2008年4月10日
342	北京市教育委员会关于进一步加强北京市教育信息化工作的意见	京教研〔2008〕2号	2008年4月11日
343	北京市教育委员会北京市人民政府教育督导室关于印发北京市区县政府、教委、中小学校、幼儿园全面实施素质教育评价方案的通知	京教督〔2008〕4号	2008年4月12日
344	北京市教育委员会关于对高中毕业生规定项目国家二级运动员进行测试的通知	京教体美〔2008〕16号	2008年4月13日
345	北京市教育委员会关于2008年小学初中入学工作的意见	京教基〔2008〕10号	2008年4月9日
346	2008年北京市规范教育收费进一步治理教育乱收费工作意见	京教监〔2008〕1号	2008年5月12日
347	关于印发北京市规范教育收费示范区县评价标准的通知	京教监〔2008〕2号	2008年5月12日
348	北京市教育委员会北京市人事局北京市财政局关于印发《北京市特级教师管理办法》的通知	京教人〔2008〕10号	2008年5月21日
349	北京市教育委员会关于设立北京市农村中小学教师研修工作站的通知	京教人〔2008〕8号	2008年5月4日
350	北京市教育委员会关于印发《北京市中小学校园网管理办法》的通知	京教基〔2008〕11号	2008年5月4日

续表

序号	文件标题	文件号	颁布日期
351	北京市教育委员会北京市人事局关于印发《高校毕业生到农村中小学支教人员考核办法（试行）》的通知	京教人〔2008〕9号	2008年5月8日
352	北京市语言文字工作委员会办公室关于印发北京市社会用字义务监督员工作管理办法的通知	京语办〔2008〕7号	2008年6月12日
353	北京市教育委员会关于普通高中新课程会考有关问题的补充通知	京教基〔2008〕14号	2008年6月12日
354	北京市教育委员会北京市人民政府教育督导室关于开展义务教育均衡发展状况专项督导评价的通知	京教督〔2008〕7号	2008年6月19日
355	北京市教育委员会关于进一步提高中小学教学质量切实减轻学生课业负担的意见	京教基〔2008〕16号	2008年7月15日
356	北京市教育委员会北京市财政局关于印发《北京市属高等学校人才强教深化计划项目管理办法（修改稿）》的通知	京教财〔2008〕20号	2008年8月29日
357	北京市教育委员会北京市人事局北京市财政局关于实施北京市属高等学校人才强教深化计划的意见	京教人〔2008〕17号	2008年8月29日
358	北京市教育委员会北京市财政局关于印发《北京市民办高等教育发展引导性项目管理办法（试行）》的通知	京教财〔2008〕25号	2008年9月5日
359	北京市教育委员会北京市青少年学生校外教育工作联席会议办公室关于修订北京市校外教育机构工作规程的通知	京教体美〔2008〕15号	2008年9月19日
360	北京市教育委员会北京市财政局关于印发北京高等学校市级质量工程项目管理办法的通知	京教财〔2008〕37号	2008年11月28日
361	北京市教育委员会关于进一步加强节油节电工作的意见	京教勤〔2008〕17号	2008年12月16日
362	北京市教育委员会关于印发公务卡管理暂行办法的通知	京教财〔2008〕36号	2008年12月17日
363	北京市教育委员会 北京市财政局关于进一步做好来京务工人员随迁子女在京接受义务教育工作的意见	京教基〔2008〕26号	2008年12月23日
364	北京市教育委员会北京市财政局关于进一步完善本市高中阶段残疾学生资助政策及提高公办义务教育学校四类寄宿学生伙食补助标准的通知	京教财〔2008〕38号	2008年12月26日
365	关于做好2009年高级中等学校考试招生工作的意见	京教计〔2009〕1号	2009年1月4日
366	关于本市教育系统土地登记发证工作有关问题的通知	京教建〔2009〕4号	2009年2月9日
367	关于做好民办高校学生校外租房清理整顿工作的通知	京教民〔2009〕2号	2009年3月31日
368	关于进一步治理利用培训机构选拔学生干扰义务教育阶段入学秩序行为的意见	京教基〔2009〕9号	2009年4月2日

续表

序号	文件标题	文件号	颁布日期
369	关于做好2010年高级中等学校考试招生工作的意见	京教计〔2010〕1号	2010年1月4日
370	关于2010年义务教育阶段入学工作的意见	京教基〔2010〕12号	2010年4月13日
371	关于印发北京市中小学校学生学籍管理办法的通知	京教基〔2010〕17号	2010年5月24日
372	关于2010年北京市进一步规范教育收费工作的意见	京教财〔2010〕13号	2010年5月25日
373	关于印发《北京市公办学校代收费、服务性收费管理办法》的通知	京教财〔2010〕29号	2010年9月29日
374	关于印发《北京市中等职业学校专业设置管理办法实施细则（试行）》的通知	京教职成〔2010〕13号	2010年11月25日
375	关于在中等职业学校推行学生实习实训责任保险的通知	京教职成〔2010〕14号	2010年11月30日
376	关于印发北京市校外教育机构办学条件标准的通知	京教体美〔2010〕18号	2010年12月20日
377	关于做好2011年初中毕业升学体育考试工作的通知	京教体美〔2010〕19号	2010年12月20日

说明：2009年2月，市教委对2007年12月31日前制发的行政规范性文件进行清理，决定保留335件。2008年1月1日至2009年12月31日，制发行政规范性文件33件，2010年制发行政规范性文件9件，至此，市教委保留的行政规范性文件377件

北京市2010年义务教育法律法规执行情况督导报告

北京市人民政府教育督导室依据有关教育法律法规，按照《北京市人民政府办公厅关于进一步完善对区县人民政府实施素质教育工作进行督导评估制度意见的通知》等文件精神，于2010年10—12月，对全市贯彻《义务教育法》和《北京市实施〈中华人民共和国义务教育法〉办法》(以下简称《北京市实施办法》)中关于新建、改建居民区教育配套建设情况进行了督导检查。督导检查主要采取区县政府自查与市教育执法检查组实地抽查相结合的方式进行。

2010年11月22日至30日督导检查组分别对朝阳、通州、怀柔进行了实地检查。督导检查组通过审阅区县自评报告、听取主管领导汇报、查阅相关资料、召开相关部门座谈会等形式，并派出专项组分别深入部分居民区了解教育配套建设的情况。现将督导检查总体情况报告如下。

一、督导检查法律依据(略)

二、督导检查总体评价

区县政府较好贯彻落实了《北京市实施办法》第十九条的法律规定，制定了教育设施专项规划。对新建、改建居民区学校建设所需用地和建设资金，基本做到了依法划拨和保证。在确保教育配套设施建设与居民区建设同步实施和同步交付使用等方面建立了相关制度及工作机制，积累了一定经验。

(一)加强调查研究，制定教育设施规划

区县在调查研究的基础上，根据本区县人口总量、流动人口数量、人口分布情况、区域功能定位以及区域自然资源状况等实际，研究制定了区县教育资源整合与布局结构调整规划，并将新建、改建居民区的学校设置纳入规划之中。在人

口达到0.7万人以上的新建、改建居民区配套了教育设施，并纳入教育设施规划，为区域教育的整体发展奠定了基础。通州区通过“召开人大代表、政协委员、乡镇、街道领导座谈会和实地考察”等措施，结合本区实际研究制定了《通州区教育资源整合与布局结构调整规划》，经区人大会议、区委常委会和区政府办公会审议通过并实施。

（二）构建工作机制，教育配套基本同步建设

各区县均能够较好地贯彻落实《北京市新建商品住宅小区住宅与市政公用基础设施、公共服务设施同步交付使用办法》和《关于贯彻〈北京市新建商品住宅小区住宅与市政公用基础设施、公共服务设施同步交付使用办法〉有关问题通知》的文件精神。

1. 制定相关文件，为教育配套建设提供政策保证

朝阳、丰台、怀柔、通州、顺义等区依据以上文件精神，结合本地区实际，制定并出台了加强新改建居住区公共服务配套设施审核接收工作意见和教育配套设施的接收管理办法等相关文件，细化了居民区教育配套建设工作流程，对教育配套建设的工程招标、审批、进度安排、质量监测、竣工验收等环节都有明确要求，使新建、改建居民区学校建设审核、验收有章可循，为新建、改建居民区与教育设施同步建设提供政策保障。

2. 重视制度建设，教育配套建设基本落实

多数区县初步建立了由区规划部门、住建委或其他部门牵头，政府有关委办局参加的联席会议制度。联席会成员单位定期召开会议，共同审核、验收每一个新建商品住宅小区项目规划方案和建设方案。联席工作会议制度的建立，对新建、改建居民区学校设置与建设的审查、验收发挥了重要的作用，确保了各项教育公共服务设施配套建设的落实。

朝阳区积极探索由政府代建配套学校的方式，已正式向市政府申报了“城乡一体化建设促进均衡化布局改革实验”项目，即：在住宅小区尚未建设之前，形成以区政府为主体，优先建设配套教育设施的管理模式和运行机制，基本做到了与居民区建设同步设计、同步建设、同步投入使用。

大兴区由建委牵头，会同相关部门对所有在建房地产开发项目的教育设施建设，采取“提前介入、适时监管、综合验收”的方式，督促项目开发单位严格执行规划并会商区教委对教育设施进行综合验收，并按时交付使用。

顺义区政府把居民区教育配套设施建设列入为民办实事工程的重点项目，按照教育工程建设“安全、质量、工期、功能、成本‘五统一’的要求”，由区政

府督查室负责，组织协调各相关部门，共同对工程项目的质量、进度等情况进行监督检查和验收，确保新建、改建居民区与学校建设同步进行。

平谷区在新建、改建居民区学校建设中明确区规划、建委、发展委、财政、教委等部门的法律职责，初步形成规划、建设、投入、管理、监督的保障机制

（三）增加资金投入，教育设施基本达到标准

区县政府在新建、改建居民区学校建设中，积极实施《初中建设工程》和《小学规范化建设工程》，保障新建、改建居民区学校设施设备的资金及时、足额到位，并将其列入财政预算。密云县政府在新建、改建居民区的过程中，优先安排学校、幼儿园建设并保障建设经费，在建设过程中遇到问题和困难时，县主要领导及时召开由发展委、财政、规划和教委等相关部门的协调会或现场办公会，确保了学校、幼儿园建设工程按期、高质量完成。石景山区和燕山地区对新建、改建居民区的学校建设，坚持由区政府统一组织实施的原则，对学校的网络、教育教学设备、操场建设等所需资金给予保证。

三、存在主要问题

（一）对新颁《义务教育法》和《北京市实施办法》的学习宣传和贯彻落实存在差距

《义务教育法》于 2006 年 9 月 1 日生效，《北京市实施办法》于 2009 年颁布并于同年 3 月 1 日生效。《北京市实施办法》明确了市政府及各职能部门在新建、改建居民小区教育配套建设的法律责任。

1. 因对《北京市实施办法》宣传、学习和理解不到位，市级各职能部门尚未制定落实《北京市实施办法》的相关政策和措施，存在法律责任不清和执法不到位现象，造成一定程度的政策缺失。

2. 各区县宣传学习和贯彻落实《北京市实施办法》工作不深入。在新建和改扩建居民小区教育配套的规划、审批和建设时仍沿用过去政策和标准，未尽到向上级主管部门反应政策执行过程中遇到的矛盾和问题的责任，导致区县之间的教育配套建设不平衡。

（二）政策不配套，标准不统一，监管难度大

1. 市级相关部门尚未根据《北京市实施办法》制定符合北京实际的新建、改建居民区教育配套的具体办法。对教育用地划拨、建设资金来源、教育设施所属权和交付方式等方面，缺乏明确规定和实施细则，也没有统一规范，教育用地和教育设施被挤占和挪用问题仍然存在。

2. 配套学校建设标准不统一，绝大多数小区配套学校未达到《北京市中小学办学条件标准》。2005 年市教育行政部门会同有关行政部门制定了《北京市中小学办学条件标准》,《北京市实施办法》明确了配套学校建设以此为标准。2006 年市规划委又制定了《北京市居住公共服务设施规划设计指标》，后者所规定的“学校占地面积和建筑面积”等指标明显低于前者，一定程度影响首都基础教育“高起点、高标准、高质量、高水平”的实现。

3. 部分配套学校的土地证和房产证无法办理。2004 年以前，在审批新建、改建住宅小区项目时，统一为开发公司办理征地手续，统一收取土地出让金，其中教育配套用地也收取了土地出让金，但已建设的配套学校不能办理土地证和产权证，教育行政部门无法接管，影响了配套学校的正常使用。

（三）职责不清晰，机制不完善，协调难度大

1. 在新建、改建居民小区建设中，公共服务设施建设困难和问题比较复杂，而教育配套建设存在的问题更为突出。目前，在教育配套建设中政府的主导作用和教育行政部门的参与程度明显不足，影响教育专项规划有效落实。

2. 部分新建教育配套不符合教育教学使用要求，二次改造问题仍然存在。按照现行政策，新建住宅小区的教育配套设施由开发单位进行设计和建设，建成后交付区县教育行政部门。教育行政部门在学校的地段选择、普通教室和专用教室布局、考虑教育教学需求等方面，缺乏必要的参与权，造成有的学校刚交付使用，又进行二次改造，造成人、财、物的极大浪费。

3. 配套教育设施不足，教育资源紧缺矛盾仍然比较突出。全市近年已批准涉及城市改造和居民安置建设项目几千个，而规划有教育配套项目不足 200 个，且规划建设标准未参照《北京市中小学办学条件标准》。一是制定教育配套项目的专项规划是否符合城市布局与发展和人口分布与变化，教育行政部门参与程度不够；二是现有政策只规定 0.7 万人以上人口的居民小区建设教育配套，而低于 0.7 万人口的居民小区子女应该享有的教育资源如何建设和规划，没有明确规定；三是已确定的教育配套设施建设速度明显滞后（见附件二，略）

4. 尚未建立健全联席会制度，教育配套建设过程中出现的困难和问题难以得到有效解决。

四、工作建议

随着首都城市的建设与发展，新建、改建居民小区数量将不断增加。在“十二五”和“十三五”期间，北京市学前教育和义务教育将出现较大的供需矛

盾，各级政府部门要超前考虑学前教育和基础教育的资源供给。义务教育优质均衡发展是北京率先实现教育现代化的标志，就近接受义务教育是适龄儿童少年的法定权力，也是推进义务教育优质均衡发展的基础，小区教育配套设施建设是满足适龄儿童少年就近入学的前提。为更好贯彻落实《义务教育法》和《北京市实施办法》关于新建、改建居民区教育配套建设的相关法律规定，现提出如下工作建议。

（一）市政府相关部门应尽快研究制定与《北京市实施办法》相配套的相关政策措施，进一步完善新建、改建居民小区教育配套建设的工作机制

1. 尽快出台“新建、改建居民区教育配套建设具体办法”，依法规范教育配套设施建设的监管。一是完善政策，使新建、改建居民区教育配套建设有章可循；二是明确职责，在新建、改建居民区教育配套建设中，明晰各相关部门的职责，进一步体现教育行政部门的作用；三是健全制度，从制定建设专项规划，到监督检查规划方案实施，要有详细的工作程序，形成完整、稳定、有序、责权利清晰的管理体系和运行机制，依法保障教育配套的土地划拨、资金保障，确保同步建设、同步交付使用。

2. 市教育行政部门会同有关部门尽快编制出台《北京市教育设施专项规划》，由市政府出台相关的实施办法，使区县政府根据《北京市教育设施专项规划》制定本区县义务教育学校的设置和调整方案，统筹协调北京市基础教育“高标准、高质量、高水平”整体发展。

3. 市、区两级政府相关职能部门建立联席会制度，定期研究解决新建、改建居民区配套设置学校建设工作中遇到的问题。

（二）根据城市功能定位和学校教育教学实际需要，重新审定《北京市中小学校办学条件标准》，并以市政府名义颁发

2005 年市教育行政部门会同有关行政部门制定了《北京市中小学办学条件标准》。2006 年，市规划委又制定了《北京市居住公共服务设施规划设计指标》，两个标准不统一。根据《北京市实施办法》，建议市教育行政部门会同有关部门根据国家有关规定和教育教学需求，重新审视和修订《北京市中小学校办学条件标准》并以市政府名义颁发，使中小学校建设标准统一、规范，确保首都教育率先基本实现现代化。

（三）加大普法力度，增强各级政府法律意识

建议市政府相关职能部门及区县政府进一步加强普法工作。特别是与居民区教育配套设施建设相关的发展改革委、财政局、国土资源局、规委、建委和教

委等部门，要深入学习、宣传和落实《北京市实施办法》中第十六条、第十七条和第十九条的法律规定，全面、深刻理解法律内容，明确法律责任，增强法律意识，履行法律义务。与此同时，各职能部门根据国家和北京市中长期改革与发展规划纲要精神，落实北京市学前教育发展规划和建设标准，积极缓解北京市学前教育供需矛盾。

北京市人民政府教育督导室

2010年北京市各级各类学校统计表

单位：人

	学校数（所）	教职工数	
		计	其中：专任教师
总计	3330	331661	206602
一、高等教育	175	143648	74202
（一）研究生培养机构	（170）	—	（39726）
1. 高等学校	（52）	—	（28598）
2. 科研机构	（118）	—	11128
（二）普通高等学校	89	132317	58383
1. 中央部委属高校	36	90557	36755
2. 市属高校	53	41760	21628
其中：公办高校	38	32821	17181
民办高校	15	8939	4447
（三）成人高等学校	24	3491	1569
（四）民办的其他高等教育机构	62	7840	3122
二、中等教育	779	89203	60114
（一）高中阶段教育	434	89203	29859
1. 普通高中	289	70418	19618
2. 中等职业教育	145	18785	10241
普通中专	35	4831	2439
成人中专	11	669	341
职业高中	61	8503	5230
技工学校	38	4160	1851
其他机构（教学点）	（20）	622	380
（二）初中阶段教育	345		30255

续表

	学校数（所）	教职工数	
		计	其中：专任教师
三、小学教育	1104	60038	49480
四、工读学校	6	344	223
五、特殊教育	21	1201	906
六、学前教育	1245	37227	21677

说明：1. “( )”内数据未包含在总计中；

2. 因完全中学中的高中、初中教职工不易区分统计，故普通高中教职工数包含普通初中教职工数

2010年北京市各级各类学历教育学生统计表

单位：人

	毕业生数	招生数	在校学生数	毕业班学生数
总计	834340	1002141	3299555	652797
一、高等教育	427228	543113	1632820	328524
（一）研究生	59244	80176	225029	77050
1. 高等学校	51791	69479	194165	66769
2. 科研机构	7453	10697	30864	10281
（二）普通本专科	150156	155228	577828	156643
1. 中央部委属高校	71185	75202	292052	73010
2. 市属高校	78971	80026	285776	83633
其中：公办高校	56852	60563	212729	60387
民办高校	22119	19463	73047	23246
（三）成人本专科	108122	107020	266271	94831
1. 成人高等学校	10681	11418	28517	13187
2. 普通高等学校	97441	95602	237754	81644
（四）其他各类高等学历教育	109706	200689	563692	—
1. 在职人员攻读博士、硕士学位	—	15069	51590	—
2. 网络本专科生	109706	185620	512102	—
二、中等教育	233837	238954	727741	222079
（一）高中阶段教育	132792	136594	417829	120562
1. 普通高中	62305	65649	198415	66585
其中：本市户籍	59156	59483	182859	62485
2. 中等职业教育	70487	70945	219414	53977
普通中专	23609	17620	67154	18629
成人中专	6100	11404	27025	13624
职业高中	21616	21562	67627	21724
技工学校	19162	20359	57608	—

续表

	毕业生数	招生数	在校学生数	毕业班学生数
总计	834340	1002141	3299555	652797
（二）初中阶段教育	101045	102360	309912	101517
其中：本市户籍	87228	71472	235954	82956
三、小学教育	102971	113728	653255	102194
其中：本市户籍	71036	59647	385044	68013
四、工读学校	255	331	764	—
五、特殊教育	1914	967	7981	—
六、学前教育	68135	105048	276994	—

说明：高等教育小计中未包含自学考试的学生数

补充资料：外国留学生在校学生数为 33570 人

2010年北京市各级各类非学历教育学生统计表

单位：人／人次

	毕（结）业生数	在校生数
总计	3501257	3567985
一、高等教育	561937	417023
（一）研究生课程进修班	13966	22176
（二）自考助学班	32959	107230
（三）普通预科生	—	2320
（四）进修及培训	515012	285297
其中：资格证书培训	87700	43270
岗位证书培训	69558	22102
二、中等教育	2939320	3150962
其中：资格证书培训	372322	380912
岗位证书培训	455941	451211
（一）中等职业教育	67471	36408
其中：资格证书培训	30211	15385
岗位证书培训	11920	7595
（二）职业技术培训机构	2871849	3114554
其中：资格证书培训	342111	365527
岗位证书培训	444021	443616

2010年北京市各级民办教育统计表

单位：人

	学校数（所）	毕业生数	招生数	在校学生数	教职工数		兼任教师
					计	其中：专任教师	
总计	637	79554	88839	317130	37656	19969	6508
一、高等教育	77	46766	36168	157328	16779	7569	6149
民办普通高校	15	22119	19463	73047	8939	4447	3045
民办高等教育机构	62	24647	16705	84281	7840	3122	3104
二、中等教育	94	11225	14983	43386	5016	2945	232
（一）高中阶段教育	78	5197	7530	21838	5016	2945	232
1. 民办普通高中	57	3313	5539	15044	3869	2402	40
2. 民办中等职业教育	21	1884	1991	6794	1147	543	192
（二）初中阶段教育	16	6028	7453	21548	—	—	—
三、民办小学	21	3875	6863	32686	2295	1567	11
四、民办幼儿园	445	17688	30825	83730	13566	7888	116
另有：民办职业技术培训机构	1194	941517	—	1191672	24291	9725	20778

说明：民办培训机构毕业生数为结业人次数，在校生数为注册学生数

后 记

《北京市教育管理志稿》是第二轮《北京志·教育志》教育管理和教育督导等内容的资料长编，是北京教育志丛书之一。为保持资料的完整性，故以“志稿”形式单独出版。

本志稿主要记述了北京市教育管理和教育督导方面1991年到2010年的发展变化。其中，行政管理篇记述管理体制、管理机构、法制建设、规划计划、人事管理、学籍管理、经费管理、民办教育管理、教育教学支持单位等内容，教育督导篇记述督导制度、督导机构与队伍、督导体系建设等内容，专记篇选取断限期内北京教育系统重大活动以文章体形式进行综合式的记录。此外，以附录方式收录一些重要文章资料。

在本志稿编纂过程中，市教委相关处室，全市各高校、各区教委、有关学校提供基础资料。北京教育志编纂委员会办公室林业同志主编，王永刚、张驰、张晓兰、张晓白同志参与志稿的框架设计、资料收集、史料核实等工作，华蕾、胡雨、孙晓楠、汪玥、韩倩同志参与资料整理工作。北京盛世修志文化传播有限公司杨东同志参与初稿编写工作。限于水平和时间，本志稿在史料的收集、考证、选取方面，以及对部分重大事件认识方面尚存不足，纰漏和不妥之处，恳请读者赐教。

2019 年 6 月